21世纪经济与管理精编教材

工商管理系列

员工培训

Staff Training

钟尉 ◎ 编著

北京大学出版社
PEKING UNIVERSITY PRESS

图书在版编目(CIP)数据

员工培训/钟尉编著. —北京：北京大学出版社，2016.10
（21世纪经济与管理精编教材·工商管理系列）
ISBN 978-7-301-27386-9

Ⅰ.①员⋯　Ⅱ.①钟⋯　Ⅲ.①企业管理—职工培训—高等学校—教材　Ⅳ.①F272.921

中国版本图书馆CIP数据核字（2016）第188474号

书　　　名	员工培训 YUANGONG PEIXUN
著作责任者	钟　尉　编著
责任编辑	周　莹
标准书号	ISBN 978-7-301-27386-9
出版发行	北京大学出版社
地　　　址	北京市海淀区成府路205号　100871
网　　　址	http://www.pup.cn
电子信箱	em@pup.cn　QQ：552063295
新浪微博	@北京大学出版社　@北京大学出版社经管图书
电　　　话	邮购部 62752015　发行部 62750672　编辑部 62752926
印　刷　者	北京宏伟双华印刷有限公司
经　销　者	新华书店
	787毫米×1092毫米　16开本　19.75印张　481千字 2016年10月第1版　2016年10月第1次印刷
印　　　数	0001—3000册
定　　　价	39.00元

未经许可，不得以任何方式复制或抄袭本书之部分或全部内容。
版权所有，侵权必究
举报电话：010-62752024　电子信箱：fd@pup.pku.edu.cn
图书如有印装质量问题，请与出版部联系，电话：010-62756370

前　言

"员工培训"（也称为"员工培训管理"或"员工培训与开发"）是人力资源管理专业的核心课程之一。相比其他课程来说，本课程理论知识较少且大多数内容都非常简单，可以说，就连初中生都能够看懂。因此，很多大学生会觉得这门课非常容易，常常轻视这门课程。而部分缺乏相关教学经验的老师在上这门课时也会觉得困惑，学生看教材都能够看懂的内容，自己该怎么讲，在课堂上怎样才能激发学生的兴趣，让他们觉得有所收获呢？

其实，大部分学生可能也包括部分老师都没有意识到，理论知识的学习仅仅是大学生学习的一部分而已。一名合格的管理类专业的大学毕业生，除了要掌握理论知识之外，还应该具备管理实践操作的技能，以及运用管理知识和技能的态度与思维方式等相关素质。很多涉及实际操作的理论知识看起来很简单，很容易理解，但是当大多数自以为已掌握理论的人，开始进行实践操作时，却举步维艰，处处出错，导致结果一塌糊涂。员工培训的相关理论知识就是这样，如果不进行一些有针对性的实操训练，理论和实践永远是两张皮，学生在学校学习的知识，可能还没有毕业就基本忘光了。因此，我们把"员工培训"课程定位为一门以实践操作技能训练为主要教学内容的课程。所以，我们希望教材的理论相对简单，但是内容覆盖面广，抓住重点、要点，对于不是特别重要的内容只是作一个简单的介绍，尤其强调趣味性，引导学生课后自己去主动琢磨自己喜欢的相关知识和技能。

为了达到训练学生实践操作技能的这个基本目标，我们在教学过程中引进了类似翻转课堂的教学理念，布置了许多课后的作业，包括阅读文献、观看视频、完成模拟培训任务等，在课堂上我们大多数时间是让学生展示自己在课后的学习情况。同时，我们还设计了大量的课堂活动和探讨，要求每一位同学都必须认真参加。另外，我们还要求同学组成团队认真完成课后的团队作业。只有这样，学生的实战技能才可能真正得到提高。不过，要在市面上找到一本现成的、和我们的教学思路相一致的教材并不容易。为了更好地贯彻我们的教学理念，配合我们的教学过程，我们编写了本教材。

本书有以下特点：第一，内容简洁完整。学生在总览员工培训理论与实践全局的同时，能够迅速抓住重点。第二，逻辑清晰。各个章节之间的内容环环相扣，学生学习之后，将会对员工培训理论和实践工作都有一个非常系统的认识。第三，以专业人士就业上岗为导向。本书在关注理论的系统性的基础上，更加强调理论在实践中的运用，因而设计了大量的案例、课堂训练，以及课后的团队作业来确保学生学习本课程后，能够提升实战技能；第四，区分了培训模式、培训方法，并对培训方法进行了合理的分类，便于学生对培训方法的掌握和应用。第五，设计了教学引导部分。这不仅有利于老师系统规范地开展教学活动，也有利于学生理解各种团队作业、个人作业和课堂训练的意义，从而提升教与学两方面的积极性与主动性。第六，设计了一个虚拟的集团公司，并以该公司作为全书主要案例的统一背景。全书中大部分重要的案例都以该公司为背景，这样全书各个重要案例之间就形成了某种关联。我们认为这样能够使相关知识点变得更加立体，也使得原本每个独立的案例有了更为丰富的背景，学生能够进行更加有针对性的讨论。第七，全书在各章的开篇都设置了引导案例，引导读者进入相关章节的学习和思考。在各章正文中，我们根据内容需要设计了大量的相关案例、小故事和拓展的相关知识，以引起学生的兴趣，加深他们对知识点的理解。在各章结尾也设计了问题、案例或背景知识等内容，让学生在学习完一个章节之后能够有效地进行复习。

本书分八章，主要阐述了以下内容：第一章导论，主要介绍了培训的基本概念和相关基本问题，同时介绍了培训职业与培训行业的基本情况；第二章培训组织与培训体系，主要介绍了培训组织机构的不同形式和企业培训体系的基本构成内容，并介绍了培训质量管理体系ISO10015和培训组织的新形式——企业大学；第三章培训计划和培训需求分析，主要介绍了培训计划相关的基本问题，并重点对需求分析的方法进行了探讨；第四章培训模式与方法，把企业培训活动根据其开展过程的特点分成四类，并介绍了每一类培训模式下常用的培训方法；第五章培训项目管理，主要介绍了培训项目的概念、培训项目管理的流程和基本内容，重点分析了培训项目实施和培训项目评估；第六章课程设计与培训师培训，主要介绍了培训师的工作内容，即如何去设计培训课程的具体内容和如何上好一堂培训课程；第七章通用培训项目设计，主要介绍了企业通用的几种培训项目的设计问题，作为前面理论部分的实践案例；第八章培训的发展趋势，主要介绍了当代企业培训实践过程中出现的一些新技术、新问题和新思想。

本书是笔者在十余年的教学经验积累基础上写成的，不过教学经验要转变为教材还有很多的工作要做。在本书的编写过程中，江西财经大学工商管理学院领导们给予了我很多支持，我的同事赵映云、刘爱军等多位老师给本书提出了许多中肯的建议；职业培训师苏平老师对本书编写给予了大力支持；江西南昌立普生公司总经理张旭江先生从实战的角度对本书提出了许多宝贵的建议；2012级、2013级人力资源管理专业的蒋璐、曾香锋、刘文兰、舒露、赵小媛等几位同学参与本书部分资料的搜集与整理工作；2014级人力资源管理专业的梁美雅、芦莹莹、毛如珍、黄玉婷等几位同学参与部分书稿的校对与配套教学PPT的润色工作；本书还引用了若干已经毕业的人力资源管理专业同学的学习心得和作业成果，供读者参考；在此一并向他们表示衷心的感谢。

另外，还要感谢北京大学出版社的编辑老师和相关工作人员，正是他们的热情帮助，才使得本书能够及时出版。

由于本人的水平有限，写作过程也略显匆忙，再加上员工培训的理论与实践在最近几年借助移动互联网等各种新技术的东风，有了日新月异的飞速发展，本书的内容难免存在一些纰漏。在此，我们也热切期盼能够与广大读者和各位业界同仁进行交流，如有问题，还请不吝赐教。

（电子邮件：zwznj@163.com 联系人：钟尉）

钟尉
2016年6月1日

教学引导

本教学引导主要为从事本课程教学的教师提供一种教学思路，同时，也为学生理解教师的教学理念和思路提供参考。本教学引导主要从教学目的、教学内容、教学形式、教学方法和作业安排等几个方面来介绍本课程教学活动的的具体开展。

一、教学目的

本课程的教学目的是希望人力资源管理专业的学生通过本课程的学习，培养学生对培训相关岗位和相关职业的兴趣，激发他们学习的热情，帮助他们掌握相关的岗位技能，提升综合素质。这样一来，学生在日后进入企业时，可以比较轻松和快速地胜任企业培训管理人员和培训师两个岗位。当然，这两个岗位有不同的层次，比如培训管理人员有培训专员、培训主管、培训经理，甚至企业大学校长等不同层次。我们的目标只能定位在学生能够很快胜任的初级岗位。所谓"师傅领进门，修行在个人"，只要学生有足够的兴趣和热情，一定可以在某个领域作出一番成就。掌握员工培训的基本理论和技能是本课程的基本教学目标。

二、教学内容

为了达到以上教学目的，我们设计了八个方面的教学内容，即本书的八个章节：第一章是基础，让学生了解培训是什么，以及培训从业者做什么；第二章介绍培训组织与培训体系，让学生了解培训组织的发展和一个完善的培训体系的组成元素；第三章是让学生掌握年度培训计划和项目培训计划的制订过程，并掌握培训需求分析的方法；第四章介绍不同的培训模式和培训方法，以供不同场合选用；第五章、第六章介绍培训项目设计、培训师培训和课程设计，探讨如何解决培训管理实践中的基本问题；第七章介绍企业通用的几种培训项目的设计问题；第八章介绍培训理论与实践的几个发展趋势。这几章之间的逻辑关系可以用教学内容逻辑框架图表示（阿拉伯数字代表相关章节）。

三、教学形式和教学方法

本课程主要采取翻转课堂的教学形式，以学生团队合作进行实践操作训练为核心展开整个教学过程。由于涉及实践操作技能的演练，课堂上如果人数太多则难以开展。因此，我们将本课程设定为小班教学、班级人数在 30 人左右，上下浮动不超过 10 人；将全班学生分成 4~6 个团队，学生采取团队形式参与培训管理训练。

为了使学生获得必要的工作技能，我们为本课程设计了许多培训实训活动，但是由于

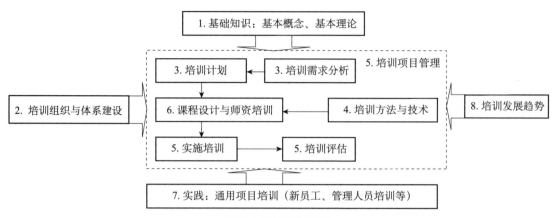

教学内容逻辑框架图

学校给予的课堂时间不足等原因，很多涉及实际操作的学习与训练不得不放在课后，以团队作业的形式进行。整个课程基本上就是围绕着一个团队大作业进行的，即学生以团队的形式，在课后开展一次真实的培训活动。但是，老师要跟踪学生在课后的训练情况比较困难，而用传统的幻灯片和文本文档的形式又难以反映学生的课后实际操作情况。因此，我们要求学生在课后进行培训管理实践活动时，进行视频拍摄，以记录他们在课后的实践训练过程。这个工作在前几年只能小范围进行，一个班级只能做一两个这样的视频拍摄工作。但是，这几年高性能的智能设备价格大大下降，而现在性能好一点的智能手机就完全可以胜任 1～2 小时的视频拍摄工作，其图像清晰度完全可以接受。学生把自己组织开展的实际培训管理工作用视频的方式记录下来，再配合相关的图文材料，老师就可以全程追踪各个团队在课后的实践学习作业，并且有针对性地提出指导建议。

需要指出的是团队大作业主要是训练学生的培训管理技能，为将来胜任培训管理人员岗位作准备。培训领域还有培训师岗位，也是学生未来可以考虑的职业方向，因此，我们还设计了团队小作业。它主要围绕着一些著名培训师和一些培训界的热点问题进行，主要内容是安排学生阅读培训相关书籍，了解职业培训师应该具备的相关技能，并为希望从事培训师职业的同学提供技能训练资源和计划。同时，让学生观看著名培训师的经典培训课程视频，分析其内容和结构，研讨其优点和不足等。

在整个课程教学过程中，我们采用了多种教学方法，典型的有视频教学法、案例分析法、角色扮演法、拓展训练法、团队研讨法、自我指导学习法等。

从某种意义上来说，本课程类似于在企业培训实践中非常流行的"培训培训者培训课程"（Training the Trainer to Train，TTT）。因此，在一定程度采用 TTT 课程的教学形式和教学方法是很有必要的。这就要求本课程的教师精心设计每一个章节、甚至每一个知识点的教学形式和教学方法，只有针对每个主题、每个知识点都进行有针对性的教学设计，才有可能讲出精彩的课程。而要做到这一点就需要相关老师做大量的备课工作，一个老师要完成这个工作可能是非常困难的，有条件的话，应该让相关授课老师参加专门的 TTT 培训，然后组成课程研发团队对整个课程进行精心设计。另外如果有条件的话，本课程可以试验进行多门专业课程的联合教学，比如本课程与绩效管理、团队管理课程联合授课。也就是说，若学生在同一个学期同时选择多门相关的专业课程，这几门课程的授课老师在上课时，可以借助一个大型任务，如以本课程的团队大作业作为载体，布置相关课后团队实践操作作业；团队管理课程可以要求同学把所学的团队管理知识用于本课程团队大作业的完成过程，并按照相关要求写出团队工作日志；绩效管理课程可以要求同学设计培训项目管理的考核指标，并且在本课程团队大作业完成之后，进行实际的考核，绩效管理教师可以依据考核情况，检验学生对绩效管理课程的学习情况。这样一来，一方面大大减少了同学们的作业的数量，另一方面可以鼓励学生有意识地把各种不同科目的知识整合到实践中去，在减轻学生负担的同时，还可以让同学获得多位老师的指导。另外，这种团队实践作业完成得好坏，将影响到多门课程的成绩，学生也会认真对待。学生从中获取的感悟和成长也会更多。

四、团队实践作业视频拍摄引导

团队大作业中培训视频的拍摄是一项不太容易的工作。教师必须让同学明确了解视频拍摄的价值，他们才会认真地对待；随着慕课、微课、翻转课堂等培训技术的发展，企业的培训管理人员和培训师需要掌握培训视频的制作技术将是一种趋势。

教师需要对学生的视频拍摄工作进行一个简单的指导，大体上可以从以下几个方面进行指导：

（1）硬件、软件和环境的准备。最好有两台拍摄设备同时进行，这样方便后期剪辑，同时，也可以防止中途出现意外，比如电池用完了、存储空间不够了等。

（2）试拍。为了保证现场拍摄的效果，应用拍摄设备在现场试拍几分钟，试看一下效果，试听一下预先选定的现场讲话的效果；然后估算预期要用的时间和在这段时间内会产生多大的视频文件，考虑存储卡和电池能否支持等情况；随后将设备调节到合理的模式进行拍摄，在保证清晰度的同时也避免视频文件过大。视频文件太大可能导致存储卡容量不够，也不方便与其他团队交流。

（3）拍摄时要端稳拍摄设备。画面摇晃是教学视频的大忌，大多数人长时间端稳拍摄设备有很大的困难。最好用三脚架或者找东西支撑放置拍摄设备。

（4）画面中人物的大小要适中。视角要合适，以正面近景为主，也要有部分侧面镜头和全景，以及听课学员的一些镜头。

（5）做好声音的录制工作。如果视频中的声音和讲师的声音，大小相差很大，则是不能接受的。要注意环境噪声对声音录制的影响。

此外，教师还要对学生如何做好视频的后期剪辑工作做一些指导。视频的后期剪辑包括片头、片尾，背景音乐的加入，字幕的加入，相关视频的插入，学员、PPT和讲师之间镜头的切换等。大体有以下几个方面：

（1）视频文件最好有一个片头和片尾。片头说明培训师的相关情况和培训主题，片尾说明和感谢合作者。如果技术上允许，在片尾中还可以考虑加入拍摄过程中的花絮，让观众了解部分拍摄的过程。

（2）背景音乐的安排。背景音乐的作用在于渲染气氛，感染学员。如果没有这个必要强行加入背景音乐，反而会干扰培训师讲课。因而，背景音乐的播放时机非常重要。

（3）镜头切换问题。视频拍摄过程中，会涉及讲师与听课学员的一些镜头切换，远景与近景的切换，回答问题学员的特写，以及现场画面与重要的PPT画面或者插入视频之间的切换。这里涉及影视中的蒙太奇艺术，有兴趣的同学可以找相关资料学习。

五、团队作业展示中的常见问题

让学生进行团队作业展示，一是为了检查学生课后作业完成情况，二是为了锻炼学生的讲课技能。因此，教师应该对学生的作业展示活动进行严格管理，要求学生把每一次作业展示都当成培训师的实战演练，做好充分的准备，主要包括对讲课内容的资料准备、如何讲解的课堂设计准备及培训师课堂讲课能力的准备三个方面。教师需要在学生进行团队作业展示之前，对学生在这三个方面的情况作一个评估，并给出修改建议和相关具体要求。教师还可以要求学生在进行团队作业展示前，进行一次演练；有条件的情况下，教师应该去演练现场指导或者观看学生拍摄的演练视频。教师应该提醒学生作业展示中可能出现的常见问题，具体情况如下：

（1）资料准备不充分。资料准备不充分主要是学生的态度问题，需要教师强调督促。然而没有讲课经验的同学即使课后很认真地做了作业，各种资料准备很充分，也可能会出两种问题：一是准备的内容太多，自己不懂得取舍。有些资料的内容学生不能够完全理解，却又试图全部讲出来，导致知识点讲得不深、不透，部分内容讲不清楚，下面的听众自然也听不明白。二是准备的内容过于复杂、过于理论化，即使让台下的学员直接看讲稿，都不容易看懂。展示的学生的讲解设计还容易出现详略不当、重点不突出的情况，这将导致学员记不住有价值的内容。

（2）课件制作存在问题。学生作业展示课件的制作主要有三个常见问题：一是课件缺乏逻辑性，让学员抓不住要领。课件必须具备条理清晰、逻辑性强的特点，才能让学员轻松记住其内容框架。比如在开头设计内容提要，结尾进行内容总结；如果知识点太多，应该有一个专门的小结或总结；必要时还可以使用思维导图。二是课件过于花哨。课件不能太花哨，否则会影响台下学员的注意力，偶尔用下比较吸引眼球的背景动画或者图片来提醒学生不要走神是可以的。但切忌为了好看而好看，因为过于花哨的动画或图片容易喧宾夺主，反而分散了台下学员的注意力，从而忽略了培训师讲的具体内容。三是幻灯片上的字体问题。课件上的字体要大些，以保证后排的学员能够看见；字的颜色和背景对比反差要大，不然看不清；各行之间的间距也要适中，不能过密或过疏。

（3）讲稿不熟悉。许多学生因为对课程不够重视，对课堂展示缺乏必要的试讲和演练，导致在讲课过程中不能脱稿，出现频繁看讲稿，甚至念讲稿、查讲稿等问题；值得注意的是教师要让学生明白的是念讲稿比念幻灯片更加不可取，因为念幻灯片，学员至少还能够看到基本内容，而培训师念手中的讲稿，台下的学员看不到讲稿，根本无法跟上讲解者的思路。

（4）语言表现能力太差。语言表现能力太差有可能是由缺乏经验导致的，也可能与个人特质有关。缺乏在公众面前讲话经验的人很容易出现这种情况，比如不自信导致的紧张、声音小、口齿不清等；还有学生讲课过程中语速太快或者过慢，或者缺乏语调的变化。语速太快，听众容易觉得累；语速太慢，听众又容易走神或者觉得培训师思维不敏捷，从而轻视培训师。

（5）讲稿缺乏精心的设计。这是教师在指导学生完成团队作业中需要特别强调的，培训师上课的讲稿必须经过精心设计。如果讲课的内容平铺直叙，缺乏感性的材料，内容过于枯燥，缺乏故事、幽默和生动形象的案例等元素，那充其量只能算是教科书、论文。展示中案例是最常用的，有时候学生虽然准备了案例，但是往往又会出现案例和理论关系不密切、案例太复杂或者案例离大家的实际经验太远等问题。

（6）讲课过程中缺乏互动。学生在展示作业时，往往互动意识很差，只顾自己讲解，缺乏和台下听众的交流；或者缺乏引导听众思路的语句和问题，导致听众跟不上讲课者的思路。教师要提醒展示的学生要在讲稿中设计相关问题或者互动环节，了解学员的学习情况，引导学员的思路。

（7）其他问题。学生展示作业还存在很多细节问题，比如不能有效地控制课堂纪律和营造好的课堂氛围；在课堂上和某个学员纠缠不清，讨论个性问题，偏离主题或引起其他学员的反感；台风不好，太严肃或者太随便，举止行为不得体；展示时间控制太差，等等。

六、网络学习资源

1. 美国培训与开发协会（ASTD），www.astd.org.cn
2. 美国培训认证协会（AACTP），www.aactp.org
3. 中国人力资源与社会保障部教育培训网，www.edu.mohrss.gov.cn
4. 中国就业培训技术指导中心，www.cettic.gov.cn
5. 中国培训师大联盟，www.china-trainers.com
6. 中国大学慕课，www.icourse163.org
7. 中国大学精品公开课，www.icourses.cn
8. 网易公开课，open.163.com
9. 中华讲师网，www.jiangshi.org（培训讲师选聘平台）
10. 华夏职业培训网，www.jobpx.org
11. 中国员工培训网，www.ygpx.net
12. 栖息谷，bbs.21manager.com
13. 淘课网，www.taoke.com
14. 三茅网，www.hrloo.com
15. 企业培训网，www.71peixun.com
16. 中培热线，www.pxcn168.com
17. 报名在线，www.edu84.com（教育培训分类信息网）
18. 中国知识管理中心，www.kmcenter.org
19. 中国人力资源开发网，www.chinahrd.net
20. 中国人力资源网，www.hr.com.cn
21. 项目管理者联盟，www.mypm.net

虚拟背景案例说明

这是一家虚拟集团公司，全书中所有重要的案例都发生在这家公司。该虚拟公司为一家集团公司，总员工接近2 000人，下属三家企业，都有各自的人力资源部和培训要求。三家下属企业为我们提供了不同的行业背景。第一家是依靠自身积累不断发展的人员众多的传统型企业，它是一家化工企业，名为精益股份有限公司（以下简称"精益公司"）；第二家是依靠机遇快速发展的项目型企业，它是一家房地产企业，名为嘉和房地产开发有限公司（以下简称"嘉和公司"）；第三家是一家投融资企业，名为成信投融资有限公司（以下简称"成信公司"）。

一、母公司背景

华光集团成立于2001年，前身是精益公司。2001年精益公司实施多元化战略，投资成立了嘉和公司、兴荣公司和科城公司，为了更好地管理不同行业的企业，公司领导决定组建华光集团。然而，在不到5年的时间，兴荣和科城两家公司就因为经营不善被出售。因为资产重组、出售子公司，以及为地产公司融资等原因，华光集团于2006年又成立了成信公司。目前，华光集团主要就是这三家企业，公司总部位于南方市。南方市是中部地区省会，经济发展水平适中。

华光集团总部在案例中的主要人物有：
- 集团总经理谭敬光
- 集团人力资源总监郑晓明

二、精益公司背景

精益公司创建于1996年，是一家生产化工材料的企业，致力于研究开发化工新材料和新能源，现有员工1 600余人，知识型员工800余人。注册资本9 200万元，年产值15.2亿元。公司下属有三家生产工厂，都位于南方市郊区，占地面积近80万平方米；公司年产氧氯化锆38 000吨、氧化锆3 600吨、碳酸锆8 000吨、硫酸锆3 500吨、氢镍电池2 800万只、球形氢氧化镍4 000吨。公司2001年10月通过ISO9002质量体系认证，产品70％出口美国、日本和欧州市场，是南方市出口创汇十强企业之一，2010—2015年连续六年被南方市工商银行评为AAA级优良信誉企业。

精益公司是本书中最主要的案例背景公司，精益公司的主要人物有：
- 总经理孙建平

人物背景：孙总有非常丰富的工作经验，加入公司前就是谭总的好友。

- 主管销售副总关世雄
- 主管生产和研发的副总蒋一楠
- 主管人力资源和行政后勤的副总吴天豪

人物背景：吴天豪是公司早期的空降人员，是谭总请猎头从国内某知名企业挖过来的，在公司工作6年。

- 现任人力资源部经理黄学艺

人物背景：黄学艺是本公司空降人员，是一年半前吴副总从其他公司挖过来的。工作一年来，公司各项人事规章制度在其推动下纷纷建立起来，还为公司建立了新的奖金方案和绩效考核措施，取得了一定的效果，得到了孙总的认可。

- 前任人力资源部经理关欣

人物背景：关欣是关副总的亲戚，企业管理专业本科毕业，但是对于人力资源管理不够专业，做事的风格有些软弱，遭到众多中层主管的否定，两年前离职后由黄学艺继任。

- 培训专员唐真

人物背景：唐真本科毕业于某大学管理信息系统专业，进入公司人力资源部工作一年多。进入公司时，他首先参与了公司的e-hr项目，并作为公司内部人员配合外部的求索管理咨询有限公司相关人员的工作。项目结束后，黄经理让他负责培训。唐真曾经做过学生会的干部，口才不错，对于培训还是挺有自信的，觉得不会有什么困难。

- 生产部经理马向前

人物背景：马向前是参与本公司创业的老员工，跟随孙总多年。他负责的生产部门直接掌握公司的核心技术，逐见孙总对他的信任。只是他文化程度不高，缺乏全局意识和战略眼光，尚未进入集团公司的高层。他性格很强势，除了孙总，谁都不怕，为人非常讲义气，和下属关系很好，他会为了自己下属的利益而和公司高层据理力争。在精益公司除了孙总，没有人可以压服他。马向前对孙总很敬畏，虽然受到孙总的信任，但他不会为一些小事而去麻烦孙总。

- 其他人物：第一车间主任，刘福安；第二车间主任，田玉林；研发部经理，江河；研发部副经理，李永强；销售部经理，段志明；财务部经理，方勤勤；办公室主任，姚飞。

三、嘉和公司背景

嘉和公司创立于2001年，是国家二级房地产开发资质企业，在南方市房地产企业综合实力名列前三。嘉和公司自成立以来多年荣获省级"AAA"特级信用企业称号。嘉和现有员工200余人，业务领域涉及房地产开发、商业运营和物业服务三大板块。公司累计开发建筑面积逾750万平方米，销售收入达300多亿元。嘉和公司在本书案例中无主要人物，只是作为一个背景出现。

四、成信公司背景

成信公司成立于2005年，规模较小，有员工55人，是华光集团的全资子公司，总部位于上海。成信公司在发展过程中遇到了两个问题：一是2008年的金融危机，二是最近几年出现的互联网金融的冲击。如何把传统投融资和互联网金融相结合，是他们目前的一个重要课题。成信公司没有专职的培训管理人员。

成信公司在案例中的主要人物：
- 总经理凌云

人物背景：凌云，金融学硕士，曾在摩根斯丹利和高盛工作过。凌云偶然发现精益公司的培训专员林娟是某银行一位副总的千金时，就通过集团公司把林娟找来做自己的行政与人力资源部经理。
- 行政与人力资源部经理林娟

人物背景：林娟，本科毕业于国内某财经大学企业管理，某银行副总的女儿，曾任精益公司培训专员，即唐真的前任。她不愿意依靠父亲的关系找工作，自己求职，曾经在多家企业从事过不同岗位的工作，华光集团是她工作时间最长的公司。

五、其他相关公司

求索管理咨询有限公司（以下简称"求索公司"）是南方市最具实力的管理咨询公司。该公司成立于2007年，与南方财经大学有密切的合作关系。
- 求索公司项目经理兼培训师肖枫

人物背景：肖枫，硕士毕业，在求索公司工作快两年。
- 兼职培训师赵乐民

人物背景：赵乐民，南方财经大学工商管理学院教授，人力资源管理专家，有丰富的理论与实践经验；华光集团人力资源总监郑晓明曾经是他的学生，精益公司人力资源部经理黄学艺也曾经听过他的课。他和求索公司的总裁有很好的私交，故而在求索公司担任顾问和兼职培训师，他每周只在求索公司上两天班。

目 录

第一章 导 论 ··· 1
  1.1 培训的定义 ··· 4
  1.2 培训的类别 ··· 9
  1.3 培训管理的过程 ··· 11
  1.4 培训职业和培训行业 ··· 14

第二章 培训组织与培训体系 ··· 31
  2.1 培训组织 ··· 35
  2.2 培训体系 ··· 47
  2.3 培训质量管理体系（ISO10015）································· 61
  2.4 企业大学 ··· 67

第三章 培训计划与培训需求分析 ······································· 75
  3.1 培训计划概述 ··· 79
  3.2 培训计划的内容 ··· 82
  3.3 培训需求分析概述 ·· 92
  3.4 培训需求分析的方法 ··· 95
  3.5 培训需求分析的流程与信息搜集的方法 ························· 102

第四章 培训模式与方法 ·· 121
  4.1 概 述 ··· 124
  4.2 课堂培训模式及其方法 ··· 126
  4.3 体验式培训模式及其方法 ·· 133
  4.4 实践培训模式及其方法 ··· 146
  4.5 自学模式及其方法 ··· 154

第五章 培训项目管理 ··· 165
  5.1 概 述 ··· 168
  5.2 培训项目设计 ··· 168
  5.3 培训项目的实施与控制 ··· 174
  5.4 培训项目评估 ··· 180
  5.5 培训项目成果的转化 ·· 195

第六章　课程设计与培训师培训 ····················· 201
6.1　成人学习理论与课程设计 ···················· 205
6.2　课程设计的流程与方法 ······················ 208
6.3　培训师素质与能力要求 ······················ 213
6.4　培训师技巧与能力训练 ······················ 220

第七章　通用培训项目设计 ························ 243
7.1　通用培训项目概述 ·························· 246
7.2　新员工培训项目设计 ························ 248
7.3　管理人员培训项目设计 ······················ 256
7.4　其他通用类培训项目介绍 ···················· 264

第八章　培训的发展趋势 ·························· 273
8.1　技术发展与培训 ···························· 276
8.2　慕课、SPOC、微课与翻转课堂 ················ 279
8.3　培训外包 ·································· 288
8.4　组织学习与学习型组织 ······················ 291

参考文献 ·· 299

第一章 导 论

学习目标

学完本章后，你应该能够：
1. 了解培训的概念及其与培训开发、培训教育概念的差异。
2. 了解培训中的教练和导师技术。
3. 掌握培训的类别和分类方法。
4. 掌握培训管理过程。
5. 了解培训师职业与教育培训行业的基本情况。

一个天才的企业家总是不失时机地把对职员的培养和训练摆上重要的议事日程。教育是现代经济社会大背景下的"杀手锏"，谁拥有它谁就预示着成功，只有傻瓜或自愿把自己的企业推向悬崖峭壁的人，才会对教育置若罔闻。

——"日本经营之神" 松下幸之助

 **开篇案例**

培训师的一堂课

精益公司创建于1996年,最近几年发展势头非常迅猛。两周前,精益公司副总经理吴天豪来到求索公司,请他们对精益公司的中层干部进行管理培训,原因是他们经理的已有知识不能满足公司快速发展的需要。经过沟通交流,求索公司了解到精益公司对这次部门经理培训的要求是:系统地讲解现代管理理论,并传授一些可以进行实践操作的内容。

求索公司派出了项目经理肖枫来精益公司做培训。肖枫两年前获得工商管理硕士学位后,进入求索公司。硕士期间他对人力资源管理和开发做了大量的研究,这两年工作的主要内容也集中在人力资源管理和开发方面。肖枫自认为在人力资源管理方面具有丰富的理论和实践经验。正是在这样一个情况下,他准备的课是"人力资源管理:绩效考核"。

不过根据前几位精益公司做过培训的咨询师的反馈信息来看,精益公司的学员对培训好像很反感。如果不是精益公司有明确的规定,即不认真参加培训的员工,将被扣除本年度奖金,那么听课的人很可能会减少一半。

肖枫的讲课时间被安排在周六下午2:00~6:00,但直到2:20,那些经理才陆续到了教室。

听课的经理中除了人力资源部经理关欣外,还有生产部经理马向前、研发部经理江河、销售部经理段志明、财务部经理方勤勤、办公室主任姚飞,还有一些经理助理等。

肖枫注意到,有些经理一走进教室,就做好了睡觉的准备。"课看来不能按以前设想的样子去上了!"他暗想。

"我想,今天听课的除了人事部的关经理外,其他人对听课的兴趣都不大。如果是这样,与其光听我一个人讲,不如我们一块讨论一些管理问题。难得各位经理都在,大家在精益公司这几年,同企业一同发展。经过大家的努力,企业有了良好的发展势头。不过,随着企业规模的扩大和来自外部市场竞争的加剧,我们面临着许多挑战。大家不妨从各自的角度谈谈自己在工作中遇到的与人有关的主要问题。"

这样一个开场白,让有些经理感到吃惊,那些想睡觉的也顿时有了精神。

沉默了几分钟后,研发部江经理说:"肖先生,我先介绍一下研究发展部。我们这个部门的前身是精益公司的一个办公室,当初就我和现在的经理助理小沈两个人。八年前孙总经理聘我到精益公司做工程师时,我们的工作仅仅是维修设备,做一些简单的设计。这两年,随着企业发展的要求,我们在产品设计开发、技术引进等方面做了大量的工作,同时招聘了一些大专院校的本科生、研究生充实我们的技术力量。

目前，让我最头疼的事，或者说挑战是：技术人员跳槽的太多了。经常是一些挺优秀的新员工，在这里工作了半年或一年后，就离开精益公司，去了其他化工公司。我们也做了很多思想工作，可效果并不好，他们有的说那边的工资高，有更多的晋升机会；有的说我们公司地理位置太偏不利于将来发展。现在，我们部门被他们搞得人心惶惶。"

人力资源部关经理也插话说："是啊，这个情况我也知道，我们部门为公司制订了详细的人才培养方案，做了大量的培训工作，可是培养的人才很多都流失了，我们的努力都打了水漂了，真是既浪费金钱又浪费感情呀。我也想解决这个问题呢。对了，其实除了研发部有这种情况之外，其他部门也有类似的情况。"

肖枫刚想再问点什么，"我看我们还是把想说的说出来，然后再讨论吧！"生产部经理马向前大声说，"我们部门的问题和你的关系很大咧"。他冲着人力资源部关经理摇了摇手。

"你怎么这样说呢？你们每次提出培训要求，我们都很积极地安排呀。上次你们说一线员工感到工作压力大，我们还专门安排了羽毛球比赛和卡拉OK。你们还有什么意见呢？"关经理有些不高兴。

"你先别生气，听我慢慢解释。根据质检部门的抽查和顾客服务部门的反馈，产品质量出现下滑。上个月，我们召开班组长会，大家讨论的结果是，有些工人的操作不符合规定。三个月前，我们曾经提出了对员工的培训要求。因为是出国培训，你们就选派了那些平时表现好的员工。"马经理说。

"那当然，我们就是要让所有的员工知道，只有努力工作，才会有更好的机会。"

"这我管不了，但是那些没有得到培训的员工，以前的技术就需要提高，这次又失去了机会。现在，他们不仅技术有缺点，而且工作情绪低落。虽然你们安排了一些文体活动，但没有真正缓解他们的思想压力。我真的很担心，如果这种状态继续持续下去的话，产品质量将很难得到保证。"马经理反驳说。

"在座的其他人，还有什么问题？"肖枫一时不知道该如何回答，于是只好接着问。

接下来，销售部经理、财务部经理、办公室主任等都纷纷发言，面对这么多问题，肖枫感到巨大的压力，他顿了顿，说："这些问题都不是孤立的，它们之间都互有联系。所以任何单纯地就问题论问题，是很难得出一个妥善的解决方法的。今天，我也不想就某一个问题妄下结论，如果有可能，我希望我们能一起解决。"

思考题：肖枫下一步该怎么办？

由此看来，要在企业做好一场培训不是一件容易的事情，让我们帮肖老师想想办法一起来解决精益公司目前的问题吧！

1.1 培训的定义

一个企业是否具有竞争力，关键就是看这个企业里的人是否具有竞争力，是否具有较强的工作能力,是不是企业需要的人才。可以说,人才是企业最基本、最重要的资源,也是企业核心竞争力的基础。对于一个企业来说,如何把"人"变成"人才"可以说是重中之重,关系到企业发展的长远问题。

获得人才,无外乎两个办法:第一,通过招聘从外部获得人才;第二,通过内部培养,即员工培训,使有人才潜质的员工成为人才。两种获得人才的方法各有优缺点,对企业来说,都是不可或缺的手段。

相比招聘来说,内部培养人才的办法,虽然在短期内见效比较慢,但是从长期来看,这种方法培养的人才忠诚度高,企业投入的成本低,效果也更好。从人力资本的角度来看,员工培训就是一种投资,而且是风险小、收益大的战略性投资。

1.1.1 培训的概念

培训的概念有广义和狭义之分,从广义上说,培训是组织内部培养人才、提升竞争力的系列活动。

从狭义上来说,培训是给新员工或现有员工传授与完成本职工作相关的知识、技能或者改变员工的态度和观念,从而提升员工工作能力和绩效的过程。狭义培训的基本使命就是改善员工的绩效。因此,其培训的目标必须是直接为企业的经营目标而服务的,培训的内容必须具有很强的针对性和可操作性。在本书中如无特指广义的培训,培训就是指狭义的培训。广义的培训实际上包括员工开发和狭义的员工培训两方面的内容。

所谓员工开发是指组织通过各种方式挖掘员工的潜力,提高员工的工作能力和综合素质,使得员工能够胜任更加复杂的业务工作或者更高层次的管理工作,成为支撑企业战略与具备核心竞争力的人才的过程。员工开发着眼于企业和员工的未来,是为员工的未来发展而展开的正规教育、在职实践、人际互动以及个性和能力的测评等活动,从而支撑企业未来的发展。表 1-1 列示了员工培训与员工开发的区别。

表 1-1 员工培训与员工开发的区别

比较项目	员工培训	员工开发
目的	短期的绩效改进	使员工在未来承担更大的责任
与当前工作的相关性	高	低
持续时间	短,具有集中性和阶段性	长,具有分散性和长期性
参与方式	强制要求	自愿参与

1.1.2 培训与教育

从广义上来说,凡是能够增进人的知识技能、发展人的智力和体力、改善人的态度和品质的活动都属于教育。教育产生于人类社会的初始阶段,存在于人类社会生活的各种活动过程中。狭义的教育则主要指学校教育,即根据一定的社会要求和受教育者的发展需要,有目的、有计划、有组织地对受教育者施加影响,以培养社会所需要的人才的活动。广义的教育概念范畴可以包含广义的培训概念,而狭义的培训概念和狭义的教育概念既有较多的联系又有很大的区别。

教育与培训的联系有以下三点：

（1）二者都是一种传授人们知识、技能或改变人们态度、观念的社会活动。

（2）二者都是有目的、有计划、有组织的活动，都是有规律可循的。

（3）二者都要调动学生或者学员的学习积极性，提升其综合素质和能力。

教育与培训的区别非常明显，主要有以下五点：

（1）二者传授的对象不同。培训面对的是有工作的成年人，年龄跨度从十八九岁到六七十岁都有可能。他们社会经验较丰富，对很多问题都有自己的看法，要改变他们的思想观念并不容易。一般来说，人的年龄越大就越不容易接受老师的思想灌输。而教育面对的是学生，一般情况都低于22岁（即大学毕业年龄），个体差异小，思想较为单纯，思想观念可塑性强。

（2）二者持续时间差别较大。培训的授课时间往往非常有限，而且常常安排在业余时间，授课时间比较分散，可能一个月安排两三次培训，每次只有几个小时。而教育的授课时间比较长，学生在校期间，基本上全天都在接受教育。

（3）二者的目标不同。教育的目标是要提升学生各方面的素质，并且传承社会主流价值观；而培训的目标虽然也不排斥提升员工的素质，但是更强调的是解决企业面临的实际问题，希望在培训之后学员能够有立竿见影的改变。

（4）目标不同也带来了教学方法的不同，教育课程的内容往往更侧重于基础性和理论性，而培训课程的内容则往往更侧重于实践性和操作性。

（5）二者对老师的要求也有很大的不同。培训师不仅需要有相关的实际经验，往往还需要具备多种教学手段，才能够给学员带来足够的价值和吸引力。而教育则强调教师的理论水平和道德水平，所谓"学高为师，身正为范"正是对教师的要求。

表1-2简要列示了培训与教育的区别。

表1-2 培训与教育的区别

项目	培训	教育
传授对象	有工作的成年人，年龄跨度极大，思想较为复杂，社会经验多	无工作的学生，年龄跨度小，思想较为单纯，社会经验少
教学时间	持续时间短，且多在业余时间进行	持续时间长
教学目标	旨在解决企业现有的问题，功利性强；关注"怎么做"的技能提升与态度改进	目标在于提升学生的素质，侧重于"是什么""为什么"等理论教育和素质教育
教学方法	以学员为中心；注重学员的参与度及双向沟通，多种教学方法结合	以教师为中心，以单向教学为主要方式
对老师的要求	教师、教练、师傅、演员；善于抓住学员的注意力，具备解决实际问题的经验	道德素质、专业素质、口才

1.1.3 培训与导师、教练

国外的学者在研究员工培训与开发的理论与实践过程中，提出在广义的培训活动中为了提升员工素质，企业除了会使用培训（training）的手段之外，还常常使用导师（mentoring）和教练（coaching）两种手段来培养人才。

所谓导师，是一种以长期成长为目标的学习促进技术。导师技术的实行者被称为导师（mentor），是以言传身教的方式帮助学员树立人生观，推动其职业发展的人。生涯系统国际顾问公司总裁 Beverly Kaye 博士（2003）认为，每一个成功人士的背后，都隐藏着一个基本事实：有一个人，在某些场合，以某些方式，关怀这位成功人士的成长与发展。这个人就是该成功人士的导师。比如，亚历山大大帝的导师是伟大的哲学家亚里士多德，贝多芬和莫扎特的导师是海顿，亚瑟王的导师是神秘的大法师梅林。导师具有伟大的人格魅力，即使未身居要职，也足够产生巨大的影响力。

导师技术是由学员与导师在自愿的基础上建立的一种培训关系，可以是正式的，也可以是非正式的。正式的导师学员关系由组织安排实施，一般有清晰的培训目标，导师和学员之间有固定的沟通时间，组织对实施情况进行监督。非正式的导师学员关系则缺乏这些元素。对于很多人来说，非正式导师关系广泛地存在于朋友、亲戚、熟人中，某个人经常指导和帮助另一个人，他们之间实际上就形成一种非正式导师关系。导师技术强调以学员为本。导师主要扮演引导者、建议者和咨询顾问等几种角色，其作用主要是提升学员的综合素质，促进其职业发展。

教练技术起源于20世纪70年代初的美国，是专家们从运动心理学及教育学等相关学科发展出来的一种新兴的培训技术，能使被教练的学员洞察自我、发挥个人的潜能、有效地激发团队并发挥整体的力量，从而提升企业的生产力。国际教练联盟（International Coach Federation）认为，教练是教练员与学员形成的一种长期伙伴关系，旨在帮助学员在事业和生活上获得成功。教练帮助他们提升个人表现，提高生活质量。经过专业训练的教练员通过聆听、观察、沟通等手段了解学员特点和需求，然后选择合适的方式与学员在深层次的信念、价值观和愿景方面进行互动，帮助学员发现问题和解决问题。教练技术重视开发学员的自省能力和责任意识，强调帮助学员思考和学习，而不是教育他们，同时为学员在实际工作中遇到的问题提供支持和帮助。

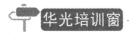

教练技术案例

精益公司总经理谭敬光先生，因公司业务不断拓展，想选拔一名副经理协助他开展公司生产技术方面的管理工作。但现有中层干部在综合测评后都达不到要求。

此时，他的朋友孙建平刚刚从一家大型企业辞职，正在寻找下一份工作。孙建平有多年的生产管理经验，谭总感觉如果请他加入公司，以他的经验、专业技能和管理能力来说，应该可以胜任自己所要求的副总经理职位。不过若聘用孙建平担任副总，需全面授权于他，让他承担相应的岗位职责，可谭总又担心孙建平还没有在本公司工作过，万一授权给他，他未能顺利开展工作，甚至影响企业的正常经营就得不偿失了。如果是普通人，可以不留情面地处罚，但是孙建平是自己多年的朋友，万一处理不好，朋友也做不成了。

带着这些困惑，谭总找到求索公司首席咨询师赵乐民，赵乐民是南方财经大学教授，在西方教练技术研究方面颇有造诣。以下是谭总与赵教授之间的对话。

赵教授：请问谭总，你选择的副总需要承担哪些职责？

谭总：过去我一直是自己进行全面管理，因公司业务发展，现已感到力不从心，而且我又想进一步拓宽业务，因此必须尽快选一名副总来协助我抓好企业内部生产技术方面的管理工作，从而使我更有精力在宏观上把握全盘的管理工作。

赵教授：既然如此，看来你现在面临的问题是必须作出选择了。

谭总：对，必须尽快选择，否则我实在拿不出更多的时间来考虑其他问题。

赵教授：从你刚才的表述中，可以看出，你对副总已有人选，那么你还担心什么呢？

谭总：孙建平是我的朋友，其实我对他还是很信任的，只是我担心他对我们的企业不太熟悉，如果委以重任，做不好的话，会引起整个管理上的混乱；再加上他又是我的朋友，如果出现这种结果，我和他都不好处理。

赵教授：看起来，你的担心主要是怕他不能胜任副总的工作。

谭总：是的。

赵教授：你觉得一旦选定副总并授权之后，如果他的工作出现问题，你将怎样去对待？

谭总：我认为既然我选聘了副总，并且委以重任，那他就应该负起全责，不能再牵扯我的精力，否则，我设这个职位还有何意义？

赵教授：据我了解，你的企业也是从小到大一步步发展起来的，而且现在已设置了多个职能管理部门，并且有各自的部门负责人，那么当初你在选择这些部门负责人时，是不是就只是简单地任命他们，也不管他们是否胜任，就全权委托去做呢？

谭总：（迟疑了一会儿）我要经过一段时间的传、帮、带，看他们是否能够胜任所承担的岗位工作，如果可以，就放手让他们去做。

赵教授：既然如此，你对新上任的副总为什么不可以也采取这种"扶上马送一程"的办法呢？

谭总：应该可以。

赵教授：其实，对于一名领导者，授权只是把事情交给合适的人去做，而授权以后的责任，还是要由你来承担，不知你是否同意此观点？

谭总：我完全同意。

赵教授：现在你知道如何选拔你的副总了吗？

谭总：明白了，我一方面应该大胆授权孙建平去做，同时也应完善管理制度，建立各类监督机制，还要对他多帮助、多指导，发现问题，及时解决，直到他比较适应自己的工作后，再大胆让他去做。

思考：谭总为什么会困惑？如何防止出现这种思维上的误区？

这个案例是一个典型的教练个案，它通过被教练人谭总对自己公司管理工作中困惑的公开披露和分享，赵教授运用发问、回应帮助谭总发现自己的盲点，从而使谭总最终找到了解决困惑的途径和方法，也就是发掘自己的潜能。有专家预测教练技术在未来将成为最热门及最具潜力的新兴事业。

大体上导师、教练同中国传统的师徒培训模式师傅的角色比较类似，培训、导师和教练这三种培养人才的技术的区别如表1-3所示：

表 1-3 培训、导师与教练的区别

项目	培训	导师	教练
教学与师生关系	正式的短期教学，一般无私人感情	正式或非正式的长期言传身教，一般有较强的私人感情	正式或非正式交流，可能会有一定的私人感情
教学目标	一般解决短期实际的问题	人生各种问题都可以成为教学目标，以实现学员人生理想为基本目标	一般解决个人心态、思维问题和团队合作问题
对老师的要求	教师、教练、师傅、演员	传道、授业、解惑；提供实际的帮助	解惑，提供团队训练的平台和方法

1.2 培训的类别

企业的培训可以根据培训对象、培训内容或者培训与岗位的关系等方面的不同，分为不同的类别。

1.2.1 按培训对象分

孟子说："或劳心，或劳力；劳心者治人，劳力者治于人。"（《孟子·滕文公上》）根据人们从事的工作类型的不同，我们可以把组织成员简单地分为两类：劳心的管理者和劳力的操作人员。如果进一步细分，把管理人员分为高层管理人员和一般管理人员，把操作人员分为专业技术人员和销售服务人员；另外，还可以把员工分为新员工和老员工。这样，我们根据培训对象的不同，可以将培训分为五类：

(1) 专业技术人员培训。专业技术人员分布在生产和研发等部门，专业性强，外行对他们的工作往往不太了解。因此，针对他们的岗位知识和技能的培训工作，更多的是需要依靠他们所在部门的管理者来组织安排。

(2) 销售服务人员培训。销售服务人员主要包括销售人员、财务人员、人力资源管理人员、行政与后勤服务人员等。他们的岗位知识和技能具有一定的通用型，因此，他们的培训工作，可以交给人力资源部具体安排。

(3) 一般管理人员培训。一般管理人员可以进一步分为中层管理人员和基层管理人员。基层管理人员因为要指导业务人员的工作，往往需要接受大量的业务知识和技能培训,另外,有些基层管理人员本身可能就是业务能手,他们往往可以成为培训者。中层管理人员的培训更加重视管理知识和技能相关的培训。一般管理人员培训也是可以交由人力资源部组织安排的。

(4) 高层管理人员培训。高层管理人员是企业的决策层,他们一般都具备较多的管理知识、相关技能和丰富的实践经验。他们在企业中也经常非正式地承担着一部分培训工作。他们的培训需求一般很难在企业内部得到解决,往往需要借助外部力量,比如高校、行业协会、研究机构、合作伙伴等组织,帮助他们进一步提升素质和能力。高层管理人员的培训需求主要集中在战略管理、变革与创新,以及识人、用人的能力培养等方面。

(5) 新员工培训。新员工指的是刚刚进入企业的员工,他们的培训目标、培训内容和培训方式基本上比较固定。其基本培训内容主要包括对企业基本情况的介绍、企业规章制度和企业文化的介绍、岗位知识技能的传授等。新员工培训一般由人力资源部和用人部门合作完成。

按培训对象进行分类,有利于我们根据培训对象的特点,设计不同的培训内容。

1.2.2 按培训内容分

企业中的培训,按培训授课内容可以分为知识培训、技能培训,以及态度、观念培训。

(1) 知识培训。知识培训就是要对员工传授新的知识,解决员工不知道"是什么""为什么"和"做什么"的问题。知识培训一般集中在某个特定的时间和地点进行,以保证知识学习的系统性。在知识经济时代,技术发展日新月异,企业要在激烈的市场竞争中获得竞争优势,离不开企业员工知识的积累和更新。另外,从培训与学习的角度来看,获得知识是掌握技能的基础,掌握一项技能往往离不开相关知识的学习和理解。只有让企业员工知识的更新速度超过老化的速度,企业才能在行业中保持领先地位。

(2) 技能培训。技能培训就是要传授员工具体的操作技能,解决员工不知道"怎么做"的问题。技能培训是企业最常见的培训,一般需要结合员工所在岗位的实际情况,采用集中面授和师傅带徒弟的形式进行。如果进行集中培训,往往需要设计特定的情境或者引入必要的设备进行模拟操作或者演练。

(3) 态度、观念培训。态度、观念培训就是要传授员工特定的价值观和行为规范,解决员工"不愿意做"的问题。态度、观念培训主要涉及对员工的价值观、行为规范、人际关系、组织承诺、不同主体的利益关系处理,以及个人行为方式选择等方面的内容。态度、观念的培训需要培训师对人性有深刻的理解,这类培训项目常常通过案例、游戏等形式使受训人员获得某种体验,培训师继而引导受训人员进行反思,使其态度和观念发生改变。

三类培训不是截然分开的,在实践中一个培训项目的培训目标往往在知识、技能、态度、观念等方面都会有相关要求。一堂培训课上,培训师也往往既有知识的讲授,又会有技能的传授,还会有态度、观念的引导。

按培训内容进行分类,有利于我们根据不同的培训内容,设计不同的教学方式和方法。

1.2.3 按培训与岗位的关系分

（1）岗前培训。岗前培训又称上岗培训，指的是员工进入一个新岗位之前，为了获得新岗位所需要的知识、技能态度、观念等所需要接受的培训。岗前培训包括新员工入职培训和换岗培训。新员工入职培训前面已经介绍了，换岗则包括岗位晋升、转岗和岗位轮换等几种情况。一般来说，岗位晋升是因为员工表现比较优异而出现的情况；转岗是因为员工表现比较差，以至于被认为不能胜任目前岗位，不得不调整到其他岗位而出现的情况。这两类培训都比较重视对新岗位知识、技能和态度的传授。岗位轮换本身是一种培养和开发人才的手段，因而常常与员工职业生涯管理相结合，更加重视员工潜力的开发。

（2）在岗培训。在岗培训指的是员工在不需要脱离工作岗位的情况下参加的培训。在岗培训的目标主要是改善员工的中、短期业绩，是企业中最常见的培训形式。在岗培训一般都是在保证员工完成本职工作的基础上，利用员工的业余时间进行的。

（3）脱产培训。脱产培训指的是员工暂时离开岗位，去相关培训机构、高等院校或者公司总部、分公司等场所，由企业内部或外部的专家和教师，对企业内各类人员进行集中培训。脱产培训的优点是员工没有工作压力，能集中时间和精力进行系统的学习。员工在专家指导下专心接受培训，员工之间还可以相互学习，因而能够在短时间内让员工的素质有较大的提高，培训效果比较明显。脱产培训的缺点在于培训针对性和实践应用性往往存在一定的不足，而且一般情况下，脱产培训的成本比在岗培训要高得多。脱产培训一般会选择表现较为优秀、将来可以承担更重要的岗位职责的员工参加，并且会选择相关员工工作不太忙的时候进行。

按培训与岗位的关系进行分类，有利于我们合理地制订培训计划和确定培训经费。

1.3 培训管理的过程

在企业中开展一项培训活动，其管理过程有一般的规律。大体上，培训管理有以下几个环节：第一，制订培训年度计划；第二，编写培训项目计划书；第三，开发与设计培训课程；第四，实施培训项目；第五，进行培训评估与反馈等。下面具体介绍这几个环节。

1.3.1 制订年度培训计划

正规且完善的培训管理过程是从制订企业的年度培训计划开始的，如果没有特殊情况，企业在未来的一年内主要的培训工作都应该按照计划有条不紊地进行。只有这样，才能保证企业培训体系的系统性和完善性，培训经费的控制也会相对容易。在培训文化比较成熟的企业，一般都设有专门的培训机构和专职人员。在每年年底的时候，他们都需要进行培训调查分析，并在此基础上制订下一年的年度培训计划。企业的年度培训计划的制订看上去比较简单，但实际上并不是件容易的事情。

制订年度培训计划需要了解组织的战略和未来一年的经营目标，据此考虑在企业拥有的培训资源（包括可能争取的培训经费），设计下一年的培训目标、培训项目安排等基本内容。培训管理人员需要进行企业的中高层管理人员培训需求调查，其中针对高层管理人员的调查中，不仅仅要搜集他们的培训需求，还应当就年度培训目标同他们进行深入的沟通。针对中层管理人员，培训管理人员则需搜集各部门的培训需求，并分析不同部门培训需求的轻重缓急。依据两个渠道获取的信息，形成年度培训计划的初稿。培训管理人员应该把年度培训计划初稿发给各部门的管理者审核，广泛听取不同部门的建议，最终形成年度培训计划的正式稿。之后交给相关领导审批通过后，就可以形成正式的年度培训计划了。正式的年度培训计划是一种非常粗线条的培训项目时间安排和可能使用的经费估算。具体如何制订年度培训计划，我们将在第三章详细介绍。

1.3.2　编写培训项目计划书

年度培训计划书的主要内容是由各类培训项目构成的，其中很多内容都比较粗略，甚至带有一定的预测性。因为在未来的一年里，企业面临的内外部环境是在不断变化的，每一个具体培训项目的内容即使进行了细化，到时候也不一定具有操作性。这就要求培训管理人员在某个培训项目的启动时间，组织相关工作人员对该培训项目进行培训项目计划书的编写。具体而言，培训项目计划书常见的内容有：第一，设置该培训项目的必要性和目的；第二，该培训项目需要达到的具体目标；第三，培训主题和主要内容；第四，培训时间安排，包括培训课程的时间总长和培训的时间安排；第五，培训形式和方法，如这个培训项目是脱产培训还是在岗培训，主要培训方法是课堂培训还是体验式培训等；第六，培训项目的培训师要求，即预期的培训师是谁；第七，该培训项目的受训对象是谁；第八，该培训项目的经费使用预算情况如何；第九，该培训项目的考核与奖惩制度的制定；第十，培训后勤保障人员和相关措施的安排。

1.3.3　开发与设计培训课程

开发与设计培训课程是培训师或者课程研发团队根据培训计划中的培训项目的目标和相关要求，针对教学形式、教学内容和教学对象的特点，将需要传授给学员的知识、技能、态度等各要素作结构化的安排，选择合适的讲课方式和方法，以保证教学效果的过程。具体而言有以下几项工作要做：

（1）根据培训项目计划书对培训内容的要求，详细地分析培训内容，制定教学大纲。教学大纲主要内容包括教学目标、教学重点与难点、基本的教学形式和教学方法、各个部分内容的授课时长等。

（2）受训人员特点分析，包括受训人员的年龄、性别、文化程度、在企业担任的职务、相关重要经历和经验、参加培训的意愿、希望在培训中收获什么等。

(3) 选择、购买或者编辑教材、讲义，以及培训时需要发放给学员的相关资料等。

(4) 确定具体的教学形式和教学方法。

(5) 设计上课的讲稿。

1.3.4　实施培训项目

在对培训项目中的课程进行了开发与设计之后，接下来就是实施培训项目了。实施培训项目包括实施培训项目的管理工作和具体的培训授课工作。如果说在培训课程开发与设计环节中培训师是主角，培训管理人员是配角，那么，在培训项目实施过程中，二者就都是主角了。一方面培训项目实施的核心是授课，培训师在授课过程中，可能会发现一些与教学设计过程预期不一致的地方，这就需求培训师根据授课情况，有针对性地选择或者调整教学方式和教学手段。另一方面，培训项目实施过程需要由培训管理人员来保障。培训管理不仅要做好诸如通知到位、场地设施设备的准备和检查等后勤服务工作，还要随时监督课堂的情况，搜集学员和培训师的反馈信息，为后续培训评估工作和将来的培训项目设计与实施提供参考。在确有必要的情况下，培训管理人员还可以根据培训项目实施过程中的监督情况，对培训项目计划作出调整。

1.3.5　进行培训评估与反馈

培训评估与反馈环节是培训管理的最后一个环节。培训评估不是一件简单的事情，它包含着多个层面。首先，我们要对培训师的授课水平和授课情况进行评估；其次，要对学员的学习效果进行评估，甚至还要依据学员接受完培训之后，回到原单位工作之后的表现来评估培训的效果；同时，还要评估培训的管理工作是否到位；最后，不要忘记企业培训是为了改善员工的绩效而存在的，我们要把学员的学习情况反馈给员工本人和员工上级领导，并为进一步改善员工的绩效提出相关建议。

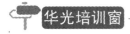

外聘培训师评价表

精益公司人力资源部经理黄学艺上任三个多月来，主要工作就是对公司原有的人力资源管理制度进行详细的梳理和优化。现在他已经拿出一个人力资源管理制度的优化方案。主管人力资源的副总吴天豪看了之后表示满意，但是他对这套制度是否能够很好地推行，还是感觉拿不准。正好公司最近要安排几个培训活动，吴副总就让黄学艺根据设计的培训管理制度和流程来安排这几个培训活动，顺便检验一下这套方案的效果。黄学艺设计的培训管理流程如图1-1所示：

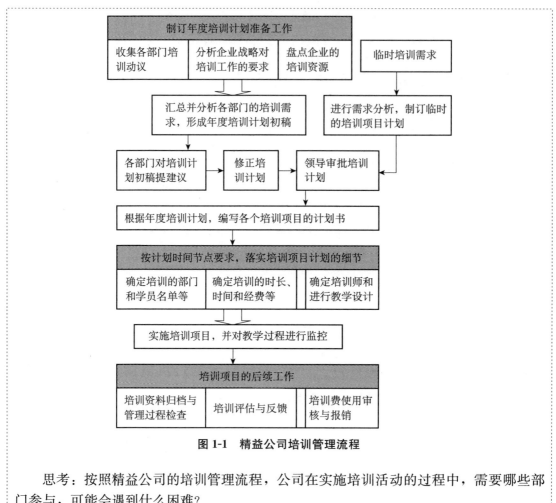

图1-1 精益公司培训管理流程

思考：按照精益公司的培训管理流程，公司在实施培训活动的过程中，需要哪些部门参与，可能会遇到什么困难？

1.4 培训职业和培训行业

在知识经济时代，培训行业可以说呈现出爆炸式发展，从业人员越来越多，培训职业也焕发了新的生命。了解培训职业和培训行业，对于人力资源管理专业的同学未来的职业发展具有重要的意义。

1.4.1 培训职业

培训职业主要包括培训管理人员和培训师两类岗位，二者不是完全分开的，在很多企业中培训管理人员往往需要兼任企业的内部培训师，而培训师也常常需要兼做一些培训管理方面的工作。

一、培训管理人员

培训管理人员主要从事企业培训活动的管理工作，前文介绍的培训管理五个环节的各项工作都是培训管理人员的工作职责。除此之外，不同的企业还会把一些相关的工作纳入培训管理人员的职责范围，比如设计企业的培训制度，推动企业培训组织建设、培训体系建设、企业文化建设和企业知识管理系统建设等。根据企业对培训管理人员的不同要求，我们可以把培训管理人员分为初级培训管理人员、中级培训管理人员和高级培训管理人员三个层次。初级培训管理人员主要从事一些事务性的工作，前文介绍的培训管理五个环节不一定全部涉及；中级培训管理人员则要对整个培训过程进行全面管理，同时，还要从战略层面上来思考企业培训体系的构建，成为企业高层的战略伙伴。企业培训经理、负责培训工作的人力资源经理或者人力资源总监等经常扮演着中级培训管理人员的角色；高级培训管理人员需要对整个培训行业的发展趋势有深刻的洞察力，能够根据企业的战略要求构建一个完善的培训体系，支撑企业核心能力的不断完善和发展。企业培训中心主任、培训公司领导人、企业大学校长及企业其他相关领导者常常扮演着高级培训管理人员的角色。

二、培训师

培训师主要从事培训课程的开发与讲授工作。从培训师的来源来看，大体上包括企业内部的专职培训师、企业内部的兼职培训师、培训公司或管理咨询公司的职业培训师、自由职业培训师、高校或研究机构的兼职培训师等。在过去相当长的一段时间，培训师的收入往往比在高校讲类似课程的教师收入高许多，这导致许多有相关能力和条件的高校教师去做兼职培训师。近几年来互联网上的视频公开课、慕课等公开免费的学习资源对职业培训师的发展产生了巨大的冲击。不过这种冲击对企业内部培训师和来自管理咨询公司的职业培训师的影响较小，因为他们所做的培训项目基本上都是为特定企业量身定做的，具有很强的针对性，一般不会在网络上公开，即便公开，其他企业也不能照搬照做。

1.4.2 培训师职业资格

目前，国外和国内均有培训师职业资格认证，有志于在培训行业工作的相关人员，获取这些认证在将来的就业竞争中会有一定的加分。不过，这些不同种类的认证的含金量如何，还是一个值得商榷的问题。一部分职业资格认证考试主要是检验考生的理论水平，而对于应试人员的实际操作技能和解决实践问题的能力的测试缺乏效度。毕竟员工培训是一门实践的学问，理论知识再强大，也不一定能够做好实际操作工作，解决实践问题。很多优秀的培训师并不一定拥有培训师资格认证证书。下面对国内外常见的培训师职业资格认证作一个简单的介绍。

一、国外的培训师职业资格认证

目前，国际上存在四种被广泛认可的培训师职业资格认证，它们分别是：第一，英国城市行业协会颁发的国际培训师职业资格认证；第二，英国剑桥大学职业资格认证中心颁发的剑桥国际教师和培训师资格认证；第三，澳大利亚培训局颁发的国际高级培训师资格认证；第四，美国培训认证协会和美国培训与发展协会的培训师资格认证。我们下面简单介绍一下美国培训认证协会的培训师资格认证。

美国培训认证协会（American Association for the Certification of Training Program，AACTP）是全球范围内最早专注于培训师系列认证的机构。美国培训认证协会的研究及评委会成员都是评估与认证方面的专家，他们大部分来自美国南加州大学、斯坦福大学等知名学府。2006年AACTP开始在中国推行它的培训认证体系。对于通过相应考试的学员，颁发AACTP全球统一的认证证书及其资质证明。AACTP授权的培训师系列认证（Certificate&Diploma）项目包含：第一，国际注册培训师（International Certificated Trainer，ICT）；第二，国际注册培训管理师认证（International Certificated Learning Offcer，ICLO）；第三，国际注册行动学习促动师认证（International Certificated Facilitator，ICF）；第四，国际注册课程设计师认证（International Certificated Course Designer，ICCD）；第五，国际注册PPT设计师认证（International Certificated PPT Designer，ICPD）。

AACTP采取"系统培训＋全国统考"的模式。符合申报条件的报考人员可参加当地培训特许机构举办的培训班，并参加认证考试；未参加相应培训的学员不可以直接参加考试。美国培训认证协会的考核采用三级考核的形式：

第一级考核为学习评估。考核学员参加美国培训认证协会举行的系统培训，包括面授课程和在线课程的学习。面授课程的主要考核指标为课堂评估及出勤率；在线课程的考核采用网络系统二级评估试卷；达到95%以上的出勤率及二级评估及格者方可参加第二级考核。

第二级考核是理论知识考核。采取90分钟制的标准化考试（不同项目略有不同，以该项目发布时的说明为准），考核内容为认证项目相关的专业知识。

第三级考核是实践能力考核。采取实操的形式，学员结合自身企业的实际情况设计所认证项目专业方向的实践方案，依据方案进行实操后提交实践报告。

通过以上三级考核者即可获得相应证书，未通过者可申请补考。

二、国内的培训师职业资格认证

中国国家人力资源和社会保障部认证的企业培训师职业资格认证共设三个等级，分别为：助理企业培训师（国家职业资格三级）、企业培训师（国家职业资格二级）、高级企业培训师（国家职业资格一级）。国家职业资格认证实行"统考日"制度，一般安排在每年的5月、11月的第三个周末进行职业资格认证考试，具体的考核方式包括理论知识考试和专业技能考核。理论知识考试采取闭卷笔试的形式，专业技能考核采取现场模拟的形式。理论知识考试和专业技能考核均实行百分制，成绩皆达到60分以上者为合格。企业培训师、高级企业培训师还须进行综合评审。目前，企业培训师职业资格认证考试理论知识考试时间为90分钟，专业技能考核为120～150分钟，综合评审时间为60分钟。感兴趣的读者可以自行查找资料。

> **专栏 1-1**
>
> **PTT 与 TTT 课程介绍**
>
> PTT1944 年起源于美国,是 PRESENTATION 的缩写,即展示、表演的意思,主要是探讨如何进行有效的语言表达,是专业培训师培训的主要内容。PTT 涉及教育学、行为学、管理学、营销学、心理学等内容;它是一门启发性的课程,要求以学员为中心和高度参与,通过各种方法消除学员的心理障碍,通过不断地制造问题,然后分析解决问题,帮助学员掌握展示的技能。PTT 训练职业培训师在讲台上的各种展示技巧,追求把课程内容以最完美的形式呈现出来,让学员接受;不过,PTT 的运用并不局限于职业培训师训练,它还可以用于各种场合的演讲,比如创业说明会、经营管理会议、营销展示会议等,在领导统驭、人际沟通甚至于一般性的表演等方面也可以通过运用 PTT 技术,帮助人们受益并获得成功。
>
> TTT1986 年起源于美国,是 Training the Trainer to Train 的英文缩写,本意是培训培训者的培训;TTT 培训管理师的授课对象主要是企业内部的培训管理人员和企业的内部培训师。它的内涵比 PTT 丰富得多,包括培训计划、培训组织、培训现场的管理、培训技巧等。有一个比喻:TTT 是一个摄制组,里面有导演、编剧、投资人、制片人(负责演员调度),也有采购员、剧务、灯光师、造型师、司机,还有全部演员;PTT 就是几个职业演员、主要演员,只管把课程表演好,不管开支、成本和采购。其实 TTT 是管理 PTT、服务 PTT 的一个课程,也做一些基础的内部培训;TTT 知识全面,PTT 展示技巧专业。
>
> PTT 的课程内容比较固定,主要就是训练学员个人展示、表达的能力。TTT 的课程内容则更多的是站在企业的角度来选择的。通过正规的 TTT 课程的学习,学员可以学会如何制订更有效的年度培训计划、如何合理地支配培训资源、如何构建企业内部完善的培训体系、如何通过培训使员工的素质真正得到提高等。而 PTT 的课程内容也常常会被放入 TTT 课程中。
>
> 不过在实践中,国内很多讲 PTT 的老师经常将他原本的 PTT 内容改名 TTT 授课;而同样讲 TTT 的老师,也将 TTT 改名 PTT 授课,导致二者区别不大。还有一些从业人士把 PTT 视为 Professional Trainer Training 的简称,意为职业培训师培训。

1.4.3 培训行业

一、培训行业概述

互联网时代的信息传递变得无比快捷和方便,人们对各种知识的需求也变得更加强烈。可以说在知识经济时代,培训行业是绝对的朝阳行业,以前需要靠人们自己摸索的诸多生活与工作方面的知识和技能,逐渐地都会有人去提供相应的培训。培训行业是一个比较复杂的行业,具体可以细分为以下几个子行业:

(1) 管理培训行业。管理培训是针对管理者或者未来将要从事管理工作的人员进行的培训。管理培训行业有着悠久的历史，儒家的创始人孔子就是古代最早进行管理培训的人。孔子强调"学而优则仕"，他所培养的弟子，基本上都是以将来成为管理者——"出仕"（即做官）为目的的。管理培训的基本内容具有一定的通用性，实际上，组织中优秀的管理者时时刻刻都在对自己的下属进行着言传身教的管理培训。管理者只有把自己的下属培养成为具有团队精神的高素质的人才，才能让自己的工作变得越来越轻松、越来越有效率。实践中，很多企业内部的优秀管理者都或多或少地扮演着企业内部培训师的角色。不过，很多新的管理理念、管理技术在企业内部是学习不到的，这就给专门从事管理培训的机构带来了许多商机。目前，国内的管理培训机构非常多，导致一些企业在选择合适的管理培训机构时不知从何下手。

华光培训窗

关经理的烦恼

手里握着足有两寸厚的培训机构名片，关欣眉头越锁越紧。在过去的一周内，他给名片中的不少机构打过电话，询问关于团队协作管理的培训课程。可是，随着他拨出去的电话不断增多，他反而更加迷茫，不知道该选哪家……

关欣之前找过自己的堂叔关副总，关副总向他介绍了一个在世界500强公司工作的朋友，让他去咨询。经过咨询关欣发现，那家企业有一套完善的培训体系，每年在哪个层级该培训什么内容，是在年初就制定好了。而且他们培训经费充足，主要外训机构锁定在几大知名管理学院和培训公司范围内。由于长期合作，他们十分清楚各家机构所擅长的培训课程，因此选择起来驾轻就熟。

然而，关欣所在的精益公司虽说规模也不算小，但是就那点培训经费，与那些培训机构面对的客户群实在不在同一个层次。关欣本来打算分门别类梳理一下管理培训课程，可是忙乎了几天后，发现这事很难操作，且不说培训机构规模各异、数量繁多，光是每一家的课程种类也足以让人眼花缭乱。比如一家针对外贸企业的培训机构，提供了40多种课程，诸如"出口营销实战训练——销售版""出口营销实战进阶训练""出口营销及有效获取、留住订单技巧训练高级研修班"等，即使仔细阅读每种课的内容说明，你也未必能分清其中的差别，更不要说精准选择了。

思考：关经理的企业该如何选择合适的培训机构？

另外，需要说明的是管理培训机构的主要业务是做管理者培训，但在实践中，销售人员的培训和一些通用类的培训，如职业生涯规划培训、商务礼仪培训等，也是管理培训机构的重要业务。

(2) 专业技术培训行业。专业技术培训是为了让技术类员工能够胜任具体的业务工作或者提升工作能力，推动企业技术进步，而专门针对某种专业技术设计的培训，如针对软件设计人员进行的某种语言编程培训、针对化工厂生产人员进行的某些工艺技术培训。由于其内容非常专业，行业之外的人很难介入，而且某些专业技术涉及企业机密，不会被公开，因此这类培训主要由企业内部组织进行，企业内部不能完成，才会选择相关培训机构。市场上的这类培训机构主要是一些驾校、技工学校等，开展的主要是各种车辆驾驶、水电安装与维修、车工钳工等一些比较基本的和公开的专业技术培训。如果企业需要寻求深层次的技术培训，往往很难在市场上找到专门的培训机构，有经验的培训管理人员会通过行业协会、高校、研究机构等去寻找培训师。对于某些专业技术知识特别小众化，以致找不到专门的培训机构和培训师，这个时候就需要相关技术人员自行去钻研或者通过个人的人脉圈子，找到同行进行交流学习。

（3）教育培训行业。教育培训是专门针对学生和社会大众在学习应试与生活方面产生的培训需求而形成的一个培训子行业。目前，我国教育培训行业是一个非常热门的行业，有着巨大的需求，产生了许多创业的空间。近些年来，我国教育培训市场受到投资商的广泛关注，我国教育培训领域的市场空间巨大。统计数据表明，教育支出在中国已经超过其他生活费用，成为仅次于食物的第二大日常支出。根据专家的估计，目前，中国教育培训产业的总需求在 1.8 万亿元左右，除去正规的学校教育（约 1 万亿元）之后，市场化培训需求达到 7 200 亿元。如此广阔的空间，可见教育培训行业拥有大量的机会，未来将催生许多有实力的企业。

大体上，教育培训行业根据其培训的内容，又可以细分为两大类、十几个小类：第一大类是学习应试领域的教育培训，如高考培训、考研培训、职业资格考试培训、出国培训、IT 培训、驾校培训、面试培训等。这类培训需求具有一定的刚性，也受到社会发展和社会风气的影响，造就了无数的中小培训企业，当然也造就了像新东方这样的有实力的大企业。第二大类是生活领域的教育培训，如亲子教育培训、养生保健培训、心理健康培训、心灵培训等，其培训的目的是解决人们日常生活中的一些问题，提升人们生活的品质。目前，我国这类培训市场还处于发展的初期，尚未出现有影响力的大企业，人们的培训需求还没有完全被开发出来，市场发展潜力巨大。

专栏 1-2

培训行业竞争真的很激烈吗？

目前，国内培训市场出现的"激烈竞争"实际上是一种低水平重复造成的表象，硝烟弥漫的价格战下，隐藏着大量的市场空白！

培训经理每天收到几十封邮件，都是培训公司发来推荐课程的；常常会出现几家培训公司"撞车"现象（同时推荐一个老师和课程）；绝大多数培训公司没有自己的课程和讲师，纯粹是中介公司的性质，相互之间竞争的主要手段就是价格战；广州、北京、上海等一线城市培训公司的数量都超过 1 000 家，每年都有成千上万家培训公司倒闭，每年又有更多的培训公司注册！

行业的竞争如此激烈，受惠者应该是谁？毫无疑问，应该是购买者和消费者。中国的家电行业竞争非常激烈，结果消费者就能买到价格低、质量好的产品，而且能得到越来越好的售后服务。但培训行业的激烈竞争之下，却是买卖双方都不满意！

卖方（培训公司）说："现在的培训市场不好做啊，企业很挑剔，培训经理难伺候，那么多的课程、那么多的老师卖不出去,价格战打得昏天暗地,根本就没利润可言。"

买方(企业培训经理)说:"我们的日子也不好过啊!老板年初给我50万的培训费用,年终总结的时候会问'我给你的50万产生的绩效在哪里',培训公司虽然多,但买来的课程总不能让学员满意,天天到处找好课程、找好老师,结果一不小心还是会买'砸'一堂课,学员会抱怨,老板会骂!总之培训经理作为上帝的日子过得也不容易!"

培训行业这种畸形的局面是如何形成的呢?

打开培训公司的网站看看就知道,大多数培训公司在卖同样的东西!

每一家培训公司都在卖"有效的时间管理""问题分析与解决""领导力""有效会议""非财务人员的财务管理",以及所谓的"专业销售技巧""商务谈判技巧"……十家培训公司有八家在做激励,五个营销培训师有四个是讲战略的!

但是,企业需要的不仅仅是这些课程!例如:

有关采购技术的培训企业需要吗?需要,但是买不到!

真正让企业满意的高级销售经理的课程企业需要吗?需要,但是买不到!

教会企业如何建立一个企划部,企划部的市场调研、消费者促销策划、公关管理、促销品管理等等职能如何体现?如何设岗?如何建立绩效管理体系,这类课程大中型企业最需要,但是买不到!

真正能把理念落实到行动,教会学员上午听完、下午就能用的营销技能课程企业需要吗?太需要了!但是买不到!

资料来源:引自微信公众号"中国企业培训师网"(2015-02-02),有删改。

二、国外培训行业——以美国为例

美国的企业培训开展得比较早,大概在19世纪后期美国就产生了职业化的咨询与培训服务。1872年美国出现了一个工厂学校,专门对工厂的员工进行培训,被认为是世界上第一个有文件记载的工厂学校。美国企业培训行业的特点可以概括为"八化":培训行业的规模化、培训部门的战略化、培训公司的专业化、培训师资的职业化、培训课程的精细化、培训方式的多元化、培训实施的流程化和培训评估的绩效化。

培训行业的规模化体现在2008年全美企业培训支出达到1 340.7亿美元(ASTD2014年年度报告[①]),占企业工资总额的2.24%。2008年人均培训费用达到1 068美元,年人均培训时间为36.3小时。培训行业在美国已经成为一个巨大的现代服务产业,推动着美国企业不断创新、发展,培训行业也产生了一大批优秀的专业化机构,不断提升培训行业的服务水平和专业能力。

培训部门的战略化体现在培训工作越来越为企业所重视,很多著名的大企业常常是企业首席执行官(CEO)亲自抓培训工作;培训部门往往从人力资源部门分离出来,单独设置,甚至成立培训中心和企业大学,培训部门的负责人拥有很大的权利和责任,直接参与

[①] ASTD全称American Society for Training and Development,2014年5月宣布更名为人才发展协会Association for Talent Development,简称ATD。

企业战略管理和各项重要的业务工作，为战略的落实和重要业务工作的开展提供相关支撑。国外很多企业高层都把培训作为企业人才管理的重要环节。而人才管理是现代企业竞争力的核心，人才战略是企业战略的关键组成部分。美国著名企业家韦尔奇在其自传中声称"通用电气（GE）是一家人才公司""没有克劳顿维尔①就很难领导 GE"。ASTD 年度报告显示，2008 年美国企业平均 253 名员工就有 1 名专职的培训负责人。

培训公司的专业化体现在美国大多数培训机构都是专业化机构，在某个领域都有自己独特的竞争力和培训专长。在美国专业化培训机构中流行的专业培训项目覆盖领导力开发、人才管理、销售培训、测评工具、标杆学习、职业发展、教练技术、变革管理、沟通技能、客户关系管理、E-learning、项目管理、企业培训解决方案、培训评估、金融培训、软件模拟、组织发展、绩效管理等几十个领域。例如，全球知名的领导力咨询与开发机构 DDI，它的业务主要集中在人才管理和领导力开发领域，经过 30 多年的发展，它已成为世界领先的咨询培训机构。

培训师资的职业化体现在无论是在企业内部，还是在外部的培训机构，有一大批长期从事专业化培训的队伍。他们大多是在大学获得 MBA 或者教育学学位的专业人士，长期致力于某个培训专题的研究和授课，积累了大量丰富的实践经验，成为非常有经验的培训专家。我们耳熟能详的如戴尔·卡耐基、史蒂芬·柯维、戈登·史密斯、布兰·查德等就是其中的顶尖专家。根据 ASTD 的研究报告，2014 年美国培训从业人员的平均收入为 8.3 万美元，比全国平均收入 4.8 万美元高出 73%，属于高收入行业。

培训课程的精细化体现在美国的培训机构不断开发出很多专业化的品牌培训课程和工具，国内读者比较熟悉的有"卡耐基培训""高效能人士的七个习惯""九型人格""行动学习法""教练技术"等。2010 年 ASTD 国际会议中，从 5 个专题 230 多场讲座就可以看出美国企业培训课程的专业化程度是相当高的，仅仅是领导力开发就有数十个细分的专题。

培训方式的多元化体现在企业内部培训和外部培训的有机结合，以及培训实施过程中引入案例讨论、测评工具、拓展训练、行动学习、企业经营模拟、DV、E-learning、基于手机的移动学习等针对性非常强的培训方法，充分发挥了成人教育的参与式、反思式、行动式特点等。同时，培训以学员为中心，以改变人的态度和行为为目的，促进组织的发展和绩效的改善。

培训实施的流程化体现在美国很多企业都有非常规范的培训管理制度和流程，企业各部门都很清楚培训的目的和需要做的工作，积极主动地参与培训预算制定、培训计划、培训调研、培训设计、培训实施、培训评估和知识管理等相关工作，使得培训的执行非常流畅和富有成效。

培训评估的绩效化体现在美国很多企业都有一套较为科学的评估方法来衡量培训的投入产出，著名的"柯氏评估模型"就是其中的典型代表。培训的产出不仅体现在个人态度、知识、能力和行为的改变，而且体现在整个企业的战略变革、流程再造和文化建设等系统层面，增强了组织的系统运行效率和产出。

---

① 克劳顿维尔培训中心，是 GE 公司于 1956 年在纽约建立的，该中心后来成为全球第一所企业大学。

三、国内培训行业的发展

中国培训行业大体上在 20 世纪初开始起飞,而后迅速发展。经过了早期的成功学泛滥成灾和中期的 MBA、EMBA 等中高层管理人员培训疯狂扩张,以及近期的互联网的微课、慕课等新培训形式的洗礼,我国的培训行业正在逐步走向成熟。

目前,中国培训业正走在品牌建设的道路上,培训市场经过多年来的发展,"实力"和"规范"正成为市场优胜劣汰的新标准。随着越来越多的中小培训机构被淘汰出局,培训机构呈现出集中化、巨头化的趋势。大体上,我们认为中国未来培训业发展有以下几个趋势:

(1)人才发展成为企业培训重点关注的内容,培训的外延已经扩展到了关键人才的界定、能力标准设定、人才测评和人才体系的发展领域。2014 年 5 月全球影响力最大的专业培训组织——美国培训与发展协会(ASTD)正式更名为人才发展协会(ATD)指明了全球培训行业新方向——人才发展,掀起了一股全球人才发展的热潮。中国培训行业也将与时俱进,紧跟世界发展潮流。

(2)互联网基因已经全面渗透入培训行业。随着技术的飞速发展,在线学习、移动学习、慕课、SPOC(Small Private Online Course,小规模限制性在线课程)、微培训等成为业界的热门词汇,培训行业中的许多企业所提供的服务和产品都融入了更多移动互联网、云学习、大数据等技术。

(3)"C2C"(Copy To China)模式依然盛行,并将持续多年。随着近几年国内培训行业与国外同行,尤其是美国进行更加广泛而深入的交流,几乎国外各种先进的培训产品在国内都能找到其代理商或类似产品,甚至有些中国本土产品的落地性和效果更好,但国内产品缺乏原创性或自主知识产权的现象依旧显著。

(4)企业内部培训人员的专业能力在迅速提升。主要表现在其讲课水平提升明显,培训内容更丰富、更接地气、更容易获得共鸣、更易借鉴和学习。随着企业内部培训相关人员的成长和发展,他们的要求会更高,眼光会更加挑剔,对外部培训机构和培训师来说,未来提供相关培训产品和服务的挑战越来越大。

(5)掌握核心技术、有研发能力的供应商大批涌现。尽管目前业界培训公司依旧良莠不齐,但也出现了许多拥有核心产品和技术的公司,并且出现了大量以移动互联网技术、云学习等为基础的产品和服务。随着企业内部培训人员的成长和移动互联网技术的发展,通过培训资源的信息不对称赚取佣金的模式即将终结。纯代理公司的生存空间越来越狭窄,需要尽快进行升级转型。

另外,我国培训界还有两个亟待解决的重要问题:

第一是长期以来备受学界关注的绩效改进培训项目效果仍然不佳。一方面,培训部门作为支持部门,其服务和工作并不能直接与企业期望的最终绩效结果相关联;另一方面,培训管理人员要有效地推动员工的绩效改进,必须具备咨询顾问的能力,这对大多数培训从业人员来说,无疑是一个巨大的挑战。目前来看,国内企业的管理水平和培训部门的成熟度同国外同行相比较依然较低,培训推动绩效改进的时机还未成熟,可能还需要至少 3~5 年的酝酿。

从发展趋势来看,有可能解决上述问题的咨询式培训在未来将成为培训行业的主流培训模式。所谓咨询式培训，就是培训机构协助客户企业的培训主管，理清企业未来的重点业务方向，有效地发现客户企业未来发展过程中的培训需求，提供支撑企业战略发展的整体培训解决方案，并在此基础上为客户企业量身定做系列培训项目计划，以及培训评估方案和培训成果转化方案，并始终推动整个过程得到有效的落实。

第二是培训界知识产权的保护意识依旧薄弱，产品同质化现象依然严重。由于缺乏国家相关法律法规的有效的支持，我国培训领域尚未形成行业版权保护联盟，举证难、维权难依然是培训创新者心中的痛，抄袭他人产品的现象时有发生。这个问题在一定程度上削弱了企业对创新的投入，以及对创新企业和个人的保护，并引发了严重的产品同质化现象。不过，需要指出的是，仅仅保护知识产权并不一定能够推动产品创新和解决产品同质化问题，因为培训师的竞争力是多方面的，培训师的人格魅力、授课技巧、相关工作经验等都是难以抄袭的。在保护知识产权的同时，提升培训师研发课程的能力，大力推动培训界与学术研究界、企业实践界的交流，在培训行业形成不断学习、持续创新的培训文化，才是中国培训界未来发展的正途。

另外，还有媒体把中国国内的培训行业的现有经营模式，总结为十三种模式。①

四、培训工作的误区

由于各种原因，企业管理者对于企业的培训工作往往会存在一些观念上和操作上的误区。培训管理人员要搞好企业培训，就必须想方设法纠正其他管理者存在的这些误区，常见的培训认识误区有：

1. 培训万能论

培训在组织中的重要性自然不必多说，某种程度来说，组织的核心竞争力的形成是离不开培训的。但是，企业中有很多问题是培训无法解决的，比如老板给员工的薪酬待遇太低，导致员工缺乏士气，甚至人才流失，这类问题企图仅仅依靠培训来解决是不可能的。另外，有些培训项目的效果并不是立竿见影的，或者要发挥作用还需要在培训之后相当长的一段时间依靠有关部门领导去推动培训成果的转化才行。

2. 培训无用论

与培训万能论相反的是培训无用论。当企业领导投入很多经费进行人员培训之后，并没有马上看到效益，往往就会产生培训无用的观点。企业领导必须明白，培训是提升效益的一种手段，而不是唯一手段。而且，一两次的培训不会产生长期的效益，真正好的培训是需要土壤的培育才能茁壮成长的，这个土壤就是一种人人都爱学习、人人都支持应用培训所学成果的文化氛围。只有在企业中形成了这样的氛围，培训的效果才能在比较短的时间内体现出来。

当然作为领导者用是否能带来直接的经济效益去衡量一项工作的价值是无可厚非的。但是培训给企业带来的经济效益多数是间接的，其效果也不是立竿见影的。而培训经费的支出却是有目共睹的。所以，管理者很容易就认为培训是浪费时间、浪费金钱的事情。培训管理人员必须明白"知道不等于做到"。员工从培训中学到了知识和技能，这仅仅是停留在"知道"的层面上，真正要做到则首先要经过一个消化、吸收的过程，然后再通过有

---

① 详细内容可参见网络资料 www.ssqc.com.cn/Article/59）.html。

意识地训练和实践，将学到的知识、技能转变为自己的工作行为，最终达到改善工作绩效的目标。这个过程是需要时间的，不能操之过急，管理者不能因为培训没有在短期内发挥效应，就断然否定培训的作用。判断一个培训到底有没有效果，目光不能太短浅，应该放长远一点。从另一个角度来说，普通员工因为培训不足，很可能因为工作不熟练造成产品不合格率高、顾客不满意等问题，这不仅会浪费企业的金钱，而且会影响企业的信誉。管理者自身的培训不足，会造成管理者决策能力低下，出现决策失误，企业为此而付出的"学费"会远远超过培训所需要的经费。

3. 培训是培训部门的事

企业中很多员工、管理者甚至企业领导都会认为，培训只是培训部门或人力资源部门的事情，与自己无关。培训做得不好全部责任都应该由他们承担。其实培训是整个企业都应该积极参与的事情，特别是各部门的管理人员，他们是实施培训的关键人物，从最初的工作分析、现场培训，到最后的评估、检查和跟进员工培训后的工作表现，各个部门的管理人员都扮演着重要角色。在一般企业里，有少则几十个、多则几百个职位，每个职位都有不同的工作要求和内容。培训部门通常只有几个人负责培训工作，他们的工作时间有限，就算不吃不喝、不眠不休地工作，也难以完成全部培训任务。因此，他们不可能也没有必要精通公司全部职位的工作要求和内容。他们是培训方面的"专家"，部门管理者是自己所管辖工作方面的"专家"，应各自发挥好在专业领域的特长，共同做好培训工作，把全体员工训练成一支专业化的队伍。

不过，培训做得不好培训部门确实应负主要责任，至少培训部门没有把正确的培训理念传达给企业管理者及同僚，从而造成自己工作被动的局面。

4. 培训是"为人做嫁衣"

在现实中确实会出现企业的员工经过培训就流失的情况，被人称为"为人做嫁衣"。受训人员离职会给企业造成一定的损失，但是，人才流失的关键原因其实并不是培训，而是企业没有一套合适的留住人才的体系，只要企业做足了工夫，大部分人才是可以留住的；即使是少数员工流失了，只要企业事先有防范措施，也不会因为个别人员的离职而"伤筋动骨"。如果长期不培训，员工的成长缓慢、能力得不到提升，无法满足成长的需要，员工也会离职。为员工提供培训长期来看最大的受益者还是企业，一则注重团队的培养会吸引优秀的人才加盟，长期培训可以建立优秀的团队文化，更利于留住人才。二则要完善培训体系建设，可以事先规避一些风险，比如说与员工签订培训协议等方式。

5. 效益好时不需要培训，效益不好时没钱培训

这是企业常见的现象，效益好时什么都好，很多问题被掩盖了，效益不好时又无法拨出经费来培训。培训是企业的一项战略投资，需要为此建立长期规划。很多企业都认识到人才和团队的重要性，但一支优秀团队的打造不是一朝一夕完成的，需要长期和持续的投入。还有人认为培训是一种成本，在企业效益不好的时候，当然应该砍掉成本，而培训工作首当其冲，能省则省。有些企业培训具有突发性和随意性，出了问题才想起培训。而此时再培训为时已晚。

6. 把培训当作成本，一方面想方设法压缩培训费用，另一方面又企图以小投入博大收益

很多管理者谈到培训时就自然而然地谈到价格，因为对培训不了解，就以价格为衡量标准。其实应从两方面来评估培训：一是培训的效果，我们要看决定培训效果的八项决定

因素，在每项中培训供应商的价值都会体现，而不能简单地看最终的价格；二是我们要算综合成本，很多人只算课程本身的成本，其实实施培训的最大成本实际上是员工因参加培训而失去的生产工作时间。它和培训差旅费合计约占总成本的80%。而培训措施本身的直接成本，包括课程设计开发的费用，只占总成本的小部分。所以要在确保培训效果的基础上计算综合成本。

7. 忽视培训之后的跟进工作，却希望员工能够学以致用

学以致用、知行合一的道理虽然大家都懂，但落到实处却不太容易。一方面，培训部门觉得自己只负责编教材、讲授和课堂考试，用不用是其他部门的事。况且培训项目的后续跟进是一件非常复杂细致的工作，有时候甚至会吃力不讨好，所以培训部门往往会采取多一事不如少一事的态度。另一方面，其他部门则认为培训前期准备、中期监督，以及后期的评估、培训成果转化都应该是培训部门的事情，既然企业为培训项目投入了必要的经费，培训部门就不能仅仅局限于课堂情况的监督，还应该确保培训有效果、受训人员业绩能够提高。结果培训部门和受训部门都只关注培训本身，不关注培训的后期跟进，不去管员工有没有将所学知识、技能运用于实际工作，以及在运用过程中碰到哪些问题，这样培训的最终效果自然难以尽如人意。

此外，还有一些对培训工作的误区也比较常见。比如，企业领导盲目跟风进行培训，"人家竞争对手都在培训，我们也要搞搞培训了"。因为人家都有，所以我们也要有，这样才显得我们专业，不落伍。甚至还有一些企业管理者，喜欢赶潮流，如现在流行执行力的培训，我这里也抓执行力；流行中国式管理，那我也大搞管理模式改革，进行管理模式培训等。又如，领导挤占员工的休息时间安排培训。在不少企业的眼中，培训的本质是企业出钱，给员工创造机会学技能，是企业对员工的一项福利，所以，员工也应该作出一定的牺牲，应该贡献出自己的休息时间。事实上，如果没有相关激励，员工们在劳累了一天、一周之后，都希望早些回到家休息，培训效果自然不会太好。

专栏 1-3

培训是福利，还是投资？

企业界对培训的价值有两种不同的观点：第一种观点认为培训是"福利"，第二种观点认为培训是"投资"。培训究竟是"福利"，还是"投资"？

其实这两种观点都没有错，就培训的对象——员工个体而言，参加培训，是获得了企业提供的提高自身能力、丰富自身内涵、提升自身竞争力的机会，是获得了企业提供的一份以服务形式兑现而非货币形式直接支付的报酬。从这个意义上讲，培训是"福利"；对企业而言，组织和开展培训，是通过一系列活动将培训的费用支出（货币）转化为员工的知识和技能（人力资本）的过程，而"投资"的释义就是将货币转化为资本的过程，因此说，培训是"投资"。"福利"和"投资"并非是非此即彼的二元对立关系，而是培训的价值和功能在两个不同侧面的反映和体现。从组织的角度来看，"福利"是手段，"投资"是本质。

一、培训是最大的"福利"

培训作为一种有效的激励手段,已经得到管理者们的普遍认同。员工们通过企业所提供的培训,知识得到了增长,技能得到了提高,能力得到了提升,从而具备了承担更高要求、更大难度工作的能力,具有了索取更好的工作环境和更高劳动报酬的条件和资本。企业"埋单",个人受益,提高了"身价"。从这个意义上讲,培训对员工的激励程度远远胜于普通意义上的"福利",可以说是最大的"福利"。

另外,有些培训由于培训师的水平较高或者培训形式较为有趣(比如一些野外拓展活动、商业游戏、仿真模拟游戏等),学员参与这种培训无疑获得了一种精神上的享受;还有部分培训机构为了迎合和取悦学员,常常会安排一些与培训内容关联度不大的诸如考察、取经、交流等项目来招揽"生源",参加这类培训的学员,在接受培训的同时,也实实在在地享受到一份福利,如一次公费的"旅游"。从这个角度来说,培训和福利也具有等价的效应。

另外,对员工灌输培训是福利的思想,是企业推动培训工作顺利开展的一种有效手段,它能使员工感到培训是企业的一种付出,是企业对员工的一种隐性奖励,有利于增进员工对培训的重视和自觉接受。

二、培训的本质是"投资"

不过从组织的角度来说,企业开展培训的目的绝不仅仅就是一种福利,一种对员工的简单激励。企业开展培训的根本目的是挖掘员工潜能,提高人力资源水平,更好地为企业经营服务,为企业创造更多的利润。因此,对企业而言,培训是"投资",是对未来的一种战略投资。

福利和投资的区别在于福利是一次性享受,兼具保健和激励的功能,而投资则要求得到"回报"。培训的投资回报,就是通过提升员工的能力来改善业绩,把培训的成果——人力资本的增量,转化为现实的生产力。如果企业把培训仅仅是当成一种福利,很可能就会忽视培训成果后续的转化工作,使培训的效果大打折扣。受训人员所学习到的知识技能,只有被再次开发并有效地激活,才能增值,才能为企业带来更大收益,获得投资的回报,否则,就会变为"沉没资本"或随员工的离职而流失。

本章关键词

培训　　开发　　教育　　教练　　导师　　知识　　技能　　态度　　价值观

本章小结

本章首先讲述了培训的概念,区分了广义的培训和狭义的培训,对培训与开发的概念、培训与教育的概念进行了比较。其次,介绍了广义培训中的教练技术和导师技术,并从培训对象、培训内容、培训与岗位的关系三方面对培训进行了分类。再次,对培训管理的全过程作了简单的分析,还对培训职业和培训行业进行了介绍。最后,介绍了企业管理者对培训常见的认识误区。

思考题

1. 培训与教育有什么区别？培训师和学校的教师有什么区别？
2. 教练技术、导师技术和培训技术有何区别？
3. 培训管理的过程是怎样的？
4. 企业的培训可以分为哪几类？
5. 培训行业的发展趋势如何？
6. 对培训工作存在哪些常见的认识误区？

课后案例

让培训成为提升战略执行力的基石

谭敬光是华光集团的总经理，率领麾下在化工主业深耕20余年，逐渐成为国内市场上的领先者。但商业环境的变幻莫测让他不安，金融风暴、人口红利消失、通货膨胀带来的成本上升……任何一个风浪都可能使企业倾覆。在年初的"集团战略会议"上，谭总雷厉风行，提出了要向集团已有的化工、地产、金融三大产业全面进军，同时，还要大力开拓高科技产业，并为副总们和各个部门分配了任务。

各部门的经理们叫苦不迭，感叹业务规模上得太匆忙，人力资源紧缺，会新业务的人根本不多。更有中层指出，随着近年来一波因已到退休年龄的老干部的隐退潮，内部人才补给已经难以为继，很多管理岗位都缺乏潜在的继任人员，人才结构出现"倒挂"。

回想华光集团近年来在人才吸引上不遗余力的投入，谭总大为不满，责问人力资源总监郑晓明。郑晓明解释道，目前成熟人才招聘难度大，且来了后又难以融入企业文化。

谭总仍然不满，追问内部人才培养为何乏力。郑总监哭笑不得，心想这个源头还不在你们高层吗？这些年我们在人才培养上投入了大力气，根据战略分解任务，根据任务确定员工能力需求，根据需求组织课程和人才培养项目。但公司的战略变得比天气还快，说白了，谭总的命令就是战略，才确定的培养方向，一转眼就偏了；即使偶尔方向没偏，授课式培训却很难无缝对接实践，员工学到的知识难以立即转变为绩效。这种情况下，潜质人才的能力始终欠缺，无法得到提拔，而能够为企业做事的，还是那些在关键岗位上长期接受锻炼的老干部，而碰上老干部因为年龄问题的"隐退潮"，这个矛盾自然被放大了，集团战略转型自然无法落地。可是，这些话郑晓明又不敢直接说，作为人力资源总监他有义务想办法去适应企业的战略变化，而不能要求战略来适应培训的要求。

万般无奈，郑晓明想起了自己当年在大学读书时教自己人力资源管理的老师赵乐民教授。于是，他给老师打了电话，赵教授听了郑晓明的陈述，思考了一会说，你应该想些办法激发员工的学习热情，如果广大的员工都拥有学习的热情，不再被动地等着组织来培养，而是自动、自发地去努力提升自己的能力和水平，组织无疑就获得了成长的不竭动力，自然也不会缺乏人才。目前你们公司的培训基本上是行政管理式的，学什么，怎么学，都由组织来定，员工根本没有说话的机会，自然也缺乏兴趣。

听了赵教授的话，郑晓明觉得非常有道理，第二天便组织集团潜质人才库的培养对象们进行了访谈，搜集了他们关注的主题。一盘点不要紧，郑晓明立马发现原来员工其实对于学习是有热情的，只不过一直被管理层忽视。特别是年轻的员工，他们不仅关注自己部门的业务，甚至还关注公司其他部门甚至其他子公司的业务。例如，有个生产部门的员工李涛，直言自己一直对房地产很有兴趣，大学也是学习房地产经营管理的，甚至还对嘉和公司的经营提出了建议。郑晓明听了他的建议，觉得颇有见地！这些建议、这种人才不是一直弱势的房地产公司正需要的吗？

如果能够在集团内让他这类人动起来，再为他们在实践中创造学习条件，那么部门经理们抱怨手下无人的情况不是就可以马上解决了吗？郑晓明一方面感叹年轻人的冲劲，另一方面却犯了愁，要是按照这种主题来推动组织学习，集团的构架都要被拆散，报告线和协作关系全部要被打乱！而要做到这一点，自己是没有权力的，必须让谭总下决心全力去推动。可是，他感觉这非常困难，毕竟是多年的格局，特别是打破后的风险，自己也承担不起。

踌躇之下，郑晓明又联系了赵乐民教授。赵教授告诉他，现在的培训已经与过去完全不同了。在输入上，由过去的"总部规划内容"变成了"基层迭代生成内容"；在过程上，由过去的"教学模式"变成了"互动模式""（模拟）实战模式"，更加强调"代入感"；在输出上，由过去的"柯式四级评估""菲利普斯评估"变成了"模拟实践，对接实践，去评估"。

在赵教授的帮助下，郑晓明设计了一套方案……

郑晓明先是重新提交了搁置多时的企业大学——华光学院项目，并向谭总力陈这是培养人才落地战略的当务之急。谭总很爽快地同意了，并亲自担任学院院长，同时，批了一笔经费外聘了几个知名学者担任客座教授，并将30余名中层管理人员聘为学院教授、副教授。郑晓明想得更周到，还让部属为教授、副教授们印好了学院教职的名片。

捧高了中层，郑晓明开始邀请他们到"华光大讲堂"授课，并且还支付了一定的课酬。这个举动同样大受欢迎，中层们仿佛找到了存在感，对教学异常投入，课堂变成了舞台，大家开始攀比谁的课更受欢迎。郑晓明自称教务长，还给大家定了规矩——在学院里，大家都是老师，没有职位。一个月后，郑晓明在学院大会上提出要"调动教学资源，思考战略发展"，并让中层们担任"企业导师"，带领潜质人才们进行战略思考。郑晓明宣布，科研主题由导师们提出建议，同时发动潜质人才参与提议，而后，由谭总等高层以主题对于战略的价值和当前的稀缺性为标准进行甄选。在授课上兴致正浓的教授、副教授们反响强烈，纷纷开始调研企业需求，而潜质人才们的才思也有了宣泄的渠道，好创意一个接一个，针对非本部门业务领域的创意也有不少！原来人人畏难的主题现在都成了香饽饽，居然有中层主动愿意尝试，而中层也不再抱怨没人能做事。例如，成信公司的盈利一直不稳定，现在其战略规划部的经理凌云主动提出要研究商业模式重构；再如，嘉和公司近年来员工工作压力大，员工流失率很高，嘉和公司老总张宇居然要开展"员工援助计划"……

没人做事的问题的确没了，既然人人都是"导师"，"学生们"自然可以自由选择，"导师"也自然可以邀请学生参与自己的研究主题。中层们发现，既然自己都要从别人部门抓人，自己的人被抓也不好说什么。学生选修一门课程，那又有什么关系呢？当然，为了保证专业支持，郑晓明还和自己的母校南方财经大学及求索公司达成合作协议，选择了一些专业人士为各科研小组提供专业支持。

几个月过去了，华光集团通过盛大的"华光论坛"对于"导师们"的成果进行发布，各个科研小组代表现场讲解，高管和外部专家现场提问，并进行了评分。最后，通过了大部分可实施的方案，并评选出了一系列的奖项。

庆功宴上，在与"导师们"频频举杯后，谭总慷慨陈词："大家的成果让我惊喜呀！接下来，你们要把今天通过的方案都落地，有了你们的好点子、好方案，我们华光集团必定再创辉煌！"看着中层们热烈的反应，郑晓明笑了……

资料来源：根据环球人力资源智库专家委员会执行主席，穆胜博士后"用培训执行战略"一文改编，网址如下：http：//mp.weixin.qq.com/s?__biz=MjM5OTYzMDE1Mw==&mid=213915696&idx=1&sn=9b5b8e728f6ddd158647a0a0839d0b21&scene=23&srcid=1219qri3f8Fc1UywDfwnRnJj#rd。

问题：
1. 华光集团遇到了什么问题？
2. 郑总监是如何激发员工的积极性的？
3. 华光集团的战略与培训是如何结合的？

第二章
培训组织与培训体系

学习目标

学完本章后,你应该能够:
1. 了解培训组织结构的发展。
2. 了解培训职责的划分与培训组织结构的设置。
3. 掌握培训体系的构成。
4. 了解培训体系建设的基本思路。
5. 了解培训质量管理体系 ISO10015。
6. 了解企业大学基本概念和特点。

开篇案例

沃尔玛的培训体系

最近,精益公司副总经理吴天豪在南方财经大学 EMBA 课程中学习了企业培训体系建设的相关知识。回到公司之后,他给新上任不久的人力资源部经理黄学艺一份自己上课时收到的材料,要求黄学艺尽快为公司建立完善的培训组织与培训体系。黄学艺一看,这是一份关于全球著名零售企业沃尔玛培训体系的资料。大体内容如下:

沃尔玛注重对员工的培训与提升,搭建有效的员工培训平台,以培训打造一流的服务团队,这是沃尔玛成功的重要原因之一。沃尔玛的员工培训体系有以下几个特点:

一、根据员工的职业生涯发展设计员工的培训计划

在员工培训计划上,沃尔玛推行员工培训与发展计划相结合的方式。沃尔玛内部各国际公司必须在 9 月与沃尔玛国际部共同制订和审核年度培训计划。人力资源部会为每一位员工制订相应的员工发展计划,并据此为员工成长路线提供相应的培训。

在沃尔玛,大多数员工的晋升速度很快,经常是半年、一年就会有一个提升。因此人力资源部会与每个新员工沟通,共同制订员工的职业生涯发展计划。员工的职业生涯发展计划一般由一个个具体的目标组成,最基础的目标就是接任自己上司的职位。公司在每个关键环节都会组织员工进行与岗位或职位相对应的培训。例如,新员工入职培训、岗位技能培训、部门专业知识培训、部门主管和经理的基础领导艺术培训、高管的高级管理艺术培训等。可以说,沃尔玛的员工在每次成长或晋升时都会有不同的培训实践和体验。

二、实行全面培训策略

沃尔玛实行全面培训的策略,入职培训、技术培训、岗位培训、海外培训等是员工的重要培训内容,管理人员还要接受管理技能与艺术方面的培训。

(一)独特的入职培训

沃尔玛新员工的入职培训采取的是时间长、重操作、全面性的培训店实习培训。为了做好入职培训,沃尔玛在全球各地都设立了培训店。沃尔玛一般会在新店开业前半年开始招聘新员工,并组织新员工到邻近的培训店接受 3~6 个月的实习培训。新员工到培训店实习时并不确定具体的岗位,而是要在 3~6 个月内接受公司文化、信息系统、业务营运、管理政策等各方面的培训,以全面了解一个卖场是如何运作的。实习培训期间最为重要的培训就是"1-30-60-90 计划",即在新员工入职的第 1 天、30 天、60 天、90 天分别会有四次侧重点不同的入职培训。沃尔玛认为,员工入职的这 4 个日子都是非常关键的时间点,

培训一定要配合员工这个时间点的心理变化和对公司、业务了解的变化。

新员工入职培训的第1天，要接受企业文化的培训，听培训师讲述沃尔玛的创建和发展历史，以培养员工的荣誉感和自豪感。另外还要知道如何同其他部门的员工进行沟通，并要到各门店进行参观以熟悉公司是如何运营的，等等。沃尔玛的新员工在接受一天的入职培训后，还将分别在第30天、60天和90天与管理层或人力资源部的负责人一起，进一步了解沃尔玛的企业文化和规章制度。这样，既可以了解新员工对企业文化的适应度和上下级之间的融合度，又能帮助其更快地适应并融入沃尔玛团队。

（二）关键岗位的系统化技术培训

沃尔玛非常重视对关键岗位员工的技术培训。例如，沃尔玛的采购经理需要定期接受系统化的技术培训，包括英语交流、谈判技巧、产品认知和产品促销等各种技能培训。为了提高员工的专业技能，沃尔玛独创了一个新的培训项目，叫作"沃尔玛鲜食学院"，这个学院设置在沃尔玛中国主要的门店中，针对中国人的文化和饮食习惯而创立，培训员工如何制作符合当地人口味的各种面点、菜肴和熟食等食品，以达到增加销售的最终目的。

（三）差别化的岗位培训

沃尔玛针对不同岗位和不同级别的员工有相应的培训计划。英语培训、岗位技能及管理艺术的培训是三个重要方面。在沃尔玛，管5个人以上的员工都要接受管理培训。经理岗位的员工上任后，首先要脱产3天，参加"基础领导艺术培训"。各分店的店长以上或是C级以上的管理者需要进行封闭培训，一般上半年和下半年各两次课程，每次为时一星期。

（四）通往高管之路的海外培训

海外培训是沃尔玛培养和选拔高级人才的重要途径，而沃尔顿学院则是其人才培训的摇篮。在沃尔顿学院，高级管理人员会接受"国际领导艺术培训计划"。培训的主要内容是关于领导艺术和如何在店内开展非常细节的管理。从沃尔顿学院出来后，他们还将有机会接受高级领导艺术的培训，然后被送到卡内基学院再进一步深造。

三、经验式培训与交叉培训相结合

沃尔玛的培训主要采用经验式培训和交叉培训两种方式。经验式培训强调以生动活泼的游戏和表演来引起学员的注意力，帮助学员理解。在很多培训课上，人们可以看到培训师不断地讲故事、做游戏，让学员进行研讨或者进行角色表演等；协助参与活动的学员分析问题，鼓励他们分享。培训师通过识别和分析学员在活动中的各种行为特点，再进行有针对性的辅导，这种方式既有趣又有效。

沃尔玛的交叉培训指的是让一个部门的员工到其他部门去学习，从而使这位员工获得自己岗位技能之外的技能。交叉培训可以让员工掌握多种技能，这样员工在整个商店的其他系统、其他岗位都能够提供同事或者顾客希望得到的帮助，促使员工能够完美、快速地解决所面临的问题，增强工作团队的灵活性和适应性，提高整体的工作效率。交叉培训还可以消除员工的职业倦怠感，帮助员工从不同角度考虑到其他部门的实际情况，减少公司的内耗，必要时可以将其抽调到全国的任何一家门店及时增援。

四、重视培训的效果和培训的系统性

沃尔玛注重培训师和培训员工之间的关系、培训内容理论性和实操性之间的关系以及强制性培训与自主性培训之间关系的平衡，采取培训前、中、后"三步培训法"，提升培

训效果。

（一）培训前——理论联系实际

培训师在准备培训内容之前，进行驻店观察，针对该企业、该门店、该员工实际存在的具体问题进行课程安排，就亟待解决的问题整理出培训重点，将培训落到实处。培训师可以提前发放培训课程内容和时间安排计划表给门店员工，让员工做好培训准备。

（二）培训中——集中培训和日常培训相结合

沃尔玛培训分为集中培训和日常培训两种方式。集中培训课程的时间设置控制在1个小时之内；同一门培训课程可以在不同的时间段多安排几次，员工可以根据自身的时间和工作需要对培训课程进行选择，尽量避免培训对员工日常工作造成负担；培训内容注意多设置实操演练环节，可以请表现优异的员工进行示范，适当地给予一些奖励，提高培训课程的互动性，活跃培训气氛。对于日常培训，尽量安排在上班时进行培训，培训师在旁边观察门店员工的操作，随时进行指导、纠正和培训情况记录。培训师还会对某一员工的培训前与培训后的操作情况进行DV拍摄记录，作为示范教本。

（三）培训后——强化培训效果监管，树立"员工标杆"

为了保证培训的效果，沃尔玛建立了以激励和愿景为核心的培训机制。具体措施如下：第一，强化培训检查制度，对员工的培训情况进行定期和不定期的检查和监督，提高员工对培训的重视程度，端正培训态度；第二，评估培训效果，根据培训后的情况适时调整培训内容和方案；第三，对培训后成长迅速、表现优异的员工进行奖励表彰，在员工内部树立"员工标杆"，对优秀员工和其他员工都起到良好的促进作用，激励员工进行自主性培训；第四，选拔部分培训表现优秀的员工进行培养，成为相对落后员工的师傅，让他们在培训工作上与培训师相配合，完善企业培训体系建设，减少培训成本，丰富培训资源。

黄学艺看完之后，心里不由一惊，精益公司与沃尔玛无论是在实力、规模，还是在管理水平等方面都不是一个层次的，而且行业也不相同，这份材料能有多大的参考价值呢？领导是给我出难题呀，不过，为企业建设一个完善的培训体系还是非常有必要的，这也是体现自己价值的机会，看来我得好好筹划一下了。

2.1 培训组织

企业要开展培训活动，需要相关的人员去负责。有的企业是专人负责，有的企业是找人临时负责，有的企业则建立了复杂的培训组织来专门负责。一般来说，企业规模越大，领导对培训越重视，就越可能建立相应的培训组织去专门负责企业的培训活动。培训组织的设置与公司培训规模、培训水平以及培训的效果息息相关。

2.1.1 培训机构的设置

一、培训文化的成熟度与培训机构的设置

组织培训机构的设置与企业发展的阶段、规模大小、发展战略等都有密切的关系。但是，真正对企业培训机构设置有决定性影响的是企业培训文化的成熟度。

在企业培训文化尚未形成之前，企业领导层往往认为企业培训机构可有可无。当企业有培训需求时，一般都由各个业务部门自行想办法解决，由企业领导、部门负责人或者老员工，兼职做培训，人力资源部做一些协调性的工作。但是，兼职做培训的员工，很难专注于培训工作，不仅不能保证培训管理工作的专业性，而且会导致整个企业的培训工作缺乏系统性和规范性，严重影响培训工作的管理效率，继而对培训的效果也产生不良的影响。当企业领导人意识到这个问题时，专职的培训人员就产生了。最初，专职的培训人员一般都是在人力资源部设置一个培训专员岗位或者培训主管岗位，主要负责牵头公司各业务部门的具体培训工作，制订公司的年度培训计划等。随着培训文化的进一步成熟，公司领导越来越意识到培训工作的价值和重要性，开始要求培训专员负责组织开展一些适用于全公司范围的通用培训项目以及参与聘请和甄选培训师等工作。这个时候一个人可能忙不过来，需要增加人手，进行分工合作，于是培训机构的雏形也就产生了。

公司培训文化不断成熟的过程，就是公司领导对培训工作的价值全面深入的认识过程，也是公司领导把培训工作和企业运营发展工作不断紧密结合的过程。这个过程，往往伴随着公司的不断壮大和发展。随着业务量的不断提升，培训工作也变得越来越庞杂，培训管理的规范性和系统性变得越来越重要。公司领导进一步发现有必要加强公司的培训管理工作。同时，在人力资源部门，培训工作的工作量渐渐超过了其他所有业务工作，其重要性上升到公司战略层面，成为公司战略执行的重要手段。而培训专员由于级别问题，对公司战略了解往往不够，这时候就迫使人力资源部经理不得不投入大量的精力在培训工作上，这就有可能影响人力资源部的其他工作。这个时候，培训就可能从人力资源部独立出来，成为一个独立的培训部门。培训部门从人力资源部独立出来，是公司高层树立了培训在企业具有战略地位的观念的体现。

不过，培训部门虽然可以从人力资源部独立出来，但是独立之后的培训部，在培训工作中往往还需要同人力资源部进行密切的配合。比如人力资源部拟定公司的人力资源战略和人力资源规划，为培训部门制订培训计划提供了依据；培训部门也为人力资源部门的员工职业生涯规划、人员的晋升、轮岗等工作提供帮助。然而，两个部门在合作过程中也难免发生矛盾和冲突。因此，为了更好地协调两个平行部门的工作，许多企业往往在人力资源部和培训部之上设置一个人力资源总监来充当组织与协调的角色，或者指定公司某个领导专门负责两个部门之间的协调工作。

随着公司培训文化的不断成熟，人们逐渐发现培训也可以成为利润的来源。独立的培训部门不仅可以对本企业的培训进行管理，还可以利用自身的资源，进一步去拓展本企业之外的培训市场，从而获取利润。这个时候，独立的培训部门就可能演变成一个自负盈亏的子公司。这个时候，独立的培训部门会进一步发展，成为培训中心。比如德国大众汽车培训中心就是这样一个自负盈亏的经济实体。

当独立的培训部门或者培训中心建立了较为完善的培训体系，有自己的师资力量和比较稳定的生源；并且其组织的宗旨由服务于客户、赢得利润，转向于研发新的知识、技能时，培训中心和传统的大学就有了较多的相似性。此时，独立的培训部门或者培训中心就可能演变为企业大学。企业大学不仅仅关注眼前需要解决的问题，更加关注客户的长远利益和学员综合素质的提升。成熟程度不同的培训文化对培训机构设置的影响以及培训机构的特点，可以用表 2-1 表示：

表 2-1 培训文化与培训机构的特点

培训文化的成熟度	机构设置	特点
1. 不成熟	无	无人力资源部；培训工作缺乏系统性和规范性
2. 认识到需要由专人负责培训才能保证培训的系统	培训专员/培训主管	培训机构设置在人力资源部之下；该形式有利于形成一个统一协调的培训计划，但难以体现培训在企业中的战略地位，有时难以保证培训的力度和连续度
3. 认识到培训的战略地位	独立的培训部门	培训机构与人力资源部并列，成为公司的一个独立部门；与人力资源部的协调难，往往需要设置一个领导进行协调
4. 发现培训可以是利润的直接来源	培训中心	培训机构和企业其他部门相比，具有更强的独立性，对外承接培训业务，获取利润
5. 赋予培训工作人本目的和社会价值	企业大学	培训机构不仅可以独立生存，而且成为企业竞争力的来源和支柱；对内培养人才、塑造企业文化，对外建立合作关系，传播企业价值，并获取利润

二、培训部门常见的组织结构

培训部门的组织结构主要受其职能事项、企业所在行业的特性、企业规模、人力资源的开发需求等因素的影响。组织结构设计人员应在市场调查的基础上，结合企业的实际需要，设计出与企业实际情况相符的组织结构。

（1）按培训事务的专业分工设计。根据培训事务的专业分工，可将其组织结构设计成如图 2-1 所示的样式。

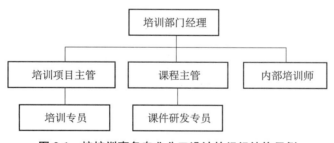

图 2-1 按培训事务专业分工设计的组织结构示例

（2）按职能事项及培训对象设计。根据培训职能事项及培训对象，可将其组织结构设计成如图 2-2 所示的样式。

（3）按培训项目的运营设计。按培训项目的运营，可将其组织机构设计成如图 2-3 所示的样式。

（4）以企业大学模式建立。以企业大学模式建立培训中心时，可参照高等院校的组织结构将其设计成如图 2-4 所示的样式。

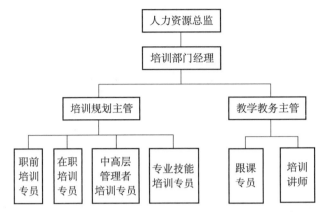

图 2-2　按职能事项及培训对象设计的组织结构示例

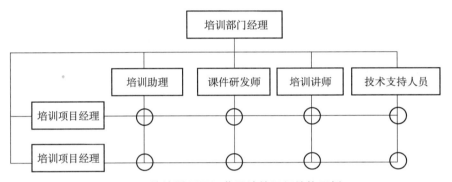

图 2-3　按培训项目运营设计的组织结构示例

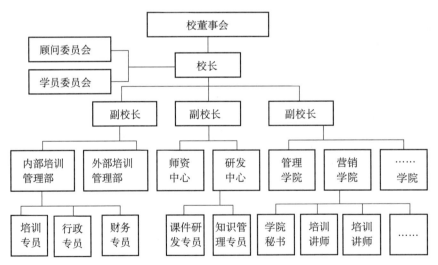

图 2-4　以企业大学模式设计的组织结构示例

三、培训机构设置需考虑的问题

培训的组织必须根据企业具体的实际情况来设置，大体上我们在设置培训组织机构时，需要思考以下几个问题：

（1）培训组织机构在整个集团体系内如何定位？是战略部门还是后勤部门？是利润中心还是成本中心？一般来说，如果是战略部门、是利润中心，可以设置培训部门、培训中心，甚至可以考虑建立企业大学，如果定位为后勤部门和成本中心，设置在人力资源部之内就可以了。

（2）整个公司从上至下，公司总部与分公司或者母公司与子公司之间的培训工作应该如何分工合作？它们之间的职责与权限如何？如果设置企业大学或者培训中心，那么它和其他各个部门之间的关系如何定位？对于大型企业来说，公司可能有多个培训机构，如果它们的职能重叠、工作重复，那不仅是一种浪费，也不利于构建完善的培训体系。

（3）每一层培训机构设置哪些部门、哪些岗位？不同部门、不同岗位如何分工？人员编制如何？这是培训机构设置的核心问题。

（4）培训机构与各个业务部门的培训协调人员之间如何分工协作？培训机构管理者和其他管理者在整个培训工作中的各自职责如何定位？

（5）设置专职培训管理人员和专职讲师的条件如何？如果公司太小或者因为各种原因，不设置专职的培训管理人员和专职讲师时，又该如何开展培训管理工作？

（6）兼职人员的选拔、激励制度如何建立？

2.1.2　培训职责的划分

培训部门的职责划分有多个方面，包括培训部门与其他部门之间的职责划分、培训部门内部的职责划分、公司总部与下属子公司或分公司培训职责划分。

一、培训部门与其他部门之间的职责划分

企业培训活动的开展需要各部门协调统一，对培训过程中的需求分析、培训设计和实施、培训评估等都需要有明确的分工和职责要求。我们可以从培训活动的不同环节来分析决策层、业务部门、培训部门和普通员工四个层面在培训活动中的职责。

在培训需求调查分析与制订培训计划环节，培训部门是主力。但是，企业的各个层面都需要积极参与，否则这个任务就很难完成。比如，在这个环节决策层有时候需要深度解读企业战略和经营任务，这样培训管理人员才能有针对性确定年度培训计划或者重大培训项目的培训目标和任务。培训部门制订好培训计划之后，也需要给决策层审批；对于业务类的培训，往往只有业务部门最清楚自己的需求，在这个环节没有他们的参与，培训管理人员很难拿出有针对性的培训项目计划；另外，企业的关键人才或者骨干员工如果不参与培训需求分析，培训管理人员就不可能设计出符合他们特点的培训课程。

在确定培训预算环节，培训部门和业务部门首先需要对培训计划中各个培训项目的轻重缓急进行分析，提出各个项目的合理预算，最后得出总的预算，然后提交给决策层审批。决策层负责审批预算费用，把预算控制在合理的范围内。之后，培训部门和业务部门需要在领导确定的费用范围之内，重新考虑培训计划中的培训项目数量、规模等具体内容。

在选择师资和教材环节，主要是由业务部门和培训部门负责或者参与。对于业务类培训项目，一般由业务部门决定培训的师资和教材，培训部门参与；而对于通用类培训项目，则多由培训部门决定培训的师资和教材，业务部门参与。

在实施培训项目环节,主要是由培训部门负责,受训部门和受训人员参与,但有少数培训比较简单,也可能由有培训需求的相关业务部门自行组织。

在评估培训效果环节,主要是由培训部门负责,但是业务部门和员工都必须参与。如果没有他们的参与,培训部门将无法得到评估所需要的信息。

最后,在推动培训成果转化环节,主要是由业务部门负责,企业领导层、受训人员、培训部门都必须参与。培训部门提出推动培训成果转化的专业化建议,并协助业务部门实施,领导层负责审核批准有利于部门培训成果转化的相关规章制度和建议。业务部门和受训人员则应该团结合作,让受训人员把自己所学的新知识、技能和态度等,运用到工作中以提升绩效。

培训部门和其他部门培训职责的划分可以用表 2-2 表示:

表 2-2 在培训的不同环节,各部门培训职责的划分

培训行为	决策层	业务部门	培训部门	员工
调查培训需求	部分参与	参与	负责	参与
制订培训计划	审批	参与	负责	——
确定培训预算	审批	参与	参与	——
选择培训师资和教材	——	参与或负责	负责或参与	——
实施培训项目	——	偶尔负责	主要负责	参与
评估培训效果	部分参与	参与	负责	参与
推动培训成果转化	审批、部分参与	负责	参与	参与

专栏 2-1

直线经理在培训中的作用

一提到培训,人们首先想到这是人力资源部的事。很多直线经理也将员工培训和发展看作是管辖范围之外的事情。然而,这是一种误解,员工培训也是各级主管的分内职责,而且直线经理在其下属的培训和发展方面起着至关重要的作用。因为直线经理比其他人更了解其下属的长处和短处、更清楚下属的培训需求,也常常拥有帮助其下属改进工作绩效所必需的技能。员工接受培训之后的很多评估工作和培训成果转化工作都是直线经理分内的职责,离开直线经理的参与,这些工作将难以有效地进行。具体而言,直线经理在培训中有以下几个方面的作用:

(1) 为新员工提供入职指导。当新员工入职时,直线经理有给新员工做岗前必备业务培训的职责。经理要和新员工共同讨论工作内容、试用期工作目标,讲解考核的方法。同时,经理应该给新员工选定一名导师,负责提供公司日常制度、工作方法与流程方面的培训。此外,帮助新员工融入部门的工作团队和适应部门的工作氛围等都是直线经理的职责。为了保证直线经理能有效地实施指导,人力资源部首先对直线经理进行培训,提升他们培训下属的能力,同时帮助他们制定一个详细的行动检查表。

(2) 分析员工的培训需求,鼓励员工培训。直线经理在工作过程中的职责有:评估下属工作业绩,分析影响下属绩效的具体原因,并考虑采取何种措施来解决问题。让下属参加培训是解决问题的一个可选的首要措施。如果直线经理确认下属需要培训,就应

马上予以内部辅导，或请人力资源部统一安排相关培训，而不能等待着人力资源部上门搜集培训需求时才想起安排培训。人力资源部不可能了解到每一个人，也不可能对每一个人都做到细致地个别分析，能做这件事情的，只有直线经理。员工参加培训之前，直线经理必须与员工进行沟通，确认这次培训与个人能力发展及工作改善之间的联系，明确培训目的和培训目标，甚至让他列出工作中的问题，以便在培训中或培训后思考并寻求解决方案。

（3）组织部门内的辅导和交流。部门内的辅导和交流是一种重要的培训形式，它在促使员工学习、留住员工方面能起到很好的效果。直线经理可以在部门内部研讨会上，鼓励员工分享自己的经验和学习成果。直线经理还可以通过鼓励员工自学，对主动传授技术的员工，给予特别的奖励等相关措施，尽早形成部门内部相互分享经验、不断学习的文化氛围，从而推动最佳培训环境——学习型组织的形成。直线经理还应该把本部门常见的问题进行归纳总结，把这些宝贵的知识经验纳入企业的统一培训体系，只有这样，企业的内部培训才能变得更加具有针对性和实战性。

（4）搞好培训评估，推动培训成果转化，让培训效果持久。直线经理既是培训需求的提出者和审核者，也是培训效果的保障者和评价者。员工在培训之后，对实际工作绩效的影响怎样，如何充分发挥培训的效果，直线经理就此要与员工进行沟通，有时还需要向人力资源部提供反馈意见。很多情况下，即便课堂培训的效果很好，但是习惯的力量常使学员一回工作岗位就旧习复发。有研究表明，培训后16个星期内必须开展四五次辅导，否则培训效果会"缩水"80%。谁来进行辅导？除了专职的导师，直线经理责无旁贷。此外，在很多情况下，直线经理还应该为学员回到工作岗位之后运用所学技能提供相应的机会和平台。否则，即使员工希望运用所学知识、技能，却面临着英雄无用武之地的尴尬，最终随着时间的推移，员工会把以前所学的完全交还给老师。

（5）培养继任者。为了防范突如其来的人员变故，建立公司的人才梯队，为重要岗位提供若干名继任者对于公司的长期稳定发展极为重要。这项工作单独依靠人力资源部是难以完成的。因此，为公司培养自己的继任者必须成为直线经理的重要职责。在实践中，有的公司规定经理在没有培养出合格的继任者之前不能升迁。直线经理有责任选出具有培养潜力的后备人才，给予其更多的展示机会，代替自己行使部分权利，并在职业生涯规划、管理技能提升方面给予特别辅导，同时定期给予评估。

二、培训部门内部的岗位职责划分

在培训部门内部的岗位职责划分，不同企业有很大的差异。一方面，如前所述，不同企业的培训部门岗位设置差异较大；另一方面，企业领导对培训部门的定位也会影响到培训部门的岗位数量和岗位职责的划分。下面，我们仅以比较常见的培训中心主任、培训经理、培训专员、课件研发专员和内训师等几个岗位举例说明培训部门内部的岗位职责划分：

培训中心主任（也可能叫培训总监或者人力资源总监），一般情况下，其岗位职责是依据企业战略目标，组织编制和实施人力资源培训规划，协调企业各部门、各类人员的培训工

作,为企业未来的发展提供人力资源保障。其常见的职责有:
(1) 负责组织制订企业人力资源中、长期培训规划;
(2) 负责企业员工开发工作和人才梯队建设;
(3) 负责建立并完善企业培训管理制度、培训体系及相关流程;
(4) 负责组织企业年度培训预算工作;
(5) 负责组建企业内部的培训讲师队伍;
(6) 负责对外部培训机构和培训讲师进行挑选和管理,与外部培训机构建立良好的合作关系;
(7) 负责组织对外营利性培训工作;
(8) 负责企业培训文化建设,为员工营造良好的学习氛围和培训环境;
(9) 指导、管理下属部门及员工的日常工作。

培训经理(也可能叫培训主管),一般情况下,其岗位职责是在人力资源总监(或者培训总监)的领导下,以企业人力资源发展规划为指引,参与建立并完善企业培训体系,负责人力资源培训计划的组织实施工作,以达成企业人力资源培训目标。其具体职责如下:
(1) 负责编制企业年度培训计划并组织实施,并根据企业的战略变化及时作出调整;
(2) 负责制定与完善企业培训管理制度,并监督实施;
(3) 负责编制企业年度培训经费预算,并在培训项目开展过程中进行监督;
(4) 组织开展培训需求调研,分析调研结果,并根据调研结果制订培训计划;
(5) 负责培训项目的跟进工作,在各项培训项目结束后进行培训效果评估;
(6) 对整个培训工作进行总结,撰写培训工作报告,报上级领导审核;
(7) 挖掘企业内部培训人才,为内部培训师队伍的建设提供合适的候选人;
(8) 审定外请培训人员,制定付费标准,按权限上报相关领导审批后执行;
(9) 组织开发企业内部培训课程体系,降低培训成本,提升企业内部培训水平;
(10) 组织建立员工培训档案,合理规划员工职业生涯;
(11) 负责人力资源信息化建设;
(12) 指导、管理所属员工的日常工作。

培训主管的主要职责是根据培训计划协助培训经理做好培训需求的调查、培训计划的制订,并协调培训项目进行过程中的各项事宜。其具体职责如下:
(1) 根据人力资源培训规划编写年度工作计划与培训预算,并报领导批准;
(2) 指导各部门和下属企业制订多层次的培训计划,并协助其实施;
(3) 组织企业内的新员工参加入职培训、在职培训及各类知识班、研讨班、讲座等活动;
(4) 及时检查各类培训活动的开展效果,对参加人员进行考核;
(5) 组织搜集、筛选、编写、翻译、审校各类培训教材和资料;
(6) 及时检查培训讲师的培训质量与教学效果;
(7) 负责培训仪器、设备设施的保养、维修,以及审查新器材的选型、采购;
(8) 搜集国内外企业培训信息的资料,分析总结现有培训政策的效果,提出改进意见;
(9) 及时完成培训经理交办的临时性任务。

培训专员的岗位职责是在培训主管的领导下,具体负责员工培训的执行工作,保证企业人力资源培训计划的顺利实施。其具体职责如下：

（1）协助培训主管开展员工培训需求调查，撰写培训需求调查报告，为制订员工培训计划提供依据；

（2）协助培训讲师完成内部培训课程的开发和讲授工作；

（3）根据培训计划和课程安排，组织员工按时参加培训，并做好培训的前期准备工作；

（4）负责与企业外部培训机构及培训讲师的联系工作，并安排培训日程；

（5）及时开展对培训效果的调查评估工作，撰写培训效果评估报告，并报主管审核；

（6）搜集和整理各种培训教材和资料，并及时归档；

（7）负责员工培训档案的管理与维护；

（8）按时完成上级领导交办的临时性任务。

课件研发专员的主要职责是在培训经理的领导下，负责本企业课件产品的规划、制作与管理，建设课件与教学资源库等工作。其具体职责如下：

（1）分析、挖掘培训需求，组织企业课件产品的改造和新课件的开发；

（2）建设课件与教学资源库，并对市场上现有相关课件进行分析和研究，并提出对自有产品的改进意见；

（3）系统规划企业业务类培训项目文档、幻灯片与视频课件的制作工作，并指导相关人员制作课件；

（4）负责企业通用类培训项目的课件设计，组织相关人员进行设计与制作；

（5）负责采购公司课件产品，对课件供应商的评估及合同谈判等工作；

（6）按时完成上级领导交办的临时性工作。

一般情况下，内部培训讲师的岗位职责是在培训经理的领导下，负责培训课程的开发和讲授，向其他员工传授知识和技能，通过企业内部知识的共享和传播，提高企业员工的整体素质水平。其具体职责如下：

（1）协助并参与企业各类员工的培训需求调研，了解员工培训需求；

（2）根据培训需求信息，搜集相关课程和学习资料，进行培训课程的开发和设计工作；

（3）根据企业培训课程设计的要求，负责所属模块的培训授课工作；

（4）根据岗位的具体特征，辅导学员制订培训后的工作改进计划；

（5）协助并参与培训效果调查，并提供教学质量分析报告；

（6）对培训教材、教案及时进行整理和归档；

（7）协助建立、完善员工岗位培训课程体系；

（8）完成上级领导交办的临时性工作。

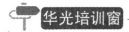
华光培训窗

精益公司专职培训人员岗位说明书

2015年之后精益公司的培训工作量越来越大，黄学艺觉得人力资源部只有唐真一个专职培训人员实在忙不过来。他打算再招聘一名专职培训人员，两名培训人员分为两个层级，即培训主管和培训专员。经过一番思考，他设计了两个岗位的岗位说明书，准备按照岗位说明书去招聘。下面是他设计的两份岗位说明书：

表 2-3 培训主管岗位说明书

职务概况	职务名称	培训主管	所属部门	人力资源部	定编人数	1
	直接上级	部长	直接下属	培训专员	薪资等级	

工作概况	负责人力资源管理培训体系的建立和组织实施
工作内容和职责	负责培训体系的建立，制定、修改培训管理制度并监督执行； 根据公司人力资源规划，结合员工素质制定员工培训规划； 负责开发和设计培训课程，组织编写培训教材； 负责组织实施公司级培训及培训考核，协调跟进各部门级培训及考核； 负责编制年度培训计划及组织/监督实施； 负责新入职员工的培训； 负责公司外部培训的联络和组织，根据需要引进培训项目； 负责年度培训的总结及效果评估； 负责建立员工培训档案； 负责进行年度和月度培训预算，编制培训预算报表； 负责管理培训场所、设施设备和培训用品； 完成上级安排的其他工作。
工作权限	有对人力资源管理培训体系建立的规划权； 有对培训计划的调整权； 有向各部门搜集与培训工作相关文件和资料的权力； 有对人力资源培训工作违规的纠正和处罚建议权。
工作重点考核项目	人力资源年度培训计划的可行性和实施的有效性； 培训费用预算的准确性和控制有效性； 培训工作检查和监督的及时性和有效性； 培训评估的准确性。

工作关系	所受监督	受人力资源部长的工作监督
	所施监督	对人力资源培训工作实施指导和监督，发现问题及时处理和报告
	内部关系	与部长及公司其他各部门人员的工作联系
	外部关系	受人力资源部长委托，与外部培训机构或管理顾问机构的工作关系

任职资格	身体条件	年龄	25～40	性别	不限
		身高	不限	相貌	端正大方
		体能	身体健康，精力充沛，能承受一定的工作压力		
	学历要求	大学专科以上学历			
	专业要求	企业管理、中文、人力资源管理相关专业			
	经验要求	3年以上工作经验，本职务1年以上工作经验			
	个性素质	诚实正直，严谨细心，责任心强，思维敏锐，善于沟通			
	必备工作技能	计算机	熟练使用各类办公软件操作系统		
		外语	英语四级以上		
		其他	无		
	岗位基本能力	B	领导决策能力	B	社会活动能力
		C	统筹规划能力	B	人际关系能力
		C	激励授权能力	B	理解实施能力
		C	组织指挥能力	C	语言表达能力
		C	开拓创新能力	B	文字表达能力
		B	分析判断能力	B	学习成长能力
		A	沟通协调能力	B	冲突管理能力
	要求程度：A 高；B 较高；C 一般；D 较低；E 低				

(续表)

所需技能培训		培训管理、ISO10015 培训质量管理体系、公司企业文化、战略规划、ISO9001—2000 管理体系				
工作条件	工作强度	比较忙碌，会经常加班、工作压力较大				
	工作环境	工作环境较好				

表 2-4　培训专员岗位说明书

职务概况	职务名称	培训专员	所属部门	人力资源部	定编人数	1
	直接上级	培训主管	直接下属	无	薪资等级	
工作概况	负责具体的培训管理和培训项目实施工作					
工作内容和职责	负责新员工常规入职培训及档案建立； 负责培训物资管理，包括培训用具、教具等物资的整理与保管； 负责培训档案的建立与管理，包括教材、试卷、照片等资料的整理归档； 负责培训前期准备工作：包括场地的准备、签到表、培训意见反馈表、培训记录、学员通知等； 根据计划完成各岗位、各部门的培训需求调查与统计分析工作； 按要求定期更新企业文化宣传栏和宣传网站相关内容； 负责培训讲师团档案、培训学分制档案、导师档案的整理、归档与更新； 协助完成培训会议活动及会议的前期准备工作； 完成其他上级临时交代的工作任务。					
工作权限	有对培训计划的调整权； 有向各部门搜集与培训工作相关文件和资料的权力； 有对人力资源培训工作违规的纠正和处罚建议权。					
工作重点考核项目	培训需求调查工作的有效性； 培训管理过程的规范性； 培训工作检查和监督的及时性和有效性； 培训评估的准确性。					
工作关系	所受监督	受培训主管的工作监督				
	所施监督	对人力资源培训工作实施指导和监督，发现问题及时处理和报告				
	内部关系	与培训主管及公司其他各部门人员的工作联系				
	外部关系	受人力资源部长委托，与外部培训机构或管理顾问机构的工作关系				
任职资格	身体条件	年龄	22～35	性别	不限	
		身高	不限	相貌	端正大方	
		体能	身体健康，精力充沛，能承受一定的工作压力			
	学历要求	大学专科以上学历				
	专业要求	企业管理、中文、人力资源管理相关专业				
	经验要求	1 年以上工作经验				
	个性素质	诚实正直，严谨细心，责任心强，思维敏锐，善于沟通				
	必备工作技能	计算机	熟练使用各类办公软件操作系统			
		外语	英语四级以上			
		其他	有相关职业资格认证者优先			

(续表)

任职资格	岗位基本能力	D	领导决策能力	C	社会活动能力
		C	统筹规划能力	C	人际关系能力
		D	激励授权能力	B	理解实施能力
		C	组织指挥能力	B	语言表达能力
		C	开拓创新能力	B	文字表达能力
		C	分析判断能力	B	学习成长能力
		B	沟通协调能力	C	冲突管理能力
	要求程度：A 高；B 较高；C 一般；D 较低；E 低					
所需技能培训	培训管理、ISO10015 培训质量管理体系、公司企业文化、战略规划、ISO9001—2000 管理体系				
工作条件	工作强度	比较忙碌、会经常加班、工作压力较大			
	工作环境	工作环境较好			

思考：这两份岗位说明书有什么特点，存在什么问题？

三、总部与下属机构培训职责的划分

作为大型的集团公司，往往设有公司总部和各种子公司、分公司，这些下属机构和公司总部往往不在同一个地方，为了保证自身培训的及时性和针对性，下属机构和总部都必须要有相关的人员组织培训工作，那么，这就涉及公司总部和下属机构培训职责的划分问题，否则就可能导致重复培训，浪费资源。

一般来说，公司总部常见的职责有以下几个方面：第一，举办公司通用类的培训课程；第二，制定和修改公司的培训规章制度；第三，制订全公司年度培训计划，审批各个下属机构的年度培训计划；第四，全公司培训经费的预算与管理；第五，审批全公司的外派培训；第六，检查与考核下属机构培训计划的执行情况；第七，审批经费超过一定限度的临时追加的培训项目。

下属机构的常见职责有以下几个方面：第一，制订本机构的年度培训计划；第二，举办与本机构业务工作密切相关的专业培训；第三，检查与考核专业培训的实施情况。

当然这种划分不是绝对的，在具体实践中，各个企业都有自己的经验和特色。

企业聚焦

联想集团总部与下属机构培训职责的划分

联想的企业文化培训是在集团总部的管理学院进行的，员工除了要在集团总部接受公司文化培训之外，还要在各子公司接受子公司的文化——所谓亚文化的培训。

联想集团管理学院不做技术培训，也不做前线销售培训，其培训内容主要有以下九项。

（1）新员工入职培训，每月一期，每期持续一周。

(2) 一年两期的联想经理培训，每期3天。

(3) 为期2天的联想高级干部研讨班，培训整个集团的高级主管，包括全球各地的主管，总人数在100人左右。这些总经理们每年讨论的题目都不一样。

(4) 外地平台新员工培训。

(5) 进行企业文化培训，主要包括联想文化和企业精神。企业文化培训每期2天。许多外围员工也要求联想给他们做企业文化培训，例如食堂、车队等临时工也参加这种培训。

(6) 通用技能培训，从普通员工、主管到经理直至总经理都要参加。例如时间管理、有效沟通、团队合作、团队建设、授权和激励等，这些课程都归到通用培训，培训的是技能而不是技术。联想各大子公司都有自己的培训，所以这项培训主要针对这些较大子公司以外的公司或部门进行。

(7) 负责培训实施，真正让员工得到自己所需的培训。

(8) 企业文化的提炼。管理学院设有专门岗位提炼企业文化，每年举行的高级干部研讨班，以及平时总经理们在会议上的讲话等，通过提炼，编辑成册。

(9) 学历和海外培训，包括员工的在职学历培训和海外短期培训。联想每年派员工到美国通用电器公司做短期培训。

联想管理学院九项培训内容，前面五项培训都具体由联想总部的管理学院来做。

2.2 培训体系

2.2.1 概述

培训体系是企业持续提升自身竞争力的保证，也是推动企业内部员工不断学习与提升的基础。培训体系是使得组织培训能够发挥实际效果的构成要素，换句话说，培训体系如果有缺失就证明培训活动中有某些因素没有被考虑到或者没有被有效安排，它最终会导致组织的培训效果不尽如人意。那么，有哪些因素会影响培训活动的效果呢？

一般来说，有课程、教师、分析与决策系统、支撑系统和培训管理人员五个因素。这五个因素就构成了培训体系的五个方面，即课程体系、师资体系、评估系统、支撑系统和培训机构。培训机构是培训体系的核心，因为从根本上来说，培训的课程体系、师资体系、评估体系和支撑系统这四个部分都必须依靠培训机构的工作人员来整合和运作才能发挥作用。是他们把四个部分整合成一套完善的培训管理制度和流程，使得整个培训体系能够运作起来，使得培训活动能够有条不紊地开展。所以培训机构的成员——专职的培训管理人员才是培训体系的灵魂，他们的素质、才能及其在企业中的地位和权限，是培训体系发挥实际作用的最根本保证。

一个完善的培训体系，大体上可以用图2-5表示：

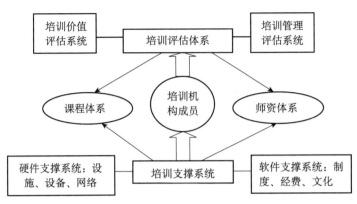

图 2-5 企业的培训体系构成

关于培训体系的五个组成部分,我们在上一节已经详细分析了培训的组织机构。下面分别对其他几个部分进行分析。

2.2.2 课程体系

在培训体系中,课程是基石,各种培训活动都是围绕着课程而进行的,培训活动就是通过系列课程来提高员工的知识水平和技能水平等。课程体系是由一系列具有内在逻辑性和一定关联度的培训课程相互作用、相互联系而形成的有机整体,能够支持企业战略的实施和企业人才培养计划。下面我们从培训课程的特点、培训课程的设置和培训课程体系建设三个方面来具体分析。

一、培训课程的特点

比较培训课程与一般学校的教学课程,培训课程具有以下几个特点:

第一,培训课程的目标大多是具体的、短期的和有针对性的;培训课程一般都需要解决某个具体的问题,而且这个问题不能太复杂,太复杂的问题往往需要分解成多门课程。因为在企业中做培训不能像学校教学一样,可以拿出大块的时间来系统地讲授一个复杂的问题;企业领导希望培训能够解决一些非常现实和具体的问题,而受训人员又有自己的本职工作需要完成,因此,培训必须在较短的时间内,针对某个非常具体的问题进行。

第二,企业培训课程的受众大多为正式参加工作的成年人,培训课程的教学要遵循成年人的认知规律;学校教学的对象主要是缺乏社会经验和工作经验的年轻学生,两类群体的学习心理有很大的差异。培训中具体的课程内容的设计必须基于成人学习理论进行,要符合成年人的心理和认知规律,不可以照搬学校的课程内容和教学手段,否则就很难保证培训的效果。

第三,培训课程的评价要看受训人员的绩效是否得到提升。虽然,有些企业的培训也和学校教育一样设置了考试环节,然而,考试分数并不是企业真正关心的东西。企业投资开展培训是希望受训人员能够提高工作绩效,给企业带来更大的效益。

二、培训课程的设置

培训课程的设置是在挖掘企业培训需求的基础上，实现从培训需求到培训课程转换的过程。它贯穿决策、改进培训课程体系的全过程，具体而言包括确定课程目标、选择和组织课程内容、实施课程和评价课程等阶段，对培训活动效果的展现有决定性的作用。培训课程设置建立在培训需求分析的基础之上，根据不同的培训需求分析思路，不同的企业会构建结构不同的培训课程体系。

培训管理人员应该为企业人才的培养与开发，设计不同层次和不同阶段的学习和能力提升的课程，提升员工在组织不同发展阶段的综合能力，进而发挥支撑企业战略实施的作用。

企业的培训课程一般可以分成两大类：一类是基于岗位的固定课程，另一类是基于企业战略的动态课程。固定课程是根据岗位说明书和企业工作的实际状况对现有岗位进行有效的分析，提取该岗位的核心胜任知识、技能及态度等，然后对现有员工的已有知识、技能及态度进行分析评价，找出其改进点，再据此进行培训课程设计而形成的系列课程。动态课程则是为了配合企业战略的实施而设计相应的课程，如果企业战略发生了变化，动态课程体系也需要有相应的变化。

固定培训课程设置是培训工作中工作量最大的。要做好这项工作，培训相关人员必须明确企业中不同岗位、不同级别的人员必须掌握的知识、技能。这就要求培训管理相关人员会同各级各部门，从岗位分析入手，对所有岗位进行分类，如管理类、专业类、技术类等。在分类基础上对每一类进行层次、级别的定义和划分，分析员工开展业务工作所需的职业化行为模块和行为标准，从而为不同岗位建立岗位胜任模型，并以此模型作为建立固定培训课程的依据，然后组织人员开发各层次、各级别的固定培训课程。

动态培训课程设置可以从两个层次上进行考虑。一是从企业战略高度进行分析。通过分析企业的发展方向、竞争战略以及所希望达到的目标，并在此基础上考虑与其相关的管理思路和将来工作的重点。比如是否涉及组织流程再造或者新的技术领域、工艺技术、企业文化变革等，根据企业未来的工作重点，设计与之相关的培训课程。二是从外部环境的发展变化分析。比如从外部科技环境进行分析，当代的互联网、IT技术的发展对企业培训是否提出了新的要求；从外部社会环境来分析，新的法律法规的颁布、人们的环保理念的形成等是否对企业培训提出了新的要求。做好动态培训课程的设置非常不容易，需要培训管理人员具有极高的战略眼光和统筹安排能力。

华光培训窗

精益公司的课程体系

精益公司人力资源部经理黄学艺收到吴天豪副总交给自己的任务——为精益公司建立完善的培训组织与培训体系之后，开始查找资料。他发现很多书中关于培训体系的说法是千差万别的，至于如何建立培训体系也各有一套。他带着困惑，找到南方财经大学的赵乐民教授请求帮助。赵教授告诉他，管理领域中的很多问题都没有统一的观点，不要拘泥于某种观点,关键是要结合自己企业的现实来分析,用实践来检验观点的合理性。就精益公司而言可以考虑从课程、师资、培训管理机构、培训支撑系统和培训评估系统等几个方面去建立培训体系。

黄学艺仔细思考了精益公司目前的情况:公司培训管理机构就是人力资源部,就目前的培训工作量来说,不需要增加人手,更不必建立专门的培训部门,等以后培训工作量增加之后,再考虑。培训评估体系需要培训工作完全走上正轨之后,才能发挥作用。培训支撑系统中的硬件平台,总经理已经同意为了构建新的培训体系购买相关的硬件平台,不过投资分几年拨付,急不得;软件平台中相关的管理制度的建立倒是不难,难的是相关文化环境的建设需要很长时间。想来想去,黄学艺决定首先从课程与师资方面开始构建精益公司的培训体系。

构建培训课程体系,需要对公司战略和公司岗位情况做一个梳理,鉴于前任经理在做工作分析上的失败,黄学艺告诫自己要谨慎再谨慎。他首先设计了公司的课程体系,将公司的培训分成四大类,具体如图2-6所示:

第一类是随着企业战略变化而变化的动态类课程,这类课程主要是为了支撑企业战略实施、推动企业核心能力建设的相关课程。

第二类是管理类课程,这类课程主要是为了提升管理者素质和能力的课程。黄学艺把这类课程按照基层、中层和高层进行详细的分类:基层主要是部门经理以下的相关管理者应该接受的课程;中层是各部门经理(含副经理和相当于副经理的人群)应该接受的课程,又称为部门经理培训课程;高层主要是经理以上的领导应该接受的课程,又称为领导者培训课程。黄学艺规定以后凡是新晋升的管理者,必须接受管理类课程培训,并在培训结束后进行考核,考核合格才能晋升。

第三类是岗位知识、技能培训,主要是针对公司各个岗位的岗位说明书的要求,对于各个岗位上的员工进行培训,提升员工岗位技能。

第四类是新员工入职培训等相关通用类培训,比如职场礼仪、时间管理等。

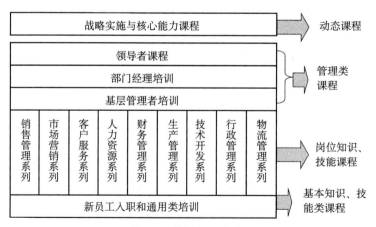

图2-6 培训课程分类

黄学艺还打算针对各类课程设置具体的专业课。他认为当务之急是对管理者进行培训,他拟定了一个表2-5,准备给吴副总看:

表 2-5 培训具体课程设置

	基层管理者培训	中层管理者培训	高层管理者培训
1	人际关系管理	知识管理	全方位战略管理
2	任务及工作管理	情商管理	组织策略与组织发展
3	项目管理	选材技巧	企业资源规划
4	团队管理与领导力	领导艺术与风范	变革管理
5	员工指导技巧	绩效评估与考核	解决问题与成功对策
6	高效率的会议	目标管理与供应链管理	管理层团队建设
7	普通心理学	提升领导力	人力资源管理
8	非人力资源经理的人力资源管理课程	授权管理	长期投资管理
9		员工激励技巧	企业内部控制
10		非财务经理的财务管理	全方位战略管理
11		非人力资源经理的人力资源管理	组织策略与组织发展

吴副总拿到表格看了半天，也不知道这个安排是否合理，但是他有两个疑问：第一，这些课程由谁来上，我们公司有这些师资吗？如果没有，黄学艺能够找到合适的老师来上吗？第二，这些课程是强制性的还是自愿性的？是否需要根据管理人员的业绩和资历来确定选修课和必修课呢？

思考：黄学艺该如何回答吴副总的问题？

三、培训课程体系建设

培训课程体系建设是指构建一系列具有内在逻辑性和一定关联度的培训课程，使它们成为相互作用、相互联系的有机整体，从而支撑企业持续发展的过程。从课程体系的内在逻辑性和关联度来看，一个科学、系统的培训课程体系至少需要具备以下几个特点：

第一，以发展战略为导向，确保培训课程体系的动态性；

第二，以岗位为基础，确保培训课程体系的系统性；

第三，以员工的职业生涯发展为路径，确保培训课程体系的递进性；

第四，以课程数据库建设和师资体系建设为基础，确保培训课程的可操作性。

上述也可以称为培训课程体系建设的四个基本原则。在实际操作中，培训课程体系建设就是要通过各种手段，开发和完善与企业实际需求相一致的各类培训课程，在全方位地满足企业当前和未来的培训需求的基础上，保障培训课程的可操作性，为培训实施提供坚实的基础。

一般来说，企业的培训课程体系建设工作主要包括以下几个方面的内容：

第一，建设培训课程库。建设培训课程库的主要工作有：首先，建立培训课程模板，并为每门课程撰写课程介绍；其次，编辑各门课程培训用的 PPT 文件、教师手册和学员手册；再次，整理培训课程相关的辅助资料（如游戏、案例、道具等）；最后，根据培训对象和课程类别把各种相关资料进行分类，建立实体和电子形式的数据库。

第二，建设培训素材库。根据培训体系的分类，对企业编辑制作和搜集的各种资料素材，如培训案例、管理游戏、故事、视频资料等进行整理入库，为将来的课程开发提供资源。

第三，进行培训课程的开发。根据企业自身特点、部门与岗位设置及战略变化，自主开发课程。课程开发是课程建设的重点和难点，培训管理人员和培训相关师资是课程开发的主力，广大直线经理和企业骨干员工的积极参与也同样不可或缺。一般来说，一些通用的培训课程的开发可以由培训管理部门负责，而一些专业性特别强的课程，则应该由各个业务部门负责开发，培训管理部门主要负责监督、支持和协调。

2.2.3　师资体系

有了课程，还需要配备相应的师资：如果找不到合适的老师，那么再好的课程体系都会变成摆设。师资体系指的就是培训师队伍，拥有一支高素质并且授课能力能够覆盖本企业所有核心课程的培训师队伍，就拥有了完善的师资体系。需要注意的是，这里所说的培训师是广义的培训师，不仅仅是指培训课堂上授课的讲师，还包括师徒制度中的师傅，以及企业教练等形式的培训师。有些行业的培训特别适合采用师徒制和体验式培训等培训方式，在这些行业的企业就应该特别重视这两类师资的建设。师资体系建设包括内部培训师建设和外部培训师资源库建设、培训师水平鉴定和遴选制度，以及课程团队建设等方面的内容。这些内容大体上可以概括为培训师资的选择与培训师资的建设两个方面。

一、培训师资的选择

培训讲师是课程的演绎者，主要职责是将课程的精髓传授给学员。一个好的培训讲师必须对课程涉及的内容有很深刻的了解；同时拥有较高的授课技巧。如：技术类培训课程的讲师首先必须是一个技术专家，对该项目有充分的了解；同时，他还应该善于运用多种手段把自己所知道的知识和技能讲授出来，帮助学员提升能力。企业的培训师可以来自企业内部，也可以从企业外部去寻找，具体如何选择需要综合考虑企业的实际情况、成本和效果等方面的因素。

从企业外部寻找培训师，可以从专业的培训公司、管理咨询公司、高校、相关研究机构及其他有相关资源的企业等去寻找。许多专业培训公司都会聘请大量的常任培训讲师，他们当中很多人以培训为专职工作，对培训教学有丰富的经验，对企业常见的培训需求也有较多了解，为此培训效果也有一定的保障。如果是聘请与企业有合作的咨询公司中的咨询师来做企业的外聘讲师，那么，效果往往会更好。因为咨询师能够比职业培训师更加有针对性地分析企业的实际问题；相比之下，来自高校和一些研究机构的外聘讲师，其优势在于他们的理论水平一般要高一些，但培训教学经验会略差于职业培训师，培训内容的针对性相比来自咨询公司的咨询师也会差一些。

外聘讲师的优势在于可选范围大，不乏优秀者。从培训效果来看，他们全新的理念能令人眼界大开，耳目一新；从企业角度看，好的效果及对外聘讲师的高投入，也能促使企业内各方对培训的重视；从学员角度看，外聘讲师营造的课堂氛围有利于促进培训效果。

但是外聘讲师的选择过程中也存在一些问题：第一，容易被对方的学术成就和头衔镇住；第二，因接触时间短，甚至根本没有接触，对对方无法作出精确的判断，可能承受因选择失误而带来的巨大损失；第三，因各种条件的限制，沟通相对困难；第四，因外聘讲师对本企业的陌生，传授的内容可能不适用；第五，如果是从学校或者研究机构聘请的讲师，授课可能会出现理论性较强、实战性较弱的情况；第六，对外聘讲师的管理和控制难度比较大；第七，成本相对较高。

企业内部培训师的优势正好和上述相反：内部培训师知根知底，大体上能够预测培训的效果，对内部培训师进行管理和控制比较方便；而且，内部培训师对企业内部的实际情况非常熟悉，因而能够进行有针对性的授课；此外，大量聘请企业内部培训师讲课，能激励员工的上进心，树立榜样，有利于塑造企业文化；最后，也是比较重要的一点，就是内部培训师的成本一般都低于外聘讲师。

内部培训师的劣势主要在于挑选范围相对有限，不一定能够找到合适的老师。有的员工可能具备讲授某个课程的知识和技能，但却缺乏培训师的素养和经验，导致培训效果不好。

企业内部师资的来源主要有三个渠道：公司内部各级各部门的管理者、企业内部的专业与技术骨干及对培训感兴趣的员工。前两类渠道是内部师资的主要来源，他们的共同点是具有丰富的知识和超前的实践指导经验，既能讲授课程又能够提供管理和业务咨询。

二、培训师资的建设

充分利用企业内外部的培训资源，建立企业内外部培训师队伍，对于企业人力资源的开发与培训具有十分重要的意义和作用。培训师资的建设可以从内部培训师资建设和外部培训资源开发两个方面来分析。

1. 内部培训师资建设

一般情况下，如果能够在内部找到合适的培训师，请内部培训师做培训是首选。只有拥有一支高素质的内部培训师队伍，企业才能真正形成自己的核心能力。

培训管理人员要大力推动资深员工特别是有经验的部门经理和主管当兼职培训师，因为他们对公司文化、市场环境、培训需求等方面非常熟悉，因而讲授会比外部专家更切合实际和切中要害，他们针对问题提供的解决方案也更具有实战性和可操作性，学员的收获会更大；此外，培养下属本身就是经理和主管们的重要职责，当下属各方面的素质都有较大提升时，经理和主管们的工作会更省力、更高效，从而可以更成功；从经理和主管自身来说，他们通过上台讲课，可以系统梳理自己的知识、经验和技能，呈现教学相长的效果；而且，他们上台讲课也为下属提供了最好的以身作则的样板，能激发员工的上进心，有利于企业文化的建设。所以，如果内部培训师解决了其心理、技巧方面的瓶颈，其授课的效果往往比外聘的专家学者还要好。因此，让有经验的部门经理和主管当兼职讲师是非常有必要的。不少著名的国际企业还规定培养下属是晋升的前提条件，没培养好接班人就不许升职。

内部培训师的主要任务是讲课、开发教材和参与培训课程的设置。为保证讲师队伍的高素质，就需要建立一套完善的内部培训师的培养与管理制度，这方面的主要工作有：

第一，建立内部培训师学习与提升制度。企业应制定相关的学习与提升制度，并与绩效考核挂钩，组织培训师参加专业培训和技能训练，帮助他们不断提高业务水平。

第二，建立内部培训师考评制度。对于内部培训师的工作业绩可每半年或一年考核一次，优胜劣汰。考核可以从授课资格评估和授课后反应评估等方面进行设计。

第三，建立内部培训师资格认证和晋级制度。企业内部培训师资格认证制度，可以从专业知识、专业经验、成就及表达能力等方面来设计认证标准。内部培训师晋级制度，可以从教学质量、学术水平、市场号召力等方面来设计晋升标准。

第四，建立内部培训师奖励制度。企业不仅应该给予培训师有竞争力的课时费，而且应该鼓励他们参与培训项目设计与实施的各项工作，在培训项目产生业绩之后给予必要的奖励；企业还应该在外派、交流、深造、升职等方面给予优秀培训师优先的机会；让相关讲师参与企业管理及相关培训决策制定，等。

2. 外部培训资源开发

外部培训资源的开发主要有两个途径：一是直接从现有的培训机构中选择可以合作的培训机构，从机构中选择师资或者干脆把培训项目外包给培训机构；二是想办法和外部师资建立合作关系。

选择可以合作的外部培训机构可以从以下几个角度考虑：（1）培训机构的资质；（2）培训机构的师资力量；（3）培训机构的成功案例；（4）培训机构提供的课程与本企业所需培训的契合度；（5）培训机构提供的培训项目的价格。

和外部师资建立合作关系则需要培训管理人员平时的积极发现和不断积累，常见的与外部师资建立合作关系的可能途径有：（1）通过正规出版的相关图书，联系作者并建立关系；（2）访问附近的大专院校，与校方建立正式的合作关系；（3）通过各种私人关系，结识有专长的专家学者或者技术能手；（4）积极参加社会上举办的相关公开讲座，伺机建立联系；（5）通过网络资源寻找。最直接的办法就是上网寻找高校的网站，上面往往有对教师情况的详细介绍，确定合适的人选后，主动通过电子邮件或电话等方式进行接触。另外，通过一些专业的网站论坛或者QQ群、微信群等，我们也能发现优秀的培训讲师。

培训管理人员如果能够做一个有心人，通过各种渠道综合运用各种手段发现外部师资，建立良好的关系，日积月累就能形成可观的专家库。

华光培训窗

精益公司内部讲师队伍建设方案

精益公司人力资源部经理黄学艺收到吴天豪副总交给自己的任务——为精益公司建立完善的培训组织与培训体系之后，他开始为企业思考课程体系和师资体系该如何建设。

他看到一篇论文，上面说企业的培训讲师资源来自两个方面：一是企业外部，二是企业内部。企业外部的师资又可以分为来自其他合作伙伴、研究机构等组织的外部兼职讲师和来自咨询与培训公司的职业培训师。

企业内部讲师可分为两种：内部专职讲师和内部兼职讲师。内部兼职讲师按来源不同还可以细分为内部认证兼职讲师和内部特约兼职讲师。内部认证兼职讲师指的是经过企业内部严格选拔、培养并授予课程认证的讲师。内部认证兼职讲师来自企业的各个岗位中的技能技术骨干、经验丰富的员工和部门主管，他们在企业大学中进行兼职授课，可加强学员对企业大学培训的认同感，提高员工的培训效果。内部特约兼职讲师指的是不需进行认证的内部兼职讲师，主要来自两类人群：一类是技术专家，他们精通技术、富有经验；另一类是有一定领导威望和团队影响力的高层领导者。这些兼职讲师将所拥有的丰富经验在企业内部进行分享。内部专职讲师是培训部门专门做培训的员工。内部专职讲师相比兼职讲师而言，除了完成基本的授课以外还参与课程开发、素材搜集、培训教材编写、公司文化宣传等工作。针对不同类别的讲师需要有不同的管理办法。

看完这篇文章，黄学艺觉得很受启发，于是，他利用一个双休日的时间，草拟了一个《精益公司师资体系建设方案》，下面为这份建设方案的具体内容：

为了推动精益公司员工培训工作的开展，培养高素质的人才队伍，支撑企业的战略发展，特拟订本师资队伍建设方案：

1. 外部讲师的聘用与选拔

在聘用外部兼职讲师时，所聘人员必须满足下列至少一个条件：

（1）在所讲授课程领域有一定建树或者知名度的专家学者；

（2）有与所讲授课程密切相关的实战经验，并有据可证；

（3）在规模和实力都超过本公司的企业有过相关讲课经历，并且听课方反映良好；

（4）公司内部主要领导或者专家推荐。

企业聘用外部兼职讲师，一般应该由人力资源部、业务部门及相关领导派出3～4名人员对外聘讲师进行试听和面试两个环节的考察。

在特殊情况下，无法进行试听和面试时或者培训活动特别重要时，外聘讲师应该满足上述两个或两个以上条件。

2. 内部讲师的聘用与选拔

内部讲师分为内部兼职讲师和内部专职讲师。内部兼职讲师又分为内部认证讲师和内部特约讲师。内部认证讲师实行选聘和竞聘制定，建立选拔标准，综合考虑各方面指标，通过专家委员会对企业内部员工担任兼职讲师进行遴选和认定。内部认证讲师采取津贴补助加课时费的方式给予讲课报酬。

内部特约讲师主要为部门经理及其以上的高层管理人员和拥有高级工程师以上职称的员工而设置，主要以课时费的形式，给予他们讲课报酬。

内部专职讲师主要从公司人力资源部现有的专职培训人员中选拔。

3. 内部讲师的培养

公司采取以下方法培养内部讲师：

（1）不定期组织一些内部交流活动，开展针对内部讲师培训的专题活动，加强内部讲师之间的横向交流。

（2）实施"导师辅导制"，形成内部讲师的传带机制，加速授课经验的分享。

（3）实施内部课程开发"市场化"竞赛机制。如采用课程开发招标制度和课程开发完成并且交付使用后的优厚奖励机制。

(4) 实施讲师技能比赛机制。比如可以先发布课程需求、大纲，再由讲师报名参加，然后试讲择优担任课程讲师。

(5) 加强内部讲师系统能力的提升。除了对内部讲师进行专业培训外，还要基于内部讲师能力素质，并结合内部讲师的发展要求，有针对性地设置培训课程和学习活动方案。

(6) 参与最新科技活动，提升内部讲师的素质和能力。企业内部因为生产运行的实际问题而设立的科研项目，部分讲师直接参与，他们将直接得到的最新科技知识，应用到培训中去。

4. 内部讲师的认证

公司每年年底对内部讲师进行评定和重新认证。依据内部讲师的级别划分和考核指标对现任讲师进行考核，并进行奖励和重新认证。内部专职讲师和内部认证兼职讲师分为三级：

(1) 初级讲师。初级讲师是指熟悉某个生产岗位及相关技术技能或者公司某个部门的工作，具有一定的表达能力和沟通能力，经授权担任一些常规和基础课程授课的讲师。

(2) 中级讲师。中级讲师是指精通某个生产岗位及其相关技术技能或者公司某个部门的工作，表达能力和沟通能力优秀，经授权讲授一些生产中的关键技术技能、企业文化等课程的讲师。

(3) 高级讲师。高级讲师是指某一领域的专家，具有开发一些新课程的能力，并承担一些对公司的业务、管理、企业文化、技术发展等起核心作用的课程的讲授任务。

5. 内部讲师的考核

为了给讲师施加一定的压力，从而提高他们的主动性和积极性，应建立内部讲师的考核和激励机制。精益公司对讲师的考核采取以下方法：

(1) 硬性指标的考核。规定相应岗位或等级的员工每年完成的兼职授课业务量。如一年所完成的课程数、所教学员数、所带实验数等指标的考核。

(2) 学员评教。内部讲师教授的效果最直接最真实的评价来自于学员。采用培训结束后学员打分的方式对讲师进行考核。

(3) 其他方面的考核。如工作的积极性、主动性，参与课程开发、教材编写等考核。

6. 内部讲师的奖励

(1) 精神奖励。对于外部兼职讲师，企业应为他们创造一个更加轻松、友好的氛围，让他们感觉到企业大学的温暖，认识到其进行的培训对于企业的重要性；对于内部兼职讲师，让其充分感受到企业的认同、领导的重视和学员的尊重，定期授予表现优秀的讲师相应的荣誉，营造尊师重教的良好氛围。

(2) 课酬奖励。不同类别、不同级别的讲师，讲授不同层次的课程，给予的课酬应该不同。对于外部兼职讲师的课酬主要采用市场议价的方式确定；对于内部讲师的课酬，将进一步制订详细的方案。

（3）课程建设奖励。给予急需课程、核心课程和一般课程类课程开发的报酬应该有所不同。对于重点的课程开发项目应考虑设置一些课题费。

（4）晋升奖励。对于内部兼职或者专职讲师而言，将讲师激励与晋升和职业发展相挂钩，使内部讲师的参与效果更为显著。比如在竞聘管理岗位时，可以把"是否是内部讲师"作为竞聘的一个参考标准，这无疑对内部讲师的积极性会产生很强的正向刺激。

周一一上班，黄学艺就把这份方案交到吴天豪手中。周三下午，吴总找到黄学艺谈自己的看法。吴总的意思很明确，黄学艺写的东西虽然不太完善，但基本内容还是很不错的。然而有一个重要的问题就是，这份方案涉及修改企业薪酬制度、考核制度及其他管理制度，具体该怎么去实施呢？

资料来源：改编自朱林，李翠蓉. 企业大学师资队伍建设的典型经验［J］. 中国电力教育，2010年第35期。

思考：精益公司的师资体系建设方案有什么问题？具体该如何实施？

2.2.4 支撑系统

企业要开展各类培训，没有相关平台的支撑是无法进行的。培训支撑系统指的是保障培训活动正常开展和有助于提升培训效果的相关硬件平台和软件平台系统。

一、培训硬件支撑平台

企业的培训硬件支撑平台可以分为通用的硬件支撑平台和专用的硬件支撑平台。企业培训通用的培训硬件支撑平台包括培训场所和必要设施，如教室、投影、电脑、网络设施等资源。当代社会的网络资源极度发达，拥有一个先进完善的硬件平台系统，对于构建一个完善的企业内部培训体系是非常重要的。不同内容的培训项目往往会有自己的硬件支撑平台要求。知识讲授型的课程对硬件平台的要求可能不太高，只需要有教室、黑板（白板）、粉笔、投影等资源就可以。但是如果要开展体验式培训和实践操作技能培训，一般就需要有专门的硬件平台支撑了。比如各种拓展训练项目必须要有相应的场地和装备，甚至每一个拓展培训项目都会有自己的硬件资源要求；仿真模拟培训必须要有仿真设备才能开展，特别是目前虚拟现实技术正在飞速发展，未来基于虚拟现实技术的培训更是离不开硬件的支持；驾校这样的培训机构，如果没有汽车作为培训的硬件，就无法经营下去；各种制造型企业以及高科技企业的许多操作技能培训都需要有相关的硬件作为支撑。

当今网络培训资源极度发达，慕课在线学习等基于新技术的培训方式不断发展，企业培训硬件平台的重要性逐渐凸显出来。而企业购置和维护培训相关硬件设施设备的成本正在不断地降低，这对于建立企业自己的内部培训与学习的网络平台是十分有利的。一个完善的培训硬件平台如果得到了合理的利用，一定可以使得企业培训的成本大大下降，培训的效率大大提升，从而使得企业培训投资回报率大大提升。

二、培训软件支撑平台

培训软件支撑平台包括培训管理制度、经费预算保障以及企业培训的文化环境等。培训的相关管理制度和经费直接影响着培训的规模和效果，而培训相关的企业文化环境则不仅会影响企业培训活动本身的开展，还会影响到培训结束之后培训成果的转化。在培训软件支撑平台中，培训制度建设是核心。有了合适的制度，加以认真地执行，慢慢就能有利于培训文化的形成；有了成熟的培训文化，培训工作就有了保障；培训工作得到了保障，培训项目才可能产生效果；培训有了效果，争取培训经费以购置培训相关硬件设施也会比较顺利。

培训制度是指为确保企业培训系统顺利运行，而制定的一系列与培训相关的规范、流程、表单等文件。一般情况下企业培训管理制度包括以下项目：

（1）培训综合管理制度，如员工培训管理流程和相关奖惩制度；

（2）根据培训对象制定的培训管理办法，如技术人员培训管理办法、新员工培训管理制度等；

（3）根据培训流程的各个环节制定的培训管理办法，如培训计划管理制度、培训评估管理制度等；

（4）根据培训体系构成要素制定的培训管理办法，如培训讲师管理制度、培训课件开发管理制度、培训机构选择管理办法等；

（5）其他方面的培训管理办法，如外包培训管理制度、外派培训管理制度等。

一个好的培训制度体系，会明确回答以下与培训管理相关的系列重要问题：

（1）培训的主要方针政策是什么？企业如何看待培训工作？培训工作的重要性如何？培训与任免、奖惩制度有何关系？

（2）企业如何界定关键人才，如何制订和实施人才梯队计划？企业如何发展企业的管理团队？

（3）企业有哪些不同类型的培训，不同类型的培训的管理基本原则是什么？什么类别的培训需要签订培训协议？脱产的外部培训如何做？什么样的培训可以外包？

（4）如何开展培训计划的制订工作？如何进行培训需求分析？如何根据培训需求分析制订年度培训计划和项目培训计划？临时培训需求如何处理？

（5）如何管理企业的培训预算，培训预算编制的流程和方法是什么？如何审核、监督培训费用的支出？

（6）如何管理教师资源？内部专职讲师和兼职讲师的比例如何确定？如何选拔、培养和激励内部专职和兼职讲师？聘请外部讲师的标准如何？

（7）在培训实施过程中，如何管理培训场地、设备？设施和设备的采购、使用和维护工作如何进行？

（8）如何对学员进行管理？

（9）如何评估培训效果？

（10）如何管理培训档案？

制度本身是文化的产物，培训制度的完善与培训相关的企业文化环境建设两者是互为促进的。因此，关注培训制度建设的同时也必须重视改变企业的培训文化。企业培训文化同企业领导的观念、作风以及相关制度体系都有密切的关系。一般来说，市场竞争越激烈，企业对人才的需求越强烈，培训就越会受到企业领导的重视，这个时候就需要积极构建保障培训正常运行和不断发展的相关培训管理制度和经费保障制度；同时，努力做好各项培训活动，让企业领导和员工都认识到培训的价值和作用，从而让所有人都对培训工作形成一个积极的态度，为培训工作的进一步开展创造良好的文化环境。正如前面所说，培训文化的成熟度和培训机构的设置有密切的关系。培训文化越成熟，培训部门可以支配的人力、物力和财力资源也就越丰富，只有这样培训活动才能在企业中扮演更加重要的角色。

2.2.5 评估系统

培训的评估体系是对如何开展培训活动和实际开展的情况进行分析评价的一套分析方法和监督机制。培训管理人员只有依靠培训评估体系，才能把师资、课程与组织、学员的实际情况相结合，从而我们能够据此去合理地选择培训课程和师资，并推动培训成果的转化。

培训评估是搜集培训成果以衡量培训是否有效的过程，是企业培训运作系统的最后一个环节。培训评估包括培训管理各环节评估和培训效果评估。培训管理各环节评估是为改进培训过程所做的评估，即确定培训的实际效果与既定目标间的差距，并加以调整。培训效果评估是评估学员在培训后的变化程度以及培训项目给组织带来的收益情况。培训评估体系，我们将在第五章第三、第四节详细讲述。

专栏 2-2

企业培训体系成熟度测评

企业在提高培训管理能力之前，必须清楚地认识到企业现阶段的培训体系状况，要进行企业目前培训管理成熟度的评价。企业培训管理成熟度模型旨在评估企业当前阶段的培训管理情况，指出企业培训体系目前所处的阶段，找到影响企业培训管理能力水平提高的最大障碍和薄弱环节，并据此设置关键域和关键域目标，指导企业设定下一步应努力达到的目标及当前应做好的工作，使之有针对性地、循序渐进地得以提升。企业培训管理成熟度模型的另一个用途是，企业可以定期地评估培训管理成熟度情况，以便时刻自省，找出问题所在，提高成熟度水平。

《企业培训体系成熟度测评表》[①]

1. 公司的培训组织机构与培训管理职责情况

　A. 没有明确独立的培训组织，职责不明确；
　B. 设立了培训部门和专职人员，职责比较清晰；
　C. 设立了总部与下属分公司的培训组织机构，职责明确；
　D. 建立起自己的企业大学，向公司内部、客户、合作伙伴和社会提供培训和服务。

---

① 引自网络某培训师的博客，有删改，http://blog.sina.com.cn/s/blog_66b6565f0100r4i3.html。

2. 公司的培训管理人员情况
A. 没有专人负责,由 HR 部门人员兼任,不具备培训体系建设和培训实施等专业知识与技能;
B. 培训有专人负责,初步具备培训体系建设和培训项目实施等专业技能。
C. 培训部内部的专业分工逐步细化,专职和兼职培训管理员人数配备到位;
D. 专职培训管理员的专业水平好,具有丰富的实践经验,兼职培训管理员初步具备培训体系建设和培训项目实施等专业技能。

3. 公司的培训管理情况
A. 向公司内部员工提供有限的培训服务;
B. 根据公司的业务需求开展培训工作;
C. 向改进绩效的业务伙伴方向过渡;
D. 企业发展战略的促进者。

4. 公司的课程体系情况
A. 没有课程体系,从外部采购热门课程;
B. 按照培训项目的要求,对外部专业或通用领域的课程进行合理配置;
C. 在工作任务分析或岗位能力分析的基础上,开始规划和建立公司课程体系;
D. 建立了课程体系,根据外部的变化和公司内部战略目标的调整持续调整课程体系。

5. 你公司的课程开发
A. 没有自己开发的具有企业特色的课程;
B. 着手开发一些基础课程,课程呈现形式以知识讲授为主,课件表现形式比较单一;
C. 企业内部具备开发中级课件的能力,课件适当运用视频或音频,增强培训的效果;
D. 有能力开发高端课程,各个专业类别都包含不同层级的课程,课件呈现形式多样。

6. 公司的讲师队伍建设情况
A. 暂时没有讲师体系,培训基本依赖于外聘讲师;
B. 内部讲师数量较少,授课技巧和能力不能满足内部培训的需求;
C. 内部讲师基本满足员工培训的需求,内部讲师的专业知识和实践经验得到积累;
D. 内部讲师的素质和授课水平较高,讲课成为内部讲师和各级管理人员的工作职责。

7. 公司的培训信息管理系统情况
A. 尚未建立,无法搜集、整理和提供课程、讲师、学员等培训信息;
B. 开始搭建 E-learning 平台,并将其与传统教育相结合;
C. 部分课程通过 E-learning 实现,可以随时随地查询到公司的培训记录。

8. 公司的培训制度与流程情况
A. 没有建立培训制度和培训管理流程;

B. 初步拟定培训管理制度,并依据培训管理流程开展培训工作;
C. 培训制度已经自成体系,培训流程更加完善,培训部能够切实按照流程实施培训管理工作;
D. 从公司的战略规划、远景目标和人力资源战略出发,清晰制订并描述培训战略,并以此为基础完善培训制度和培训流程。

2.3 培训质量管理体系(ISO10015)

2.3.1 概述

国际标准化组织(ISO)于1999年12月颁布了《ISO10015:质量管理——培训指南》,该标准是在质量管理体系中专门针对人力资源培训的指南性标准。ISO10015是适用于各种规模、各类组织的一套通用的、有关规范人力资源培训过程和控制培训质量的专业化标准。

企业建立和推行ISO10015管理体系,能够让企业的培训工作变得更加规范和系统,提高培训的针对性,从而提升企业的培训工作质量。ISO10015管理体系针对员工的实际差距,通过事先确定培训的目标和预期结果,从源头上对培训实施过程进行控制,提高了培训的有效性。ISO10015管理体系,能够帮助识别现有人员的能力与组织要求的能力之间的差距,继而提出弥补能力差距的方案,以使员工的能力能够与组织战略、目标的要求相适应。

我国实施ISO10015的步伐与国际保持同步。国家经贸委培训中心与瑞士社会经济发展中心组织的"企业培训质量标准国际研讨会",于2001年4月中旬在北京举行。来自瑞士、瑞典、加拿大等国家的人力资源管理、质量管理专家及国际标准化组织的官员参加了研讨会,之后ISO10015培训质量管理标准正式引入中国。海尔集团率先采用ISO10015标准建立并实施了培训管理体系,并于2002年4月上旬通过了国际、国内机构组织的现场确认。之后,国内许多企业都纷纷建立ISO10015培训管理体系。

ISO10015国际培训质量管理标准为企业培训制度的建立提供了一套系统的、规范的方法工具。ISO10015培训质量管理标准有以下几个特点:

第一,强调培训过程的规范化。该标准规范的对象是培训的过程,强调任何培训均应按照相同的方法从五个方面进行,即确定培训需求、设计和策划培训、提供培训、监督培训过程和评价培训结果。在上述五个阶段的实施过程中,监督培训是依照事先策划的方案,普遍存在于每个阶段之中的。在这些培训阶段中应规定相应的职责、资源、使用的方法,在规定的时间里完成。

第二,强调培训过程的持续改进。ISO10015标准中培训五个阶段的核心是监督和改进，它的作用是通过持续改进过程的业绩结果，使偏离策划方案的培训质量缺陷能及时被发现并予以纠正，使组织更为有效地改进目标，继而使得培训的投资能够获得回报。ISO10015标准要求企业动态地把握培训活动的开展，及时进行控制，避免培训的盲目性。

第三，普遍适用性。无论组织的规模大小、产品生产方式如何、行业特点怎样，任何类型的组织的培训部门都可将本标准作为指导性文件予以实施管理。按照标准提供的模式，结合组织自身培训的特点和现状，均可提供开发知识技能和行为方式的规范操作流程。因此说该标准具有广泛的适用性和通用性。由于该标准是国际通用标准，因此，无论哪个国家的何种类型的企业，ISO10015标准的采用就为该企业同其他企业的沟通和交流提供了一个平台。

2.3.2 ISO10015的基本内容

ISO10015标准认为经过仔细策划，作出系统案例的培训过程能够帮助组织增强能力，提升培训效果。它从确定培训需求、设计和策划培训、提供和支持培训、培训效果评价和培训过程监督与改进五个方面，为组织的教育和培训工作指明了方向，能大力提高组织培训的有效性。下面对这五个方面的基本内容作一个介绍：

一、确定培训需求

ISO10015标准要求培训活动开展之前，完成培训需求分析，确定组织的培训需求。具体而言，主要有以下几个方面的工作需要完成：

1. 确定组织的需求

ISO10015标准把组织的需求分为与能力相关的需求及其他需求。进行培训需求分析时，主要分析与能力相关的培训需求，包括哪些能力的需求可以通过招聘、外包或者合作等方式满足，哪些能力的需求必须通过培训的方式才能满足。确定组织的需求需要了解组织的战略目标和经营计划，并充分考虑组织的培训政策、质量管理要求、资源管理和过程设计等因素，才能确保培训能够为满足组织的需求而开展。

2. 确定和分析能力要求

梳理组织需求中与能力相关的需求，并形成组织能力需求分析报告。组织能力需求分析报告常常用于分配员工工作和评估员工业绩，并需要定期更新。

编写组织能力需求分析报告是一个非常复杂的过程，需要分析大量的信息资料。常用信息资料包括：影响工作过程、产品性质的组织或技术因素的变化；组织过去的培训记录；组织人员完成规定任务的能力评估；人员的调整或季节性波动记录；为完成具体的任务所需要的内部或外部认证；重要员工个人发展机会的要求；由于顾客投诉或不合格报告引起的过程评审和纠正措施的结果；影响组织及组织的活动和资源的法规、规章、标准；市场调查中对顾客需求变化的信息等。

3. 评估能力

评估能力就是要对组织工作的各个重要过程所要求的能力和每个员工所具有的能力情况进行评估和统计。评估能力主要依据规范的岗位说明书和员工的工作表现。评估能力常见的方法有：面谈法、问卷调查法、观察法、小组讨论、专家咨询法等。

4. 确定能力差距

对现有能力与相应要求进行比较以确定并记录差距。

5. 找到弥补能力差距的办法

培训是弥补能力差距的重要办法，但不是唯一办法，有时候其他的解决办法可能会更有效率，成本更低。除培训之外，其他常见的弥补能力差距的办法有：重新设计工作过程、招聘有经验的人员、将工作外包、岗位轮换、优化资源配置等。

6. 形成培训需求分析报告

当确定以培训作为弥补能力差距的方法之后，就需要分析培训需求，并形成培训需求分析报告。培训需求分析报告是制订培训计划的基础，其内容应该包括：组织的目标、面临的问题、组织能力的要求、当前能力与能力要求的差距、弥补能力差距的方法、以前培训的结果、培训的目标和培训的预期结果等。

二、设计和策划培训

设计和策划培训主要包括两方面的工作：一是针对在上一个环节中识别的能力差距所应采取的措施，进行培训项目的设计和策划；二是为评估培训结果和监督培训过程提供相关依据。

1. 确定制约条件

确定并列出制约培训过程的因素。这些因素包括：第一，依法规定的各种要求；第二，组织确定的方针要求，包括那些与人力资源有关的要求；第三，可能获得的财务资源；第四，时间和日程要求；第五，接受培训人员的积极性和能力状况；第六，其他因素，如能否获得进行培训的内部资源或声誉好的培训提供者，以及任何其他可用资源的制约条件。这些制约条件被用于选择培训方式、培训提供者及培训计划的编制。

2. 培训方式和准则

应列出满足培训需求的各种可能的培训方式。适当的培训形式将依据所列出的资源、制约条件和目标而定。培训方式可包括：第一，现场的或非现场的课程和专题研讨会；第二，师徒制；第三，在工作中接受辅导和建议；第四，自学；第五，远程学习。适当的方式或这些方式的组合的选择准则应予以确定并形成文件。文件内容可包括：第一，时间和地点；第二，设施；第三，费用；第四，培训目标；第五，学员情况。如当前的或计划的职业身份、特长或经历、参加者的最大数量等；第六，培训持续的时间和实施的顺序；第七，评定、评估和证书的形式。

3. 培训计划

应制订培训计划，以便与可能的培训承办者协商具体培训过程等事宜，如具体培训内容。培训计划有助于明确组织的需求、培训要求和培训目标。目标确定了受培训人员可实现的培训结果。培训目标应建立在针对培训需求并在培训计划中所规定要达到的预期能力的基础上，以确保培训的有效提供，并创造通畅的交流。培训计划应考虑下述方面：第一，组织的目标和要求；第二，培训需求说明；第三，培训目标；第四，学员（接受培训人员的有关情况）；第五，培训方式和内容概要；第六，日程安排，如持续时间、日期和重要的阶段；第七，资源要求，如培训材料和教职人员；第八，财务要求；第九，为评估培训结果制定准则和方法，它们可用于测量学员的满意程度，学员的知识、技能和行为方式的收获，学员在工作中的业绩，学员对领导的满意程度，对学员和组织的影响，监督培训过程的程序。

4. 选择培训提供者

ISO10015 标准要求培训管理人员严格审查内外部培训提供者，审查应依据培训计划和已知的制约条件来进行。选择培训提供者的情况要记录在相关界定主办者、任务和职责的协议或正式的合同中。

三、提供和支持培训

ISO10015 标准要求培训管理人员在培训前、培训中和培训后都提供培训支持；具体而言，培训前的支持包括：第一，向培训提供者介绍所需信息；第二，向学员介绍培训性质和目标；第三，保证教学双方沟通。培训中的支持包括：第一，为培训双方提供支持；第二，为学员提供恰当的和充分的机会以应用得到发展的能力；第三，为培训双方提供即时反馈。培训后的支持包括：第一，搜集学员和培训者反馈信息；第二，向管理者和参与培训过程的人员反馈信息。

四、培训效果评估

ISO10015 标准要求培训效果评估应在短期和长期的基础上开展：在短期方面，应从学员中获得有关培训方式、所用资源以及培训中所获得的知识和技能的反馈信息；在长期方面，应对学员的工作业绩和生产率改进作出评估。评估过程应包括搜集资料和形成评估报告。

培训效果评估报告应包括下述方面内容：第一，培训需求说明；第二，评估目标、原则、方法和日程情况说明；第三，分析搜集的资料并阐明结果；第四，评估培训费用的使用情况；第五，结论和改进建议。

五、培训过程监督与改进

ISO10015 标准要求对培训全过程进行监督和改进，监督应由有能力的人员依据组织形成文件的程序进行。如可能，这些人员应独立于被监督对象。监督的方式可以是与相关部门管理人员进行交流协商，进行观察或者相关统计资料的搜集与发布等。监督首先是为了确保整个培训项目在实施的过程都按要求进行管理和实施，没有缺漏和实施不到位的情况；其次是要通过多种监督方式来保证监督到位；最后是培训过程的确认，主要包括合格证明、修改程序、纠正措施。

限于版权问题，ISO10015 培训质量管理标准的原文，读者可以自行去查询。

2.3.3 实施步骤与建议

企业如果打算实施 ISO10015 标准，可以按照以下几个步骤进行：

（1）推动企业相关领导了解该标准的基本精神和价值，统一认识，成立贯彻 ISO10015 培训标准的工作组。

(2) 请咨询专家参与确定 ISO10015 培训标准工作的方向和目标，制订完整的工作方案。

(3) 组建和培养一支熟悉标准并精通企业人力资源培训工作的专家队伍。

(4) 组织培训，掌握 ISO10015 培训标准的内容，并对企业培训师进行必要的培训。

(5) 结合企业实际，分析现状，进行体系策划，确立培训方针和目标，确定组织机构和职责职能等。

(6) 清理现有文件，组织编写培训管理体系新文件。组织全员学习培训管理体系文件并贯彻实施。

(7) 审定、发布培训管理体系有关文件。

(8) 确定实施 ISO10015 培训标准的试点单位，成熟之后逐步向全行业展开。在施行中要积极采取纠正和预防措施，并跟踪验证，防止走弯路。

(9) 成立以企业主要领导为首的 ISO10015 管理体系建设领导小组，委派培训管理人员代表。成立宣传贯彻、体系文件编写和监督审核三个小组，在咨询专家的指导下，开展 ISO10015 管理体系标准实施工作。

企业在实施 ISO10015 培训管理体系过程中需要注意以下几点：

(1) 制订培训计划要注重满足客户需求。在 ISO10015 标准中，使客户的需求期望得到确定、转化及满足很重要，因此在制订计划或规划前，必须做好客户的培训需求调查。

(2) 实施培训计划要注重过程化和规范化。鼓励组织采用过程方法建立、实施和改进质量管理体系，即注重培训前、培训中、培训后的各种工作的准备和跟进。

(3) 培训质量评估要注重适宜性和有效性。ISO10015 标准要求组织通过实施内部审核和管理评审来评估组织的质量管理体系是否合格；通过数据分析方法以及基于事实的决策方法，提供质量管理体系、过程、产品的信息，采取纠正措施和预防措施以达到持续改进的目的。

(4) 培训持续改进要注重管理的系统性和长期性。实施好 ISO10015 管理体系建设重在抓好两头，控制好全过程。首先看"龙头"——培训需求分析；其次看过程——培训的组织实施；最后看结果——培训考核与评估。

2.3.4 ISO10015 标准的不足

需要指出的是在实践过程中，关于 ISO10015 培训质量管理体系仍然存在一些争议，有专家指出，仅仅遵循 ISO10015 标准是无法真正保证企业培训质量和效果的。

该体系至少有四个方面的欠缺：一是缺乏对培训课程设计的要求，实际上在培训管理过程中，课程设计的质量是决定培训质量极其重要的一个环节；二是缺乏对培训的后勤等事务工作的规范，培训后勤事务虽然比较简单，但在培训实施过程中也是相当重要的，也常常会有一些经验不足的培训管理人员因为忽视这个方面，导致培训质量严重受损；三是缺少对基础工作的规范，比如说培训文化的培养、培训资料的归档工作等；四是 ISO10015 标准和项目管理的要求有很大差距，诸如时间管理、风险管理、预算管理等内容都缺乏规范。仅仅遵循这个标准，根本不能保证培训的质量。总而言之，ISO10015 培训质量管理标准只是给我们一个比较规范的培训管理流程，而不能给我们一个完善的培训体系,仅仅依靠该标准并不能保证培训的质量。

不过,对于许多培训文化尚不成熟,缺乏培训管理经验的中小企业来说,该标准还是具有极大的参考意义的,该标准可以在短时间内帮助这些企业建立一个相对规范的培训管理制度。但是,有实力的大企业,想要建立一个真正有效的培训质量管理标准,还需要对自身的情况进行分析,在该标准的基础之上,进行优化改进,才能够达到目标。

> **专栏 2-3**
>
> ### 把全面质量管理理论引入培训质量管理体系
>
> 鉴于 ISO10015 存在许多不足,近年来,有的企业在员工培训质量体系建设中引入其他的理论,比如把项目管理理论、全面质量管理(TQM)理论引入培训质量管理体系建设,并取得了较好的效果。
>
> TQM 是全面质量管理的简称,TQM 强调以质量为中心,以全员参与为基础,按照 PDCA 循环法,把质量管理的各项工作分为四个环节:一是计划阶段(研究情境或过程)、二是执行阶段(按照计划,付诸实施)、三是检查阶段(评价实施的结果)、四是处理阶段(总结经验,继续下一个循环)。把这四个环节按顺序进行不断循环往复的质量提高活动,从而获得让顾客满意的产品质量,继而让本组织所有成员及全社会受益,最终达到组织的长期成功。
>
> 把 TQM 管理思想引入员工培训管理,可以从以下几个方面进行考虑:
>
> 第一,规划、诊断员工的培训需求。基于 TQM 的员工培训将企业的中长期发展规划及目标,细化到各个工作岗位上,明确各个部门、各个岗位的要求;建立员工信息系统,将其与企业的要求相结合,如果员工的知识、技能等低于工作任务的要求,需求就会产生。如人事变更、新老交替、绩效不足等都会产生培训需求,企业应通过制度化来引导员工产生的需求,变"要我学"为"我要学",从而增强培训的效果。
>
> 第二,明确培训理念。在企业员工培训中推行全面质量管理,必须确保有一个明确清晰的培训理念。企业管理高层对员工培训在人力资源管理中的定位要有准确的把握,用清晰的培训理念指引培训工作的开展;要明确员工培训的方向、目标和最终达到的效果;要通过宣传教育,促使员工正确认识到培训对自身职业生涯发展的重要性,并且能够积极参与各项培训。理念的形成并不是一蹴而就的,需要企业文化的长期熏陶和培养。企业要逐步在企业文化建设中渗透这种思想,使企业上下最终确立起正确的培训理念。
>
> 第三,设计切实可行的培训方案。培训方案应该制定更为直观、针对性强、可操作性强的阶段性目标。通过培训使员工切实提高做好本企业工作和适应本企业发展的能力。同时要创新培训方式,选用最为有效的培训方式,不拘泥于课堂培训,比如举办经验交流会、专题研讨会、成果发布会、工作总结会、任务分析会等,为员工提供广泛的交流研讨平台;鼓励员工在职体验;组织技术比武、现场观摩;开展以综合知识或主题教育为内容的知识竞赛、知识答题等,既克服了课堂灌输的呆板,又能达到传播知识、提高技能的效果,都不失为有效的培训方式。

> 第四，建立考核激励制度。TQM 非常重视激励机制的建立和功能发挥。员工培训要调动员工积极性，势必要有一套有效的激励机制。培训管理人员应该根据本企业实际状况，选择建立培训考核指标体系，给员工提供成果转化的环境，采用薪酬与绩效结合的方式，激励员工参与培训和创造效益。
>
> 第五，不断改进。TQM 模式通过对培训全过程可能造成的低质量或降低顾客满意度的不同环节进行合理化改进，从而使问题被解决在萌芽状态中。如及时反馈学员的学习信息，不断修正培训的组织和教学工作，对成功的经验及时加以肯定，对失败的教训及时加以总结，以免重现；这一轮未解决的问题放到下一个 PDCA 循环，以提高学员的学习兴趣和创新能力。
>
> 总之，把全面质量管理理论引入企业员工培训，以质量为核心，实施"培训质量提升工程"，可以使企业员工培训的质量得到较大的提升，进而提高企业核心竞争力，最终实现企业与员工的双赢。

2.4 企业大学

2.4.1 概述

企业大学是指由企业出资，以构筑企业全员培训体系为基础，运用现代科技手段，满足企业所需的新型培训组织。企业大学是企业培训组织发展的最高阶段，必须要拥有完善的培训体系，否则只是徒有其名。

全球第一所企业大学——通用电气公司克劳顿维尔学院，由美国通用电气公司在 1955 年最先创立。从 20 世纪 80 年代开始，企业大学进入快速发展期，据统计，全球企业大学在 20 世纪 80 年代中期大约有 400 多所，而到了 2010 年全球企业大学已经达到 3 700 所，财富世界 500 强中近 80% 的企业，拥有或正在创建企业大学。在美国的上市公司中，拥有企业大学的上市公司平均市盈率比没有企业大学的市盈率明显要高。摩托罗拉、惠普、爱立信、西门子、海尔、联想等一批国内外知名企业都建有企业大学，最近几年中国的企业大学呈现井喷式发展，凡是有一些实力的企业都纷纷打算成立企业大学。有研究机构统计，2014 年中国国内的企业大学已经超过 2 600 所。当然，这些企业大学是否是真正意义上的企业大学还有待观察。有专家预计在未来 10 年内，企业大学的数量会超过中国现有的普通高校。企业大学整体的质量也会有非常大的提升，有的企业大学甚至可能会由内向外发展，走向市场，走向社会，比如为社会上的企业或单位提供培训，而另一些企业大学可能会退化为一般意义上的培训部门。此外，企业大学也会朝在线培训的方向发展，举办越来越多的虚拟课堂。

说起企业大学，人们很容易把它同普通的大学进行比较，企业大学和普通的大学的差异主要体现在以下几个方面：

（1）教育对象不同。企业大学所培养的对象以企业内部的员工和管理者为主。一般情况下企业大学不会向社会公众招生，也不颁发国家证明的学历证明，仅以企业内部或者相关合作企业需要得到技能培训的员工为招生对象。

（2）教育目的不同。企业大学旨在为本企业培养专门型人才，根据企业的发展战略和实际需要开展培训课程，因此，企业大学中的各种课程一般都是为了保障企业的业务开展而设置的；而普通大学培养社会所需要的通用型人才，传授的内容属于基础知识和基本能力，课程设置需要考虑到学生将来就业的各种可能性以及国家相关管理部门的导向。

（3）教育内容不同。企业大学的培训内容注重实际操作性，培训的对象更多的是学习在工作中必须掌握的技能，员工能够很清楚地知道每项课程的价值；而普通大学的教学内容更多的是学生被动接受，比较偏重理论基础，很多时候学生不能感受到课程的价值。

（4）教育形式不同。企业大学不一定会建立有形的校园，在教学设施和教学手段上，企业大学往往会更加侧重企业内部网络技术和多媒体技术等手段传播企业的培训课程。张瑞敏在创办海尔大学之初便提出它的定位：不在于有多少好的设施和硬件条件，关键在于其内涵和软件。而普通大学一般都有固定的校园和教学设施，在校园建设方面，不仅要考虑教学的需要，还要考虑老师和学生的学习与生活的需要。

2.4.2　企业大学的发展历程与特点

企业大学自 20 世纪 20 年代出现以来，共经历了三个发展阶段：

第一个阶段：20 世纪 20 年代到 50 年代。这是企业大学的萌芽阶段，还没有成立正式的企业大学，但是企业大学的雏形已经在一些大企业中出现。这个阶段企业大学的主要特点有：第一，关注内部员工培训；第二，培训内容偏重解决当前问题，培训方式比较单一；第三，内部讲师队伍建设尚未受到重视；第四，培训体系的概念尚未形成。

第二个阶段：20 世纪 50 年代到 80 年代末。这是企业大学的形成与发展阶段，第一所正式的企业大学就是在这个阶段出现的。这个阶段企业大学的主要特点有：第一，培训的战略地位得到明确；第二，服务对象虽然仍然以内部为主，但是系统性和个性化都有所增强；第三，培训课程体系开始形成，课程内容和企业需要发展的能力得到整合；第四，培训形式多样化；第五，讲师队伍建设受到重视。

第三个阶段：20 世纪 90 年代到现在。这是企业大学的发展成熟阶段，这个阶段企业大学的主要特点有：第一，服务对象拓展到企业外部；第二，战略角色多元化；第三，企业大学的组织结构和运行机制得到了完善，组织的独立性增强；第四，企业业务体系、绩效、员工职业生涯以及价值链等因素被考虑进企业的培训体系；第五，知识管理受到重视；第六，信息化技术在企业大学的构建和运行中得到了广泛的应用；第七，企业大学具有较强的自主生存和发展的能力。

企业大学发展到现代，从总体上看它具有以下特点：

（1）企业性。企业大学在管理、课程、师资、学员等方面都带有明显的企业色彩，因为它是为企业服务的，带有企业的烙印也是理所当然的。

（2）战略性。企业大学是企业战略发展的助手，根据企业的发展战略运作，并推动企业的发展战略的实施。

（3）集成性。集成主要是指资源的集成，即企业内外的各类学习培训资源都集中于企业大学，以保证企业大学的资源充足并良好运行。

（4）自主性。企业大学相对于其他职能部门来说，自主性很强，其类似于企业的一个项目，可以独立运行，并自主地开发课程、挖掘培训讲师、开发新的培训项目等。

（5）针对性。由于是为某一企业服务，其针对性也就十分明显了。

除了人才培养这一基本功能之外，企业大学还发挥着变革推动者、文化传播者、品牌营销者、价值链整合推动者等功能，而现在的企业大学在知识管理、学习管理、创新管理等方面也日益发挥着重要作用，推动着企业的转型升级。随着管理实践的发展，企业大学的功能还将进一步显现出多元化，一些新功能将得到挖掘和显现。

2.4.3 企业大学建设

一、企业大学建设的常见问题

随着近几十年来中国经济的快速发展，中国企业也在不断地发展自己的企业大学。到2014年为止，据不完全统计，国内有近4 000家企业大学挂牌成立，还有很多企业也正在筹建自己的企业大学。这是一个令人欣喜的现象，这说明越来越多的中国企业开始重视人才的系统化培养。但另一方面，调查称国内众多的企业大学中，真正有效运营的不足三分之一，常见的问题有：

（1）在企业的发展阶段和发展规模暂时不需要企业大学时建立企业大学。有些企业自身还属于市场开拓阶段，业务不稳定、管理不规范、体系不完善等问题很明显，然而企业领导者盲目追赶潮流，依靠行政命令要求建立企业大学，结果只能是一个空架子。因为这个阶段企业本身都不稳定。企业自身规模太小，所谓的企业大学，其实和一个培训部没有什么区别。

（2）企业的高层不支持建立企业大学。有的企业已经发展到需要建立企业大学的时候，企业的高层却不支持建立企业大学。还有一些企业筹建了企业大学，中途因为高层领导的更换，新的领导不支持企业大学发展，但又不好取消企业大学，公司的企业大学也徒有虚名，其发挥的作用也就可想而知了。

（3）企业大学自身不能获得收益，企业给予的经费又不稳定。这个问题可能存在的范围更广泛一些，尤其在民营企业里，由于受市场影响，当利润下降的时候，很多企业就会减少企业大学的投入，而企业大学又缺乏盈利能力，导致企业大学发展无力。

（4）企业大学的管理者素质跟不上。企业大学对管理者的素质要求很高，但现实中很多企业大学的管理者都是其他部门转过去的或者兼任的，不具备足够的理论功底和实际管理经验，严重制约了企业大学的发展。

二、企业大学建设的思路与方法

一所优秀企业大学的核心内涵可以从这样五个方面去理解：

（1）企业大学要具有管理研究的专业能力。企业大学要秉持客观中立、协同高效、专注专业的行为准则，总结提炼管理实践、诊断评估管理问题、跟踪相关管理前沿、推广促进管理创新，同时按照"管理研究、管理诊断、管理培训"三位一体的原则，分享成果、传播经验、营造氛围、增强影响，这样，企业大学才能支撑好企业的组织变革、绩效改善和管理提升。

（2）企业大学要促进企业文化和价值观传播、企业战略实现、员工发展，以及部门绩效提升的统一。企业大学要通过企业文化的传播、传承与统一来消除一个企业发展到一定规模后内部各单元之间势必存在的组织能力、员工素质等方面的差距，特别是因企业集团战略发展的需要，在不同时期通过并购进入集团的新成员与集团核心成员之间的差距；要有一个覆盖全体员工的较为完善又具有操作性的培训体系；培训过程中要坚持采用问题导向的研讨方式，实现知行合一；要建立各类人员任职资格培训与认证的体系，以此与人力资源员工发展职能匹配；要充分利用人才测评的技术手段，为识人、选人、用人等人力资源的相关环节提供支撑，促进企业员工发展。

（3）企业大学要成为企业的知识加工中心。企业大学作为企业专门的学习机构，担负着知识集散、加工和沉淀的职责。作为知识加工中心，企业大学要加强管理研究成果的分享，要通过教学培训实践和有计划的核心课程开发打造精品课程，要注重对培训研修成果进行加工、提炼、推广和分享，要善于发现并及时总结企业范围内的优秀实践，还要能以案例剖析的形式对企业运营中的风险进行分析与警示。

（4）企业大学要成为支撑员工创新的基地。企业大学要加强创新工具和方法的培训、指导及应用；要面向全体员工、面向基层，为职工岗位创新活动的开展搭建平台、营造氛围、协作共享、提供服务；同时，协同企业有关部门梳理、构建、完善创新工作体系，培育创新骨干队伍。

（5）企业大学要以学员为中心不断适应学习的变革。根据企业实际，建立助推员工能力提升与职业发展的"学习地图"；丰富学习资源，实现课程资源数字化和网络化，建设网上学习平台；拓展学习模式，探索移动学习、学习社区、微信等新媒体在培训中的应用，支撑混合式学习，增强员工培训的自主性和有效性。

关于如何建设好企业大学，大体上可以从以下三个方面进行考虑[①]：

1. 找好企业大学的定位

企业大学可以为企业内部服务，也可以为企业的产业链服务，甚至还可以面向社会公开，比如：只为企业内部服务的企业大学有通用电气和麦当劳的企业大学等；为产业链服务的有阿里巴巴和联想的企业大学；为社会服务的有惠普商学院等。到底应该如何定位自己的企业大学，这需要从公司的战略出发。从目前的统计来看，绝大多数的企业大学包括很多著名的企业大学都定位在为公司内部服务。这种定位实际是给企业大学找到了生存和发展的基础，企业大学可以根据企业的不同发展阶段和发展策略，来定位自己的服务方向，以帮助企业解决在发展过程中遇见的实际问题。因为企业大学设置于企业内部，在了解企业的文化和具体情况方面，相比外部咨询公司更具优势，更容易提供落地的解决方案。同时，定位于服务企业内部的企业大学还能够对企业的不断变化进行快速的反应。很多著名的企业大学在分享它们成功的经验时，都把定位于为企业内部服务视为一个重要的成功要素。

---

① 参考鞠伟，《如何建成一流企业大学》，中国人力资源开发，2014（24），有删改。

把企业大学定位于服务社会也是可以的，但在实际过程中，定位于服务社会的企业大学会遇到很多问题的困扰，如资金、生源、发放证书的资质及品牌认可等。为此这类企业大学往往难以为继，有的陷入停滞，有的不得不转型。如果把企业大学定位于服务企业内部，企业大学在初建过程中，可以根据公司的实际情况及业务重点从以下六个方面进行切入，推动企业大学的发展：

（1）企业人才培养和梯队建设。企业大学根据公司的业务发展和规划，来进行人才需求的规划，并选拔有潜力的优秀员工进行系统化的培养及评估，为公司业务发展进行人才储备。企业大学还可以根据目前公司员工及业务管理人员的水平状况设置相应的学习和训练项目，来提升员工的整体业务管理水平。

（2）企业文化的宣传和推行。很多企业都把企业文化的宣传和推行作为企业大学主要的职能之一。企业的高管和企业家们越来越认识到，随着企业的发展和壮大，企业文化的建设和作用越来越重要，他们也希望有这样一个部门能够帮助企业不断地把企业文化根植于员工心中。企业大学在这一方面责无旁贷，为此需要利用各种形式让员工了解、感受并认同公司的文化。

（3）助推战略实施。企业大学与培训部门不同的地方在于，它需要站在战略的角度来思考问题，助推公司战略实施。企业大学要随着公司的战略而动，比如公司制定了国际化战略，企业大学就要围绕着国际化战略设计企业国际化人才的培养计划，组织研讨在国际化过程中有可能遇到的问题及解决方案，组织学习如何做好国际业务等。

（4）改进绩效。改进绩效及解决业务问题是培训的基本使命，企业大学从业人员一定要具备业务敏感性，对业务部门遇见的实际问题提供帮助和支持，并且应用各种方法来帮助业务部门解决具体问题。

（5）搭建知识学习平台。一个企业的竞争力取决于它的学习能力，所以企业知识学习平台的建立是提升企业学习能力的前提，企业知识学习平台包括硬件和软件两个方面。硬件方面主要是搭建硬件平台，也就是将企业的内部知识，比如流程和规范进行归纳和整理，放到平台上，便于员工查询和使用。员工还可以把自己的工作心得和体会分享到学习平台供大家学习。这个学习平台还可以上传与业务相关的电子课件供员工学习。软件方面，可以组织各种各样的论坛及交流会，针对公司的业务和管理，进行分享和研讨，并推动高管带头进行知识和能力的分享和教导，并通过复盘等形式归纳总结业务方面的得失，使之成为公司的宝贵经验。

（6）为企业整个价值链服务。在提升价值链的价值方面，摩托罗拉、爱立信等老牌公司，都可以被称为先行者。举例来说：摩托罗拉刚开始进入中国时，就对供应商的质量及业务的管理水平进行了一系列培训，提升了供应商的整体能力和产品质量水平，这也为摩托罗拉公司高品质产品及业务发展提供了保障。

上述六个方面不一定要全部同时开展，可以从一点或两点开始做起，逐渐覆盖。

2. 抓住三个核心问题

（1）明确企业大学要为企业提供什么。企业大学不仅要关注公司的组织能力，还要关注公司的战略层面。这也需要企业大学从公司产品及业务角度出发，为公司提供支持及解决方案，而不仅仅是针对员工技能的提升。这也是为什么一些企业大学不能得到公司和业务部门认可的原因之一。战略研讨和行动学习是切入公司具体业务，帮助公司解决实际具体问题很好的手段,这是企业大学应该重点着力的地方。

(2) 搞好企业大学自身组织能力建设和创新能力建设。创新是企业大学最核心的能力之一。目前比较好的企业大学提供的解决方案都有各种各样的创新因素在其中,包括内容和形式。比如阿里巴巴的新员工培训有很多具有阿里特色的因素,如文化体验、研讨辩论、演讲活动、对话交流、擂台赛及练功课,通过形式各异的活动,不断地体验、练习、表达和总结,使员工能够多方面地感受和学习公司的企业文化。

(3) 培养企业大学从业人员的业务意识。很多企业大学的从业人员大多以前从事人力资源管理和培训工作,业务敏感性的缺乏导致他们不能理解业务相关的问题,不能为业务部门提供进一步的帮助。所以,适当地从业务部门招收人员进入企业大学是个不错的方法,也可以在项目和方案设计时,将业务人员纳入进来,共同开发。企业大学还应在平时工作中积累业务方面的人员资源,使这些人员能够成为企业大学的业务顾问。

3. 整合资源

企业大学是要帮助企业解决问题的,因此整合企业的资源变得至关重要。具体来看,企业大学需要整合四个方面的资源:

(1) 高管资源。高管是企业学习和员工培养重要的支持者,也是项目成功的关键。但是由于各种各样的原因,并不是所有的高管都有意识去支持人才培养和学习,那么如何得到高管的支持呢?首先,你要知道高管的关注点在哪里,然后你所设计的项目一定要与其关注点有所关联,你的项目或多或少能够帮助他们解决问题。这样他们才会支持企业大学的工作,才会在项目上投入时间或精力,才会亲自参与或派遣下属参与相关的工作。

(2) 业务资源。企业大学经常需要从业务角度出发,帮助企业解决业务问题,这就需要把业务人员纳入项目小组中,让他们和企业大学的人员一起设计并实施相关的学习项目。这样做的好处是学习的东西更容易在工作中实施,而且让业务人员教业务是提升业务水平的最有效的方法。企业大学应该像对待客户一样对待相关业务部门,以获得他们的帮助与支持。

(3) 外部资源。外部资源整合需要做的是制定供应商识别的标准,以及鉴别供应商的客户化能力。每个供应商有各自的优势和特点,要借助多种形式的活动,与他们接触,从而更多地了解他们。另外,供应商的客户化能力也是我们要关注的,因为很少有一门课或者一个项目能完全适合企业的需求。

(4) 学员资源。学员资源也是企业大学的重要资源之一,企业大学要设立让学员之间交流与互助的平台。比如:在复地学院的领导力项目中设立了"管理互助工作坊"和"业务互助工作坊",学员把自己在工作中遇到的难题提出来,让班上的其他同学给出各自的解决建议,问题提交者可据此在工作中尝试改进。此外,让高阶管理者训练营的学员做中低阶管理训练营学员的教练,让他们对中低阶的学员进行指导和评估。中低阶管理训练营的学员又可以成为管培生项目的教练。

综上所述,企业大学的建设是一个系统工程,一定要从公司的战略和业务出发,帮助公司解决所遇到的管理、业务及文化的实际问题。在企业大学建立初期,要与公司的决策者密切沟通,定位好自己的企业大学。一旦成功定位,就要坚持走下去,并在公司的发展过程中即时根据公司的业务需要,拓展和调整企业大学的职能。企业大学管理者的工作重点是提供高品质的产品(学习方案或课程)给内外部客户,并着重培养自己的客户意识和创新能力。

本章关键词

培训体系	培训运作系统	培训支持系统
培训管理系统	企业大学	培训体系模式
学习型组织	培训质量管理体系 ISO10015	

本章小结

本章从企业的发展和企业培训文化的角度讲述培训机构的设置与发展，并概述了培训职责的划分。然后，对培训体系进行了讨论，指出企业应该建立以绩效为导向，以建立组织学习文化为基本目标，建立培训管理的制度体系、培训的组织体系、培训评估体系、培训支持体系、培训的课程开发体系与师资认证体系等几个体系，才能形成完整的组织培训体系。之后，介绍了一个与培训相关的重要的国际标准——培训质量管理体系 ISO10015。最后，对企业大学进行了介绍，分析了企业大学的特点、发展历程和企业大学建设等问题。

思考题

1. 什么是企业大学？企业大学与普通的大学有什么区别？
2. 培训机构的工作主要有哪些？
3. 什么是培训体系？
4. 培训体系建设应该从哪些方面去考虑？
5. 什么是 ISO10015 标准？

课后案例

摩托罗拉大学的管理模式

1974 年，摩托罗拉大学成立于美国摩托罗拉公司总部，开始为公司内部的员工提供继续教育和职业训练。1986 年，摩托罗拉大学提出了六西格玛质量管理流程理念和标准。2001 年，摩托罗拉大学开始为顾客、供应商、合作伙伴提供培训咨询服务，从而建立更广泛的摩托罗拉商业生态系统。2005 年，摩托罗拉大学成立了涵盖管理流程重要环节的五大专业学院，并将培训和咨询服务的受众扩展到全社会。经过几十年的积累和创新，摩托罗拉大学目前在亚洲每年向摩托罗拉公司的各个部门以及摩托罗拉公司的合作伙伴和供应商提供多达数百次培训。

摩托罗拉大学设置了四个职能部门：

第一，客户代表部。摩托罗拉大学的培训工作是以客户为导向的，客户代表部的主要职责是与各事业部的人力资源部门紧密合作，分析组织现状与组织目标之间的差距，判断这些差距中哪些是可以通过培训解决的，以此确定组织的培训需求，并提供组织发展的咨询和培训方案。之后，他们将与各事业部的各级领导合作，根据事业部的发展目标和任务，分别对其事业部的下设部门乃至员工个人的培训需求作出分析，并找出"差距"，制订相应的培训方案。此外，该部门依据对员工个人工作及职业发展的需求分析，在组织发展部的协助下，制订出员工个人的职业发展计划，包括个人教育培训计划。客户代表部最后基于需求分析的结果为各事业部作出一年的培训计划。

第二，课程设计部。当客户代表部从各事业部获取了第一手客户培训需求后，会提出一整套培训和咨询方案。在这些培训方案中，有些现有的课程即可满足事业部的要求，但是有些现有的课程尚不能够完全满足客户培训的需求。在这种情况下，课程设计部就会介入，通过采购、设计、开发、改编以及翻译培训课程，以满足公司及事业部发展的实际需求。课程设计部还对课程的学习方法、学习效果的评估等作出规定或建议，以保证培训课程的有效实施。为了保证课程设计的有效性，在课程设计完成后，课程设计部要对其试运行。届时相关领域的专家、项目设计人、学员代表、相关经理等将对课程提出各自的建议，并据此对课程进行必要的修改，以保证课程的设计达到培训的需求。

第三，课程运作部。课程运作部负责授课教师的认证与管理、教学材料的打印、教室及其教学设备的安排与管理，以及进行核心项目的管理等。只有经过认证合格后的教师才有资格执掌该课程的教鞭。

第四，培训信息管理中心。该中心负责培训信息的发布、登记，课程的安排，学员培训记录及培训评估结果的分析与管理等。

摩托罗拉大学设有五大学院：

第一，质量学院。该学院的课程主要有：六西格玛系列培训、绿带和黑带认证、项目咨询服务等；该学院致力于为摩托罗拉内部的各个部门和外部的供应商、客户、潜在供应商与合作者提供质量管理和流程控制项目及咨询服务，并为企业量身订制整体解决方案。

第二，领导力和管理学院。该学院的课程主要有：领导力系列培训项目和各类管理训练，包括初级、中级、高级领导力项目等；该学院致力于主持开发以能力为导向的领导力开发项目，通过为业务部门、职能部门和地区领导提供领导力开发课程，为不同层次的领导人才提供个性化的解决方案。

第三，营销学院。该学院的课程主要有：营销战略、营销管理和销售管理训练，包括初级、中级、高级销售经理培训等；该学院旨在培养销售人员，提升他们的知识水平和销售技巧，并从根本上改善其销售行为模式。

第四，供应链学院。该学院的课程主要有：全方位的供应链开发和管理培训，包括供应链管理、采购、生产管理、仓储和物流等；该学院是针对供应链管理的培训和咨询机构，旨在培养优秀的供应链管理人才。

第五，工程学院。该学院的课程主要有：工程技术人员的知识及能力的训练及认证。该学院旨在培养工程技术人员，提高他们的知识水平和研发能力，最终提升企业的研发水平和创新能力。工程学院只提供针对摩托罗拉内部的培训服务，暂不提供对外培训和服务。

资料来源：郝伟利．摩托罗拉大学的特色培训．《企业改革与管理》．2010/07；刘辉，潘娜．企业大学的运营模式及发展趋势——摩托罗拉大学的管理实践启示．《人力资源》．2007/12。

问题：
试分析摩托罗拉大学的特点，它和普通的大学有什么不同？为什么？

第三章
培训计划与培训需求分析

学习目标

学完本章后,你应该能够:
1. 了解培训计划的概念、作用。
2. 熟悉培训计划的内容。
3. 掌握培训计划的制订流程。
4. 了解培训需求分析的相关概念、作用、内容。
5. 掌握培训需求分析的流程。
6. 熟悉培训需求分析的方法。

 **开篇案例**

2015 年精益公司年度培训工作计划

2014 年年底,精益公司人力资源部经理黄学艺找到下属培训专员唐真,要求他负责拟订公司明年的培训工作计划。唐真有点困惑,问道:"经理,我以前没有写过,应该怎么写呢?"

黄学艺说:"首先说总的指导思想,总结今年的培训工作情况,提出明年培训工作的目标;其次分析为了完成明年的工作目标,需要重点做好的相关工作;再次是明年需要开展的系列培训项目的安排;最后是预算。"

看着唐真还是一脸的困惑,黄学艺拿出一份其他公司年度培训计划的模板给唐真,说,"你可以参考一下别人的写法。记住不能照搬,需要根据我们公司的情况来设计,要做前期的调研。"说完,黄学艺就赶着去集团总部开会了。

唐真回到家里仔细研究那份模板,第二天又在公司里查了一些资料,经过三天的努力,他拟订了下面的年度培训计划。

精益公司 2015 年培训工作的总体指导思想是:根据集团公司 2013—2018 年五年战略规划和 2015 年公司的经营任务,继续贯彻落实《华光集团员工培训管理工作指导意见》,逐步完善公司的培训体系,形成培训对公司人才梯队和公司战略的支撑作用。

2014 年培训工作总体上还缺乏系统性和规范性,人力资源部更多的精力还是在培训的各项事务性工作;公司领导及员工对于培训工作现状的满意度不高;2015 年希望在各部门的共同努力下,能够扭转培训工作的这一局面。2015 年公司培训工作主要抓以下几个方面:

一、培训组织体系建设

《华光集团员工培训管理工作指导意见》中提出公司培训组织运作宜采用两级管理体制,目前在一些部门也设立了兼职培训管理员,但实际上我们并没有真正建立两级管理体制。2015 年培训工作首先应解决这个问题,即真正建立培训的两级管理体制,充分发挥各部门在培训工作中的重要作用,同时也可以使人力资源部从一些培训的事务性工作中解放出来,以便进行培训的整体规划。今后应由各部门主要负责具体业务培训工作,人力资源部主要负责跨部门培训、基础课程培训及培训的系统规划、新课程开发等。

要真正建立培训的两级管理体制,首先应取得公司各部门主管的认同与重视,考虑通过座谈等形式进行培训理念等的宣传与贯彻,取得各部门主管的支持。其次,在各部门设立兼职培训管理员，并对兼职培训管理员进行业务知识培训。最后，人力资源部还应对各部门组织的培训提供必要的支持，包括培训场地、培训资料等资源的支持，培训讲师协调的支持，以及培训过程中必要的一些指导。

只需各部门主管对培训提高重视程度并统一认识，培训工作就能在一定程度上摆脱目前的尴尬局面，因为培训参加人员所在部门主管对于某项培训的态度将直接决定该项培训的效果，再加上各部门兼职培训管理员如能发挥其积极作用，每一项培训的前期需求分析、策划设计、实施、评估改进都能很好地进行，如此，公司培训就能进入一个新的局面。

二、培训系统化及培训成果固化

以往的培训工作缺乏系统性，不清楚针对某一岗位或某类岗位，要使该岗位从业人员胜任应该涉及的相关培训有哪些，这些培训应该在什么时间进行，达到什么要求。这样就造成在培训实施中往往是今天抓一点明天抓一点，但为什么要抓，并不清楚，参加培训的人员更不清楚。而只有将各岗位培训系统化，才有利于这些岗位员工的快速成长。

要将培训系统化，首先还是应该得到各部门主管的支持，毕竟这些岗位分布在各个部门，只有他们对这些岗位的要求最清楚。其次，可以组织部门主管和相关岗位工作人员进行讨论，根据讨论的结果，初步整理各类岗位胜任力素质并建立岗位胜任力素质模型。然后，将要胜任该岗位的主要素质一一整理出来。根据胜任力素质模型设置相应的课程，并在公司内部或者外部寻找相应的讲师准备课程资料及之后的授课。最后，还应根据培训的实际情况对培训课程设置进行必要的调整，使其更符合公司及岗位的实际情况。

近年来公司开展的培训其实也比较多，但其中一些效果比较好的培训所用到的资料、教材并没有很好地整理、保留下来。今后应加强这方面的工作，逐步建立公司自己的教材库、案例库，将公司生产经营中出现的问题及最终解决的方法记录并整理出来，为今后的培训提供很好的素材。

三、课程引进

2015年要加强针对公司中层及基层管理人员的管理理念及方法的培训。目前一些专业的培训咨询机构已经有比较成熟的管理基础方面的课程，可以根据公司生产经营的特点及需要选择其中一些比较适合公司管理人员的课程。同时，通过购买一些培训光盘或者网上的视频资源等方式，作为管理方面课程的补充，不断充实公司的培训资源，也为各部门培训提供资源支持，还可以通过将这些课程挂在公司 E-learning 平台上，满足员工利用业余时间自学的需要。

四、制度修订

不断完善培训制度体系并逐步将培训制度与公司人事制度等相结合。主要修订以下几个制度：第一，外部培训管理规定；第二，内部培训管理规定；第三，员工进修管理规定；第四，岗位技能等级鉴定规定。

五、培训课程计划（部分摘录）

（一）培训管理类课程

1. 公司培训体系架构与管理

培训时间：4月；

培训对象：各部门主管；

培训方法：由人力资源部拟订分计划，报总经理批准后，请人力资源部经理授课；

计划课时：7小时。

2. ISO10015 标准

培训时间：5月；

培训对象：各部门兼职培训管理员；

培训方法：由人力资源部拟订分计划，请培训管理员授课；

计划课时：7小时。

3. 内部讲师

培训时间：6月；

培训对象：内部讲师；

培训方法：由人力资源部拟订分计划，报总经理批准后，请专家授课；

计划课时：14小时。

（二）管理类课程

1. 中层干部系统培训

培训时间：5、6月；

培训对象：中层干部；

培训方法：由人力资源部拟订分计划，报总经理批准后，请专家授课；

计划课时：50小时。

......

六、费用预算：35万元（不含脱产在外培训费用，内部讲师培训费不计）

黄学艺接到唐真兴冲冲送来的培训计划时，不由得吃了一惊，动作这么快？不知道他调研了几个部门，那些部门会好好配合他吗？

3.1　培训计划概述

3.1.1　培训计划的概念和作用

计划是管理的首要职能。做计划就是要根据实际情况，通过科学的预测，权衡客观的需要和主观的可能，提出在未来一定时期内要达到的目标和任务，以及实现目标、完成任务所要采取的途径。简单来说，计划就是为实现目标而寻找资源的一系列行动。

同样，培训计划是培训管理的首要环节，是对将要进行的培训工作如何安排的详细描述。做培训计划必须从组织的战略出发，在全面、客观的培训需求分析基础上，对培训时间、培训地点、培训者、培训对象、培训方式和培训内容等作预先的设定。培训计划必须满足组织和员工两方面的需求，兼顾组织资源条件及员工素质基础，并充分考虑人才培养的超前性及培训结果的不确定性。

培训计划的作用就如同驾车外出旅行时的道路指南，为日后培训项目设计、管理和控制指明了方向。具体来说，培训计划给管理和控制带来以下三点益处：

（1）保证培训工作的有序进行。一个组织在未来的一段时间内可能会有多个培训项目同时进行，每个培训项目都会涉及多个方面的事项；如果没有培训计划的指引而直接进行培训，在实施过程中很容易出现各个培训项目争夺场地、经费、师资等资源的情况，导致组织培训实施过程出现混乱。即使只有一个培训项目，在项目开展过程中如果没有培训计划的指引，也难免出现缺漏。详细的培训计划可以使得组织的培训工作有条不紊地进行。

（2）确定培训各方职责。培训计划清楚地说明了在整个培训活动中，谁有责任、谁有职权，并且预先设定了某项任务与其他任务的依赖关系，也就规定了工作职能上的依赖关系。通过培训计划将培训责任具体落实到各个职位，这样培训相关部门和相应培训师的职责就一目了然，便于培训的管理和监督，从而确保培训的顺利进行。

（3）设立培训评估标尺。培训计划是一种尺度，一个完善的培训计划会对可能发生的培训结果进行估计，并给出衡量结果的指标和标准，由此，管理者可以判断项目及项目相关人员工作的质量。培训计划通过对培训实施人员设立目标，让培训实施更有方向性，同时也为培训效果的评估设立标准。

3.1.2 培训计划的类型

根据不同的分类标准，我们可以把培训计划分成多种不同的类型。常见的分类标准有以下几种：

一、按培训时间划分

按照培训时间划分可以分为长期培训计划、年度培训计划和培训项目计划。

1. 长期培训计划

长期培训计划一般指时间跨度超过1年的培训计划，一般为1～5年左右。时间过长则无法预测，时间过短就失去了长期计划的意义。长期培训计划与企业发展战略密切相关，为企业发展战略的实施提供支撑。企业通过制订长期培训计划，明确培训的方向、目标与现实之间的差距和资源的配置，这三项是影响培训最终结果的关键性因素，应引起特别关注。长期培训计划的重要意义在于，在充分分析组织内外部环境的发展趋势、充分考虑组织和员工个人职业生涯的基础上，明确培训所要达到的目标与现实之间的差距，以及培训资源的配置等问题，从而为制订年度培训计划和项目培训计划提供依据。

2. 年度培训计划

年度培训计划是企业每年年初制定的关于员工培训对象、内容、时间和费用预算等项目的总体计划性文件。年度培训计划制订的目的是保证全年培训管理工作及业务工作的质量，它回答的是公司在未来一年内主要做哪些培训、目标是什么、时间如何安排、相关资源如何安排、会有哪些收益等基本问题。

3. 培训项目计划

培训项目是指企业针对某类问题、某种技能或某种方案而专门开展的培训工作，是由培训项目管理者负责，项目团队共同实施的，是有明确的教学目的、明确的资源要求和具体操作过程的培训活动组合。培训项目一般都有一个明确的主题，旨在解决一个具体的问题。培训项目计划需要明确培训目标、培训时间、培训地点、培训者、培训对象、培训方式、培训内容、培训组织工作的分工和标准、培训资源的具体使用、培训资源的落实、培训效果评估方案、培训反馈计划等。

从制订长期培训计划到制订年度培训计划，再到制订项目培训计划是一个计划逐步细化的过程。长期培训计划根据企业的战略规划而建立，是为了支撑企业在未来数年内战略发展和核心能力建设工作规划，内容比较宏观、系统，但是很多细节不能预知。而年度培训计划是长期培训计划在未来一年内的细化。年度培训计划的主要目标就是通过各种培训项目来支撑企业在未来一年内的战略目标的实现和经营任务的完成。因此，年度培训计划必须对未来一年将会有哪些具体的培训项目作出判断，对这些培训项目的培训时间、对象、经费、形式等作出一个初步的分析，并且安排这些培训项目在未来一年内的时间表。培训项目计划指的是某个具体培训项目的实施计划，以单一项目的完成为目标，必须考虑培训项目实施的各个方面，保证培训项目具有可实施性。

二、按培训层次划分

按培训层次划分，可以分为企业培训计划、部门培训计划、个人培训计划。

1. 企业培训计划

企业培训计划指的是对整个企业培训工作的安排。一般情况下，企业培训计划由企业各部门的培训计划和通用培训计划两部分构成。企业各部门的培训计划主要由企业各部门负责组织实施，培训部门给予支持和协助；通用培训计划则由培训部门负责组织实施，其他相关部门给予协助配合。

2. 部门培训计划

部门培训计划是企业某个部门对自己未来培训工作的安排。尽管在一般情况下，部门培训计划的大部分内容都会被纳入企业培训计划，但是，部门也可以在企业培训计划之外，根据具体情况，灵活安排各种经费投入较少但效果显著的小规模培训项目。

3. 个人培训计划

个人培训计划可以从两个角度去理解：一是个人对自己未来发展制定的学习培训安排；二是企业或者部门对员工在未来一段时间内需要接受哪些培训做的安排。对于前者，培训管理人员应该尽量把员工个人对自己的学习培训安排纳入部门培训计划和员工的职业生涯管理计划；对于后者，则要求培训管理人员或者部门主管对员工的能力情况进行分析和评估，从而设计适合该员工发展的相关培训课程。

三、其他分类方式

此外，还可以按培训对象划分，把培训计划分为新员工培训计划、管理者培训计划、营销人员培训计划、技术人员培训计划、领导层培训计划等；按照培训要求划分，可以分为强制培训计划、可选培训计划、择优培训计划；按照培训的形式划分，可以分为内部培训计划、在岗提升计划、外派脱产培训计划等。

在企业培训管理实践中，培训管理人员一个重要的常规工作就是制订企业的年度培训计划，然后根据年度培训计划设计相关的项目培训计划。然而在制订年度培训计划和项目培训计划的过程中，常常又需要涉及其他不同类型的培训计划。比如在年度培训计划中，我们可以根据培训需求分析的调查情况，按照培训的层次设计企业的总体培训计划、各部门的培训计划和个人的特别培训计划。然后，再根据培训的内容和培训对象的要求，设计新员工系列培训项目计划、管理人员系列培训项目计划、技术人员系列培训项目计划，以及各种培训项目采取的基本培训形式。之后，根据培训的目标和要求作出规定，在这些培训项目中，某些培训项目是某些特定群体必须参加的，某些培训项目是某些特定群体可选的，某些培训项目是需要对某些特定群体进行择优参加的。

在本书中，如果没有特指培训计划一般就是指年度培训计划。本章我们主要介绍年度培训计划，培训项目计划我们将在第五章详细介绍。

3.2 培训计划的内容

编制年度培训计划是培训部门的重要工作。年度培训计划的内容与培训文化、培训体系密切相关。企业培训文化越成熟，培训体系越完善，年度培训计划就越复杂。简而言之，年度培训计划可视为简单地把未来要做的几个培训项目的时间安排和经费预算进行一个罗列。

3.2.1 年度培训计划编制的原则

编制年度培训计划是一项复杂的工作，为了保证年度培训计划的质量和可操作性，培训部门在制订年度培训计划时，应该遵循以下原则：

一、全面性原则

全面性原则就是年度培训计划应该涵盖组织的各个方面，不留死角，具体体现在两个方面：一是全员性原则，高层管理者、中层管理者、基层管理者及普通员工都应该积极参与，从各自的视角，结合自身的特点，提出培训的需求；二是全方位原则，培训计划既要针对组织当前的培训需求，也要兼顾组织未来发展的培训需求，同时既要考虑个人培训当前的需求，也要兼顾个人职业生涯发展过程中的培训需求。参与年度培训计划制订的人越多，年度培训计划在实施过程中就越容易获得支持。

二、多样性原则

多样性原则要求年度培训计划必须根据组织内不同群体的培训需求设计不同的培训层次、培训目标、培训类型、培训内容和培训形式等，具体表现在以下几个方面：第一，培训层次可以分为高层管理人员培训、中层管理人员培训、基层管理人员培训、普通员工培训、新员工培训；第二，培训目标可以分为知识培训、技能培训、态度和观念培训；第三，培训类型可以分为强制培训、可选培训和择优培训等；第四，培训内容可以分为通用类型培训和专业类型培训，还可以把通用类型培训细分为新员工入职培训、商务礼仪培训、时间管理培训、情绪管理和压力管理培训、团队管理培训等，专业类型培训还可以细分为管理人员专业培训、营销服务人员专业培训、财务人员专业培训、生产人员专业培训、技术人员专业培训等；第五，培训形式可以分为在职培训与脱产培训、课堂面对面培训与网络在线培训等。

三、重点突出原则

由于企业的培训经费和培训资源是有限的，为了让有限的资源发挥最大效益，必须在全面性和多样性的基础上抓住重点，以点带面，才有可能获得培训最大的收益。培训重点主要有两个方面：第一，各层次领导力发展培训。古语有云："一将无能累死三军"，组织各级、各部门的负责人的领导力培训是推动组织发展的核心，是组织培训的关键。培养好了各级部门的负责人，他们就会慢慢把其他人带动起来，最终提升整个企业的水平。第二，关键人才与继任人才的培训。企业竞争力是由其核心能力支撑的，而企业核心能力的本质就是组织的关键人才素质及其团队作战能力。因此，企业必须重视对关键人才的培养。没有关键人才，企业的核心能力就会丧失殆尽。然而关键人才也有其生命周期，在其年龄过大、身体虚弱或者其发展遇到瓶颈，组织又无法提供更好的平台时，他们有可能离开，这时候，继任人才的作用就体现出来了。搞好对继任人才的培训，可以避免企业出现人才危机。

四、系统性原则

企业的年度培训计划是企业整个计划系统的一部分，必须要考虑与企业其他计划的配合。一方面，企业年度培训计划应该根据企业的年度经营计划来制订，支撑企业年度经营计划的落实；另一方面，企业年度培训计划必须考虑各部门的工作计划对培训工作的要求和影响，应注意培训活动与企业正常运营活动之间的平衡，培训活动不仅不能影响企业的正常运营活动，而且要成为企业正常经营活动的助推剂。另外，年度各种培训活动的实施需要调动各种资源，因此，制订年度培训计划时应该以可控制的资源为依据，以保证计划后期的顺利实施。

而要保证上述原则，最关键的就是要做好培训需求调查分析。如果没有严密的培训需求调查分析，就不可能制订出有针对性和操作性强的年度培训计划。

3.2.2 年度培训计划的基本内容

一旦培训需求确定，就可以编制培训计划。一个良好的培训计划能使受训人员真正学有所获且激起受训人员继续学习的欲望，从而促进培训过程的良性循环。同时，一个成功的培训计划能使企业领导注意到培训开发的重要性，提高培训开发部门在企业中的地位。因此，制订培训计划是培训者最重要的工作之一。

一般来说，编制培训计划主要有九个方面的内容，可以用"6W3H"表示。其中"6W"指的是：①Why——为什么培训，即培训的目的和目标；②What——培训什么，即培训内容；③Whom——培训谁，即培训对象；④Who——谁来培训，即培训师是谁；⑤When——何时培训，即培训的时间，包括培训的时间安排和培训时间长度；⑥Where——何地培训，即培训的场所与设施安排。"3H"指的是：①How much——培训预算；②How——如何培训，即培训形式与方法；③How evaluate——如何评价，即培训评估。

一、培训的目的和目标

培训的目的和目标主要回答的是为什么需要培训这个问题。目的与目标有差别，一般来说目的比较抽象，是某种行为活动的普遍的、统一的、终极的宗旨或方针；目标是某种行为活动的特殊的、个别的、阶段的追求。某一行为活动目的的最终实现有赖于许多隶属的具体行为活动目标的实现，目的内涵的精神是贯穿于各个具体目标之中的。目的告诉我们培训的价值何在，目标则告诉我们如何衡量培训是否达到预期的目的。企业培训的基本目的就是要通过培养人才、解决企业面临的实际问题，来支撑企业战略的发展和打造企业核心竞争力。在整个基本目的下，我们关注的重点是培训的目标，培训的目标是指培训活动结束之后，完成培训计划后能够给受训人员、相关部门和企业带来什么样的收获。培训目标为培训者和实施者提供了共同努力的方向，也为评价计划的成功提供了基准。

在培训计划中，一个合理的培训目标，必须对培训计划完成之后的培训成果有具体的说明。一般来说，培训目标所指向的成果有五类：第一，认知成果，即学员在培训后对事物的原理、事实、技术或过程等的熟悉程度；第二，技能成果，即学员在培训后技能的习得和技能的迁移两个方面的情况；第三，情感成果，即学员在培训后态度和动机的变化情况；第四，绩效成果，即相关学员在接受培训之后，带来的绩效变化；第五，投资回报率，即培训给企业带来的货币收益与培训成本的比率。

具体如何设置目标，我们可以使用管理学中常用的 smart 原则，smart 是五个单词的缩写简称，其具体内容如下：

- Specific   明确的
- Measurable & Motivating   能衡量的且能激励的
- Attainable   能达到的
- Realistic & Relevant   实际的且与主要工作成就相关的
- Timebound   有时间规定的

不过严格地按照 smart 原则来设计目标，有时候并不是那么容易。在企业培训管理实践中，也常用三要素方法来设计培训目标，三要素分别是：第一，条件要素，即在什么条件下要达到这样的标准；第二，标准要素，即企业期望员工以什么样的标准来做这件事情；第三，内容要素，即企业期望员工做什么事情。

下面的示例是用三要素方法设置培训目标的，但是它也符合 smart 原则。

> 对销售人员某次培训的目标：
> - 条件要素：受训雇员不能够求助他人及借助任何资料
> - 标准要素：在半分钟到一分钟之内
> - 内容要素：向顾客解释清楚产品的主要特点

目标的设置对培训或人力资源开发项目的成败起着关键的作用。明确、具体的目标可以向员工表明组织的期望，起到塑造员工行为的作用。有了培训目标，员工学习才会更加有效。因此，确定培训项目是员工培训必不可少的环节。组织不仅以目标为基础去选择项目的内容和方法,而且还参照目标对项目进行评估。此外,它还有利于受训人员将注意力集中在目标上,根据目标进行学习。在确定年度培训计划中的培训目标时要注意以下问题:

(1) 分清目标的主次关系。在制定培训目标的时候,要分清目标的主次,不是所有的培训都要达到同样的层次,也不是在一个培训中要掌握所有的知识。对于一个培训来说,要分清一定要掌握的知识技能和可以了解的知识技能,这样可以使员工在培训的时候把握重点,提高培训的效率。

(2) 检查目标的可行程度。制订一个培训计划的时候,培训目标的设置一定要合理可行,符合实际情况。不仅要充分考虑到员工接受知识、技能的能力和速度,也要考虑培训内容和目标的匹配度,确保绝大部分员工都能在培训之后达到设定的培训目标。

(3) 培训是一个循序渐进的过程。很多培训都是环环相扣或者需要一定基础的。在制定目标时,要界定清楚培训目标的层次,在此基础上才能更好地达到设定的目标。

二、培训内容

年度培训计划对于培训内容的描述不需要很详细,只需要表明培训主题和培训需要解决的基本问题就可以了。真正的难点在于,年度培训计划中的培训内容一定要具有系统性、适用性、超前性。所谓系统性,就是企业的年度培训计划的内容必须完整,包含企业各个部门的培训需求,以便统一组织开展,尽量减少临时的培训计划。所谓适用性,是指企业的年度培训计划必须切合企业各部门的实际情况,满足各部门的培训需求,这就要求企业在对各部门进行详细分析调查的基础上制订培训计划。所谓超前性,就是企业年度培训计划,不能只顾眼前的培训需求,还必须同企业战略目标与经营计划相一致,考虑到企业未来的发展和人才队伍建设。

嘉和公司 2016 年度培训课程计划一览表

嘉和公司人力资源部在 2015 年年底,根据该公司实际情况,编制了 2016 年度培训计划,以下是年度培训中的培训课程计划表:

表 3-1 嘉和公司年度培训课程计划表

月份	课程主题	培训对象	课时	形式	讲师	费用(万元)
1月	内部培训师培训1	内部培训师	21	讲授/演练	外聘	2.5
2月	管理技能理论提升1	中高层管理人员	14	讲授/讨论	外聘	4
3月	结合项目的专业提升1	研发/技术/工程	14/21	研讨/讲授	外聘	5
	职业生涯规划	全员	7	讲授/讨论	外聘	0.5
4月	内部培训师培训2	内部培训师	21	讲授/演练	外聘	4
	新员工入职培训1	新员工	14	讲授	内部	—
5月	管理技能理论提升2	中高层管理人员	14	讲授/讨论	外聘	4
	结合项目的专业提升2	研发/技术/工程	14/21	研讨/讲授	外聘	5
6月	员工职业素养1	全员	7	讲授	外聘	1
	拓展训练1	全员(部分)	14	活动/讨论	外聘	2

(续表)

月份	课程主题	培训对象	课时	形式	讲师	费用（万元）
7月	内部培训师培训3	内部培训师	21	讲授/演练	外聘	4.5
	结合项目的专业提升3	研发/技术/工程	14/21	研讨/讲授	外聘	2
8月	管理技能理论提升3	中高层管理人员	14	讲授/讨论	外聘	4
	自主知识积累展示会	全员	7	研讨	内部	—
9月	结合项目的专业提升4	研发/技术/工程	14/21	研讨/讲授	外聘	2
	新员工入职培训2	新员工	14	讲授	内部	—
10月	内部培训师培训4	内部培训师	21	讲授/演练	外聘	2.5
	拓展训练2	全员（部分）	14	活动/讨论	外聘	2
11月	结合项目的专业提升5	研发/技术/工程	14/21	研讨/讲授	外聘	4
	房地产行业战略研讨会	中高层管理人员	7	研讨	内部	—
12月	员工职业素养2	全员	7	讲授	外聘	1
费用合计（估算）						50

思考：嘉和公司的年度培训计划安排有什么优缺点？

三、培训对象

年度培训计划中并不需要明确培训对象，只需要指明哪些部门、哪些群体需要接受哪些培训就可以了。这就需要对不同部门、不同特征的群体进行分类，分清楚需要接受培训的培训对象具有什么特征，以及在某类培训或某个培训项目中，哪些人必须强制参加，哪些人可以选择参加，哪些培训可以择优参加。准确地选择培训对象，有助于控制培训的成本，强化培训的目的性，增强培训效果。

一般来说，年度培训计划中的培训对象主要根据企业的战略目标和年度经营任务要求决定，但是，培训管理人员还应该主动发掘值得培训的对象，为企业解决潜在的问题和培养人才梯队。在年度培训计划中，有三类培训对象可以重点关注：第一，可能改进目前工作的人，从而更加熟悉工作和技术；第二，有能力而且组织要求他们掌握另一门技术的人，以便胜任更重要、更复杂的岗位；第三，有潜力的人，最终促进发展，加速成长。

四、培训时间

培训时间是培训计划的一个关键项目，包括两个方面的内容：一是选择恰当的培训时机，二是决定培训的持续时间。

选择恰当的培训时机是指要根据有培训需求部门和人员的要求安排培训项目，时间既不能超前，也不能滞后，否则培训效果达不到预期。常见培训时机有：新员工加盟时，组织引进新技术、新设备或变更生产工艺流程。

决定培训的持续时间是指每个培训项目需要进行多长时间的培训，培训持续时间的长短同培训内容的繁简程度、培训对象的接受程度、受训学员的工作情况、培训工作的开展难易，以及培训的经费等都有密切的关系，培训管理人员要努力找到最佳的培训持续时间。

五、培训场所与设施

不同的规模、培训方式、培训内容和培训对象对培训场所和培训设施往往有不同的要求。比如,一个需要视频才能展示清楚的技能培训,若被安排在一个没有多媒体的教室就会严重影响培训效果;而角色扮演、拓展训练等体验式培训也不适合在普通的教室里开展。选择一个合理且舒适的环境会令员工的学习效率提升。在编制年度培训计划时,要根据现有的培训资源、培训经费、培训内容和方法等因素,来说明某个培训大体上会选用何种培训场所和设施。

六、培训师

年度培训计划中一般也无法明确培训师是谁,因而只需要指明某个培训项目打算是从内部还是从外部去选聘培训师就可以。内部培训师和外部培训师在培训效果和培训成本方面各有优势和不足。编制年度培训计划时,应根据企业的实际情况选择,确定内部和外部培训师的恰当比例,做到内外搭配、相互学习、共同进步。

七、培训的形式与方法

在年度培训计划中,就培训的形式而言,培训有脱产培训和在职培训两种基本形式,进一步细分的话,脱产培训可以分为全脱产培训和半脱产培训;就培训的方法而言,培训可以采取课堂讲授、体验式培训、师傅带徒弟或者网络在线培训等。具体培训方法的介绍和选择将在本书第四章作详细介绍。

培训的形式与方法直接影响到受训人员对培训内容的接受程度。编制年度培训计划的过程中,针对不同的培训对象和不同的培训课程,应该采用不同的培训形式与方法使培训的形式、方法和内容能够统一。

八、培训预算

年度培训计划不能突破组织资源的限制。培训预算是编制年度培训计划的首要问题,能否确保经费的来源和能否合理地分配和使用经费,不仅直接关系到培训的规模、水平和程度,而且也关系到培训师与学员能否树立正确的心态对待培训。

年度培训计划中对培训经费的描述,大体上集中在三个方面:一是确定培训经费的来源,主要来源有企业承担、企业与员工分担和社会集资;二是确定培训经费总量及在各个培训项目中的分配情况;三是说明培训预算的方法。

有人把企业预算编制与执行的水平分为三个层次。第一个层次是单项培训预算层次。该培训预算根据每次培训活动的需要单独编制,不按年度或季度制定,缺乏计划性和整体性,具有一定的随意性。第二个层次是软培训预算层次。企业尽管年初都编制了固定的培训预算,但在执行过程中,却常常大打折扣,不仅修改频繁,有时还会因为企业财务问题而取消。第三个层次是硬培训预算层次。此类培训预算经过了充分的调研与科学的分析,并经过了层层审核与审批,一旦最终批准,就会坚决执行。无疑,年度培训计划中的培训预算应该努力达到第三个层次。

常见的年度培训预算方法有两种:固定比率法和项目预算加总法。前者是从整体到部分的分解，由企业财务部门负责；后者则是由下而上的整合，由培训部门负责。

固定比率法预算的公式如下：

$$年度培训总预算 = 预算基数 \times 固定比率 \quad (3\text{-}1)$$

式（3-1）中，预算基数可以从年度销售收入预测和年度员工总薪酬成本两个方面推导；固定比率可以从行业标准、企业历史数据、企业预算比率或者咨询专家建议等几个方面来确定。

举个例子：某企业以2015年的预测销售收入35亿元为基数，取行业平均数0.12%为固定比率，则该企业2015年度培训预算＝35×0.12%＝0.042亿元。

项目预算加总法的计算公式如下：

$$C = C_0 + \sum_{k=1}^{n} C_k \quad (3\text{-}2)$$

式（3-2）中，C 为年度培训总成本预算；C_0 为培训部门的固定成本预算；C_k 为第 k 个项目的成本预算。

两种方法各有优劣，固定比率法简单易行，但预算不够精确；项目预算加总法比较精确但操作起来很烦琐。在具体操作过程中，应根据企业的具体情况（如企业性质、规模、发展阶段等）灵活运用，如规模较小、没有专门培训部门的企业适合采用固定比率法，以常规培训为主的企业适合采用项目预算加总法，而大型企业应当将二者结合起来。

华光培训窗

公司的培训经费如何在不同的培训项目中分配

华光集团在2015年下半年对各个子公司经费使用情况进行审计，发现各个子公司的培训经费使用都存在着随意性强、不规范等问题。因此，集团领导要求，各个子公司都要规范使用培训经费，制定合理的培训经费使用办法。

为了使2016年的培训费用能够花在"刀刃"上，2015年年底，嘉和公司召集各部门负责人开了个"竞标会"。会议由人力资源经理主持，主要内容为：在培训费一定的情况下，各个部门依次提交自己的培训需求项目，项目必须清晰说明为何要培训、目的是什么、费用是多少、效果如何验证，而后由总经理、副总等高管组成评审团，若一致通过，培训项目就获批。

精益公司也面临这个问题，但是他们的处理方式却和精益公司不同，他们对各个部门进行了部门价值评估。为了保证部门价值评估的公平性，公司分别从人力资源部、业务部门、高管团队、年度绩效四个角度进行，四个方面的因素各占25%的权重；然后，根据评估出来的部门价值分数，将培训费用按比例分配到各部门；再对各个需要培训的岗位进行岗位价值评估，评估分别从人力资源部（30%）、业务部门（30%）、协作岗位（40%）三个角度进行，最后根据岗位价值分数，将部门培训费用再按比例分配到各岗位。

资料来源：www.hztbc.com/news/news_41015.html，有改编。

思考：哪家子公司的培训费用预算分配更合理？

九、培训评估

培训评估是年度培训计划中比较容易受到忽视的一部分内容。因为人们常常把培训评估等同于培训效果评估，实际上培训效果评估只是培训评估的一部分内容。年度培训计划中的培训评估主要是指培训计划执行情况的评估，也就是要对年度培训计划如何实施、如何落地，提出一些管理控制标准，以推动培训计划的严格执行。相比之下，培训效果评估在年度培训计划中倒不是很重要，因为培训效果评估是指搜集企业和培训对象从培训当中获得的收益情况，以衡量培训是否有效的过程。这往往需要在一个培训项目结束之后才能进行。而在年度培训计划中，很多培训项目的具体内容都无法确定，提前确定如何评估培训效果就显得没有什么必要了。

专栏 3-1

年度培训计划书的一般格式及内容

从形式上看，年度培训计划书可以按照如下格式撰写：

第一，封面和目录。

第二，培训计划概要。对整个年度培训计划的制定背景、过程、目的、意义和基本要点作一个概述。

第三，年度培训工作的重点和目标。

第四，年度培训项目的运作计划。明确在未来一年内的总体培训目标，以及为了达到这些目标，安排了哪些培训项目，确定每个培训项目的计划课程名称和课时，每个培训计划的培训对象、培训形式和预期的讲师来源等。

第五，培训资源管理计划。明确年度培训的总费用和在各个培训项目上的费用，包括每个培训项目的运作费、课程体系开发费用、讲师队伍建设费用、培训软硬件平台建设与维护费用等。

第六，培训组织建设计划。培训管理部门要在年度培训计划中对企业的培训组织在未来一年中的发展建设提出计划，包括培训管理部门的组织机构与人员的变化和调整，编制核定专（兼）职讲师队伍的培养计划。

第七，培训制度与机制建设计划。总结以往培训管理过程的经验和教训，提出在未来一年需要出台和完善的培训制度和培训机制，如讲师激励制度、学员管理制度、培训评估制度、培训成果转化推动制度等。

第八，行动计划和管控措施。对年度培训项目运作计划、培训资源管理计划、培训组织建设计划、培训制度与机制建设计划中的重点工作项目按照最终完成时间作时间上的倒排计划，明确责任人、协助人、阶段性的目标、考核标准、考核人等管理控制要素。

第九，潜在问题分析。对实施年度培训计划可能遇到的问题和阻力进行阐述，分析其产生的原因，提出解决的方案和对策。比如某些部门培训计划的执行问题、某些培训项目的师资问题、某些课程的开发问题以及计划外课程的申请问题等，遇到这些问题时，可以请示相关领导人或者寻找经费方面的支持，或者改变培训计划等。

第十，总结与附录。这是年度培训计划的最后一个部分，主要对前面的问题作一个总结，可以提出年度培训计划的实施关键点。最后，给出相关的表格，比如上一年度培训计划实施情况的总结、本年度培训需求分析调查报告、年度培训项目一览表、年度培训课程表、年度培训经费预算表、各部门年度培训项目和课程表等。

3.2.3　年度培训计划的制订流程

为了使培训有序进行，培训应该按照计划开展，一般来说，企业在年初制定年度培训计划，或者年末制定下一年的年度培训计划，凡是列入年度培训计划的培训都由人力资源部统一调配经费、场地设施与人员等资源组织实施。没有列入年度培训计划的临时培训，要么由各部门自己想办法解决，要么由各部门提出申请，通过培训部门的审核和领导审批，才能安排。企业制订年度培训计划，具体可参照如下流程：

（1）培训部门发出制订培训计划的通知，请各级、各部门责任人针对相应岗位的培训需求提出培训动议。一般来说，培训部门会发放个人培训需求表和部门培训需求表给各级、各部门的负责人，让他们组织填写这两张表。如表 3-2、3-3 所示。

表 3-2　个人培训需求表

姓名		学历		
年龄		工龄		
培训目的	培训内容	时间	培训方式	备注

表 3-3　部门培训需求表

部门名称：		填表日期：	部门经理签名：	
培训内容	拟参加人员名单	时间	培训方式	备注

（2）提出培训动议，主要由考评部门根据招聘考评、转岗考评等情况提出；战略部门可根据企业战略规划及实施情况提出；各岗位相关任职者及培训部门可为提升员工素质等提出。

（3）汇总培训动议，并把培训动议进行一个大体的分类，比如将培训动议分出轻重缓急，对各种培训项目作一个时间的初步安排，也可把培训动议划分为专业类培训动议和通用类培训动议，对不同培训项目实施的责任作一个初步的安排。一般专业类培训将由各部门直线经理负责组织实施，通用类培训将由培训管理部门负责组织实施。需要注意的是各部门申报的培训需求动议并不能直接作为培训的依据，因为培训需求常常是由一个岗位或一个部门提出的，存在着一定的片面性。这就需要培训管理部门站在企业的层面上，整体考虑培训需求，对培训动议进行审核。有些部门培训需求或者个人培训需求可能存在不合理或者相互冲突的情况，这就需要培训管理部门把不同部门的培训需求，以及部门培训需求与个人培训需求进行整合。培训管理人员要善于区分部门培训需求和个体培训需求的正当性、合理性与可行性，只有这样才能形成系统完整的组织培训需求。

（4）培训部门把审核意见同各个相关部门进行广泛的沟通，达成共识，明确合理的部门培训需求表和个人培训需求表，确认培训部门和各个相关部门在年度培训计划中各个项目中的责任。

（5）培训管理部门同各个相关部门一起进行培训需求分析，明确年度培训中各个培训项目的基本要求。

（6）根据培训需求的重要程度排列各个培训项目，并依据所能搜集到的培训资源，初步确定培训预算。

（7）培训管理部门尽可能地细化公司通用类年度培训计划，并帮助各部门制订部门专业类培训计划。主要工作包括：第一，将本部门专业类培训分为可以或者需要交给培训管理机构统一组织的培训计划，以及依靠自身可以组织开展的培训计划；第二，综合分析本部门专业类培训需求，拟订本部门详细专业类年度培训计划的初稿，并说明其轻重缓急；第三，各部门将初稿反馈给培训管理部门。

（8）培训管理部门根据可能的培训经费和培训资源，对通用类培训计划、专业类培训计划进行统筹安排。

（9）将培训需求、培训方式（内部培训还是外部培训）和预算等重要内容编制成为年度培训工作计划报领导审批。

（10）根据确认的培训时间编制培训安排次序表，并通知相关部门和相关岗位人员。

（11）根据确认的培训经费和资源，组织企业内部培训并确定培训师，联系外派培训工作；联系有关后勤部门，对内部培训的有关场地设施及食宿交通等进行安排落实。

（12）组织培训师编制或者选定教材，确定培训方式。

（13）形成正式完善的年度培训计划。

需要强调的是，公司年度培训计划制订后要经过系列审批程序，不同部门负责审核不同的内容，如表3-4所示：

表3-4 公司年度培训计划审核分部门表

主要审核部门	审核内容
高层管理者	从培训的主次安排、培训计划与公司发展战略是否相匹配等方面进行审核
财务部门	从培训预算的额度、使用程序和合法性方面进行审核
培训部门	对培训计划的整体内容负责，对培训需求、方式、预算各个方面进行全面考察和衡量，并进行适当调整

🚩 华光培训窗

培训计划编制的流程和职责

经历了第一次培训的挫折之后，黄学艺要求唐真重视培训需求分析，做好培训计划工作。唐真表示自己很想做好这项工作,但是并不太清楚如何做培训需求分析。于是黄学艺交给他一个文件,文件第一页就是培训需求分析的流程图,唐真看了之后,一言不发,心里却不是滋味,暗自懊恼自己要一个人承担这项工作,而部门领导只是审批、审核。要让其他部门协助我一个刚刚进公司才一年多的员工,谈何容易呢。

图3是唐真看到的培训需求分析的流程图:

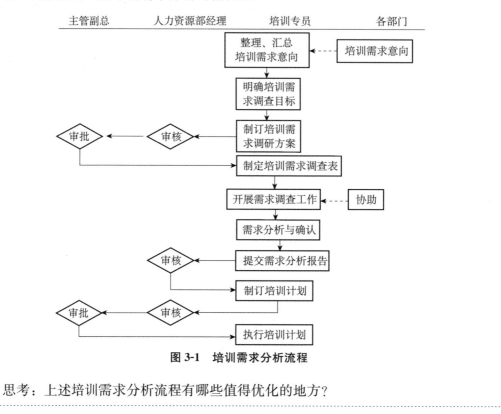

图 3-1 培训需求分析流程

思考:上述培训需求分析流程有哪些值得优化的地方?

3.3 培训需求分析概述

3.3.1 培训需求与培训需求分析

营销学大师菲利普·科特勒(Philip Kotler)提出:对需要、欲望和需求进行区分是重要的,人类的需要是指没有得到某些满足时产生的感受,而需求是指对有能力购买并且愿意购买的某个具体产品的欲望,只有当有购买能力支撑时欲望才转化成了需求。

从企业的角度来看,企业的需求指的是企业要求具备的理想状态与现实状态之间存在的差距。在现实工作中,如果企业的某种需求可以用培训的手段来解决,那么,这种需求就是企业的培训需求。一般来说,有些企业的需求是由员工在知识、能力和态度方面的实际状况与企业所希望的理想状态之间的差距导致,这些需求多数可以通过培训,让员工增长知识、提高技能和改变态度来获得满足。更多的企业需求可能借助企业增加资源、资金、人员、设备等或者改变体制、标准和管理风格等手段才能获得满足。

培训需求是员工在知识、能力和态度方面的实际状况与理想状态之间的差距,而培训需求分析的任务是找到这样的差距。培训需求分析是指在培训需求调查的基础上,由培训部门和相关管理人员等采取各种方法与技术,对组织内各部门及其成员的目标、知识、技能等进行系统地鉴别与分析,以确定是否需要培训、谁需要培训、何时需要培训、需要何种培训的一种活动或过程。培训需求分析是确定培训目标、设计培训方案和制订培训计划的前提和基础。

3.3.2 培训需求分析的作用

作为制订培训计划首要环节的培训需求分析,是培训管理人员的一项极为关键而重要的工作。一旦培训需求分析产生偏差,接下来无论培训项目设计和培训实施阶段多么正确和有效率,其结果都是"正确地做了不正确的事",浪费时间、精力和金钱。因此,培训管理人员在接到上级安排的培训任务时,首先要做的不是根据上级安排去设计培训项目,而是要找出目前组织产生了什么样的实际问题,这些问题是否真的导致相关培训需求?如果是,这些问题衍生了哪些具体的培训需求?然后,再去分析这些培训需求。如果不是,那么开展培训活动是否可以帮助解决这些问题?如果可以,需要开展什么样的培训?如果不可以,就需要考虑其他的解决办法。只有找到了企业存在的实际问题,并对这些问题进行分析,并找出用培训手段可以解决的问题,才能开始对企业培训工作进行规划和安排。可见,通过培训需求分析,我们可以做到针对企业实际问题,有的放矢,对症下药,继而设计合理的培训计划和实施培训计划,最终获得满意的培训效果。

培训是一种服务,企业培训部门是在为内部客户提供培训产品。因此,必须迎合客户的要求和兴趣,根据员工的特殊情况、特殊要求设计培训内容,使培训最大限度地做到量体裁衣。培训管理人员在培训需求分析的过程中,可以了解企业各方面对培训的态度,并且想方设法纠正部分员工对培训的不良态度。此外,由于企业多方都需要参与需求分析,就员工在知识、能力和态度的实际状况与理想状态之间的差距等相关问题进行广泛的协商和讨论,因而,培训管理部门和企业各方对彼此的工作会有更多的理解,培训管理部门可以据此制订出更加有针对性的培训计划。各部门管理者和员工通过培训需求分析,了解与培训相关的大量知识,从而在未来培训项目的实施过程中能够比较容易地沟通与合作。

关经理的困惑

精益公司新任人力资源部经理关欣,在一次研讨会上学到了一些他自认为不错的培训经验,他回来后就兴致勃勃地向公司提交了一份全员培训计划书,要求对公司全体人员进行为期一周的脱产计算机培训,以提升全员的计算机操作水平。不久,该计划书获

> 批。公司还专门下拨十几万元的培训经费。可一周的培训过后,大家对这次培训并不满意,除办公室的几名文员和45岁以上的几名中层管理人员觉得有所收获外,其他员工要么觉得收效甚微,要么觉得学而无用,白费工夫。大多数人认为,十几万元的培训费只买来了一时的"轰动效应"。有的员工甚至认为,这次培训是新官上任点的一把火,是某些领导拿单位的钱往自己脸上贴金!
>
> 听到种种议论的关欣感到委屈:当今竞争环境下,每人学点计算机知识应该是很有用的,怎么不受欢迎呢?她百思不得其解。
>
> 思考:关经理组织的这次培训是否有价值?如果你是关经理,你会怎么做?

3.3.3 影响培训需求的因素

企业的培训需求受到多方面因素的影响,对企业的培训需求进行分析是一项比较复杂的工作;培训管理人员需要有一个清晰的思路才能把来自各个方面的培训需求梳理清楚。目前有多种分析培训需求影响因素的思路和方法,比如把培训需求的影响因素分为动态因素和静态因素,或者分为常规性的影响因素与非常规性的影响因素等。

其中,比较常见的分析影响组织培训需求因素的思路是把影响企业培训需求的因素分为内外两个方面。从内部来看,有两个方面的影响因素:一是人员因素,即员工问题导致的培训需求变化;二是工作因素,即因为工作问题导致的培训需求变化;从外部来看,也有两个方面的影响因素:一是外部大环境因素,即外部大环境变化导致的培训需求变化;二是竞争因素,即竞争者的行动带来的压力导致的培训需求变化。这四个方面的因素,还可以再细分,具体情况如图3-2所示:

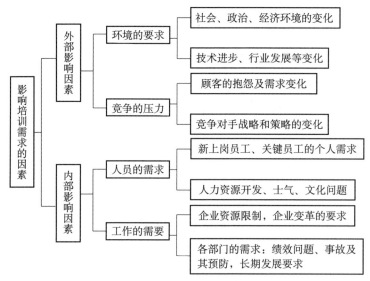

图3-2 影响培训需求的因素

3.4 培训需求分析的方法

企业培训需求分析的方法有很多,其中最常见的方法是 20 世纪 80 年代由戈德斯坦(Goldstein)等人提出来的三层次分析法。他们经长期研究把培训需求分析方法系统化,提出培训需求分析可以从组织分析、任务分析、人员分析三个层次进行,该方法也被称为 Goldstein 模型。除此之外,还有差距分析模型、胜任力素质模型、绩效咨询模型、前瞻性分析模型等培训需求分析方法。下面我们将一一介绍。

3.4.1 三层次分析法

三层次分析法中,组织分析主要从公司的战略导向、管理者和员工对培训活动的支持、培训资源的可获得性三方面展开,分析和研究现有组织机构设置和运行可能对培训产生的影响。任务分析主要是要明确企业中不同工作的主要内容,以及为了做好这项工作相关的员工应该具备的素质和能力。人员分析主要分析相关岗位工作人员现有的状况与应有的状况之间的差距。

一、组织分析

组织层次的分析是指通过对组织的战略目标及其要求、组织的资源和培训环境等因素的分析,确定组织是否需要培训,需要什么样的培训,以及培训的目标和主要任务是什么。这一层面分析的内容如表 3-5 所示:

表 3-5 组织层面分析表

分析内容	分析内容细化说明
企业目标	明确企业目标是确定培训目标的关键。企业目标不清晰,培训目标就无法得到有效界定,最终会影响培训的实施和对培训效果的分析
企业资源	①资金分析:分析企业为支持培训工作开展所能承担的经费 ②时间资源:分析企业业务开展方式和经营管理的特点是否能够确保足够的培训时间 ③人力资源:既要分析企业的人力资源状况,也要分析组织未来的人力资源需求
企业环境	主要从企业内部环境与外部环境两方面进行分析,内部环境包括企业文化、企业的软硬件设施、企业经营运作的方式、各种规章制度等;外部环境包括企业所在地区的经济发展状况、地域文化等
企业员工素质结构	①员工所受教育:分析员工所受教育程度对岗位工作的影响 ②员工专业结构:分析员工所学的专业知识与岗位技能的匹配度 ③员工年龄结构:分析不同岗位的年龄特点及员工年龄层次的分布情况 ④员工性格结构:分析不同岗位的工作特点对岗位任职者性格的不同要求

二、任务分析

这一层面的培训需求分析主要是了解：为了达到企业战略所要求的培训目标，企业各部门和各类岗位为了完成工作任务具体需要做哪些培训，这些培训的主要内容是什么，哪些培训可以提升员工的知识、态度和技能，使得员工能够达到岗位说明书的要求并完成组织分解下来的任务。

任务分析一般由六个步骤构成：第一步，选择待分析的工作岗位；第二步，分析岗位工作任务，罗列出相关工作岗位所执行的各项任务的基本清单；第三步，通过调查、访谈等形式验证任务基本清单的可靠性和有效性；第四步，明确胜任一项任务所需的知识、技术和能力；第五步，界定哪些任务，以及相应的知识、技术和能力可以通过员工培训得到提升；第六步，确定与任务相关培训项目的轻重缓急，为培训项目的时间与经费安排提供依据。

任务分析需要全面了解岗位情况、具体任务清单及其相关问题。所以，培训需求的任务分析是以对工作任务和职责的研究为基础来确定培训项目内容的过程，具体流程为：首先通过核查岗位说明书，确认从事某项工作的具体内容和完成该工作必须具备的条件；然后找出差距，确定培训需求，弥补不足。一般任务分析可从工作任务和职责、工作的饱和程度、工作内容和形式的变化等方面来考量。

三、人员分析

人员分析是在培训需求分析过程中针对具体的员工进行的分析。人员分析一般会逐一对可能需要培训的员工的工作过程、工作结果和工作态度进行考核评价，尤其是对那些关键工作、关键岗位的人员素质进行测评，以确定需要培训的内容和人员名单。这一层面的培训需求分析主要是了解谁需要培训，以及他们需要哪些培训。

在进行人员层面的分析过程中，可以对员工进行分类，以便于进一步分析不同类别员工培训需求的差异。常见的分类方法是把员工分为新员工和老员工。新员工的培训需求一般可以从企业文化、规章制度、上岗要求等角度考虑；而对老员工的培训需求进行分析，一般还需要进一步将老员工细分分析，常见的有两种方法：第一种是按照岗位级别进行分类分析，分为基层员工、一般管理人员和领导层人员。具体如图3-3所示：

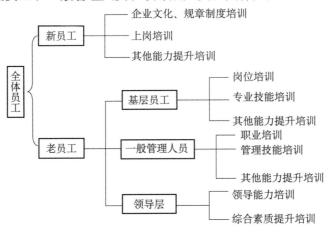

图3-3 岗位级别培训分类

第二种是按照工作技能和工作态度两项指标，将老员工归入四种不同的区域，再根据不同区域员工的特征，分析其培训需求。

第一区域员工的特征是德才兼备，知识、技能和态度等方面都符合要求，多为公司骨干。该区域的员工应作为重点培育对象，积极考虑他们的职业生涯发展，安排提升培训，引导其从操作层向执行层、管理层发展；第二区域员工的特征是工作态度差，但知识、技能符合要求。对该区域的员工，应安排其参加企业文化培训、团队协作精神培训、职业素养提升培训等，并加大对其的绩效考核力度；第三区域员工的特征是工作态度和知识、技能均较差。一般情况下这类员工不值得公司培训；第四区域员工的特征是工作态度好，但知识、技能不符合要求。这类员工是公司培训易受关注的群体，主要安排其参加专业培训和技术操作训练等。

三层次分析法最大的特点是将培训需求分析系统化，使培训需求分析的分析对象不再局限于员工或组织，而是将组织、任务、人员的需求整合起来，使得培训需求分析更全面，分析结果更科学，也使培训计划更具针对性。三层次分析法是个较为全面的培训需求分析模型，特别适合组织的年度培训需求分析，也是目前应用最广泛的培训需求分析方法。

三层次分析法的局限在于：第一，组织分析虽考虑了企业战略、组织资源对培训需求的影响，但忽略了组织外部环境的影响；第二，人员分析主要集中在员工绩效现状与理想水平的差距上，关注的是员工"必须学什么"以缩小"差距"，而员工自身"想学什么"却没有受到重视；第三，该模型存在的最大问题就是具体分析方法的可操作性较低，缺乏简单有效的识别工具，难以提供模型分析所需的数据，不利于运用与普及。

3.4.2 培训需求差距分析模型

培训需求差距分析模型是由美国学者汤姆·W·戈特（Tom W. Good）建立的，该模型首先确定"理想技能水平"和"现有技能水平"的要求，然后重点分析二者之间的"差距"，以此确定员工在知识、技能和态度等方面需要接受哪些具体的培训内容。该模型适用于企业实施培训需求分析和企业确定培训内容。

培训需求差距分析模型的具体实施有以下四大步骤：首先，评价员工或组织的当前绩效水平；其次，明确实际工作结果与期望工作目标的差距；再次，具体分析产生差距的原因，并分析哪些原因导致的差距可以通过培训来解决；最后，分析弥补差距需要进行的具体培训内容。

该模型通过建立现实任务目标与理想岗位绩效行为间的联系，将员工培训需求分析严格置于"组织整体战略—部门业务目标—员工个人绩效"的架构中，并得到系统的评估，较好地弥补了 Goldstein 模型在人员分析方面操作性不强的缺陷。但是该模型未充分地关注企业战略对培训需求的影响。

3.4.3 基于胜任力的培训需求分析

胜任力（competency）是指能将某一工作（或组织、文化）中表现优异者与表现平庸者区分开来的个人表层特征与深层特征。它包括知识、技能、社会角色、自我概念、特质和动机等，可以通过测量或计数来显著区分优秀绩效和一般绩效的个体特征。而胜任力模型是指承担某一特定的职位角色所应具备的胜任特征要素的总和，即针对该职位表现优异者要求结合起来的胜任特征结构。胜任力模型广泛用于企业培训需求分析或企业进行工作分析、绩效考核、人员选拔、激励决策等管理活动。

胜任力可以类比为漂浮于水中的一座冰山，水上部分代表表层特征，如技能、知识等，这些特征容易感知，但不能预测或决定行为与表现；处在水下的深层特征，如自我概念、社会角色、动机等，决定着人们的行为与表现。

冰山顶部可见的是与完成工作或与职位有关、必须具备且可观察到的知识和技能，即职位和任务能够被恰当地执行所需要的能力。冰山下面的部分是人的潜能，从上到下的深度不同，则表示被挖掘与感知的难易程度不同。在水下越深，越不容易被感知与挖掘。一般而言，深层次的胜任力比表层的胜任力更重要。

基于胜任力的培训需求分析的步骤，一般是先根据企业的战略和实际情况，建立企业能力体系；然后分析现有员工的能力情况，找出两者之间的差距；之后分析导致差距的原因，继而分析哪些原因可以通过培训解决；最后决策有哪些培训需求。

胜任力模型在一定程度上能弥补 Goldstein 模型在任务分析方面操作性不强的缺陷，而且该模型强调了培训的"岗位绩效导向"，将员工培训纳入了解决绩效问题的范畴。然而与绩效差距分析模型一样，该模型同样未能足够重视企业战略对培训需求的影响。除此之外，还有一些不足：第一，忽略了培训的其他功能，如对企业文化的塑造、思维的拓展和改变等；第二，建立该模型需要较高的成本和漫长的过程；第三，过滤了许多培训需求的来源点，如员工职业生涯、国家宏观政策、组织发展阶段等。

3.4.4　前瞻性培训需求分析模型

前瞻性培训需求分析模型是由美国学者特里·L. 利普（Terry L. Leap）和迈克尔·D. 克里诺（Michael D. Crino）提出的。该模型因满足企业设计具有一定的"前瞻性"，在确保员工任职能力和个人职业发展方面具有使用价值。该模型适用于企业实施培训需求分析、企业制订前瞻性培训方案或针对知识型员工实施培训需求分析。

该模型认为，随着技术的不断进步和员工个人成长的需要，即使员工目前的工作绩效是令人满意的，也可能为工作调动、晋升等作准备或者适应工作内容的变化等提出培训要求。前瞻性培训需求分析模型为此提供了良好的分析框架，在确定员工任职能力和个人职业发展方面极具实用价值。前瞻性培训需求分析模型如图 3-4 所示：

该模型建立在对组织未来的培训需求基础上，更加关注企业的战略目标及其战略的执行，推动组织未来的培训工作由被动变为主动。该模型考虑企业发展目标与个人职业发展规划的有效组合，寻找组织与个人发展准备的结合点，这是开发与激励员工以及培养员工组织承诺的有效手段。然而，该模型也存在两点不足：一是存在与企业战略方向相脱离的风险；二是应用范围小，无法解决企业培训工作中的绝大多数问题。

上述四个模型的优缺点如表 3-6 所示：

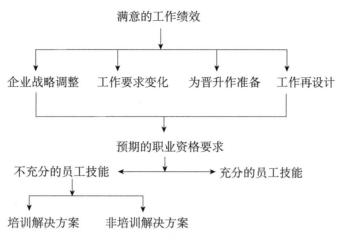

图 3-4 前瞻性培训需求分析模型

表 3-6 四个培训需求分析模型比较

模型	优点	不足
Goldstein 模型	可以使得培训需求分析系统化 适用于组织年度培训需求分析	对组织外部环境关注不足 人员分析集中在员工绩效现状与理想水平的差距上 操作难度比较大
差距分析模型	弥补了 Goldstein 模型在人员分析方面操作性不强的缺陷	未充分地关注企业战略对培训需求的影响
胜任力模型	建立模型之后，操作比较容易 强调培训的"岗位绩效导向" 有利于建立人才队伍	建立模型成本高和时间长 忽视许多培训需求的来源点，有一定的片面性，不系统
前瞻性分析模型	培训工作变被动为主动，更具有战略意义	存在与企业战略方向相脱离的风险 应用范围小

> **专栏 3-2**
>
> **为制订年度培训计划而进行的培训需求分析常用的问题**
>
> 为制订年度培训计划而进行的培训需求分析可以从企业战略、外部环境、各职能部门与员工四个层次进行分析：
>
> **一、企业战略**
>
> 在企业战略层面，需要解决的问题主要是明晰公司发展战略对人力资源与培训提出的要求，具体的工作如下：
>
> 1. 明晰公司战略
>
> 其目的是了解企业战略，明确培训可能在其中发挥的作用。应提出这些重点问题：
> (1) 为了达成企业的战略目标，考虑用何种手段完成人才与知识的储备？

（2）企业是否考虑过培训在推动战略实施中的作用？具体的想法是什么？为什么？

2. 次年度经营计划分析

其目的是分析企业实施该计划可能遇到的问题，进而确定哪些问题可以通过培训加以解决。应提出这些重点问题：

（1）该（某一具体）目标制定的依据是什么？达成的可能性有多大？为什么？

（2）该目标在实施中可能遇到的困难是什么？为什么？

（3）该目标在实施中的重点工作有哪些？为什么？

（4）针对这些问题，企业是否考虑了具体的解决途径？有哪些具体的解决途径？

（5）这些解决途径中有哪些是需要借助于外部力量进一步完善的？有哪些是可以通过培训加以解决的？为什么？

（6）对于培训可以解决的问题，应该设置怎样的培训内容及采用什么方法才能确保组织目标的实现？

3. 年度人力资源计划分析

其目的是明确现有员工的自我发展需求、人力资源调整（如晋升、增员、岗位轮换等）带来的培训需求以及培训管理体系进一步完善的必要性。应提出这些重点问题：

（1）目前企业的基本组织结构是怎样的？在次年度为了顺应经营业务的发展要求，在组织结构方面培训进行调整的幅度有多大？

（2）是否为每个新增、调整的岗位或人员设计了培训课程？具体有哪些方面的培训课程？

（3）公司目前的培训管理机构是怎样设计的？具体有什么职责？

二、外部环境

对外部环境分析的目标主要是了解行业环境的变化、竞争对手的变化、替代品分析及客户构成与渠道变化对培训产生的需求。

1. 行业环境的分析

对行业环境的分析主要从国家立法、消费习惯、主要产品技术发展趋势、新技术在本行业的应用等方面进行。常见的问题有：

（1）国家对本行业的经营有什么特别的规定？目前企业是否能够达到这方面的要求？如果达不到，为什么？对经营会有什么具体的影响？

（2）国内外是否具有相关的行业最佳实践？这些企业是如何运作的？有哪些地方值得借鉴？

（3）顾客或潜在顾客的消费习惯是否发生了变化？如果有，本企业需要进行哪些调整以适应这些变化？

（4）本行业产品的更新周期是多久？

（5）本行业产品技术的发展趋势是什么？企业是否有后续的产品研发能力？这些能力是否足以支持企业建立或维持其竞争地位？

（6）以上这些问题中有哪些需要通过培训加以解决？

2. 竞争对手的变化

竞争对手的变化也是催生企业培训的因素。常见的问题有：

(1) 企业有哪些主要竞争对手？

(2) 竞争对手进行了哪些方面的改进以提高其竞争力？

(3) 这些改进对终端市场产生了什么影响？对企业经营业务产生了（或可能产生）什么影响？

(4) 这些改进的可取之处是什么？不足之处是什么？为什么？

(5) 本企业应该采取什么样的策略和行动来应对竞争对手的变化？

(6) 这些策略和行动应该如何落实到本企业的实际工作中？应该通过什么手段在企业内加以贯彻和推行？培训可以在哪些方面发挥作用？

(7) 该行业有哪些潜在的竞争对手，它们将如何正式进入该市场参与竞争？它们的进入会对本企业有什么影响？本企业应该如何应对竞争？

3. 替代品分析

替代品是指目前或未来可以取代本行业现有主流商品的产品。通常该工作由企业的战略发展部门与技术研发部门共同负责。企业通过什么样的途径为自己创造并保持该方面的优势，这会对培训的需求产生影响。常见的问题有：

(1) 目前该行业的主要技术发展趋势是什么？商品化的程度如何？

(2) 有哪些替代品（目前、将来）将成为本企业最大的威胁？这些威胁将怎样具体影响本企业业务的开展？

(4) 本企业将通过招募还是合作、培养现有人员的形式开展？

(5) 如果以合作、培养的形式开展，本企业应该怎样去做？做什么？达到什么程度？

4. 客户构成与渠道的变化

客户构成与渠道的变化也是培训需求产生的外部驱动力之一。常见的问题有：

(1) 本企业的主要客户有哪些？这些客户在次年度将进行哪些改革以提高整体经营水平？

(2) 这些内部改革对本企业的业务有何影响？

(3) 为了应对客户方的调整，本企业应该采取什么行动？哪些行动需要以培训的形式完成？

(4) 目前客户对本企业的产品、质量、服务与人员素质是否满意？在哪些方面做得比较好？在哪些方面需要改进？

三、各职能部门

对各职能部门进行分析有助于了解企业在实际运营层面的培训需求。具体的工作可以分为三个基本步骤：明确公司目标与本部门对该目标的贡献（即本部门的任务）、分析本部门目前的实际水平与达成该目标所需要技能的差距所在、评估本部门本年度的培训效果、确定本部门所需要的培训项目。常见的问题有：

(1) 本部门是否清晰地了解并在内部传达了公司的战略与次年度经营目标？本部门将肩负什么任务以达成该目标？

> （2）为达成这些目标，本部门需要进行哪些方面的内部准备（如人力资源、技能、知识等）？
> （3）本部门本年度需要改进的工作有哪些？为什么需要改进？有哪些方面的工作需要通过培训加以解决？
> （4）现有人员的实际水平与岗位要求水平是否有差距？差距具体体现在哪些方面？是否可以通过培训弥补这些方面的差距？
> （5）为达成本年度计划，在知识、技能等方面还需要进行哪些方面的储备才能胜任工作？这些储备应如何按照时间、迫切性与重要程度来排列？
> （6）本部门本年度有哪些人员参加了哪些方面的培训？效果如何？为什么？
> （7）本部门希望在次年度开展哪些方面的培训？何时开展？为什么？期望达到什么目的？
> （8）本部门希望今后培训工作在哪些方面得以改进？
>
> **四、员工**
>
> 对员工进行分析的目标是促进员工自我反省，结合他们的职业发展期望树立主动、自觉的学习意识。员工分析的基本程序是明确信息的目的、分析个人发展需要、提出培训要求。可以提这样一些问题：希望学哪些方面的技能？为什么要学习这些方面的技能？对个人未来三年职业发展的基本考虑是什么？如何达成这些目标？为了达成这些目标，尚需要作出哪些努力？员工将如何根据自己的目标安排自己的行动？
>
> 资料来源：河北才智培训博客，www.blog.sina.com.cn/s/blog_4d10cdba0102v7kk.html，有删改。

3.5 培训需求分析的流程与信息搜集的方法

成功的培训需求分析需要完整的流程，包括前期准备工作、制订培训需求分析计划、实施培训需求分析计划、分析总结培训需求数据和撰写培训需求分析报告。

3.5.1 培训需求分析的流程

一、培训需求分析的前期准备工作

在进行培训需求分析之前，培训管理人员要做一些准备工作，为下一步的培训需求分析工作打好基础。前期准备工作具体包括四个方面：

（1）搜集员工资料，建立员工培训资料库。员工资料应当包括培训档案、员工的人事变动情况、绩效考核资料、个人职业生涯规划，以及其他相关资料等。员工培训资料库可以帮助培训管理人员方便地寻找员工的背景资料，为员工的个人培训需求分析提供材料，也可以为人力资源开发提供数据。

（2）明确参与者的角色定位。培训需求分析需要多方面培训主题的参与，主要的参与者有培训主管部门，主持培训需求分析工作，掌握大量资料；员工本人，作为培训对象，可以了解自身需求；员工上级，作为上级可清楚员工优缺点，帮助确定培训目标、内容等；同事，同事与员工一起共事，互相了解，建议中肯；员工下属，员工与下属访谈，可发现上级存在的某些缺点；有关项目专家、机构，因其经验丰富、见解独到参与到培训需求分析。在明确参与者之后，需要清楚的是，不同人员在培训需求分析中关注的焦点不同，如表3-7所示：

表3-7 不同人员在培训需求分析中关注的焦点

	高层管理人员	中层管理人员	培训人员
组织分析	培训对实现我们的经营目标重要吗？培训将会怎样支持我们战略目标的实现？	培训对本部门有何意义？部门有时间和精力来配合培训吗？	有资金购买培训产品和服务吗？经理们会支持培训吗？
人员分析	公司拥有具备一定知识、技能、可参与市场竞争的雇员吗？	哪些人（经理、专业人员、一线雇员）需要接受培训？	我怎样确定出需要培训的雇员？
任务分析	哪些职能部门和经营部门需要培训？	在哪些工作领域内，培训可大幅度地改变产品质量或客户服务水平？	哪些任务需要培训，该任务需要具备哪些知识、技能或其他特点？

（3）建立培训需求信息搜集渠道。培训管理人员为了及时掌握员工的培训需求，就必须建立起畅通有效的培训信息交流渠道。例如，可以通过建立"培训信箱""培训信息公告牌"，制定"培训申请规定"等方式与员工和部门交流培训信息。有条件的公司可以利用公司内部网络搭建培训信息交流平台。

（4）培训需求调查的审批手续。当培训管理人员认为有必要进行培训需求调查时，就要按照企业相关规定向上级主管提出申请，得到许可后就可以着手制订培训需求调查计划。

二、制订并实施培训需求分析计划

在正式开展培训需求分析之前，培训管理人员有必要制订分析计划，分析计划应包括以下内容：

（1）确定培训需求分析的目标。主要是要在计划中明确培训需求分析具体应该达到什么样的标准；一般来说，分析得越仔细得到的结果会越精确，但是相应的成本也会越高，培训管理人员应该在精确度和成本之间进行权衡。

（2）选择合适的培训需求调查与分析方法。培训需求调查和分析的方法有很多，不同的方法各有优缺点，需要根据具体情况进行选择。

（3）确定培训需求分析的内容。主要是要确定具体调查哪些资料和哪些人员，是否需要一手资料，是否需要从多个角度去分析培训需求。

（4）培训需求分析行动计划。具体包括需求分析的时间安排、进度要求、具体工作可能遇到的问题及应对问题的方案、开展工作过程中应该注意的问题等。

三、归类、整理和分析培训需求信息

来自不同渠道的培训需求的信息，形式各不相同，有必要根据调查的目的把搜集到的培训需求信息进行分类归档，制作培训需求信息汇总表。同时，运用相关软件工具对信息加以处理，比如可以用直方图、分布曲线图等工具将信息所蕴含的趋势和分布状况形象地表现出来。培训需求信息的汇总如表3-8所示：

表 3-8 培训需求信息汇总表

填表说明：根据实际情况在相应的表格里填写或打勾

编号			时间					部门		备注				
培训类别	主要课程	部门是否需要该课程提高工作效率			是否给员工安排这类培训			这个课程需要掌握到哪种程度			课程需要安排多少课时讲授	培训安排在本年度哪个时间段合适	需要接受培训的人数	由谁来组织培训活动			
		需要	说不清	不需要	是	可能	不	熟练掌握	基本掌握	略知				公司	部门	从业人员	外调

对汇总、归档的培训需求信息仔细分析，从中找出培训需求。这一环节需要回答两个问题：一是绩效落差有多大？二是这种落差是可以通过培训消除的吗？并非所有的落差都可以通过培训加以消除，应分析清楚是运营商、机制上或机构上的问题，还是岗位说明书中存在的问题。只有真正是员工个体自身的问题才是培训的必要原因。

四、撰写培训需求分析报告

培训需求分析报告既是对数据搜集、分析和得出结论的总结，是培训需求分析工作的成果表现，也是向管理层提出员工培训与开发建议、在组织内沟通员工培训与开发活动及获得资源的必要文件资料。因此，培训需求分析报告是确定培训目标、制订培训计划的重要依据和前提。

培训需求分析报告并没有固定的形式，但必须包含一定的项目和核心内容。形成的培训需求分析报告有必要公开的部分应当向部门或员工公开，并就一些结论与相关部门或人员进行交流，例如，对不能满足的培训需求可以向相关人员提供合理的解释。培训需求分析报告常见的内容如表3-9所示：

表 3-9 培训需求分析报告内容一览

序号	项目	内容
1	报告提要	简明扼要地介绍报告的主要内容
2	实施背景	阐明产生培训需求的原因、培训需求的意向
3	目的和性质	说明培训需求分析的目的 以前是否有类似的培训 以前培训分析的缺陷和失误
4	实施方法或过程	介绍培训需求分析使用的方法 介绍培训需求分析的实施过程
5	培训需求分析的结果	阐明通过培训需求分析得出了什么结论
6	分析结果的解释、评论	论述培训的理由 可以采取哪些培训措施改进培训 培训方案的经济性 培训是否充分满足了需求 提供参考意见
7	附录	分析中用到的图表、资料

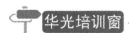

精益公司中层管理人员技能培训需求分析

为了搞好 2014 年的中层管理人员培训，精益公司人力资源部经理黄学艺在 2013 年 12 月初，和唐真等几个人一起对企业中层管理人员进行了培训需求调查。通过需求调查分析，黄学艺决定把管理技能的提升列为中层管理人员需要培训的重点内容之一。下面是这次调查的具体过程：

这次调查面向企业各部门主要负责人，共计 40 人整。调查采取问卷调查和抽样访谈的方式进行。人力资源部经理黄学艺作为培训需求分析的主要负责人，先同企业各职能负责人共计 10 人分别进行了面谈，之后又与企业部分高层分别就这 10 人的工作表现进行了沟通。

调查问卷共发出了 40 份，回收 40 份，均为有效问卷。

调查主要内容有以下几个方面：

（1）岗位任职时间。从岗位任职时间调查表中可以看出，50% 的中层管理人员在现任职位的任职时间都不足一年，说明其管理经验有待提高。

表 3-10 岗位任职时间调查

任职时间	1～6 个月以内	6 个月～1 年	1～2 年	2 年及以上
中层管理人员数量	4	16	8	12
所占比例（总人数 40 人）	10%	40%	20%	30%

（2）管理幅度。从管理幅度调查表中可以看出，20% 的中层管理人员直接管理的人员数量在 10 人及以上，40% 的中层管理人员直接管理的人员数量在 4～6 人，还有 20% 的中层管理者没有直接管理下属，但这只是暂时的，因为企业对这部分业务正在进行调整或重组。因此，管理者角色认知是这些中层管理人员必备的管理知识之一。

表 3-11 管理幅度调查

管理幅度	无	1~3 人	4~6 人	6~10 人	10 人及以上
中层管理人员数量	8	0	16	8	8
所占比例（总人数 40 人）	20%	0	40%	20%	20%

（3）如何制订工作计划。从访谈及问卷调查获得的信息看，大多数中层管理人员是以月度或季度作为制订计划的单位，很少有制订长期规划的，在具体制订计划的过程中，在"如何围绕总目标制订具体的可行性计划""如何确保计划的实施"等问题上，中层管理人员存在诸多不足之处。

（4）有效授权与激励。授权和激励是管理者的重要管理技能之一，从培训需求调查的结果来看，35 人都表示自己愿意给下属授予一定的权限并激励下属，但在工作中具体该如何操作，40% 的中层管理人员都很迷茫，希望得到这方面的培训。

（5）高效团队的建设。在带领及组建一支高效的团队方面，60% 的中层管理人员表示缺乏相应的技巧。

（6）员工培训。本次调查涉及的所有中层管理人员都有对员工进行培训的任务，但只有 10% 的人员制订了员工培训计划且认真执行了，10% 的人员制订了员工培训计划但没有落到实处，70% 的人员对待员工培训工作很随意，10% 的人员认为没有时间对下属进行培训。由此可以看出，大部分中层管理人员需要接受培训技巧方面的培训。

根据调查分析，黄学艺拟订了以下培训计划（节选）：

1. 培训课程的设置和具体的时间安排

培训课程：管理者的角色定位与主要工作职责　　2 个小时

培训课程：部门工作计划的制订与执行　　4 个小时

培训课程：有效授权　　4 个小时

培训课程：员工激励　　4 个小时

培训课程：高效团队的建设　　4 个小时

培训课程：培训技巧　　4 个小时

培训课程：如何与上级领导进行有效的沟通　　2 个小时

2. 时间安排

培训时间：2014 年 3 月 15 日、22 日、29 日和 4 月 12 日，共计 4 天，上午 9 点—12 点 20 分，下午 1 点 40 分—5 点，上下午中间各有 20 分钟茶歇时间。

思考：这次培训需求分析有什么问题？从节选的培训计划来看，安排是否有改进的地方？

五、培训需求分析结果及应用

在经过深入的培训需求分析之后，培训管理人员要获得有效的培训需求分析的结果。培训需求分析的结果是制订培训计划、设计切实有效的培训方案、选择恰当的培训方式、确定培训效果评估标准的前提和基础，决定了培训的质量和效用。

常见的培训需求分析结果主要有三方面：第一，为什么培训（培训的目的）、谁需要培训（培训的需求对象）、培训什么（培训的内容）、培训的深度与广度（培训的目标）；第二，企业对培训的态度、培训可能的障碍与问题；第三，企业具有的培训资源、可利用的外部资源有哪些。

在培训需求分析结果的确认过程中需要参与的对象有员工、管理人员、培训顾问委员会等，确认过程中相关信息的搜集可采用类似培训需求信息搜集的方法（将在本章第四节涉及）。此外，培训需求分析结果的确认，要分部门进行，以便于分清部门之间需求上的差异。最后，企业需要召开会议对最终的培训需求分析结果进行确认。即使培训需求信息的搜集过程非常客观，分析过程很规范，得出的结果也比较符合实际，但是在培训的具体实施过程中，仍然需要对培训需求分析的结果进行调整。

开展培训需求分析，目的是增强培训的针对性和实效性，减少或避免在培训决策方面的失误。能否达到相应的目的，取决于是否能够做到对培训需求分析结果的正确运用。因此，这也成为员工培训的重要环节之一。不同的责任主体，对培训需求分析结果的应用各有侧重，不同质化。

对培训需求分析结果的应用主要分为：企业对培训需求分析结果的应用，以及员工对培训需求分析结果的应用。对于企业来说，培训需求分析的结果可以用于策划年度培训工作，审核培训项目设计是否科学可行，以及评价培训结果；对于员工来说，培训需求分析的结果可以指导员工能力提升的努力方向，帮助员工检验学习状况，可作为自学的参考。

3.5.2 培训需求信息搜集的方法

培训需求信息的搜集方法有很多，主要包括观察法、访谈法、问卷调查法、关键事件法等。每种方法都有其使用的特定性。没有任何一种方法是绝对优于其他方法的。当企业进行培训需求信息搜集的时候，通常不会只是使用一种方法，而是针对企业内不同职位，综合使用多种方法，以求全面、客观地搜集到培训需求信息。

一、观察法

观察法是指需要调查者亲自到员工工作岗位上去了解员工的具体情况。通过与员工一起工作，观察员工的工作技能、工作态度，了解其在工作中遇到的问题，以标准格式记录各个环节的内容、原因和方法，然后进行分析和归纳，并最终确定培训需求的一种信息搜集方法。

观察法适用于技术操作方面的工作，对于管理类工作也具有一定的帮助价值。但是，观察法不适用于技术开发（无明显的外部行为特征，主要以内隐方式完成工作），销售（成本过高、可行性差）等脑力劳动占主导的工作。表3-12列示了观察法的优缺点。

表3-12 观察法的优缺点

优点	缺点
①通过观察直接获得资料，无需其他中间环节；因此，观察资料较真实 ②在自然状态下的观察，能获得生动的资料 ③具有及时性的优点，能捕捉到正在发生的现象 ④能搜集到一些无法言表的材料 ⑤不妨碍被观察对象的正常工作	①受时间限制较多，观察可能不够全面 ②受观察对象限制，有些观察对象不希望被观察 ③需要动用的人力较多 ④无法了解事物的本质，只能看到表象 ⑤通过观察法确定培训需求的效率较低 ⑥要求观察者对被观察者从事的工作程序和内容十分熟悉

基于观察法受观察对象限制，有些观察对象不希望被观察而可能会故意呈现出假象，致使观察结果产生偏差，在运用观察法搜集培训需求信息时，可以采取两种改进方法：一是尽量采用隐蔽的方式进行观察，并进行多次重复观察，以提高观察结果的准确性；二是采用摄像或录像技术记录员工的表现，再观看录像，从而发现问题。

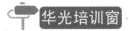

运用观察法寻找培训需求

有一次，黄学艺带着唐真去华光集团办公室办事，他们无意中听到打字员和一位部门经理的一段对话，黄学艺笑着问唐真，"小唐，你刚刚也听到打字员小丽和段经理那些对话了吧，你说说，如果让你给他们做培训，他们可能需要接受什么培训呀？"

唐真说，"他们沟通有问题，需要做沟通培训！"

黄学艺问，"还有呢？"

唐真一时语塞，"这个……"

下面是他们听到的对话情况：

打字员把打好的文件交给经理，经理一看说，"你打错好几个字啊"。

打字员的反应："不就打错了几个字嘛，有什么大不了的！"

经理很不高兴地说，"你这态度……"

思考：打字员和经理需要接受什么培训呢？请给唐真一些建议。

二、访谈法

访谈法是调查者针对某一特定目的，通过与调查对象面对面的谈话方式了解情况，从受访人的表述中发现问题，进而判断出培训需求的信息搜集方法。

访谈法的形式可根据访谈对象和内容而灵活变化，具体表现为：第一，它可以是正式的，也可以是非正式的；第二，访谈对象既可以是单个个体，也可以是某个特定群体，如董事会、委员会等；第三，可以采用面对面的方式，也可以采用打电话的方式；第四，可以在工作现场进行，也可以在远离工作场合的任何便利场所进行。

访谈法的基本步骤是：

（1）制订访谈计划。访谈计划应包括五项内容：一是访谈的目的，二是访谈的主题和内容，三是确定访谈方式，四是确定必要的访谈备选方案，五是确定访谈日程计划表。

（2）确定访谈提纲。访谈提纲中应列明三项内容：一是要准备好恰当的问题，并考虑好提问方式；二是根据需要列出问题的提问顺序，并确定备选顺序；三是确定访谈过程中每个问题的注意事项。

（3）实施访谈工作时应注意四点：一是尽快接近访谈者，二是营造融洽的访谈气氛，三是按计划实施访谈工作和认真做好访谈记录。

访谈法的优缺点如表 3-13 所示：

表 3-13　访谈法的优缺点

优点	缺点
①形式灵活，所需信息可以直接得到 ②为调查对象提供最多的自由表达意见的机会 ③有利于观察当事人的感受、问题的症结和提出解决方法 ④容易得到员工的支持和配合	①耗时费力 ②多为定性资料，整理任务繁重，分析难度大 ③对访谈者的访谈技术要求比较高 ④访谈涉及的样本容量小

华光培训窗

精益公司培训需求调查中的一次访谈记录与访谈提纲

下面的对话发生在2014年精益公司年度培训需求调查过程中，是培训专员唐真对销售经理段志明的一段访谈记录（以下"唐"指唐真，"段"指段志明）：

唐：您对目前管理团队的素质是否满意？如果不满意，具体表现在哪些方面？

段：不是很满意，主要表现为角色转换尚未完成，计划能力差，原因是他们从基层提拔上来之后，大部分精力还是放在了具体工作上，欠缺对整个部门的通盘考虑。

唐：您希望本次培训是进行系统的管理知识讲授还是就某一方面的管理技能进行深入训练？

段：我觉得二者都需要，希望通过系统的管理知识讲授，帮助管理人员深化角色认知，然后就管理者计划能力进行训练。

唐：你期望培训后能看到什么样的效果？

段：能够在二季度运行目标管理的绩效考核体系。

唐：您期望培训安排在工作日还是在周末？能够接受的费用是多少？

段：最好安排在周末，费用不超过5万元。

唐：就本次培训，您有什么指导性建议？

段：要与培训师取得联系，讲清楚我们的需求，要求对方按照我们的需求进行课程设计。

表 3-14 是 2015 年求索公司对精益公司进行访谈时所用的培训需求访谈提纲：

表 3-14　求索公司访谈提纲

培训需求访谈提纲			
被访问者姓名：		时间：	
访问者姓名：		地点：	
编号	问题		回答要点
1	请您介绍一下贵公司目前的情况和未来的战略。		
2	为什么您的组织现在有培训方面的需求？ 是不是有什么因素促使企业开展这方面的工作？ 这样的促成因素包括什么？		
3	在企业高层中谁在关注这项工作的进展？为什么？		
4	希望培训何时完成，何时产生效果。		

(续表)

5	培训的对象是谁？培训应该侧重于整个组织和所有的业务单元，还是侧重于最需要进行的部门？	
6	您认为何种形式或方法可以使培训效果最好？	
7	对于培训的预算是多少？ 有哪些因素制约着预算？	
8	贵公司将任命谁作为合作双方的联络人？ 该联络人是专门负责还是兼职负责？	
9	贵公司将如何使用这些培训需求调查结果？ 是强制进行培训还是劝说员工主动参与？	
10	培训需求调查完毕后，针对分析结果在多长时间内可以安排相关的培训内容？	
	其他需要说明的情况	

思考：从求索公司的访谈提纲来看，唐真的访谈存在哪些需要完善的地方？

三、问卷调查法

问卷调查法是管理研究中广泛使用的搜集第一手资料的方法。问卷调查法的操作方法是研究者根据研究的目的和调查对象的特点，设计相关问题，编制成书面的问题表格交由调查对象填写，然后回收问卷进行整理分析，最后得出相关研究结论。从问卷调查的形式来看，有直接发放纸质问卷或通过邮件发放纸质问卷的传统方式，也有在现代信息技术和互联网技术的支持下的在线问卷调查方式。在线问卷调查有效地克服了调查规模大、时间紧、资金少的不利条件，成为仅次于访谈法的培训需求信息搜集方法。它适用于对各类人员进行培训需求调查。问卷调查主要包括问卷设计、问卷制作、问卷测试、问卷调查实施、调查结果统计、确定培训需求等六大步骤。

问卷形式主要分为开放式、探究式、封闭式三种，具体如表3-15所示：

表3-15 调查问卷形式分类

类型	特征	作用
开放式	采用"什么""如何""为什么"和"请"等提问，回答时不能用"是"或"否"来简单应对；例如，"你为什么参加此类培训？"	发觉对方的想法和观点
探究式	更加具体化，采用"多少""多久""谁""哪里""何时"等提问；例如，"你希望这样的培训多久举行一次？"	缩小所搜集信息的范围
封闭式	只能用"是"或"否"来回答的提问方式	限定所能搜集信息的范围

问卷调查法的优缺点如表 3-16 所示：

表 3-16 问卷调查法的优缺点

优点	缺点
①可在短时间内搜集到大量的反馈信息 ②成本较低，尤其是网上调查 ③无记名方式可使调查对象畅所欲言 ④所得到的信息资料比较规范，容易进行分类汇总处理	①针对性太强，无法获得问卷之外的内容 ②需要大量的时间和特定的技术，如问卷设计技术和统计技术 ③易造成低回收率，并出现夸大性回答、无关性回答和不适当地回答问题 ④难搜集到有关问题产生的原因和解决问题的方法

问卷调查设计的主要步骤为：先列出培训者要了解的事项，再将列出的事项转化为问题，设计问卷，最后进行问卷发放、回收与整理。

根据设计调查问卷的思路我们可以把问卷分为三种：一是观察型的问卷。问卷调查者进行此类问卷调查的目的是找到理想和现实的差距，此前问卷调查者对于某种理想和实现该理想的方法已经比较明确，但是不清楚相关的员工、部门的现状，因此，通过调查来确认现实状况和理想状况之间的差距，从而制定弥补差距的方法。二是标杆型的问卷。问卷调查者进行此类问卷调查的目的是了解标杆是如何做的，此前问卷调查者对于下一步工作应该如何进行缺乏了解，因此，对做得比较好的员工、部门或者组织进行调查。三是分析型的问卷。问卷调查者进行此类问卷调查的目的是寻找某些问题背后的原则，此前问卷调查者对于这些问题已经有一些思路和想法，需要通过问卷搜集详细的信息来细化自己的思路，验证自己的想法，从而找到问题背后的原因。

通常我们运用分析型的问卷来分析企业的问题，从中找到培训的需求。然后，通过标杆型的问卷对标杆进行调查来确定我们的理想状况，用观察型的问卷来确定员工和部门的现状，从而得出理想和现状之间的差距。

四、关键事件法

关键事件法也是管理研究中一种搜集信息的常见方法。关键事件是使工作成功或失败的行为特征或事件（如成功与失败、盈利与亏损、高效与低产等）。关键事件法是通过对关键事件的分析获得所需要信息的方法。关键事件分析指的是管理者或者研究者通过分析确定某个工作岗位或者某些重要的工作中能够导致工作成功或者失败的关键行为的分析过程。关键事件法一般由上级主管者对需要分析的员工的平时工作中的关键事件做记录，主要记录两类事件：一类是做得十分出色的；另一类是未达到组织标准的。然后在预定的时间，通常是半年或一年之内或者一个项目周期结束后，利用积累的记录，对造成这些关键事件的背后原因进行分析，再归纳、总结出该岗位的主要特征、具体控制要求、员工工作表现情况等，从而揭示当事人行为、知识、技术和能力的缺陷等信息，最终为员工培训决策提供参考。关键事件法适用于各类人员的培训需求调查。

关键事件法的优缺点如表 3-17 所示：

表 3-17 关键事件法的优缺点

优点	缺点
①在事件的来龙去脉比较清晰的情况下，易于分析和总结 ②可以帮助调查人员甄别培训需求与其他需求	①事件的发生具有偶然性，不可作为常态方法来使用 ②如果不能完全了解情况，容易导致调查人员以偏概全

实施关键事件法应该注意以下几个方面的问题：

（1）关键事件应具有代表性；
（2）关键事件的数量应足以说明问题、事件数量不能太少；
（3）关键事件的表述言简意赅、清晰、准确；
（4）对关键事件的调查次数不宜太少；
（5）调查的期限不宜过短；
（6）正反两方面的事件要兼顾，不得偏颇。

除了上述的几种信息搜集法，还有档案资料法、测验法、自我评估法、经验预计法等其他方法。各种培训需求信息搜集方法各有优缺点，下面从受训人员参与的程度、管理层参与的程度、所需时间、所费成本、可用数量指标衡量的程度五项指标对以上方法进行对比。之所以选择这五项指标，是因为在进行培训需求评价时，受训人员的参与有助于提高他们的内在动力和参加培训的责任感；管理层的参与则可保证受训人员在回到自己的工作岗位后能应用在培训中学习到的新技能；而在其他条件相同的情况下，花费的时间少、成本低、调查结果可用数量指标来衡量的培训需求调查方法理所应当更受组织的欢迎。常见的培训需求信息搜集方法的不同如表 3-18 所示：

表 3-18 培训需求信息搜集方法比较

信息搜集方法	受训人员参与的程度	管理层参与的程度	所需时间	所需成本	可用数量指标衡量的程度
观察法	中	低	长	高	中
访谈法	高	低	长	高	中
问卷调查法	高	高	中	中	高
关键事件法	高	低	中	低	高
档案资料法	低	中	短	低	中
测验法	高	低	短	低	高
自我分析法	高	低	短	低	高

在实际工作过程中，管理培训者应该注意，在时间和经费等资源允许的情况下，应该选用多种方法配合使用，如果只用一种方法，则很难保证效果。挑选两种或者多种方法，可以以某种方法的优点弥补另一种方法的缺点。如果配合得当，将提高所取得资料的可靠性。另外，各种方法都有可能对调查对象造成某种程度的干扰，故应当想办法降低干扰程度，鼓励调查对象就他们认为重要的问题发表意见。

本章关键词

培训计划　　　　　　年度培训计划　　　　　　培训项目计划

| 需求 | 培训需求与培训需求分析 |

本章小结

本章主要介绍了培训计划的概念、作用和类型,并对年度培训计划和项目培训计划作了一个较为详细的介绍。然后,对年度培训计划的制订流程作了阐释,分析了培训需求分析的流程与方法,介绍了一些培训需求分析的模型。其中,三层次培训需求分析模型是应用最为广泛的一种模型,需要全面掌握。最后,介绍了培训需求信息的搜集方法。

思考题

1. 培训计划有哪些类型?
2. 年度培训计划的制订流程是怎样的?
3. 年度培训计划的基本内容有哪些?
4. 培训需求分析的基本流程是怎样的?
5. 三层次培训需求分析模型的主要内容是什么?
6. 培训时间安排在工作时间和业余时间各有什么优缺点,如何取舍?

课后案例

大学生支教培训需求分析

现任支教协会会长在和我们沟通的过程中,提出在过去的两年,义工支教队员前去各小学支教都存在这样或那样的问题,比如,管不好纪律,不能很好地与小学生进行互动,知识不能很好地传授给小学生等。这些问题的普遍存在引起了义工协会和相关老师的关注。很多新加入义工协会支教部的成员,对支教比较茫然,希望协会能够提供机会让一些有经验的学长学姐分享支教经验。此外,部分有支教经历的学长学姐也表示愿意给将要去支教的学弟学妹提供帮助。

因此,我们培训项目组决定组织一次大学生支教项目培训,对即将去支教的同学提供支教培训,提升支教的效果。为了搞好本次支教培训,设计好支教培训项目,我们组织人员进行了支教培训需求调查。

一、培训需求调查与分析

我们采取了抽样访谈的方式进行本次培训需求调查,选取了三位相关人员进行访谈。一名是负责与支教老师联络的小学老师,一名是支教协会会长,还有一名是有多次支教经验的学姐。

在访谈小学老师的过程中,小学老师希望提供一些英语水平较高的英语支教老师,对小学生的英语进行系统化的教学,也希望能够管好小学生的纪律;在访谈支教协会会长时,她希望支教人员能多些责任心,多些耐心,多些创新,撇开应试教育的固有思维模式,开发小学生的思维;访谈资深支教人员时,她希望能增强前去支教人员的素质、提高讲课技巧等。

访谈记录:

访谈记录一：某负责支教联络的小学老师

1. 访谈时间：2015年10月6日上午
2. 访谈方式：电话访谈
3. 访谈实录：

（1）您认为前去支教的学生对小学生的学习有帮助吗？

答：有，特别是英语方面。因为我们英语水平都不太好，稍微难一点的话，我们就教不来，大学生的英语会比我们好一点。像上次来的一位女孩子英语水平就很不错，教学非常认真，对我们小学的英语教学帮助很大。

（2）您觉得前去支教的大学生和那些在学校的小学老师有什么区别吗？

答：有。大学生去支教的话，在教学方式上会有所创新，能够很好地与小孩子进行互动，小孩子会稍微活泼一点，不像我们，学生们对我们都很忌惮，大学生却能够同他们打成一片。

（3）我们知道小学生们都比较活泼，支教队员们比较难维持纪律，您觉得这个该如何处理呢？

答：是的，孩子们都比较调皮，所以纪律方面需要我们学校的老师与支教的队员们一起配合维持。

（4）现在大一新生也会陆续地去参加支教，如果我们对还未参加过支教的人员进行一次培训的话，您觉得我们需要进行哪些方面的培训呢？

答：如果是这样的话，我们希望可以多派一些教英语的老师过来，针对每学期安排多少课程及如何一步一步进行教学，制订一个详细的计划，我们这边就是希望对小学生的英语能有个系统的教学，希望负责英语支教的人能够一星期来一次。因为英语这种东西，小学生还是第一次接触，需要慢慢地磨合才能有效果。

访谈记录二：支教协会会长

1. 访谈时间：2015年10月6日下午
2. 访谈方式：面谈
3. 访谈实录：

（1）我们知道你是上一届的支教协会会长，已有两年的支教经验了，根据您的支教经验，您觉得支教人员应该具备怎样的素质呢？

答：第一个是责任心，比如需要提前备好课，不能仅仅因为感兴趣而去支教，应当适当多花一点时间去备课。第二个就是耐心。有些小学生会很调皮，我们需要有耐心地去引导他们。第三个就是经验了，经验需要长时间去累积，比如在维持小学生的秩序方面，有经验了就会有办法去维持好。

（2）目前，很多大学生都会去参加一些支教活动，对于大学生前去参见支教活动有什么建议？

答：支教前参加培训是非常有必要的。大学生参加支教需要做得更加专业化，希望以后的支教活动可以是一个专业的公益活动。

（3）如果我们对下一届的支教队员进行培训的话，你觉得哪些培训是有必要的？

答：第一个是从纪律方面入手，逐渐走进小朋友的内心，站在小朋友的角度去考虑，可以把课堂秩序维持得更好。第二个是培养支教队员的创新能力，尽可能地让支教队员撇开应试教育的模式，开发小学生的创新思维。第三个就是支教队员的个人素质培训，包括责任心、耐心等，让他们树立备课的意识。

(4) 对于大学生支教，是否需要进行口才、教学技巧等方面的培训？

答：这些能力不是短时间内可以培养出来的，并且这些能力相对比较空。只要用心去与小孩子打交道，备课上课，这些能力都会慢慢地得到锻炼。课上，更多的是以老师的姿态去传授知识；课下，则是以大哥哥、大姐姐的心态去与小孩子沟通。

访谈记录三：有支教经验的学姐

1. 访谈时间：2015年10月7日上午
2. 访谈方式：面谈
3. 访谈实录：

(1) 作为支教队员，哪些素质是比较重要的？

答：个人而言，支教是一种态度。大学生的支教动机不一，而我是必须确定那里（某小学）需要，我才会过去支教。参加支教应当怀有一颗爱心，具有奉献精神，而不应该是为了达到自己的某种目的。

(2) 目前前去支教的队员除了态度这一方面，还欠缺什么？

答：没有明确自己的定位。很多大学生没有将自己视为真正的老师，带着同情的眼光和复杂的心理去和小学生交流。支教老师实际上与真正的老师是一样的，需要传递的是知识和正能量。

(3) 作为支教老师，口才、教学方法这些因素重要吗？

答：之前支教过的人应该知道做一个老师是很辛苦的。一般都需要制订一个教学计划，预计课上会发生的情况，以便从容不迫地去应对。小学生比较调皮，要采取应对小学生的独特方法，像小学生比较喜欢幽默一点、搞怪一点的老师，因此支教人员展现自己幽默搞怪的一面，才能更好地融入小学生这个群体。

(4) 如果我们对支教队员进行培训的话，哪些培训是比较必要的，或者说现在去参加支教的队员有哪些是做得不够好的？

答：支教协会应该在筛选老师这方面作出努力，让参加支教的人员进行提前试讲。应该挑选讲得比较好的，或者特别想去参加支教的人员。至于培训的话，首先是要端正他们的态度，明白支教到底是什么。另外，就是在素质方面提出一定的要求或者建议，如讲课的特点、讲课的技巧风格等。

思考题：

1. 该项目组管理人员是如何开展培训需求分析过程的？运用了哪些调查方法？
2. 该培训需求分析过程有哪些优缺点？

课后案例

培训需求调查问卷

为了制订2015年的年度培训需求计划，精益公司人力资源部经理黄学艺准备近期开展培训需求调查活动，为此他设计了一份培训需求调查问卷，打算用抽样调查的方法，将

问卷分发下去,让各级、各部门的人员填写。以下是该问卷的样本:

精益公司 2015 年度培训需求调查问卷

> 亲爱的同事,您好!
> 　　为了更好地匹配您的培训需求,使年度培训更具针对性和实用性,切实帮助到您的日常工作,特附上本调查问卷,敬请惠予宝贵意见。我们将在对您的反馈进行细致分析的基础上,结合公司战略、业务模式制订 2015 年度培训计划。您的信息、意见和建议将得到充分的尊重,我们会认真阅读并对您提供的信息严格保密。
> 　　请于 2014 年 12 月 20 日前填妥并交还至人力资源部唐真,以便整理统计。
> 　　感谢您的协助与支持,祝您工作愉快!

第一部分　个人基本信息

　　填写人姓名:_____　　填表日期:_____　　在本公司工作年限:_____
　　所属事业部:_____　　部　　门:_____　　现任职务:_____
　　在加入本公司以前工作的公司性质:□ 国企　　□ 外企　　□ 合资企业　　□ 私企

> 请您以 2—3 句话简单描述您的主要工作职责:

第二部分　培训认同度

1. 您认为公司对培训工作的重视程度如何:
□ 非常重视　　□ 比较重视　　□ 一般　　□ 不够重视　　□ 很不重视

2. 您认为,培训对于提升您的工作绩效、促进个人职业发展能否起到实际帮助作用,您是否愿意参加培训:
□ 非常有帮助,希望多组织各种培训　　□ 有较大帮助,乐意参加
□ 多少有点帮助,会去听听　　　　　　□ 有帮助,但是没有时间参加
□ 基本没有什么帮助,不会参加

3. 您认为自己对于企业培训需求的迫切程度如何:
□ 非常迫切　　　　　　　　　　　　　□ 比较迫切
□ 有一些培训需求,不紧迫　　　　　　□ 无所谓,可有可无
□ 没有培训需求

4. 关于以下培训理念,您比较认同哪几个选项(可同时选择三项):
□ 培训很重要,公司逐步发展壮大,应该逐步发展和完善培训体系,帮助员工成长,吸引和留住人才。
□ 作为销售型公司,业绩最重要,培训对员工而言是一种负担,会占用员工拜访客户的时间和员工的休息时间。
□ 以公司业务特点而言,外部讲师不了解公司的经营状况与业务特点,培训也不会有什么效果。
□ 基本上,公司招聘来的员工都是有经验的熟手,已经符合公司的要求,不需要花

大力气去进行培训。
　□ 主要依靠公司内部的培训力量就够了，让经验丰富的员工或经理来担任讲师，他们熟悉公司的情况。
　□ 其他看法：_____

5. 目前您所接受的公司或部门组织的培训在数量上您认为怎么样：
　□ 绰绰有余　　□ 足够　　□ 还可以　　□ 不够　　□ 非常不够

6. 部门内部关于产品知识、行业和市场信息、岗位工作技能的培训、学习与分享是否充分：
　□ 非常充分　　□ 充分　　□ 还可以　　□ 不够充分
　□ 基本没有分享

7. 您目前的学习状态是：
　□ 经常主动学习，有计划地持续进行
　□ 偶尔会主动学习，但没有计划性，不能坚持
　□ 有学习的念头或打算，但没有时间
　□ 有工作需要的时候才会针对需要学习
　□ 很少有学习的念头

8. 最近两年参加过的培训有哪些，效果如何，请列举（包括公司部门培训、个人深造、参加外部培训班等）：

培训时间	培训项目	授课方式	培训效果

第三部分　培训的组织和安排

1. 鉴于公司的业务特点，您认为最有效的培训方法是什么？请选出您认为最有效的三种：
　□ 邀请外部讲师到公司进行集中讲授
　□ 安排受训人员到外部培训机构接受系统训练
　□ 由公司内部有经验的人员进行讲授
　□ 部门内部组织经验交流与分享讨论
　□ 拓展训练
　□ 光碟、视频等声像资料学习
　□ 建立公司图书库，供借阅
　□ 建立网络学习平台
　□ 其他：_____

2. 您认为，最有效的课堂教学方法是什么？请选出您认为最有效的三种：
　□ 课堂讲授　□ 案例分析　□ 模拟及角色扮演　□ 音像多媒体
　□ 游戏竞赛　□ 研讨会　□ 其他：_____

3. 您认为以下哪个因素对于公司培训工作的开展效果影响最大：

☐ 领导的重视程度　　　　　　☐ 员工的培训参与意识
☐ 培训方式与手段　　　　　　☐ 培训时间的安排和时长
☐ 培训组织与服务　　　　　　☐ 培训内容的实用性
☐ 培训讲师的授课水平　　　　☐ 培训效果的跟进
☐ 其他：_____

4. 您认为过去一年内举办的培训课程哪些地方有待改进：
☐ 培训内容理论程度应深化　　☐ 培训内容实用程度应加强
☐ 提高讲师水平　　　　　　　☐ 培训组织服务更完善
☐ 培训形式应多样化　　　　　☐ 培训次数太少，可适当增加
☐ 培训应少而精　　　　　　　☐ 培训时间安排更合理
☐ 其他：_____

5. 公司在安排培训时，您倾向于选择哪种类型的讲师：
☐ 实战派知名企业专家，有标杆企业经验
☐ 学院派知名教授学者，理论功底深厚
☐ 职业培训师，丰富的授课技巧和经验
☐ 咨询公司高级顾问，丰富的项目经验
☐ 本岗位优秀员工，对公司业务很了解
☐ 其他：_____

6. 以下讲师授课风格及特点，您比较看重哪一点？
☐ 理论性强，具有系统性及条理性　　☐ 实战性强，丰富的案例辅助
☐ 知识渊博，引经据典，娓娓道来　　☐ 授课形式多样，互动参与性强
☐ 语言风趣幽默，气氛活跃　　　　　☐ 激情澎湃，有感染力和号召力
☐ 其他：_____

7. 假如，鉴于您在某一领域的丰富经验，您被推荐担任某一门课程的内部讲师，您是否乐意：
☐ 非常乐意，既可以锻炼自己，又可以分享知识，何乐而不为
☐ 乐意，但是没有经验，希望公司能提供关于讲授技巧方面的培训
☐ 乐意，但是没有时间做这个事情
☐ 需要考虑一下
☐ 不会担任

8. 您认为，对于某一次课程来讲，多长的时间您比较能接受：
☐ 2—3 小时　　　　　　　　　☐ 7 小时（1 天）
☐ 14 小时（2 天）　　　　　　☐ 14 小时以上
☐ 无所谓，看课程需要来定　　☐ 其他：_____

9. 您认为培训时间安排在什么时候比较合适：
☐ 上班期间，如周五下午 2—3 小时　☐ 工作日下班后 2—3 小时
☐ 周末 1 天　　　　　　　　　　　☐ 双休日 2 天
☐ 无所谓，看课程需要来定　　　　☐ 其他：_____

10. 您希望的或者所能接受的培训的频率是怎样的：

☐ 每周一次 ☐ 半月一次 ☐ 每月一次 ☐ 两月一次
☐ 每季度一次 ☐ 半年一次 ☐ 每年一次 ☐ 其他：_____

11. 您希望的培训地点是：
☐ 公司培训教室/会议室 ☐ 公司外专业培训教室
☐ 酒店多功能厅/会议室 ☐ 无所谓
☐ 其他：_____

第四部分　培训需求信息

1. 您认为个人2014年培训需求重点在于哪个方面：
☐ 岗位专业技能 ☐ 个人自我管理技能
☐ 企业文化 ☐ 职业道德与素养
☐ 职业生涯规划 ☐ 行业、市场及产品信息
☐ 人际关系及沟通技能 ☐ 通用基本技能
☐ 其他：_____

2. 您认为，您部门的主管2014年的培训需求重点可能在于哪个方面：
☐ 领导艺术 ☐ 管理理念 ☐ 管理工具 ☐ 角色认知
☐ 职业道德 ☐ 管理理论 ☐ 职业化 ☐ 人员管理技能
☐ 其他：_____

3. 开发性问题：以下问题请您针对个人的工作岗位和主要职责，以文字进行描述。

（1）您认为个人在岗位专业技能上，需要进行哪些方面的培训？请列举三项最紧迫的培训需求。

（2）您在日常工作中会遇到哪些问题和困难？希望提升哪些方面的能力？希望公司提供哪些方面的培训？

感谢您填写此问卷，感谢您的大力支持！

人力资源部

2014年12月10日

不过这份调查问卷设计得是否合理，黄学艺心里没底，他决定周末去拜访赵乐民教授，向赵教授咨询一下，年度培训需求调查问卷应该如何设计。

思考题：
赵教授看到这份调查问卷会给出什么样的建议呢？

角色扮演

背景： 2015年11月初，公司人力资源部经理发现培训经费不够用了，于是他去向总经理要求追加培训经费。人力资源经理的要求，总经理是否会答应呢？

注意，总经理是一个非常讲理的谦谦君子，他绝对不会强词夺理，蛮横地拒绝对方合理的要求；当然，他更不会无原则地同意不合理的要求。另外，总经理的时间宝贵，他在与人力资源部经理的会面后，大约15分钟之后就必须去参加董事局会议了。

请同学们分组讨论，用头脑风暴法，帮助人力资源部经理思考，如何才能争取到追加经费。然后进行角色扮演游戏。

训练目标： 第一，激发学生分析培训的压力点、站在领导的角度来寻找培训需求，学会换位思考，以及培养学生发散思维的能力；第二，分析领导对培训的认识误区，以及培训在企业的价值和定位；第三，学习与领导沟通的艺术。

操作步骤：

（1）进行分组讨论，时间为 10 分钟；

（2）各组选择参加游戏的队员和观察员；

（3）给参加游戏的队员分配角色；

（4）各组通过抽签的方式选择 PK 对手；

（5）各组进行第一次 PK；

（6）各组交换角色进行第二次 PK；

（7）观察员投票判定胜负，并派出观察员代表发言，进行点评；

（8）参加角色扮演的队员分享感悟；

（9）老师进行总结。

具体公司背景说明：

（1）可以用本书中的三家子公司作为背景公司，进行练习；

（2）如果需要进一步演练，还可以找真实存在的企业，给出公司目前的实际情况，让同学们进行演练；

（3）也可以不设任何限制，让参加游戏的学生自由虚拟公司的背景，只要符合逻辑即可。在实际操作过程，如果某一角色先说了公司的某种情况，另一角色不能直接否定，只能以修正的方式，动态构建公司的背景情况。这样做可以激发学生的发散性思维，锻炼随机应变的能力。

第四章
培训模式与方法

学习目标

学完本章后,你应该能够:
1. 掌握三种培训基本模式、三种培训基本方法的概念。
2. 熟悉各种培训方法的优缺点。
3. 熟悉各种培训方法的实施要点。
4. 熟悉各种培训方法的适用范围。

 **开篇案例**

一次难忘的体验式培训

林媚刚刚上任成信公司的人力资源部经理,总经理凌云把她叫到办公室,给她一份文件,原来是集团公司要求所有新上任的经理到公司总部参加一次为期两天半的培训。凌总要求林媚培训之后写一份参加培训的心得。培训地点在南方市郊区,是求索公司和另一家企业合作建设的一个培训基地。经过几天的培训,林媚感觉收获非常大,她写下了一份心得,具体内容如下:

培训第一天,我们见到了培训导师,他是培训界一位很有名的体验式培训专家,有着丰富的经验。之前我们已经通过学员手册了解了这位导师的详细情况。现场导师在作了简单介绍之后,就开始分组,我被分到了第三组,有一名助教——小李,还有其他十位队员。培训主要是以分组做游戏的形式进行,强调合作与竞争。

第一个团队游戏是大家一起转呼啦圈,这是一个需要团队成员互相协调、密切配合的游戏。这个游戏让大家初步感受到团队成员相互配合、步调一致、关注队友情况的重要性。

第二个团队游戏是"风中劲草",这个游戏强调团队成员的相互信任。在做第一遍的时候,我不太相信团队其他人,由于害怕自己会倒,没有做到全身心地投入,但第二遍的时候我就扫除了一切疑虑,这让我感受到无论是团队合作还是与人交往,信任都是最重要的元素。

下午是"折镜子"活动环节,大家都闭着眼睛听着导师的指令操作,但最后的结果却是五花八样,即使是听到同样的话,遵循同样的标准,每个人也会有不同的感受和理解。这让我感悟到:不要以自己的标准去评判别人,不要随便去评判对错,应用一颗包容的心去对待他人。接下来的环节是催眠曲,我想我真是累了,听着催眠曲缓缓入睡。后面还放了《亮剑》的片段,"剑锋所指,所向披靡",这就是亮剑精神。

晚上是"生死逃亡"活动环节,60多名学员,30分钟内竟然都逃亡成功。我很庆幸自己去了"死人区",躺在那里的一段时间,我没有去想怎么去实现我的目标,怎么去完成我的心愿,我满脑子里都是我的爸爸妈妈,想着我还有好多事没有做,还有很多话没有跟他们说。

培训的第二天,首先是分享昨天"生死逃亡"环节的体会。很多人都说出了自己的心声,第一次听了那么多人的故事,第一次听到了那么多的肺腑之言,第一次看到那么多人落泪。

中午我们被要求在一个小时内编排出一个小品。对我来说,这简直是个奇迹。一个小时内,我们整个团队展现出了前所未有的凝聚力。我们每个人都在想怎么能让情节紧凑,使环节设计得更好。下午展示的时候,每个小组的展示效果都很好。

下午的环节是"公司破产",我终于知道,原来每一个人对团队都很重要,如果一个团队像一盘散沙一样,那这个团队必然是毫无竞争力的。我看到一名40多岁的阿姨在我们团队面前喊着"我要工作,我要生存!"时是那样得声嘶力竭。看着他们哭着求职,我在想换作是我,我会怎么样?

晚上的环节是"鹰的重生",鹰想要再获得30年的寿命,就得逼迫自己重生,逼迫自己蜕变。这个环节中,学员都席地而坐,两个手掌一直摩擦,音响里放着很煽情的音乐。在游戏之前,每人被发了一张纸,需要把自己最喜欢的三位亲人、三位好友还有三位队友的名字写上去。然后把这张纸贴在背上。游戏过程中,学员必须按照要求的动作一直摩擦两个手掌,表示鹰的重生需要经历的痛苦过程,如果出现动作不对或是停下来的情况,助教就会拍一下学员的背,并且问他划掉谁的名字。这意味着你努力不够,缺乏力量,不能保护他了。一直重复摩擦的动作到了差不多八九分钟的时候,学员们就开始觉得疲惫了,这个时候有很多人因为动作不到位被助教拍背。后来,慢慢地有人向大家传授方法,说怎样做不会显得很累。到最后支撑不住的时候,很多人就大声念着自己亲人的名字,以此支撑着自己。

最后我们坚持了38分钟,连我自己都觉得不可思议。其实想着心中背负的使命与责任,想着你有责任去保护身边的每一个人,奇迹就有可能发生。

第三天,我们主要是对两天半培训的总结与分享。

凌云看了林媚的心得之后,不禁叹气,心想我要看的不是流水账的个人感受啊,而是希望看到你在学习之后,有关改进本公司的培训工作的想法呀!

4.1 概　　述

在企业的培训活动中,培训师为了达到更好的教学效果,会采用不同的培训形式和方法,在培训过程中老师和学员也会扮演不同的角色。有些培训活动中,培训师和学员之间的关系类似于普通学校中的师生关系,并且采取的教学方法也类似;有些培训活动中,培训师很像运动员的教练,开展大量的活动,而学员也像运动员一样,在各种活动得到锻炼和提高;有些企业可能不给需要培训的学员安排正式系统的课堂培训,而是指定一个老员工来指导他;还有些企业甚至可能仅仅发给员工一份工作手册或提供一个企业内部网的账号,让学员自己去学习。根据老师和学员之间扮演的角色的差异和常见的培训方法的差异,对企业的培训活动进行分类,大体上可以分为四种基本模式,即老师—学生模式、教练—队员模式、师傅—徒弟模式和培训资源—自学模式。一般我们分别将其简称为:师生模式、教练模式、师徒模式和自学模式。

在师生模式中，培训师和学员主要在课堂教室内开展培训活动，因此也称为课堂培训模式。课堂培训模式的主要特点是培训师与学校中老师扮演的角色是一致的，教学活动基本上是以老师为中心，学员以被动接受为主。这种模式非常适合知识的传授，有时为了提高教学效果，可采用研讨、视频等教学方形激发学员的参与。大体上课堂培训模式常用的方法有讲授法、研讨法和视听法。

在教练模式中，培训师和学员经常利用非正规的课堂教室场地和器具开展培训活动，需要做各种游戏，甚至去野外开展培训活动，这种培训强调以学员为主，强调让学员体验，因此，也称为体验式培训模式。体验式培训模式非常适合于学员态度转化培训，让学员从个人体验和分享中获得感悟。这种模式常用的培训方法有仿真模拟、角色扮演、拓展训练、商业游戏等。

师徒模式则强调个性化教学。作为师傅的培训师往往只接受几个学员作为自己的徒弟，师傅与徒弟通过工作与生活中全方位互动来开展培训活动。师傅根据徒弟的特点因材施教，徒弟跟随师傅一起工作，从工作实践中学习。师徒模式非常适合于学员技能的提升培训，因此，它又被称为实践培训法。这种培训模式不强调培训方法，在不同的行业、不同的组织，每个老师自己往往都有一套关于如何带徒弟的方法。师傅通过行为示范向徒弟展示，徒弟通过见习、实习、分担、代理、承办等方式逐步掌握老师的技能和诀窍。

在自学模式中，老师的角色以学习资料、视频资源等形式存在，学员根据自己的时间自由安排学习的进度，以达到自我培训的目标。在自学模式中没有真正的老师和培训方法，如果学员掌握了一套合理的自学方法对自学的效果更佳。自学模式采取的常见方法主要有阅读法、视听法、研讨法、实践法、反思法等。对于自学能力强的人来说，自学模式适合于各种情形。但是对于自学能力差的人来说，无论是知识传授、态度转化还是技能提升，自学模式可能都不是一个好的模式。

另外，还有一种伴随新技术的发展而出现的网络在线培训模式，这种模式以网络为载体，供学员学习，这种培训模式的优缺点和课堂培训有很多相似的地方，主要差异在于网络在线培训模式学员的管理比较困难。早期的 E-learning 和近年出现的慕课，都属于网络在线培训模式，慕课同 E-learning 相比，其互动性较强，并且它向公众开放，可以很好地与企业员工的自学活动结合起来。网络课堂的容量几乎是无限的，而且网络课程中很多内容可以不断重复播放，培训成本低廉，可以让大量学习者跨越时间、空间限制以免费或者低成本的方式参加学习。某种程度来说，正是因为有了网络培训模式，员工自学的培训模式才成为培训管理人员关注的对象。大体上，可以认为网络培训模式是课堂培训模式的一种变形。网络培训模式将在第八章详细介绍。

在不同的基本模式下，培训的方法往往差异很大。表 4-1 简要对比了企业员工培训的四种基本模式及其惯用的培训方法：

表 4-1　培训基本模式与培训基本方法

培训基本模式		培训基本方法			
模式	老师角色	培训场所	含义	适用	举例
师生模式（课堂培训模式）	讲师	主要在课堂教室里培训	培训者将培训信息（事实、过程、解决问题的方法等）演示出来，受训人员被动接受信息	知识传授	讲授法、研讨法、视听法
教练模式（体验式培训模式）	教练	主要在特定的场地进行培训	受训人员亲身经历一次任务完成的全过程，或处理工作中发生的实际问题	学员态度转化	仿真模拟、角色扮演、拓展训练、商业游戏
师徒模式（实践培训模式）	师傅	在工作和生活的各种场所均可能	工作和学习融为一体，在工作场所进行培训活动	学员技能提升	行为示范、见习、实习与分担、代理、承办
自学模式	无老师，由培训资源代替	在工作和生活的各种场所均可能	利用员工手册、视频、网上学习等方法进行学习	知识传授	阅读法、视听法、研讨法、实践法、反思法
网络模式	网上老师，类似课堂中的讲师	有网络培训平台的地方	利用 E-learning 系统、慕课等平台为员工提供培训	知识传授	讲授法、研讨法、视听法

4.2　课堂培训模式及其方法

课堂培训模式是指培训师和学员在课堂中进行培训活动，以培训师演示为主，学员被动接受知识和技能的一类培训方法。它的主要特点是以培训师为中心，培训师的讲课水平对培训效果影响极大，学员在培训过程中的多数情况下是被动接受培训信息。课堂培训模式中常用的培训方法有：讲授法、视听法和研讨法。

4.2.1　讲授法

课堂讲授属于传统的培训方式，是由培训师单向地将培训内容传递给培训参与人员的一种培训方式。在这种培训方式中，培训师讲授培训内容，学员只是单纯地吸收知识，即培训师与学员之间的沟通属于从培训师到学员的单向沟通。

讲授法是最基本的培训方法，在任何培训中都会用到，但这并不是因为讲授法的培训效果最佳，而是因为同其他培训方法相比，讲授法容易操作，成本最低。讲授法适用于一些理念性、原理性知识的培训。讲授法的优缺点如表 4-2 所示：

表 4-2　讲授法的优缺点

优点	缺点
①传授内容多，知识比较系统、全面 ②对培训环境要求不高，易于操作 ③有利于培训师的发挥 ④学员可利用教室环境相互沟通 ⑤员工平均培训费用较低	①传授内容多，学员难以吸收、消化 ②单向传授不利于教学双方的互动 ③不能满足学员的个性需求 ④培训师的授课水平直接影响培训的效果 ⑤传授方式较为枯燥、单一 ⑥缺乏实际的直观体验 ⑦培训针对性不强

讲授法对培训师的要求较高，培训师的讲授水平直接影响培训的效果，因此，在运用讲授法时，培训师应该做到以下几点：

（1）认真备课，熟练掌握教材内容，对讲授的知识要点、结构与重要问题等做到胸有成竹。同时，还应该对讲授内容进行演练，特别是要上一堂新课时，如果没有经过演练就直接上讲台，讲好的可能性非常小；只有对所讲授的内容进行过多次演练，才能真正明白如何把培训内容讲清楚，讲生动。优秀的培训师讲课时气场强大，讲起来精神饱满、充满信心，本质上就是熟能生巧的缘故。

（2）平时多锻炼语言表达能力。培训师讲课时，语言要清晰，吐字要清楚，音调要适中，速度及轻重音应适宜，要抑扬顿挫、有感染力，并能够根据内容适时投入自己的感情。培训师的语言表达能力直接影响着讲授法培训的效果，应在平时加强基本功训练。

（3）重视授课技巧。培训师对内容要进行精心组织，使之条理清楚、主次分明、重点突出；结合板书、幻灯片、多媒体等教学工具，使讲授内容形象化、具体化，边讲边演示，以加深学员对讲授内容的理解。讲授的内容须是教材中的重点、难点和关键点，不能反复讲解或者灌输简单的东西，要引导学员随着培训师的讲解或讲述开动脑筋思考问题。要随时关注学员的反应及时进行互动或者给予反馈，调控教学活动的进行。

4.2.2　视听法

视听法是利用现代的多媒体技术把讲授的内容电子化，同时整合各种可以起到辅助教学作用的声音、视频动画等信息媒介，使讲授的内容变得更加生动和形象。视听法一般很少单独使用，经常同课堂讲授法等其他方法一起使用；视听法作为讲授法的一种辅助技术，不能完全取代老师讲授。一方面，视听材料如果反客为主，则会打乱培训师的讲课连贯性和逻辑性；另一方面，大量使用视听法，培训师则失去了存在的自身价值。视听法被广泛应用于提高员工的沟通技能、面谈技能、客户服务技能等方面，多应用于描绘如何完成某些工作程序（如焊接）方面。视听法还可以用于培训师的自我训练。

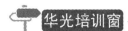

华光培训窗

一次培训课程中培训方法的运用

求索公司在对精益公司管理人员的培训项目中，有一个课程是关于部门经理如何做好报告的。培训师肖枫首先采用了讲授法向学员讲解了做好一个报告的要点，然后用视听法结合实践演练，让学员分组设计工作报告，并且当众演练如何在大型会议中演示自己设计的报告，报告过程牛肖老师为每位演练的学员都录了像。通过这种放录像的培训方法使许多人对怎样做报告有了更深的理解。生产部经理马向前看了自己作报告的录像后大吃一惊，他说："我以为在做演示报告时，一直都面带微笑，一看录像后才知道自己根本没有笑！而且显得极不自然。"第二次尝试后他有了较大进步。

思考：上述案例中运用了什么培训方法？为演练的学员录像有什么价值？

视听法的优缺点如表 4-3 所示：

表 4-3　视听法的优缺点

优点	缺点
①调动了人的多重感官，易引起受训人员的兴趣 ②可以跳过某个片段或重复某个片段，培训者可以方便地根据培训需求选择 ③作为永久保存的资料，可以重复使用，大大简化了培训工作 ④说明不易解释/接触的设备、难题、事件，对过程的连贯说明、现场录像对提高受训人员的绩效有很大作用	①视听材料提供了培训师"偷懒"的机会 ②试听材料是单方面的演示，不能结合现场的氛围和学习的需要转变，所以培训者有责任根据培训情况进行补充和说明 ③扰乱学习重心，开发难度大

培训师在运用视听法进行培训时，需要特别注意的是，一定要围绕着培训的主题来选择合适的视听教材；在播放视频、音频资料之前要清楚地说明观看或收听的目的，必要时可以留一些思考题，让学员带着问题去观看或收听相关资料；在相关资料播放之后，要让学员发表个人的感想，并组织学员讨论播放内容和工作的关系，或者边看边讨论；讨论后，培训师必须做重点总结或将如何应用在工作上的具体方法告诉受训人员。

企业聚焦

阿里巴巴的视频培训

2013 年，阿里巴巴提出了一个战略调整，要从打造爆款、打折的模式转变为"小而美"的、给予更多价值而不强调低价的模式。提出这样的战略之后，那些习惯于打造爆款和打折的卖家就不知道怎么做，咨询阿里平台运营的员工，他们也不知道怎么做。在这样的情况下，淘宝大学开发了一种轻学习模式去普及"小而美"。淘宝大学经过观察，发现有四家店铺符合"小而美"的特质，它们不打折、不促销、不宣传，主要做门店装修，打造产品故事,并且和粉丝互动。于是淘宝大学专门派出一个组,到这四家店铺分别跟踪采访两天拍摄制作出 3—4 分钟的视频放到淘宝的官网上,让卖家一看就知道什么是"小而美"的模式。

4.2.3 研讨法

研讨法是指在培训师的引导下,学员围绕某一个或几个主题进行交流,相互启发的培训方法。研讨法以团体讨论的方式对工作中的课题或问题发表看法,得出共同的结论,大家在讨论过程中则互相交流、启发,得以获取知识和提升能力。研讨法与讲授法一样都是最基本、最通用的培训方法,它被广泛地运用于所有培训中。研讨法特别适用于解决特定问题或任务的培训。另外,培训师也可以通过学员的研讨情况和研讨的结果来判断学员的性格特点、能力状况以及对相关问题的理解情况,从而帮助培训师布置下一步的教学安排。研讨法的内容可以是工作中亟待解决或普遍存在的某项问题,或是某些有助于提高研习人员知识和能力的问题。研讨的内容必须依据人员的认知水平、知识储备的特点来制定。研讨法鼓励参与提问、反馈,集众人之智慧,以达到 1 加 1 大于 2 的创造性效果。

根据研讨的目标,研讨法可分为以教师为中心的研讨法和以学员为中心的研讨法。以教师为中心的研讨法一般较多采取结构化的研讨形式,由教师制定研讨规则、研讨的问题和相关背景。一般来说,培训师对研讨的问题有较为明确的观点或结论,研讨的目标是要让学员通过研讨活动,认识到这个已经明确的结论。以学员为中心的研讨法,培训师一般只给出需要解决的问题,对于这个问题培训师也不一定有明确的结论,培训师对于研讨过程也很少干涉。研讨的目标是为了启发学员对某个问题进行深入思考。以教师为中心的研讨要求教师的学识、威望、资历都比较高或者在某方面非常专业;而学员比较年轻、缺乏经验,教师需要有意识地引导学员,通过研讨的方式得出其事先确定好的某种明确的结论。以学员为中心的研讨要求学员具有非常丰富的经验或者教师对研讨主题没有明确的答案;研讨某些富有争议、缺乏统一观点的问题时常常使用该方法。

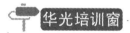 华光培训窗

精益公司研发人员培训

精益公司研发部的职员,由于工作繁忙,没有双休日,平时还经常加班,所以也没有时间和精力打扮自己,穿着总是很邋遢。结果,每次客户拜访公司时,看到研发部职员的穿着之后就对该公司的印象大打折扣。在接到一个大客户的负面反馈之后,主管销售副总关世雄非常不高兴,他找到研发部经理江河,要求他尽快改变研发部人员的形象问题。江河表面上答应,实际上很不以为然,几周过去研发部没有任何改变。关副总没办法,只好找到孙总,孙建平觉得关总说的有道理,就让总经理办公室的人员拟定了一个新规定:要求公司一线生产人员(他们穿专门的工作服)之外所有员工在上班时间都必须穿西装,打领带,整齐干净,公司会派人在门口检查,发现不穿西装或者不打领带来上班的,就要罚款。

> 　　新规定实施之后的一周内，研发部多名员工被罚款，包括研发部副经理李永强。很快，政策的负面效应出来了，好几名研发部的骨干员工嚷着要跳槽，上班时也出现了消极怠工的现象。另外，还有几名骨干员工一起生病请病假。一时间，在公司闹得沸沸扬扬。孙总觉得自己出台新规定可能有些急躁了，但是刚刚出台的政策又不好马上取消，不然自己的威信何在？于是，孙总把吴天豪找来，要他想办法解决研发部员工的思想问题。吴天豪找到人力资源部经理黄学艺，问他有什么办法？黄学艺说，要不给他们做几次培训洗洗脑吧。很快黄学艺以公司的名义组建了培训师队伍，培训师有关总、吴总、江河和自己，在周末对研发部的员工进行一天的全封闭式培训，四个人一人两个小时，对研发部员工进行了连续八小时的灌输，弄得这些员工筋疲力尽。接下来一周，情况似乎好了些，似乎又不明显。研发部已经有一名员工辞职了，吴总知道后十分着急。
>
> 　　不得已，黄经理只好组织第二次培训，不过，他觉得不能再向上次一样了，必须请专业人士来做。于是，他到南方财经大学请来了赵乐民教授，赵教授了解情况之后，亲自设计了一个研讨与游戏相结合的培训方式，通过让研发部员工参与角色表演情景剧的形式，让员工在开心的过程中反思自己的行为给公司带来的不利影响，然后采取以老师为中心的研讨法，引导研发部的受训人员进行换位思考，讨论这样一个主题：当个人的个性和爱好同公司的利益发生冲突时，员工应该如何取舍？研发部受训人员在赵老师引导下，经过激烈的讨论终于达成共识：研发部的员工应该以大局为重。培训后不久，研发部的人都按照规定穿起了西装，打起了领带。
>
> 　　思考：为什么赵教授的培训会成功，而黄经理的培训效果却不佳？

　　根据研讨的程序，我们可以把研讨法分为结构化研讨和非结构化研讨。结构化研讨法一般有规范的讨论和要求，必须按照规定的程序进行研讨，才能产生特定的效果。比如头脑风暴法、六顶思考帽法、团队列名法等。非结构化研讨则没有固定的程序和相关的规则，可以比较自由随意地进行。

　　根据研讨的方式，还可以把研讨法分为以下几种形式：

　　（1）会议式。在这种研讨方式中，培训师一般担任会议主持人的角色，学员可以自由发言，就像领导和下属一起开会一样，培训师参与研讨，并且在特定的时机抛出值得进一步深入研讨的问题，以引导整个研讨的进程。

　　（2）分组讨论式。在这种讨论方式中，培训师把学员分为若干个小组，由各个小组内部组织研讨，小组研讨结束之后，各组轮流发言，培训师负责点评和总结。

　　（3）沙龙式。在这种研讨方式中，培训师一般担任主持人的角色，但是不一定介入研讨，而且邀请若干名有经验的嘉宾或者事先就研讨问题做了充分准备的学员担任专家角色；研讨主要在这些嘉宾或者学员之间进行，其他学员则作为听众，在主持人的邀请下，才会临时加入研讨。

　　（4）辩论式。这种研讨方式要求培训师事先设计好一个有争议的主题，然后在课堂上把学员分为意见对立的两个小组，两个小组先进行内部研讨，梳理有利于己方的观点。然后按照一定的规则，两个小组围绕有争议的主题展开针锋相对的讨论，全力维护己方的观点，驳斥对方的观点。培训师负责点评和总结。研讨法的优缺点如表 4-4 所示：

表 4-4 研讨法的优缺点

优点	缺点
①强调学员的积极参与,各抒己见,多种观点碰撞,产生的启发很大 ②容易与实践结合,进而达成共识。一些通过强制性指令无法实施的政策可以通过研讨法得到落实 ③为员工提供了增进彼此了解的机会	①对培训师的要求较高,需要根据学员具体情况设计研讨主题,并引导他们深入研讨 ②学员的热情与准备情况决定了学员参与研讨的积极性

在实施研讨法时,需注意以下五点:一是要合作和尊重;二是选择适合的主持人;三是创造安全、开放的谈话环境;四是对象不能过多;五是克服恐惧。

专栏 4-1

两种常见的结构化研讨法

一、六顶思考帽法

六顶思考帽是英国学者爱德华·德·博诺(Edward de Bono)博士开发的一种思维训练模式,或者说是一个全面思考问题的模型。六顶思考帽是一个操作简单、经过反复验证的思维工具,这个工具能够帮助人们从不同的角度思考同一个问题,从而创造高效能的解决方案。

所谓六顶思考帽,是指使用六种不同颜色的帽子代表六种不同的思维模式。任何人都有能力使用以下六种基本思维模式:

白色思考帽 白色是中立而客观的。戴上白色思考帽,人们关注的是客观的事实和数据。

绿色思考帽 绿色代表茵茵芳草,象征勃勃生机。绿色思考帽寓意创造力和想象力。它具有创造性思考、头脑风暴、求异思维等功能。

黄色思考帽 黄色代表价值与肯定。戴上黄色思考帽,人们从正面考虑问题,表达乐观的、满怀希望的、建设性的观点。

黑色思考帽 戴上黑色思考帽,人们可以持有否定、质疑的看法,合乎逻辑地进行批判,尽情发表负面的意见,找出逻辑上的错误。

红色思考帽 红色是情感的色彩。戴上红色思考帽,人们可以表现自己的情绪,还可以表达直觉、预感等方面的看法。

蓝色思考帽 蓝色思考帽负责控制和调节思维过程。它负责控制各种思考帽的使用顺序,规划和管理整个思考过程,并负责得出结论。

六顶思考帽在会议中的典型的应用步骤如下:

(1) 陈述问题,使用白帽子;
(2) 提出解决问题的方案,使用绿帽子;
(3) 评估该方案的优点,使用黄帽子;
(4) 列举该方案的缺点,使用黑帽子;
(5) 对该方案进行直觉判断,使用红帽子;

(6) 总结陈述，作出决策，使用蓝帽子。

二、头脑风暴法

头脑风暴是一种结构化研讨方式，适用于两种目标的会议：一是为获取大量的设想、为课题寻找多种解决思路而召开的会议，要求参与者要善于想象，语言表达能力要强。二是为将众多的设想归纳转换成实用型方案而召开的会议，要求参会者善于归纳与分析判断。

头脑风暴研讨法通过一定的讨论程序与规则来保证创造性讨论的有效性。参加人数一般为5~10人（课堂教学也可以班为单位），最好由不同专业或不同岗位的人组成；会议时间控制在1小时左右；设主持人一名，主持人只主持会议，对设想不作评论；设记录员1~2人，要求认真将参会者每一设想（不论好坏）都完整地记录下来。

头脑风暴研讨法应用过程中，应注意以下几点：

(1) 会议主题提前通报给与会人员，让参会者有一定准备；

(2) 选好主持人，主持人要熟悉并掌握该技法的要点和操作要素，摸清主题现状和发展趋势；

(3) 参与者要有一定的训练基础，懂得该会议提倡的原则和方法；

(4) 会前可进行柔化训练，即对缺乏创新锻炼的人进行"打破常规思考，转变思维角度"的训练活动，以减少思维惯性，从单调的紧张工作环境中解放出来，以饱满的创造热情投入激励设想活动。

为使参会者畅所欲言，互相启发和激励，达到较高效率，还必须严格遵守下列原则：

(1) 禁止批评和评论，也不要自谦。对别人提出的任何想法都不能批判、不得阻拦。即使自己认为是幼稚的、错误的，甚至是荒诞离奇的设想，亦不得予以驳斥；同时也不允许自我批判，在心理上调动每一个参会者的积极性。诸如"这根本行不通""你这想法太陈旧了""这是不可能的"以及"我提一个不成熟的看法""我有一个不一定行得通的想法"等语句，禁止在会议上出现。只有这样，参会者才可能在充分放松的心境下，在别人设想的激励下，集中全部精力开拓自己的思路。

(2) 目标集中，追求设想数量，越多越好。在智力激励法实施会上，只强制大家提设想，越多越好。会议以谋取设想的数量为目标。

(3) 鼓励改进或补充他人的设想。每个参会者都从他人的设想中得到启示，或补充他人的设想，或将他人的若干设想综合起来提出新的设想等。

(4) 参会人员一律平等。各种设想，哪怕是最荒诞的设想，记录人员也要认真地将其完整地记录下来。

(5) 主张独立思考，不允许私下交谈，以免干扰其他人的思维。

(6) 提倡自由发言，畅所欲言、任意想象、尽量发挥，主意越新、越怪越好，因为它能启发人不断产生新的想法。

(7) 不强调个人的成绩，应以小组的整体利益为重，注意和理解别人的贡献，不以多数人的意见阻碍个人新的观点的产生，激发个人贡献更多、更好的主意。

4.3 体验式培训模式及其方法

体验式培训模式是个人通过参与一系列的团队活动或者个人训练活动，获得个人的体验；然后在培训师的指导下，与团队成员共同交流分享个人经验，或者进行自我反省，实现态度、情感和技能等多方面素质提升的培训方式。体验式培训模式中常见的培训方法有：仿真模拟法、角色扮演法、拓展训练、商业游戏等。

根据体验式培训的复杂程度和侧重点不同，大体上可以分为三种基本模式：

（1）体验学习模式。该模式主要通过系列个人活动让参与活动的个人产生某种身心体验，从而认识自己，反省自己，提升个人素质。

（2）互动学习模式。该模式主要采取让学员以团队合作的形式完成一系列任务，从而提升学员的团队合作能力和沟通交流能力。

（3）游戏学习模式。该模式主要通过设计一系列比较复杂的团队竞争游戏，提升团队凝聚力和执行力。

三种体验式培训的基本模式的具体比较详见表4-5：

表 4-5　体验式培训的基本模式比较

基本模式	内容	特点	举例
体验学习模式	通过专门设计富有挑战性的课程，利用种种典型场景和活动方式，让个人经历一系列考验	学员认识到自身潜能 增强自信心、磨炼毅力 培养健康的心理素质、积极进取的人生态度	仿真模拟、拓展训练的单人项目等
互动学习模式	把学员分为几个小组，以完成一项特定的任务；在完成任务以后，在小组范围和全群体范围内做总结	学习者亲身参与，学习效果显著 突破思维定势 共同计划，共同评价	角色扮演、拓展训练的团队合作项目等
游戏学习模式	把受训人员组织起来，就一个模拟的情境进行竞争和对抗	增强培训情境的真实性和趣味性 提高受训人员解决问题的技巧 提高受训人员的领导才能 增强受训人员的团队凝聚力	沙盘模拟、拓展训练中强调团队竞争的复杂项目等

4.3.1 仿真模拟法

仿真模拟法是运用仿真模拟软件和硬件设备，模仿现实工作中的真实情况，从而让受训学员在接触和感受一种近似于真实的环境和条件中进行学习，掌握相关技能的一种培训方法。仿真模拟中的"模拟"一词是指选取一个物理的或抽象的系统的某些行为特征，用另一系统来表示它们的过程。模拟可以完全通过软件技术来实现；而仿真一般需要特定的硬件，即仿真器，然后配合特定数据处理系统，来全部或部分地模拟某实际的事物。仿真器模仿的系统能与被模仿系统一样接收同样的数据，执行同样的程序，获取同样的结果。可见，仿真的要求要比模拟高得多，实现起来的难度也相应大得多。仿真是要尽可能地做到全方位的模拟，越逼真越好，这样受训人员在仿真设备上任何输入所产生的输出，也就会更接近于现实情况。

仿真模拟包括外形仿真、操作仿真、视觉感受仿真、内部结构模拟等多个方面。在实际培训过程中，人们常常用真实的事物的等比例模型，作为参与者的操控平台，然后利用虚拟现实技术，让受训人员在操控平台上操作演练，使参与者有身临其境之感。仿真模拟广泛应用于模拟驾驶、技术操作培训、军事训练、医疗培训、建筑视景与城市规划等领域。具体实施时要注意系统与工作环境的相同性和差异性，尽量提高仿真度。

仿真模拟法的优缺点如表 4-6 所示：

表 4-6 仿真模拟法的优缺点

优点	缺点
①和实际工作比较接近，对于技能的培训效果较好 ②避免在真实环境中培训的风险和实际损失，学员不必担心出错，可增强学员信心	①建立仿真模拟系统费用较高 ②不可能做到与真实的工作完全一样，存在的差异可能导致严重后果

专栏 4-2

仿真模拟人及其在教育培训中的作用

"仿真模拟人"概念由美国原子弹专家 Anlderson 教授在 20 世纪 40 年代为评价日本原子弹灾难受害者辐射的损伤而提出，目的是利用"仿真模拟人"替代人类活体检测。"仿真模拟人"在内部结构、肌理、传感等方面都具有高度拟人性，可以作为"人体替身"，替代人类进行危险试验。医用综合训练模拟人可用于医学诊断治疗、临床模拟训练、灾害事故救援等。汽车安全模拟人、飞机弹射救生模拟人、直升机坠毁模拟人、伞兵模拟人、高速列车仿真模拟人等产品被应用于汽车、飞机、列车、船舶等的安全性设计与评估中。其中，汽车安全模拟人已被美国某大型汽车制造商引入安全设计实验环节。服装和空调实验模拟人、人机工程试验模拟人不仅可以被应用于服装、家具、家电等轻工业领域的评估，而且还可以应用于重工业领域，代替真人进行人机实验，完成环境评估等工作。与真人工作相比，使用模拟人更为有效和安全。航天辐射水平实验模拟人、武器装备人机工程实验模拟人服务于航空航天设计、军工武器研发测试等尖端科技领域。

下面是某高校利用仿真模拟人开设的一门课程及其实施情况。

本课程是某高校护理系本科三年级第二学期开设的综合模拟训练课程，使用的高仿真模拟人可表现出与患者相应的症状和体征，护生[①]可结合模拟情景，通过角色扮演进行各项操作，从而提高综合护理能力。训练内容为护生进入临床实习前的基本理论和基本技能的综合强化训练，其中包含 8 学时（2 个案例，每个案例 4 学时）的高仿真模拟人

---

① 护理系学生在踏上工作岗位、成为一名正式护士之前，都要经过一年的实习阶段，在实习阶段，他们被称为护生。

案例训练。

训练以小组形式开展,每组5~6人。开展过程中教师扮演医生和家属,并模拟患者声音;护生扮演护士进行操作。模拟案例训练包括课前预习和知识点回顾、模拟情境下操作练习、情景重现与讨论、重复练习等4个步骤。

教师根据护生的表现对护生以下7个方面进行打分和评价,即专业素质、人文关怀、沟通应变能力、团队合作、病情观察、评估能力、护理操作技能和理论素质。在护生完成整个案例训练后,通过回放录像组织护生针对自己的表现进行讨论,并布置护生课后写反思日记。

高仿真模拟人综合案例训练通过真实的情景设置,使护生能在进入临床前体验到临床真实的工作环境,同时也可考量护生把前期理论知识和专业技能应用于临床实际的能力。在这一过程中,护生看到了自己的理论知识尚待夯实。如有护生写道:"家属一直在旁问患者的病情,我知道这是老师在考察我们的理论知识,而我面对一个个问题竟不知如何回答,那种手足无措和尴尬让我意识到扎实理论基础的重要性。"护生进一步认识到巩固专业知识、学以致用的重要性,如"也许在(书面)考试时我们有足够的时间去思考罗列需要的知识条目,但真实情景下没有充裕的时间去思考,这就需要对知识的积累和不断巩固,让其成为一种本能反应。"在实际应用中如何灵活运用所学知识也是在高仿真模拟人案例教学中富有挑战的环节。护生开始意识到知识的应用需要知识、经验、智慧的充分结合,"期待案例能按照理论课讲的固定的套路走下来,但是在临床上往往需要去随机应变地处理好各种突发情况,所以必须具备扎实的知识功底和熟练的操作技巧。"

训练创造了一个"仿真"的临床情景,使得护生得以在进入临床实习前面对真实的"患者",看清自己与实习护士之间的差距。如有护生写道:"在第一次操作时,我发现自己各个方面都有所不足,诸如理论知识不够扎实、对患者的关怀较少、分工不明确、速度缓慢等,若是在真实场景中,那真是万万不行的。"

护生去临床实习前,面对陌生的环境和护理实践不免会紧张和不安。模拟人案例教学创造了实习前的过渡和缓冲的阶段,护生在不断"失误"中建立自信心,对临床实习有了更多积极的期待。如"这两次学习让我大致了解到了临床护士的工作状态和应该具备的基本素质……也稍稍减轻了对于临床的恐惧。"

4.3.2 角色扮演法

角色扮演法是在培训的过程中,由培训师设计特定的情境,让受训人员扮演某个特定的角色,并按照在实际工作中应有的权责来模拟性地处理工作事务,体验某种角色思考问题的立场和角度,帮助他们了解自己,从而提高处理各种问题的能力。角色扮演法适用于领导行为培训(如管理行为培训、职位培训、工作绩效培训等),会议成效培训(如如何开会、会议讨论、会议主持等),以及沟通、冲突、合作等。此外,它还可应用于培训某些可操作的能力素质，如推销员业务培训、谈判技巧培训等。

一、角色扮演法的步骤

进行角色扮演一般有以下 7 个步骤：

（1）精心设计角色扮演脚本。角色扮演的成功与否关键在于精心的设计和实施，尤其是计划。要根据预期的目标和教学内容进行组织，使表演过程更富有教育意义。首先教师要有详细而周密的计划，其中最重要的是要编写一个角色扮演的脚本，让学员按脚本来表演。脚本的开头部分除包括清晰明确的目标外，还应描述所要包含的内容。要为角色扮演者拟定一个情节，应包括背景设置、问题提出和潜在的冲突来源。

（2）事前沟通。培训师必须在进行角色扮演之前，向学员解释角色扮演的价值，使学员对所扮演的角色有所了解，并激发他们参与的热情。培训师必须将要扮演的角色和相关情境特征加以详细说明，学员可自由提问并提出建议。一定要让学员对扮演的角色和情境有清晰的了解，否则在游戏进行过程中就会出现很多预料不到的问题，甚至出现游戏进行到一半无法进行下去的情况。培训师在必要时需要主动向学员提问，弄清楚他们是否真的了解了角色和相关情境。比如问：你有什么需求？引导参与者思考这样一些问题：情境发生在何时、何地？涉及谁？对情境有什么影响？需要解决什么问题和障碍？

（3）角色选择与思考。一般情况下，如果学员自愿参加活动效果比较好，培训师应该想办法鼓励学员积极参加。但是偶尔也会出现有的角色无人问津的情况，这个时候培训师可以暗示或直接要求某人扮演。另外，还有一些角色在游戏中有调节游戏难度、测试其他参与者水平的功能，这样的角色就必须由培训师事先指定，并对其在游戏中应该如何表现事先进行培训。培训师还要给拿到角色的扮演者一个思考如何表演的过程。培训师应鼓励参与者事先准备台词，并熟悉台词，临场念词既容易偏离规定的情景，还容易造成语言、行动的不连贯，最终影响表演效果。台词脚本应短小精炼，故事情节真实可信，语言通俗易懂，避免长篇说教。

（4）实施角色扮演活动。一旦参与者都明确了游戏的情境，对自己扮演的角色也有了清晰的认识，培训师就可以开始实施角色扮演活动。培训师可以鼓励参与者按照自己的理解以自己的方式进行表演，台词自己决定，临场发挥。一般来说，角色扮演活动事先应该有一个时间要求，一旦超过时间，培训师认为已经达到目的时，随时可以停止表演。一次角色扮演活动的时间一般应该控制在 20 分钟之间，避免因时间太长而导致表演者的倦怠和观察者的厌倦，未能突出重点内容，影响教学效果。如果在时间要求的范围内，当扮演者觉得无法继续表演下去时，培训师可以进行现场指导，然后，示意继续进行游戏。

（5）共同讨论。游戏结束后，培训师要让主要参与者针对自己的表现轮流说出自己的想法和感受；如果有观众，还可以请观众发表意见。还可以事先设立专门的评委或者观察员，让他们进行评论或对主要参与者进行提问。

（6）互换角色。这一步不是必需的。在某些角色扮演活动中，为了增加参与者对角色的体验，培训师可让表演者互换角色重演，让参与者从不同的角度去体验当时的情境，这样可促进彼此的换位思考，增强自我反省。

（7）总结。在角色扮演活动结束后，培训师要对整个活动进行点评，并且鼓励参与者分享自己的感受，让他们相互启发、强化体验，继而把体验和感悟引向培训的主题。

在角色扮演活动的过程中，培训师要自始至终密切注意演练过程，并作适当评论，防止参与者的行为偏离主题。应强调角色扮演过程中学习有关的知识、态度和技能，不要片面追求表演本身的艺术性。在必要的时候可以对活动的全程进行录像，活动结束进行讨论和总结时，可以播放录像，让相关人员一边观看视频一边发表自己的感想。另外，由于每个学员的资质不同，并不是每一个学员都能将自己融入角色并且自如地向公众呈现出来，有的学员甚至可能产生抵触心理。这就需要培训师和相关学员在整个角色扮演活动中不断鼓励，促使那些融入角色困难的学员反复练习，克服最初的抵触心理，从而自如地进行角色扮演。

二、角色扮演法的优缺点

角色扮演的优缺点如表 4-7 所示：

表 4-7　角色扮演法的优缺点

优点	缺点
①学员参与性强，互动交流充分，可以提高学员的积极性 ②通过扮演和观察其他学员的扮演行为，可以学习交流技能 ③通过模拟后的指导，可以及时认识自身存在的问题并改正 ④适用于分析人际关系，进行换位思考，改变个人行为	①效果的好坏主要取决于培训师的水平 ②扮演中的问题分析限于活动参与者个人，不具有普遍性 ③设计一个好的角色扮演活动有很大的难度 ④耗费时间长，效率低

 华光培训窗

唐真有麻烦了

2014 年 8 月，根据精益公司年度培训计划的要求，公司要在本月举办基层管理人员培训，培训对象是各个车间的车间管理人员。根据前期的培训需求分析，他们基本上都是中专及以下文化程度，目前工作绩效还不错，是工厂的中坚力量，但他们对计算机操作与现代生产运作管理知识基本上都不懂。人力资源部经理黄学艺觉得培训专员唐真应该可以胜任这个培训项目，因为唐真是信息管理专业毕业的，对要讲授的两块内容都比较熟悉。于是，他就把这个任务交给了唐真。唐真进入公司人力资源部工作 1 年多，今年 23 岁。

今天是基层管理人员培训班的开班仪式，除了黄经理和唐真，生产部经理马向前和公司分管人力资源管理工作的副总吴天豪都来了。第一天上午是培训班开学仪式，吴副总在致辞结束后就离开了会场，黄学艺也在主持完仪式后离开，马向前随后也离开了。

随后唐真开始主讲第一节课——怎样有效地管理工人。但他发现整个教室里的人都对这堂课缺乏兴趣。

> 一天的课程结束后,唐真感觉效果很不好,他非常郁闷,于是去找黄学艺求助。
>
> 唐真抱怨道:"黄经理,那些车间管理人员根本不想参加培训,当我利用上午课间休息与二车间主任刘福安谈话时,他居然说,'20多年来我在管理工人方面早就有一套,根本不需要你们那些书呆子发明的方法。'而且下午的计算机基础知识课,很多人根本没来。黄经理,您看我应该怎么做?"
>
> 唐真离开不久,生产部经理马向前就打来电话。
>
> "黄经理,你能不能重新派一个培训员?那些参加培训的车间管理人员说,'唐真出生之前我就在管理工人,可是突然间我们做的都是不文明的了,我们倒是希望有机会教一下这个乳臭未干的大学生怎么管理工人。而且今天上午我们的优秀车间主任田玉林问他电脑方面的问题,他根本不屑于回答,扭头就走'。"
>
> 黄学艺听了一时不知道该怎么回应马经理……
>
> 思考:这次培训遇到了什么问题?应该如何解决?如果你是培训师,请以上述案例为背景,在课堂上组织学员进行角色扮演活动;并思考这个活动的应用价值,以及如何设计这个活动,才能保证有良好的效果。

三、角色扮演的评估

在某些培训中,角色扮演活动的运用不是为了获得某种体验或者展开对某个主题的分析,而是为了对参与角色扮演的人员进行评估,为确定该员工是否可以晋升或者进入下一轮培训等决策提供参考。这就需要培训师对角色扮演情况进行评估,具体而言,角色扮演评估可以按照以下几个步骤进行:

(1) 制定要素评分表。一般情况下,角色扮演评估的内容可以分为四个方面:一是角色的把握性。被评估者是否能迅速地判断形势并进入角色情境,按照角色规范的要求采取相应的对策行为。二是角色的行为表现。包括被评估者在角色扮演中所表现出的行为风格、价值观、人际倾向、口头表达能力、思维敏捷性、对突发事件的应变性等。三是角色的衣着、仪表与言谈举止是否符合角色及当时的情境要求。四是其他内容。包括缓和气氛化解矛盾的技巧、达到目的的程度、行为策略的正确性、行为优化程度、情绪控制能力、人际关系技能等。我们可以从这四个方面来设计要素评分表和相关的评分标准。

(2) 观察与归纳行为。培训师或观察员要仔细观察,及时记录被评估者的行为,记录语气要客观,记录的内容要详细,不要进行主观的评论。观察以后,培训师或观察员要马上整理观察后的行为结果,并把它归纳到角色扮演设计的目标要素之中,如果有些行为和要素没有关系,就应该剔除。

(3) 为行为打分。根据事先制定的评分标准对要素相关的行为进行打分。

(4) 形成报告,并讨论。给行为打分以后,培训师或观察员要对所有的信息进行汇总,形成报告,并轮流公布自己的报告。报告应该包括对被评估者在测评中行为的简单介绍、各个要素的得分情况,以及相关的各项行为表现记录。

(5) 进行研讨,确定得分。当所有观察员都报告完毕,大家进行讨论。每位观察员可以根据讨论的内容、评分的客观标准以及自己观察到的行为,重新给被评估者打分。然后再把所有的观察员评分进行平均,确定被试者的得分。

4.3.3 拓展训练

一、概述

拓展训练又称外展训练（outward bound），指的是以特定的环境和场地为基础,通过精心设计的各种个人和团队的活动项目,使得参与者在活动中产生不同于平常的身心体验,帮助参与者改变态度、完善心智模式,最终提升受训人员在组织中的业绩的一种培训方式。拓展训练大多以培养合作意识和进取精神为宗旨,帮助企业和组织激发成员的潜力,增强团队活力、创造力和凝聚力,以达到提升团队生产力和竞争力的目的。

拓展训练起源于第二次世界大战期间的英国。当时盟军大西洋船队遭到德国纳粹潜艇的袭击,大部分水手在运输船被击沉后葬身鱼腹,只有极少数人得以生还。在事故调查中,调查者惊奇地发现,生存下来的大多数人并非体能最好的,而是那些求生意志最顽强、心理素质极强的水手。在恶劣的环境下,良好的心理素质更可能帮助人类赢得生机。有鉴于此,一名叫 Kurt Hahn 的德国人提出了外展训练的理念,并于1941年创办了一所专门训练水兵的学校,训练年轻海员在海上的生存能力和船触礁后的生存技巧。

战争结束后,拓展训练的独特创意和训练方式逐渐被推广开来,训练对象由海员扩大到军人、学生、工商业人员等群体。训练目标也由单纯体能、生存训练扩展到心理训练、人格训练、管理训练等。拓展训练已逐渐被列入国家机关、外企和其他现代化企业的培训日程。拓展训练通常利用各种特别的场地、道具或者崇山峻岭、河海等自然环境,通过精心设计的拓展活动来达到磨炼意志、陶冶情操、完善人格、熔炼团队的目的。

拓展训练的形式多种多样,大体上有场地训练、野外训练、水上训练、空中训练等,每一种形式还包括很多种类的项目。

二、拓展训练的特点

拓展训练有以下几个特点：

（1）有一定难度的综合活动。拓展训练的所有项目都以体能活动为引导,在体能活动中引发学员的认知活动、情感活动、意志活动和交往活动。拓展训练的项目都具有一定的难度,对学员的身体素质和心理素质都是一种考验,但是最主要的是对学员心理的考验,需要学员向自己的能力极限挑战。

（2）在展示个性中,打造团队精神。拓展训练常常采取分组活动的形式,强调团队合作。综合运用各种因素激励每一名学员都竭尽全力为集体争取荣誉,同时从集体中汲取巨大的力量和信心,在集体中显示个性。这对于形成团队精神非常重要。

（3）高峰体验。如前所述,拓展训练项目都有一定的难度,学员在克服困难、挑战极限并顺利完成活动要求以后,能够体会到发自内心的胜利感和自豪感,获得人生难得的高峰体验。

（4）自我教育。培训师的工作只是在课前把课程的内容、目的、要求及必要的安全注意事项向学员讲清楚，活动中一般不进行讲述，也不参与讨论，充分尊重学员的主体地位和主观能动性。即使在课后的总结中，培训师也不会对学员进行思想灌输，只是点到为止，主要鼓励学员分享个人经验和感悟，通过分享和反省的方式，达到自我教育的目的。

拓展训练适用于一些改善员工思维、提升能力等的项目或培养团队合作精神的项目。

三、开展拓展训练的一般步骤

一般来说，培训师可以按照以下四个步骤来开展拓展活动：

（1）团队热身。在培训开始时，团队热身活动将有助于加深学员之间的相互了解，消除紧张感，以便轻松愉悦地投入到各项培训活动中去。团队热身使用的最多的活动就是破冰游戏，所谓破冰游戏就是通过一些简单的小游戏，帮助相互不熟悉的人们放松并变得乐于交往，尽快彼此熟悉，以达到快速营造团队氛围的目的。"破冰"就是指打破人际交往间怀疑、猜忌、疏远的藩篱，就像打破严冬厚厚的冰层。破冰游戏有很多，培训师要根据学员的特点和培训项目的要求进行选择。需要注意的是并不是所有的成年人都愿意在培训之初做一些他们觉得有点琐碎的小事。一般而言，地位越高的人越不愿冒险做可能使他们看上去愚蠢的游戏。

专栏 4-3

破冰游戏之姓名牌

见面 3 分钟时是你留给他人第一印象的最重要的时刻，同样在一个会议或培训的刚开始，如何让大家活跃起来是关系到培训是否成功的关键，下面的小游戏就可以用于消除大家的陌生感。这个游戏叫作"姓名牌"，具体的游戏程序和规则如下：

一、基本要求

参与人数：集体参与；

游戏时间：20 分钟左右；

道具和场地要求：姓名牌；场地不限；

适用范围：应用于团队沟通、培训或集体活动前的熟悉和沟通或主持人开场白，帮助主持人与大家进行沟通和交流。

二、游戏过程

（1）给每一个人都做一个姓名牌；

（2）让每位成员在进入培训室之前，先在名册上核对一下他的姓名，然后给他一个别人的姓名牌；

（3）等所有人到齐之后，培训师先作自我介绍，然后欢迎各位成员的到来；

（4）培训师布置游戏任务，要求所有人在 3 分钟之内找到姓名牌上的人，同时向其他人作自我介绍；

(5) 3分钟之后宣布找人过程结束。

三、培训师任务

(1) 提问：当你在寻找你的姓名牌上的人的时候，你是不是也同时认识了很多其他的人？经过了这个游戏，你是不是感觉大家的距离近了很多？

(2)（快速绕教室走一圈）提问：如果你今天不来参加培训，是不是要上班？（如果是休息日培训，问题则替换为"是不是要做家务？"）

(3) 提问：当你们谈到自己可以不用做自己不愿意做的一些事情时，你会不会发现坐在这里听课是件比较惬意的事情？

(4) 培训师要让问答始终在一个轻松活泼的氛围中进行。在开始的课程中，一定要注意保持一个积极、幽默的态度，以便让大家迅速地消除腼腆等情绪，然后让大家快速熟悉起来；如果未能激发起情绪，学员没有积极举手回答的话，讲师可有意识地点名让同学回答，以调动气氛。

(2) 个人项目。拓展训练中的个人项目一般都是本着心理挑战最大、体能冒险最小的原则设计的。个人项目活动对受训人员的体能有一定的要求，但是一般都是身体健康的成年人可以完成的，不会有很大的挑战。真正的难点是这些活动一般都设置在精心设计的特殊环境中，对学员的心理承受力带来了极大的考验。

> **专栏 4-4**
>
> **个人项目之断桥**
>
> 设施要求：空中断桥场地一处、保险绳、安全带及安全帽
>
> 项目简介：如果平时有人问你能否一步迈过1.5米的距离，你可能会觉得有些好笑，这有什么难吗？但是，试想一下把这个距离放到12米的高空，你脚下踩的是一块只有30厘米宽、1米左右长的木板，要迈向另一块同样细长的木板，两者距离还是1.5米，你能保证自己的心里一点儿不打鼓吗？"断桥"就是让你在高空迈过这一步。
>
> 项目意义：
> (1) 极度考验个人胆量与身体平衡能力，需要学员克服恐惧的心理障碍；
> (2) 正确地看待目标和困难；
> (3) 体验在恐惧与挑战面前，团队激励对个人的作用；
> (4) 树立换位思考意识，站在不同的角度看问题。

(3) 团队项目。团队项目是拓展训练的核心项目，是最精彩也最能够让学员产生高峰体验的项目。它以改善受训人员的合作意识、建立受训集体的团队精神为目标，通过复杂而艰巨的团队活动，诱发参训学员之间的相互信任、理解、默契和配合。团队项目又可以分为团队合作项目和团队竞争项目。如信任背摔就是一项非常经典的团队合作项目；而毕业墙、风火轮等项目不仅需要团队内部充分合作，还要同时和其他团队竞争。团队合作项目在开展时，会涉及大量的团队讨论与决策，培训师要随时关注各个团队的讨论情况，随

时加以引导、总结，避免出现冷场或争吵的局面。培训师要精心设计相关的讨论主题，引导团队讨论的方向，防止讨论偏离主题。

（4）回顾总结。在各个项目结束之后，培训师要组织学员进行回顾和总结。活动过程回顾可以帮助学员消化、整理、提升训练中的各种体验，加深学员的记忆，为进行总结做好铺垫。回顾总结是拓展训练的灵魂，没有回顾总结，拓展训练就不能算是真正的培训活动，只能是一次体能训练或者游戏。培训师要在回顾总结过程中用各种问题引导学员进行分享、反思，把活动中收获的各种体验转化为改变观念、态度的力量，从而达到提高学员综合素质、增强学员团队精神、提升工作绩效的培训目标。

专栏 4-5

团队拓展训练之信任背摔

信任背摔是最为经典的拓展训练项目之一，很多时候它被作为第一个训练的项目。这个项目虽然是个有风险的项目，但是如果操作规范，安全是完全能够得到保证的。

一、基本要求

（1）人数要求：学员人数一般在12～16人之间，其中男士不应少于3人，人员过少或有学员体重超过100千克，接人的学员至少应有体格较好的4名男士

（2）项目完成时间：80～100分钟

（3）项目布课时间：15分钟

（4）项目挑战时间：30～40分钟

（5）回顾总结时间：35～45分钟

二、学习目的

（1）培养团队内部的相互信任；

（2）增强学员挑战自我的勇气；

（3）发扬团队精神，互相帮助；

（4）通过挑战懂得合理突破本能的重要意义；

（5）感悟制度的制定与保障对完成任务的价值；

（6）培养学员换位思考的意识。

三、布课过程

（1）我们要做的项目叫"信任背摔"，这是一个个人挑战与团队配合相结合的项目。在我们面前有一个1.5米高（一般为1.5—1.8米不等）的背摔台，我们的每一个学员将轮流上到台上，按照要求后倒，其他所有队友将其接住；

（2）为了确保安全，在项目开始前，各位同学必须将身上带的所有硬物摘下拿出，放到指定的安全区域；

（3）个人挑战部分，也就是背摔（后倒）；背摔前需要接受队训、进行绑手动作练习及原地练习；

（4）团队配合部分，任务是接人；正式开始前应进行对位练习、试压练习和搭人床练习；

(5) 轮流挑战，注意将人安全放到地上。

四、安全监督

(1) 学员如有严重外伤病史，或有严重心脑血管及精神病、高度近视等不做此项目；
(2) 拓展教师应强调安全事项，关注学员动作的规范性；
(3) 拓展教师试压接人学员的双臂，并强调每一个位置的重要性；
(4) 学员在上背摔台后应安排其靠护栏站立；
(5) 学员背摔时，拓展教师应以一手拉住护栏，紧贴学员的手，握住背摔绳随着学员重心移动，保持学员的后倒方向，适时松开。必要时，可以不松手或将其拉回；
(6) 拓展教师安排学员由背摔台向外按弱、较强、强、较强、弱来排列，第三、四组安排男士，接人学员手臂保持水平或渐高姿态；
(7) 学员倒下被接住后，拓展教师下蹲控制挑战学员的脚，学员落地站起时防止头前冲，碰到背摔台；
(8) 摘除戴、装的所有硬物，雨天雨衣必须脱下；
(9) 任何时候都不能从1.8米以上的背摔台后倒，头和肩先落地极其危险。

五、回顾总结

(1) 对所有完成挑战任务的学员给予鼓励；
(2) 鼓励每一位学员都谈谈自己的感受并给予肯定；
(3) 通过项目谈谈自信和互信的问题，可以作适当地引申；
(4) 强调背摔绳、手臂接人、弓步接人三重保护，可联系监督保障制度的建设；
(5) 重申分工问题，强调第三、四组的重要性。

4.3.4 商业游戏培训方法

一、概述

商业游戏培训方法又称为管理游戏法，是指培训师通过设计相关组织与商业环境背景，让受训学员仿照组织运作和商业竞争的原则，进行搜集信息、对信息进行分析、作出决策、采取相关行动等系列模拟活动，开发受训人员从事工商管理活动技能的一种培训方法。商业游戏法主要用于管理技能的开发，受训人员在游戏中所做的决策涉及企业各个方面的管理活动，如市场营销、新产品的开发、财务预算等。很多商业游戏培训会把受训人员分成若干竞争性的团队，让他们在模拟的情境中进行竞争和对抗力的游戏活动，增强培训情境的真实性和趣味性，提高受训人员解决问题的技巧及领导才能，增强受训人员的团队精神。商业游戏法常用于中高层次的管理人员培训和市场营销人员的培训。

二、商业游戏培训方法的优缺点

某种程度上，商业游戏培训方法是角色扮演法的一种升级，因此，其优缺点和角色扮演法比较相似，具体优缺点如表 4-8 所示：

表 4-8 商业游戏培训方法的优缺点

优点	缺点
①情境一般比较逼真，有竞争性，能够激发学员的参与热情 ②游戏一般比较复杂，需要学员组成的团队齐心协力，可以培养团队精神 ③游戏中涉及多种复杂的问题，学员可以锻炼解决问题的能力 ④游戏情境比较逼真，还有利于学员获得贴近工作的实践经验和感悟，易于转化到工作实践中去	①设计一个商业游戏不是一件容易的事情，往往在一些不起眼的环节设计出现失误，就可能导致整个游戏效果不佳 ②整个游戏开展需要较长时间，如果加上前期准备和后期总结分析时间就更长，参与人数一般比较多，对培训师把握游戏的能力要求很高 ③不适合时间比较短的培训项目和知识型培训项目

三、商业游戏培训的步骤

开展商业游戏培训首先是要选择合适的游戏，这就需要培训师对已有的各种商业游戏的特点有所了解，明确某个特定游戏的目标参与者是谁，他们具有什么特征，参与者通过这个游戏能够获得什么，达到什么培训目的。培训师应该根据企业的要求和员工的特点，合理地选择商业游戏；游戏的选择要有利于帮助学员扩大视野、丰富知识、增强技能和创新意识；培训师还要把握好引入游戏的尺度，不能以玩代教，因玩误教；有些商业游戏可能并不是特别成熟，在开展游戏过程中，如果培训师不能把握某些细节或者学员缺乏自我控制和约束的能力，甚至可能会出现一些负面作用；另外，已有的商业游戏不能完全满足企业的要求和员工特点的情况也会时常出现。这个时候培训师就要对商业游戏进行改编甚至创造新的商业游戏。

接下来，准备好开展商业游戏要用到的相关道具、场地和设备等，做好相关后勤保障工作。对于不是很熟悉的游戏，培训师还应该找人进行预演，防止在正式的培训中出现意想不到的问题。预演确认没有问题之后，就可以开始正式的商业游戏培训活动。

正式的游戏活动开始的第一步是布置游戏，也就是所谓的布课过程。布课过程要求言简意赅，规定好流程和规则即可，不需要面面俱到。对于某些有一定危险性的游戏，反复交代安全保障问题是有必要的。

游戏活动开始之后，培训师工作主要有三点：

（1）确保规则的施行，使得游戏能够顺利实施下去；

（2）观察每个组所用的方式，记录学员一些重要的能够反映其价值观的行为；

（3）恰当地回应出现的情况，比如对规则的忽略，学员的抱怨和责备，部分学员的抵触情绪等。

游戏活动结束之后，培训师的最重要的工作是组织学员进行游戏活动回顾与分享，并对学员的发言进行点评与升华。这是最考验游戏培训师能力的环节，如果培训师不能对学员的体验和分享进行合理的点评，并将之归结到游戏培训的最初的目标上去，那么，即使游戏过程中，学员玩得再高兴，整个培训也是失败的。回顾与分享主要是组织学员讨论关于游戏的完成和存在的问题，思考游戏的内容与工作、生活的关系。在这个环节，培训师要想方设法让学员对游戏进行积极回顾，主动发表自己的见解，并且要设计各种问题，引导学员围绕培训目标谈自己的感受，启发学员深入思考，把培训中的感悟与工作中的行为结合起来，从而提升学员的能力和素质。

培训师用于引导学员研讨和思考的常见问题有：
- 在游戏过程中，发生了什么？
- 你希望发生的是什么？
- 是什么行为导致你所不希望的结果？
- 你能不能用新的行为来替换原有的无效的行为，从而达到更好的结果？
- 如果是在教室外发生这样的事，你希望怎样来调整？你希望在这里这样做吗？
- 你可以用其他的方式来做吗？
- 你可以提一个建议让游戏回到正轨吗？
- 你更希望的是什么？

最后，在整个培训结束之后，培训师要对本次游戏培训活动进行事后的归纳与总结，从而实现对培训游戏的优化。一个优秀的商业游戏不仅需要培训师的精心设计，更需要在实践中反复修改、提炼和完善。为了优化游戏，培训师对参与游戏的学员进行调查，可以问他们这样一些问题：如果再做这个游戏，你希望在游戏的进行上有什么改变？在游戏过程中，你认为哪些环节是可以保留的？取消哪些环节会比较好？这个游戏让你印象最深刻的是哪个环节？为什么？你在游戏中有哪些收获？这些收获主要来自哪个环节？

四、沙盘模拟商业游戏

沙盘模拟是将现代经营管理与管理信息技术（如 ERP 系统）相结合，通过受训人员扮演企业中的各种角色来模拟企业的经营，培养团队协作精神，并获取竞争优势的一种培训方式。沙盘最早出现在军事中，根据地形图、航空相片或实地地形，按一定的比例关系，用泥沙、兵棋和其他材料堆制的实地模型即为沙盘。沙盘具有立体感强、形象直观、制作简便、经济实用等特点。简易沙盘是用泥沙和棋子在场地上临时堆制的；永久性沙盘是用泡沫塑料板或三合板、石膏粉、纸浆等材料制作的，可以长期保存。

沙盘模拟是最典型的一种商业游戏，广泛出现在欧美 MBA 的课程中，世界众多知名大中型企业也常常将其作为中高层培训的必修课程。沙盘模拟培训特有的互动性、趣味性、竞争性等特点，能最大限度地调动学员的学习兴趣，使学员在培训中处于高度兴奋状态，充分运用听、说、学、做、改等一系列学习手段，调动多种感官功能，对所学内容形成深度记忆，从而使得学员能够把学到的管理思路和方法很快运用到实际工作中去。在沙盘模拟培训中，学员获得的不再是空洞乏味的概念、理论，而是极其宝贵的实践经验和深层次的领会与感悟。

沙盘模拟商业游戏培训活动一般按照以下几个步骤开展：

（1）组建模拟公司。培训师把受训学员以小组为单位建立模拟公司，注册公司名称，组建管理团队。小组要根据每个成员的不同特点进行职能分工，选举产生模拟企业的第一届总经理，确立组织愿景和使命目标。

（2）召开经营会议。当学员对模拟企业所处的宏观经济环境和所在行业特性基本了解之后，各公司总经理组织召开经营会议，依据公司战略安排，作出本期经营决策，制订各项经营计划，其中包括：融资计划、生产计划、固定资产投资计划、采购计划、市场开发计划、市场营销计划等等。

（3）经营环境分析。培训师为模拟企业设置外部经营环境、内部运营参数和市场竞争规则。各个模拟企业根据培训师的设计，结合自己的实际情况进行经营环境分析。进行经营环境分析的目的是要努力从近期有关环境因素所发生的重大事件里，找出对企业生存、发展前景具有较大影响的潜在因素，然后科学地预测其发展趋势，发现其中蕴藏着的有利机会和主要威胁。

（4）制定竞争战略。各公司根据自己对未来市场的预测和调研，本着长期利润最大化的原则，制定和调整企业战略，战略内容包括：公司发展战略、新产品开发战略、投资战略、新市场进入战略等等。

（5）职能经理轮流发言，并与部门沟通交流。在模拟企业作出重大经营决策时，要召开经营会议，各部门经理在经营会议中要轮流发言。不同部门经理要进行充分沟通，通过密集的团队沟通，学员可以充分体验商业游戏的魅力，系统了解企业内部价值链的关系，认识到打破狭隘的部门分割、增强管理者全局意识的重要意义。

（6）年度财务结算。一期经营结束之后，各小组要组织人员动手填报财务报表，盘点经营业绩，进行财务分析。

（7）经营业绩汇报。各公司在盘点经营业绩之后，要围绕经营结果召开期末总结会议，由总经理进行工作述职，认真反思本期各个经营环节的管理工作和策略安排，以及团队协作和计划执行的情况。

（8）培训师分析点评。根据各公司期末经营状况，培训师对各公司经营中的成败因素深入剖析，提出指导性的改进意见，并针对本期存在的共性问题，进行分析与讲解。

培训师按照逐层递进的课程安排，引领学员进行重要知识内容的学习，使学员以往存在的管理误区得以暴露，管理理念得到梳理与更新，提高洞察市场、理性决策的能力。

4.4 实践培训模式及其方法

实践培训模式是指企业安排需要接受培训的学员在实际工作和实践过程中通过各种方式展开正式或非正式的培训活动的一类培训方法。实践培训模式的主要特点是强调学员在实践中学习，强调学习的形式而不是培训方法。实践培训模式中主要的学习形式有：师徒制培训计划、在岗提升计划等，主要的培训方式是行为示范法。

4.4.1 师徒制培训计划

一、概述

师徒制培训计划又称为"师傅带徒弟"，指的是企业安排有经验的老员工作为受训学员的指导老师，由指导老师全面负责受训人员的培训工作。它特别适合于复杂且灵活的工作技能的培训。和其他培训模式不同的是，师徒制培训模式中师徒关系极为重要，可以说师徒关系直接决定了培训的效果。师徒制培训计划开展的步骤大致是：首先，师傅确认徒弟的水平；然后，师傅再演示步骤,强调关键事件;徒弟观察学习后进行实际操作,最后师傅对徒弟的学习水平进行检验反馈,如此反复循环直至徒弟的水平达到工作标准。师徒制培训计划常用于诸如机械师、实验室技术员或电工等对技能要求极高的职业的新员工和转岗员工的培训。

师徒制培训计划源于传统的学徒制。传统的学徒制指的是在近代学校教育出现之前,手工作坊或店铺中师徒共同劳动,徒弟在师傅指导下习得知识或技能的传艺活动。传统的学徒活动是一种高度情境性的学习方式,学徒在真实的工作场所中观察师傅的实作,自我感知和捕捉,然后在师傅的指导下进行实作,逐渐学会师傅的技能。传统的学徒制和现代师徒制培训计划表面上的做法非常相似。但是传统的学徒制中师徒的关系更为密切,关系好的师徒犹如家长和子女的关系,所以才有"一日为师,终身为父"的说法。但是传统学徒制中的师傅往往具有很高的权威,一旦未处理好师徒关系,徒弟往往得不到师傅的传授,甚至被逐出师门。甚至还可以看到师傅随意打骂徒弟,徒弟像佣人一样伺候师傅的现象。显然,传统学徒制中这样的师徒关系已经难以适应现代社会了。但传统学徒制在当代社会的某些行业,还可以见到,如中医的师承教育、一些传统手工艺人的师徒传承等。为了和现代的师徒制进行区分我们把这种有着亲密关系的传统的师徒制称为"师父带徒弟"。传统的师徒制有以下几个特点:

(1) 培养时间比较长。它属于个别教育,学徒大多在完全自然的工作过程中随机学习,学徒期特别长,教育效率低下。

(2) 传统师徒制是全程教育。师父在培训徒弟的过程中负有全面教育的责任,包括传授职业知识和技能,读、写、算等文化知识教育及思想品德教育等。

(3) 学习的方式是徒弟在师父工作的现场动手操作演练。徒弟在现场了解生产的基本情况后,可以帮着师父做一些简单的辅助活计,在达到胜任基本工序的要求后,便可以在师父的指导下进行系统操作,并过渡到独立工作。

(4) 师徒之间关系亲密。无论在西方还是在中国,学徒制早期都是父子传授,然后过渡到师父收养孩子做徒弟,这种父子般的亲密感情得以延续。

(5) 以职业实践为中心来组织教学内容。师父不仅让徒弟机械重复操作,还重视技术经验的传授。师父通过具体实例说明行业规范,徒弟则注重其就业价值。

专栏 4-6

中医的师承教育

师承教育是随着有特定技艺传授性行业的发展和需求的产生而逐渐形成的,有"非其人则不授"的行业规矩,只有子女或被师傅认定具备特定条件者才有机会传承基业,在师承教育上依靠利益维系,恪守祖训的师徒关系(父子关系、主仆关系、政治关系、择优关系等),形成了中国传统的人才培训与培养模式。师带徒教学方式的一个重要优势就在于师徒之间总是时时相随、事事相随,老师随时都可以利用一切机会,进行言传身教,宜于难言知识(默会知识)的传递。

中医是一门独特的实践医学,几千年来一直沿袭着"师父带徒弟"的方式培养。相传雷公师从黄帝,岐伯师从僦贷季,扁鹊师从长桑君,张仲景师从张伯祖等,这表明师承教育使先辈的经验得以传承，且逐渐演变，形成中医各家"学说"和"流派"，发展沿袭至今。目前，现代中医高等院校采用的是现代医学的规模培养、规范运作、标准化管理的教育模式。两种教育模式差异非常大，各有利弊。在相当长的一段时间内，中医的这种师承教育模式有逐渐为院校教育的现代规范教育模式所淹没或者完全代替的倾向。应该说现代规范教育模式虽然培养了一大批中医人才，但在中医的人才培养的质量上也带来很多的不良后果。有专家指出，现代中医院校培养的学生存在着"千人一面"、理论和实践脱节、知识结构单一、学生动手能力弱、欠缺中医原创思维、创新能力不强等问题。

为了应对这种情况，我国先后启动了多批中医"师带徒"工作，并且规定师从老中医可给予相应学位，解决了中医师徒传承无学历、无资质的问题。2001年，第二批全国老中医药专家学术经验继承工作顺利完成，有710名继承人出师。2002年启动了第三批师承工作，遴选出指导老师586名，继承人942名。2004年实施了优秀中医临床人才研修项目，对在全国选拔的215名中青年中医主任医师进行重点培养。通过师承工作的开展，许多中医药院校从中认真总结师承教育的经验，进行了回归传统的教学改革。

二、师徒制的基本培训方法与优缺点

师徒制培训中最基本的培训方法是行为示范法。行为示范法指的是负责培训的老师在工作现场向受训人员展示正确的行为，而后要求他们在模拟情境中进行操作，再根据他们的表现，不断地提供反馈，受训人员在反馈的指导下不断重复工作直至能熟练展示与老师一样的行为，最后老师再让受训人员在真实的环境中进行实际操作，完成相关任务。实践过程中可以按照以下几个步骤来开展行为示范培训活动：

（1）准备必要的设备、材料和其他用品；

（2）说明你将花多少时间用于行为示范培训及你希望员工何时掌握这一技能；

（3）告诉受训人员任务的目标并让他看你的演示；这个过程也可以通过电影、录像等现代手段进行；

（4）不作任何解释，直接给受训人员演示是如何做的；

（5）阐明关键点和关键性行为；再给受训人员示范一遍操作过程；

（6）让受训人员完成一部分或更多的独立部分，并对他所做的正确部分给予肯定；

（7）让受训人员完成整个任务并对他的正确操作给予肯定；

（8）如有错误，让他重复操作直至完成正确的操作为止。对成功完成学习任务的受训人员给予奖励。

行为示范法和角色扮演法有一些相似之处，如二者都要表演某些场景。但二者又有着明显区别：角色扮演法是在某种场景下由受训人员自由发挥进行表演，而行为示范法则要求受训人员必须以正确的行为处理问题，并且一旦出错就被要求重复操作直至正确为止。行为示范法的最大优点是成本较低、形象直观，缺点是如果示范者有一些不良习惯或者多余的动作，会很容易被学员模仿。另外，行为示范法还可能由于可观察的示范对象少而导致观察不足，从而不能掌握相关技能。

师徒制培训计划的优缺点如表4-9所示：

表 4-9 师徒制培训计划的优缺点

优点	缺点
①某些技能培训使用师徒制效果特别好 ②受训人员在培训时也可以获得收入 ③受训人员可以接触到师傅的人脉资源，有利于团队建设 ④有利于优良传统的延续	①传授有所保留，使指导流于形式，存在技能衰减，不利于工作创新 ②受师傅本身的水平影响很大 ③部分学徒的工作积极性可能会受挫 ④对学徒的激励比较困难

在实践中，行为示范法通常会采用结构化形式，这可以在一定程度上克服行为示范法的缺点。

专栏 4-7

下面是一个规范化的行为示范法，它是从汽车维修工的操作手册中节选出来的一段，介绍如何给汽车换油的行为步骤和规范。

结构化的行为示范法

工作分解
- 确定你的汽车所需的油量和类型
- 打开汽车发电机罩
- 将油塞放置于车的油盖上
- 把一个容器直接放在油塞下
- 用扳手拧下油塞，让油流入容器
- 小心地将容器从车底取下
- 重新装上油塞
- 取下滤油网
- 将漏斗放在帽所在的洞中
- 将适量的油倒入漏斗
- 重新装上滤油网
- 擦干溅漏到发电机上的油
- 处理残油

关键点
- 查看用户手册，了解该信息
- 确保你已合上发电机罩
- 油盖位于水箱后部的发电机底部
- 该容器必须足够大，以容纳所需的油量
- 使用中号扳手
- 确保油已经流尽
- 确保它已经拧紧
- 盖子被置于发电机阀门盖上
- 确保漏斗稳固
- 查阅用户手册，以确定合适的油量
- 确保安装稳固
- 不等油干就迅速完成
- 大多数汽车修理厂会接受残油并进行处理

三、师徒制培训计划的设计

师傅带徒弟培训中，企业必须对此制订详细而具体的培训计划，并且监督实施。如果仅仅是告知有经验的老员工和新员工：你们是师徒关系，老员工要好好地带好新员工。关于培训时间、培训目标、培训任务安排、师傅应该如何去带徒弟，以及如何考核师傅带徒弟的效果等并未作出详细的规定，那么，师傅带徒弟的效果，就仅仅只能寄希望于师傅的责任心和徒弟的态度，最后的培训效果自然无从保证。为此，培训管理在推行师徒制培训计划时，要进行精心设计，制定明确且统一的管理规范和评估办法，一方面对缺乏经验的师傅进行培训，传授他们带徒弟的办法；另一方面要对学徒的成长路径进行设计。大体上，我们可以从以下几个方面来进行师徒制培训计划的设计：

1. 界定关键岗位

通常的关键岗位是指在企业经营、管理、研发、生产等方面对企业生存发展起重要作用;与企业战略目标的实现密切相关,承担起重要工作责任,掌握企业发展所需的关键技能;并且在一定时期内,难以通过企业内部人员置换和市场外部人才供给所替代的一系列重要岗位的总和。对于车间生产一线而言,关键岗位就是那些对产品质量有直接影响、操作难度大、人员养成时间长的岗位。界定关键岗位不仅有助于明确工作重点,也更加谨慎地处理了关键岗位人才的"选育用留",避免了"一刀切"的机制带来的弊端。关键岗位的转正期可以比非关键岗位的转正期长1—2倍。如果培训管理部门对关键岗位人才的养成过程有非常深刻的理解,也可以将每个关键岗位的转正时间精确到日。

2. 明确熟练标准

熟练标准依照某岗位熟练员工的操作情况而定。以工厂车间的计件制员工为例,常用操作熟练度和产品合格率进行衡量。操作熟练度是指规定时间内完成产品的数量;产品合格率是指规定时间完成的产品中,经过一次质检检验合格的产品所占的比例。一般来说,在车间某岗位持续工作3年及以上,操作熟练度和产品合格率趋于稳定的员工即可认为是熟练员工。其他岗位上的熟练标准需要根据具体情况进行分析。

3. 了解熟练员工的养成过程

这就需要培训管理部门对熟练员工进行调查,通过访谈或问卷等形式,全面了解熟练员工的养成过程。对于细节应不断发散追问,尽可能多地了解操作过程。如果提问在工作现场进行,应告知熟练员工:"现在我就是您的徒弟,请尝试将我教会,您将如何做?",这将会有更好的效果。访谈的过程中,常见的问题有:

● 您进入工作岗位后,经历了多长时间后感觉自己成为熟练员工?

● 您成为熟练员工的过程中,师傅是如何一步步教您的?有没有什么让您感觉变化明显的地方?

● 您在一旁看您的师傅干活,看了多少时间?在观察师傅的同时,您还帮师傅打哪些下手?

● 您花了多少时间,开始上手做一些关键工作?

● 大约多长时间,您可以在没有师傅的指导下独立完成工作?

● 您的工作中最难或者最容易影响产品质量的操作是什么?

● 您在教徒弟时,对于关键操作是如何指导的?

● 您是不是按照以上表述来教会您的徒弟?这个过程有没有一些创新?

4. 根据调查结果,设计师傅培养徒弟的标准管理规范和徒弟的成长路径

培训管理部门进行调查之后,要召开研讨会,根据搜集到的信息,设计师傅培养徒弟的标准管理规范和徒弟的成长路径。

5. 对师傅进行培训和出台管理办法

具体可采取以下做法:第一,对师傅进行学徒成长路径的培训,统一其对"师带徒"的培养过程、操作过程中的难点、练习次数等内容的认识;第二,签订师徒协议,要求师傅必须按照学徒的成长路径,对徒弟进行指导和练习;第三,依照岗位进行划分,对关键岗位的师徒制培训计划进行严格地监督和评估,并设立较长的出师时间和强度较大的奖惩标准;第四,对学徒出师考核实施严格的管理,严格依照熟练员工标准进行考核。这样一来,可以规范师傅的指导方向与内容,避免了师徒传承过程中知识的走样,让新员工在学习过程中少犯错误,促使新员工快速上岗。

华光培训窗

精益公司的师带徒制度的修订

精益公司人力资源部经理黄学艺发现公司以前的师带徒制度存在很多问题，目前公司的师带徒制度还是四年前制定的，主要内容包括以下四个方面：

第一，师徒签订师徒协议，举行拜师会，结成对子"一帮一"；

第二，新手未出师前，工资由公司定额支付（为月计件工资的70%）；

第三，新手未出师前，干的活儿好坏均计入师傅名下；

第四，徒弟满三个月出师，考核时达到优秀，师傅可获得200—500元的额外奖励。

该制度刚出台后的几个月，受到师徒们的一致好评，新员工流失率有所降低。然而半年后，车间主任开始抱怨："新员工有的上手比之前还慢。"师傅也在抱怨："我赶工的时候哪有时间教他，一两百的奖励还不够我弥补徒弟不良品的损失。"同时，有的徒弟坦言："我的工作其实并不难，两个月就会了，干的活儿还都是师傅的。"现在该制度虽然还在执行，但是效果已经非常差了。

黄学艺决心改变这种情况，于是让培训专员唐真去调查，然后给自己一个报告。唐真经过一番调查，写了一份报告，大致内容如下：

第一，很多"老工人"出身的师傅缺乏指导徒弟的方法。而且在指导的过程中，会受到师傅的空余时间、师徒关系的融洽度、彼此性格的匹配度等因素的影响。

第二，三个月出师的规定打击了部分新员工的工作积极性。因为，不同工作岗位，操作难度不同，员工上手时间也不同。"一刀切"的转正时间与标准让在操作难度较低的岗位上的学徒，不能及时转正，其工作积极性受到打击；而在操作难度较高的岗位上的学徒，师傅往往为了避免不良品的出现，不轻易放手让徒弟去做。

第三，激励机制没有起到应有效果。考核过程形式化，给师傅的奖金演化成了补贴。

如何解决这些问题呢？唐真的意见是要细化师带徒制度，精心挑选师傅，对师傅如何带徒弟进行培训和考核，同时相应提高奖励标准。

黄学艺对唐真的报告表示满意，同时让唐真草拟一个新的师带徒制度。在经过一周的努力后，唐真草拟了下面这份文件：

精益公司新员工入职师带徒管理规定

一、师傅的责任和义务

（1）经人力资源部统一培训后，负责新员工在实习期间的工作技能指导（包括新员工提前转正或调换到其他岗位）。

（2）根据岗位实习计划合理安排新员工每个阶段的工作。

（3）帮助新员工更快更好地适应岗位要求。

（4）主动引导、解答新员工遇到的业务问题。

（5）关心新员工在实习期间的工作、生活状况及心态。

（6）新员工在实习期间发生的任何情况应及时向班长或相关部门反映。

（7）每名师傅同期所带新员工最多不超过2名。

二、学徒的责任和义务

（1）服从师傅的工作分配和安排。
（2）积极、主动完成实习期间不同阶段布置的各项工作。
（3）主动学习和牢固掌握业务知识及公司的各项规定。
（4）遵守公司的各项制度和规定。

三、车间主任及班长在新员工实习期间的责任和义务

（1）负责选拔本车间及班组的师傅，并提交人力资源部批准。
（2）关心新员工在实习期间的工作、生活状况及心态，并及时帮助新员工解决困难。
（3）定期与本班组师傅沟通，了解近期新员工实习状况，评估并督促师傅进行改进。
（4）定期对师傅进行业务提升和制度宣讲。
（5）对不合格的师傅提出整改要求或报请人力资源部取消其资格。

四、实习辅导要求

（1）班长须与新员工进行不少于20分钟的面谈，简单介绍车间及班组的基本情况和要求，了解新员工的想法及过往工作经历。
（2）安排指定的师傅与新员工见面，并明确实习的具体安排。
（3）师傅根据"岗位实习卡"的内容对新员工进行辅导，并督促新员工认真学习。
（4）实习结束后，师傅将"岗位实习卡"交给班长进行考核，并与转正申请一起交给人力资源部审核。
（5）实习期间，主管或组长必须对新员工业务技能的掌握情况进行阶段性测试，如新员工提前转正或工作调动，原实习师傅有义务通过各种方式继续对其进行帮助和辅导。
（6）人力资源部组织各车间主管统一制定各阶段测试的内容和要求，由主管或班长定期对新员工进行测试，并进行记录。

五、辅导评估

（1）主管及班长应随时了解新员工的实习状况，对师傅或新员工提出阶段性改进要求。
（2）师傅应随时对新员工学习的掌握情况进行评价和分析，指出存在的不足，并帮助新员工改进。
（3）主管及班长必须定期对新员工进行阶段性测试，采用笔试、练习、提问、实际操作等方式，检验新员工对实习内容的掌握程度，并提出改进要求。
（4）主管或班长应随时关注新员工的学习情况及进度，对不认真或未有效进行辅导的师傅可根据其表现提出改进建议，提请人力资源部进行更换。
（5）实习结束后，班长对新员工进行实习考核，并在"岗位实习卡"上进行记录。若实习考核未达到60分的，视为辅导不合格。
（6）新员工师带徒制度的执行情况和辅导效果列入主管或组长的日常工作考评。

六、对师傅的考核与激励

（1）每辅导一名新员工结束后，班长对师傅的辅导情况及结果进行记录和评估。按每个季度予以奖励，奖励金额按辅导转正人数来定，每辅导转正一名员工奖励师傅500元。

(2) 人力资源部每年组织一次对师傅的评优活动,奖励在辅导新员工过程中工作认真、表现突出、达到良好效果的优秀师傅,设立最佳师傅奖,奖励人数不超过师傅总数的5%,奖励标准为5000元/人;设立优秀师傅奖,奖励人数不超过师傅总数的10%,奖励标准为1000元/人。

思考:唐真草拟的这份文件写得如何?有没有可以改进的地方?

4.4.2 在岗提升计划

在岗提升计划是指通过安排员工一些特殊的工作任务,让其在不同的情境下工作,从而提升其能力的一种培训方式。这种培训方式主要由相关业务部门组织实施,一般情况下也需要借由正式或者非正式的"师带徒"的形式进行;如果完全依靠员工自己摸索,效果就会比较差。在岗提升计划主要有以下几种具体的形式:

1. 提供临时性的岗位进行锻炼

企业可以有意识地为需要培训的员工提供与需要提升知识、技能相关的临时性岗位,让其在该岗位上进行锻炼,从而达到培训的目的。而这种培训方式需要注意的问题是必须为受训人员找到合适的临时性岗位。因为现实中很有可能出现所提供的临时性岗位并不是受训人员或者组织实施在岗提升计划管理者希望的岗位。在政府部门中比较常见的挂职锻炼,就是这样一种培训形式。其实,我们有时候不需要把目光仅仅聚焦在企业内部,在实践中也可以与合作伙伴(如供应商、客户)之间互相派出员工,相互培训。

2. 岗位轮换

岗位轮换指的是让受训人员在预定的时期内变换工作岗位,使其获得不同岗位的工作经验。采用岗位轮换可以培养新进入企业的年轻管理人员或有管理潜力的未来的管理人员。需要注意的是,在为员工安排岗位轮换时,要考虑培训对象的个人能力及其需要、兴趣、态度和职业偏好,从而选择与其合适的工作;岗位轮换时间的长短取决于培训对象的学习能力和学习效果,而不能机械地规定某一时间。

岗位轮换培训的优点包括:第一,能丰富培训对象的工作经历;第二,企业通过岗位轮换可以识别培训对象的长处和短处,了解培训对象的专长和兴趣爱好,从而更好地开发员工的潜力;第三,岗位轮换能增进培训对象对各部门管理工作的了解,扩展员工的知识面,为受训人员以后完成跨部门的合作性任务打下基础。

3. 参加某个跨部门的项目组

这种培训方式让学员能参与到某个特定的项目中,承担项目组的部分工作。学员在这个过程中不仅可以了解不同部门的工作内容和特点,学习到更加广泛的知识和技能,而且能够了解整个项目,从而使得自己具有更全面处理问题的能力。

4. 岗位职责拓展或者兼职

这种培训方式非常简单,不需要提供临时性的岗位或者让受训人员参加某个项目,只是把受训人员当前岗位的工作职责范围进行一定程度的拓展,使得员工获得锻炼某种技能的机会。不过这种培训方式增加了受训人员工作负担,应该给予员工额外的经济补偿。

5. 安排一些特别的临时任务

比如列席不同部门、不同层级的工作会议，代表公司出席外部的相关会议，并且在会议上作公开发言，与外部管理咨询团队对接，合作推动管理咨询项目等，都能够培养和锻炼员工的能力，这些虽然不能算作正规的培训，但却是培训管理人员应该考虑的重要问题。

6. 培训他人的任务

安排培训他人的任务指的是让员工担任企业内部兼职培训师或者做自己的下属或资历较浅的员工的师傅，以"师带徒"的形式培训他人。在培训他人的过程中，员工能够增加自身对知识的理解，督促自己去完善知识和技能。另外，接受培训他人任务的员工通过培训和指导优秀的学员，帮助受训人员提升知识和技能，最终取得不俗的业绩，对于培训者本人来说也是一件非常有成就的事情。培训他人的任务即使失败，也能够帮助接受任务的员工发现自身的问题，从而作出改进。

4.5 自学模式及其方法

4.5.1 自学模式

自学培训模式指的是企业培训管理人员通过线上和线下发放相关学习材料，如员工手册、音频视频、网络资料，让需要培训的学员在没有专门的老师指导的情况下，利用相关学习材料自己独立进行学习的一种培训模式。严格地说，把自学当成一种培训模式是有争议的，因为它没有正式的老师；一般情况下管理者对员工自学进行管理也非常困难。

但是，由于信息技术的发展，特别是随着慕课、翻转课堂教学法等新的培训手段的出现，我们认为自学的重要性变得越来越重要，培训管理人员通过移动互联网和企业内部网对员工的自学情况进行监督和管理也变得越来越容易。因此，人力资源部的培训人员往往就需要准备供学员自学的相关材料，建立自学的软硬件环境，引导和监督相关员工进行自学，评估他们自学的情况。

引导员工自学不仅是企业培训管理人员的重要职责，也是企业所有管理者的职责，只有企业的员工具有强大的自学能力，企业才能拥有强大的创新能力和应对市场变化的能力，从而获取在市场上的竞争优势。因此，企业培训管理人员有必要高度关注员工的自学能力，为员工自学提供丰富的资源、有力的激励机制和各种便利条件，并且定期对企业员工的自学情况进行监督、指导和评估。

自学模式有三大优点：

（1）自学的费用低，甚至不需要费用。学员意识到自学的价值或者不得不依靠自学来完成相关工作时，他们会自己花钱购买相关的自学资料。但是，作为培训管理人员，应该努力为自学的员工提供相关的资料和场所，这可能就会产生一些费用。如果建立员工自学的企业内部网络平台等硬件平台，费用会较高。但是，从长期来看，这笔投入远远低于课堂培训和体验式培训模式下的成本。

(2) 自学由学员自主安排，一般不会影响工作。如果进行集中培训，往往会对工作产生影响，而且集中培训规模越大，对工作的影响越大。而自学一般在业余时间进行，员工可以自由安排，以避免与日常工作的冲突。

(3) 自学有利于培养员工的能力，发现人才。自学需要员工有极强的自我管理能力。给予同样内容的自学材料或者同样的自学平台，有的人可以找到自己真正需要的东西，并且通过自学很好地掌握，但有的人却缺乏这种能力。无疑，前者会在日后的工作中更具有竞争优势。

自学模式同样也存在着不足，主要表现在：

(1) 学习内容受到限制，有些需要在游戏活动或者实践活动中才能掌握或者体悟到的技能、诀窍，无法通过自学获得。

(2) 学习效果差异大。因为每个员工的文化程度、学习的主动性和学习能力存在很大的差异，必然导致学习的效果差异。

(3) 自学容易让自学者感到单调乏味。在自学中，由于缺乏老师和学员的互动，以及学员之间的交流互动，如果学习内容又不是学习者感兴趣的内容，很容易令员工产生单调乏味的感觉。

4.5.2 自学的形式与方法

一、自学的形式

从培训管理的角度来说，自学的形式大体上有三种：

(1) 指定学习材料自学。主要指的是培训管理人员根据培训需求分析的情况和培训项目的要求，指定与培训项目、培训要求相关的学习材料，让相关员工自己利用业余时间去学习；指定的学习材料可以是教材、参考书、文件资料和音像制品，也可以是网络上的资源。

(2) 网上自学。主要是指企业通过建立 E-learning（电子学习）平台，让相关学员在网络上进行学习；需要指出的是当代慕课技术的发展使得网上自学丰富化，具有了课堂培训的一些特点：慕课平台上老师可以和学员互动，能大大提升学员学习的效率。企业既可以利用外部公开的慕课平台来安排企业员工自学，也可以自己搭建企业内部的慕课平台，鼓励员工自学。

(3) 广播电视培训法。这种方式在互联网出现之前比较流行，随着互联网的出现，逐渐式微。原因在于，广播电视培训相对于网络教学平台来说，缺乏互动性、运营成本高，学员也缺乏自主性，不能有选择地进行学习。

二、自学的方法与建议

一般来说，不同的自学形式有不同的自学方法，不同的学员对自学的形式与方法也有各自的偏好或者习惯。比如指定材料自学，主要是用阅读学习法，广播电视培训法则可以用视听法。网上自学除了可以用视听法外，有些情况下还可以在网上的虚拟社区进行讨论，使用研讨法自学。限于篇幅，本书不一一讨论。培训管理部门应该为有志于自学的员工，提供一些参加的建议和方法。大体上，采用自学形式的员工应该做到以下几个方面：

（1）确立远大的理想和目标。任何人要在某一方面取得成就，首先要有理想和目标。自学成才之路是一条崎岖艰辛的路，没有理想和决心是走不下去的。

（2）养成一个好的学习习惯。习惯是一种自动化的行动方式。一个人一旦形成了某一种习惯，就会使自己自觉地产生要去完成某一动作的需要或倾向，不去完成这种动作往往会感到不安或失落。自学也是如此，养成了自学的习惯，平时就会自觉地去学。为了养成习惯，可以给自己定下两个原则：一是遇到难题不轻易问人，自己先尝试着查找资料看看能否解决；二是每天定时自学，从不间断，假以时日，就能成为习惯。

（3）加强学习的计划性。企业员工自学必须要有严格的学习计划，有计划地学习可以克服忙乱的现象，有效地提高学习效率，而且可以在计划实施过程中找到生活、学习和工作的平衡点，提高自我管理和计划决策的能力。学习计划应制订在经过努力确实可以实现的水平上，并且要留有余地。过高，达不到目的，容易落空；过低，阻碍学习潜力的充分发挥。同时，学习计划要突出重点，兼顾全面。计划的内容要明确具体，语言要简明扼要，条理要清晰分明。实施学习计划，必须持之以恒，坚持下去。

（4）科学地管理时间。企业员工自学往往都是利用自己的业余时间，而大部分员工在工作之余还需要处理许多生活上的琐事，比如做家务、教育孩子以及必要的人际交往等等。如果不想办法管理好自己的时间，就很容易造成想自学，却没有时间自学的情况出现。因此，管理部门要辅导员工诊断自己的业务时间，查找出哪些时间可以压缩，哪些时间被浪费了，可以再利用。

（5）找到适合自己的学习方法。习惯特点因人而异，比如有的人习惯早上起来学习，而有的人则习惯晚上学习；有的习惯从做中学，有的人更喜欢先学习理论后再实践；有的人善于通过观察身边人的行为进行学习，有的人只会从书本上学习；有的人对学习的环境要求很高，必须在图书馆或者工作现场才能有效地学习，有的随时随地都可以学习。有志于自学的员工应该努力找到适合自己的学习方法。

（6）尽量把"学""问""习""行"相结合。企业员工自学不仅仅是为了获得知识，提高素质，更重要的是为了获得某种工作技能，从而提升自己的绩效。为了达到这个目标，学员应该努力做到把"学""问""习""行"四个方面结合起来。首先是"学"与"思"结合。古人云："学而不思则罔，思而不学则殆"，意思是只学习，不思考，是学不到知识的；只思考，不学习，就会更糊涂，只有把"学"与"思"结合起来，才能获得真知灼见。其次是"学"与"问"相结合。很多问题的解决办法隐藏在人们的经验中，不仅在书本上找不到，即使运用现代网络技术也很难找到，这就要求立志自学的学员要善于提问，向有经验、有水平的人提问。与高水平的人交流往往可以帮助学员解决一些通过个人学习无法解决的问题。再次是要"学"与"习"相结合。经常温习学过的知识，以增强记忆，加深理解。最后是要"学"与"行"相结合。要把自己所学的知识运用到实践中去，才能检验自己所学的知识有没有错误和纰漏。践行所学也是提升自己能力、全面掌握一门技能所必须经过的环节。

专栏 4-8

拆书

近几年网上流行一个词汇——"拆书",什么是"拆书"?

"拆书"是一种学习方法。它所强调的可总结为三个字母"RIA":R 是 Read 的简称,意为阅读原文片段,进行主题阅读。对希望提升工作能力的个人来说,通过"拆书"学会怎样阅读一本实用类图书就够了——不必读完,不必记住,甚至不必追求完全看懂,能够把一本书中的一两处拆为己用足矣。I 是 Interpretation 的简称,意为引导促进,就是要进行批评性思考。有些知识本身很好,但在应用前要看其是否符合自己的情境,若不加以仔细的思考就盲目地应用在自己身上,反而会造成不好的结果,因此,继主题阅读之后,必须进行批评性的思考。A 是 Appropriation 的简称,意为拆为己用,就是要把所学拿来践行。对于知识,认同本身是没有意义的,只有通过它联想到自己的经验,转化为应用,才有了意义。可见,"拆书"就是"拆书人"通过将一本书里的某个片段拆出来进行引申,并贯彻到自己工作与生活中去的行为。

"拆书"对企业培训至少有以下三方面的帮助。第一,提升自学的能力。在很多企业培训中,学员兴致很高,会认真做笔记,课堂反馈也不错,可是课后并不能学以致用。但是熟练运用"拆书法"的学习者则不同,参加培训时,他们能激活自己的经验,规划自己的应用。第二,创造知行合一的价值。培训管理人员可以在某次培训结束两三个月后,召回学员,选择三五个重要的知识点,用"拆书"的方式引导学习者反思:这段时间内是如何使用这些知识点的,为什么没有运用,在同样的情境下运用了会如何?可以现场加入实战案例(用于汇报培训成果),并规划未来如何应用。第三,填补培训预算的空白。"拆书"是一种很好的尝试,可以由若干位企业内部"拆书家",每周组织一次一小时的学习,每次带一群同事现场拆练一个沟通技能点,促使大家分享自己的经验,规划行为的改变。在如此碎片化、社群化的学习中,"拆书家"的压力很小,甚至根本不用考虑讲得是否精彩,重点是学习者的拆为己用是否妥帖、可行。

三、自学模式中培训管理部门的工作

培训管理人员针对员工自学需要做的工作有:

(1)对员工进行分析,包括分析员工的绩效、员工的兴趣爱好和可能的职业生涯等,然后根据员工的绩效、员工的职业生涯规划以及与职业生涯相关的岗位职责情况,辅导员工制订个人的自学计划。

(2)制定监督、辅导和评估学员自学的实施办法,比如,定期要求自学员工交学习心得、组织自学的员工开研讨会、要求员工在研讨会就自学的内容进行发言,以及设计相关的奖励制度等。

(3)对员工如何进行自学进行指导,培训管理人员针对员工的问题和疑惑进行解答甚至给出建议方案。

(4)建设帮助员工自学的网络平台——E-learning 平台,搜集可以帮助员工自学的资

料，建设企业员工学习的内部资源库，包括企业内部的图书馆、电子化资源库建设，以及对外部公开的学习平台（如中国大学视频公开课、慕课平台等）进行整理归类，为员工自学提供指南。

（5）根据企业内部员工的培训需求，制作员工自学的课件和视频文件，并把它放在企业的 E-learning 平台上，供员工自学或者建立企业内部的慕课平台，供企业内部员工进行在线学习。

企业聚焦

波音为员工自学买单

"员工可以学习自己想学的任何东西，不论与工作有关还是无关，公司都会全力资助"，日前，波音中国有限公司副总裁刘江先生向记者介绍了公司著名的 Learning Together Program（一起学习项目）。

一位在波音公司工作的普通司机，他对国际关系产生了浓厚的兴趣，于是就在公司的资助下攻读了国际关系等三个硕士学位。读 MBA、学烹调、学飞机驾驶……只要员工自己想学，公司几乎都可以提供资助。

并且申请资助的过程很简单。任何一名员工，如果感觉自己有学习的需求，又有足够的时间与精力，选好某种课程之后，就可以向公司提出申请。只要是公司所在国家认可的正规学科，其申请通常都会获得通过。公司几乎是无条件地支持员工的学习计划，既不会考量员工的资历、职位，也不会要求员工签订额外的协议。

对于记者"这种无条件资助会不会有风险"的疑问，刘江先生表示，波音完全不怕员工会在获得某个学位或资格认证之后跳槽，"因为我们有充分的自信，我们有足够的吸引力让员工留下来。即使员工学成之后走了，那也是波音对社会的贡献"。

资料来源：引自 www.news.carnoc.com/list/52/52686.html。

本章关键词

培训模式	讲授法	试听法	研讨法
仿真模拟	角色扮演	拓展训练	师傅带徒弟
体验式培训	实践培训		

本章小结

本章首先讲述了培训的四种基本模式和七种基本方法，然后，对每一种基本培训方法的概念、特点、优缺点进行了深入的分析和探讨。四种培训模式中，课堂培训模式在集中培训中最为常见，这种模式中培训师和学员的关系比较疏远，其常见的培训方法有讲授法、研讨法和视听法；体验式培训模式主要通过开展各种活动，让学员产生体验的形式进行，常见的培训方法有仿真模拟、角色扮演、拓展训练和商业游戏；实践培训模式在在职培训中最为常见,这种模式中培训师和学员的关系比较密切,常见的培训方法有师徒制培训计划、在岗提升计划;最后一种模式是自学模式,在这种模式中,老师的角色以学习资料、视频资源等形式存在,学员根据自己的时间自由安排学习的进度,没有固定的培训方法。

思考题

1. 培训的基本模式和基本方法是什么?
2. 培训的三种基本模式中,老师和学员的关系是怎样的?
3. 为什么讲授法是培训中使用最多的培训方法?
4. 如何把研讨法、讲授法与视听法结合起来做培训?
5. 仿真模拟法培训的优点和缺点是什么?
6. 如何开展角色扮演法培训?
7. 拓展训练的常见形式有哪些?
8. 如何开展一个单人拓展培训项目?
9. 在师傅带徒弟的培训方法中,如何避免师傅有留一手的想法?

课后阅读

一项吸引全世界的体验式培训——《幸存者》

《幸存者》(Survivors)是一个在遍布世界多个国家进行的电视真人实境秀节目。这个节目中,参与者被限定在一个特定的环境下依靠有限的工具维持生存,并参与竞赛,最终胜出者将赢得100万美元的奖金。

下面是一位研究团队管理的学者观看《幸存者》的某一期节目得到的启示:

16名来自美国各地的应招者被集中在南中国海的一片海岸丛林里,并且在与外界隔绝的情况下,进行一场为期39天的"幸存者游戏"。他们被分成两组,每三天进行一场团体比赛,胜方会得到豁免权或他们要求的物品,而负方则要投票淘汰掉他们中间的一个组员,随着比赛的进行,淘汰也在继续,直到最终只剩下一个人,这个人就是最后的获胜者,也就是"幸存者",他将获得100万美元的奖金。"幸存者游戏"直观地向饱受职场和生活压力的现代人揭示了深刻的团队竞争和个体生存的哲理。

T族(TAGI TRIBE,简称T族)的8名成员是:

Hatch Richard,男,39岁,通信顾问;
Wiglesworth Kelly,女,23岁,水上救生员;
Boesch Rudy,男,72岁,美国海军退伍军人;
Hawk Susan,女,39岁,卡车司机;
Kenniff Sean,男,31岁,神经科医生;
Been Dirk,男,24岁,农场主兼牧师;
Stillman Stacey,女,28岁,社团律师;

Christopher Sonja，女，63岁，医疗志愿者。

P族（PAGONG TRIBE，简称P族）的8名成员是：

Cordy Gretchen，女，38岁，幼儿园教师；

Buis Greg，男，25岁，大学生；

Lewis Jenna，女，23岁，模特；

Peterson Gervase，男，31岁，篮球教练（黑人）；

Haskell Colleen，女，24岁，大学生；

Klug Joel，男，28岁，推销员；

Gray Ramona，女，29岁，化学药剂师（黑人）；

Andersen，B.B.，男，64岁，房屋经纪（已退休）。

两族第一次豁免权竞赛是火炬运送比赛，规则为看哪支队伍最先把火炬从海上运送到岸边，结果P族胜利，T族失败。原因是那位63岁的医疗志愿者——Sonja，在比赛前就把腿磕伤了，她在第一次族人委员会（以下简称"族会"）时被淘汰。

第二次豁免权竞赛是食虫比赛，就是两族各派一名代表，看谁最先把两条约10厘米长、3个手指粗的热带丛林肉虫（无毒的）吃下去。T族胜利，P族被迫举行族会，淘汰了B.B.。原因是他对周围的同伴视若无物，一上岛未经他人允许就取用别人的脸盆洗衣服，而且还说谎。

启示1：在一个团队中，第一批被淘汰的人，他们要么是有明显的缺陷，要么是刚开始就成了众人所厌恶的说谎者。

两族第三次豁免权竞赛是伤员营救比赛。比赛时，一人模拟伤员，其他族人当营救队，营救队抬着伤员经过复杂的地形把伤员送到指定地点。最后拥有较多年轻人的P族获胜。T族举行族会淘汰了Stacey，原因是她对族人的抱怨和毁谤。Stacey终日的抱怨极大地干扰了整个T族的正常生活，尤其是公开表示Rudy年纪太大，没有竞争力，应该早点"赶走"他。

两族第四次豁免权竞赛是寻宝比赛。结果练达老道的T族获胜。P族在族会中淘汰了黑人化学药剂师——Ramona。原因是Ramona明显地不合群，不仅公开声称"自己没有白人朋友，不喜欢白人学校"，而且在P族刚刚上岛的几天里，她借口身体不适而不愿和其他族人沟通，甚至很少聊天。

启示2：在一个团队中，第二批被淘汰的人，通常是那些不愿与团队中的成员充分沟通和交流的人。

两族第五次豁免权竞赛是划船比赛。最终P族获胜。T族召开族会淘汰了Dirk——那个身强力壮，却终日只知道躺在树权间看圣经的农场主兼牧师。

启示3：当不合群的人被淘汰后，接下来淘汰的就是那些有能力为团队工作而又不肯付出，终日懒散而妄图坐享其成的人。

两族第六次豁免权竞赛是跨越障碍比赛，T族获胜。P族投票淘汰了那个虽然在射击比赛中创造了出色成绩，但却对同族女性表示出蔑视的推销员Joel。

启示4：居功自傲、藐视同僚的人将是团队初期的最后一批被淘汰者。这类人倚仗着自己的出色成绩，而藐视同僚，把整个团队的竞赛看成是个人英雄的表演。这类人在初期确实会对团队有所贡献，但当整个团队开始进一步发展的时候，他们便会成为整个团队的桎梏。

接下来是游戏的第二个阶段，两族合并成一族，继续以三天为一个周期进行豁免权比赛。通过总结前18天的情况，还可以得到一个启示。

启示5：团队里有一些不会做事，只会"耍嘴皮子"的成员，他们反而不容易被淘汰。31岁的黑人篮球教练Gervase是个十分懒散的人，整天什么都不做，但终日里跟大家"甜言蜜语"。我曾经认为他在越野比赛后就会被淘汰，但事实并非如此，倒是立过大功的Joel率先成了"替罪羊"。

华光培训窗

精益公司拓展训练培训项目计划

一、参训背景

随着市场竞争的日益激烈和公司的快速发展，由于生产任务加重和工艺品种的复杂带来的管理上的压力，精益公司需要建立一个相互配合、支持的高绩效团队来适应现有发展和不断进步，从而保持企业的快速稳定发展。这次参训的员工基本上都是来自各个部门的骨干，平时工作紧张繁忙，本次培训希望让大家在学习知识、建立团队的过程中放松身心，以更好的精神状态和更积极的心态投入工作。

二、拓展培训项目内容简介

1. 培训地点：南方市拓展训练培训基地
2. 培训形式：10—12人为一队，每队在一位培训师的指导下进行培训
3. 培训对象：精益有限公司
4. 参训人数：60人
5. 培训目标：两天的拓展训练后参训员工的如下素质和意识将得到提高：

第一，积极有效合作，树立合力制胜的信念；

第二，树立主动沟通的意识，学习有效的沟通技巧；

第三，增进学员相互认知和理解，提高团队的宽容；

第四，发现团队问题，培养团队领导能力、改善团队管理方法；

第五，增强风险意识和客户导向意识，提高市场份额策略。

6. 项目实施：课程所涉及的项目包含室内项目和户外项目，通过一系列活动使得参训员工对整个培训保持高度的热情及参与感。各个项目设计环环相扣，对于一些理论做到在一个活动中体验，下一个项目中理解，再下一个活动中应用，最终做到融会贯通，从而保证将来能运用到实际工作、生活当中。

三、培训时间安排

表 4-10　培训时间安排

日期	时间	培训安排
培训前一天	公司自行安排	公司出发至培训基地
	17：00～17：30	基地报到、分配房间
	17：30～18：30	基地晚餐、休息
	19：00～21：00	拓展热身
	21：00	基地休息
培训第一天	6：30	起床、集合
	6：30～7：30	晨练
	7：30～8：30	早餐
	8：30～8：45	准备活动
	8：45～10：30	培训（背摔）、回顾
	10：30～12：00	培训（罐头鞋）、回顾
	12：00～14：00	午餐及午休
	14：00～14：15	集合、准备活动
	14：15～15：30	培训（断桥）、回顾
	15：30～17：30	培训（电网）、回顾
	17：30～18：30	晚餐、休息
	19：00～22：00	精彩室内课程（红黑商战）
	22：00	自由活动、基地休息
培训第二天	6：30	起床、集合
	6：30～7：30	晨练
	7：30～8：00	早餐
	8：00～8：15	准备活动
	8：15～9：30	培训（盲人方阵）、回顾
	9：30～12：30	精彩室内课程（团队角色）
	12：30～14：00	午餐及午休、办理退房手续
	14：00～16：00	培训（孤岛求渡）、回顾
	16：00～17：00	全部课程内容总结回顾、讨论
	17：00～18：00	发证书、填写评估表和感受、收获、计划
	18：00	返回

四、拓展训练培训进程表

表 4-11　拓展训练培训进程表

工作	负责人	进展时间
向参训单位提供方案	项目经理	11月11日
探讨、完善培训方案	项目经理/参训单位	培训前15日
确认培训方案	项目经理/参训单位	培训前13日
第一次确认参训人数/签署培训协议	项目经理/参训单位	培训前12日

(续表)

工作	负责人	进展时间
填写培训班预定单	项目经理	签署协议当日
根据参训人数安排培训师	培训部	培训前10日
安排住宿、餐饮	基地主任	培训前7日
第二次确认人数/将最终参训学员名单传真至拓展学术	项目经理/参训单位	培训前5日
为学员安排房间,将房间号、路线图传真至参训单位	客户支持	培训前5日
将致学员的一封信告知每一位学员	参训单位	培训前3日
培训前的细节确认	项目经理/参训单位	培训前1日
为每一位学员上保险	客户支持	培训前1日
到拓展学校报到、安排住宿	基地主任	培训日
热身	主带培训师	培训日
晨练	培训师	培训日
场地训练	培训师	培训日
确认培训班结算单	基地主任/参训单位	培训最后1日
学员对培训的评估	培训师/参训学员	培训最后1日
参训单位组织者对方案设计、培训效果的评估(评估表/电话)	客户支持	培训后1~3日
付培训全款	参训单位	培训后3日内

注:时间可以根据客户的基本情况由每位项目经理与客户进行协调。

五、相关人员职责

1. 项目经理工作职责:负责与客户进行前期的需求调查、深度访谈、设计方案,并与客户签订协议。同时负责与培训师沟通客户的需求和通过培训达到的具体目的。

2. 客户支持工作职责:负责为已经签订协议的客户安排房间、租车、提供客户所需的基地服务细节,并且在培训结束后负责客户后期反馈。同时,在项目经理不能为客户服务的时候,客户支持要担当为客户解答问题的职责。

3. 基地主任工作职责:负责客户到达基地以后的接待、房间安排、学员的食宿等工作。并且在基地没有培训班安排的时候,负责维持整个基地的正常运行。

4. 培训总监工作职责:负责所有培训师的调度、培训及日常事宜。当培训协议签订以后,培训总监要根据项目经理的要求选定培训师。

5. 培训师工作职责:培训师不仅要有专业的从事户外活动的经验和技巧,同时要有从事培训的资历。因此,培训师的主要职责是直接面对学员进行培训。

第五章
培训项目管理

学习目标

学完本章后,你应该能够:
1. 了解培训项目设计的概念、内容和作用。
2. 掌握培训项目设计的流程。
3. 掌握培训项目实施的流程及过程管理。
4. 了解培训评估的概念、内容。
5. 掌握柯氏培训效果评估模型。
6. 了解培训评估方案的设计流程。
7. 了解影响培训项目成果转化的因素和推动转化的基本方法。

 开篇案例

精益公司的一次培训

2011年,精益公司失去了两个大客户,原因是他们对公司产品质量表示不满。公司领导研究了这个问题后认为,公司在基本工程技术方面还是很可靠的。问题应该出在生产线上的工人、质量检查员以及管理部门的疏忽大意,缺乏质量管理意识。因此,公司总经理孙建平临时找到人力资源部经理关欣,要他尽快开设一个质量管理培训课程来解决这个问题。

关欣很快找到培训专员林媚让她来具体负责本次培训的各项工作。林媚听到总经理要求尽快安排培训,心想其他问题都不难,最重要的是要赶紧确定培训时间和培训师。由于课程主要涉及生产部门,林媚首先找到了生产部经理马向前,征求他的意见。马经理表示很支持这个培训活动,但目前生产部门的任务很重,从周一到周四工人都有可能要加班,建议质量管理课程的授课时间安排在周五的晚上或者双休日。

经过和关经理的一番讨论,培训课程被安排在周五晚上7:00—9:30,历时10周。受训对象主要是生产部门的员工和质量检验员,其他部门的员工包括管理人员,只要感兴趣都可以来听。授课老师选定为质量监督部门的李永强工程师,李工程师是公司公认的技术专家,拥有博士学位,也有过多次讲课经验,公司有意提拔他为研发部副经理。李永强对这次培训也非常热心,表示一定会好好备课,让听课学员都有所收获。

不过,关欣还是有点担心,因为精益公司目前还没有专门针对员工培训的奖惩制度,培训时间安排在周五晚上,他担心那些需要听课的员工不愿意来听。所以关欣让林媚去联系各部门经理请他们动员自己部门的员工来听课,并且要求林媚重点联系马经理,请他务必想方设法让那些有必要培训的人都来听课,这对生产部门改进绩效非常重要。

开班仪式由关经理主持,还请来了主管生产的蒋副总来致词。关欣向全体听课员工许诺,如果一名员工积极地参加培训,那么这个事实将被记录到他的个人档案里,以后在涉及加薪或升职的问题时,公司将予以优先考虑。

培训师李工程师果然做了很多准备,课程形式不仅包括多个专题讲座,还放映了有关质量管理的视频,并进行了一些专题讨论,内容包括质量管理的必要性、影响质量的客观条件、质量检验标准、检查的程序和方法、质量统计方法、抽样检查以及程序控制等。

课程刚开始时,听课人数平均为60人左右,在课程快要结束时,听课人数已经下降到30人左右,而且听课的人员很多都显得心不在焉,有一部分离家远的人员在课程中间就提前回家了。

最后在课程培训总结时，人力资源部的关经理说："李工程师的课讲得不错，内容先进，知识系统，语言也幽默风趣，听课人数的减少不是他的过错。小林的后勤保障工作也做得不错，通知到位，准时开关门，设备从未出过意外故障，课间还给准备了水和小点心。"

培训项目失败的原因在哪里呢？难道是时间安排出了问题？可是又能安排到什么时间呢？双休日把员工从家里叫过来参加培训，他们肯定很不舒服，还不如上完班在食堂吃完饭来参加培训呢。是不是应该加强惩罚力度呢？可是，这又涉及规章制度的修改，一方面人力资源部没有这个权限，另一方面时间也不允许。对此，关经理陷入沉思……

5.1 概　　述

项目是为了解决一个比较复杂的实际问题，而进行的有具体目标、任务、预算、时间安排等诸多限制性条件的工作。完成一个项目一般需要成立项目组，在项目成员的合作努力下整合多方相关资源，才可能在既定的条件下完成预期的目标。一个项目成功与否，可以根据在预算和进度内目标或者目的被满足的程度来度量。项目管理是通过项目经理和项目组织的努力，运用系统的理论与方法对项目及其资源进行计划、组织、协调、控制，旨在实现项目目的的特定管理方法体系。

由此，培训项目可以被界定为，为了满足企业的某个培训需求，围绕着某个培训主题所做的有组织、有时间进度和预算安排的一系列工作。形式上培训项目表现为围绕着某个培训主题而设计一系列密切相关的培训课程安排和设计的集合。

培训项目管理是为了保证整个培训项目的顺利进行，由培训项目经理负责、项目团队共同实施的一系列培训管理活动。

培训项目设计指的是培训管理人员根据年度培训计划或者领导的要求，在系统分析了某个培训项目的培训需求的基础上，设计该培训项目的各项具体内容，保证培训项目的有效性和培训实施的可操作性，所进行的一系列的分析与研究工作。培训项目设计的主要任务就是要把组织的培训需求转变为培训目标、课程大纲、授课方式与方法等具体可以操作的内容。

从培训项目展开的角度来说，培训项目管理包括培训项目设计、培训项目的实施与控制、培训项目评估及培训项目成果的转化等四个方面的内容。下面我们从这几个方面来探讨培训项目管理问题。

5.2 培训项目设计

一般情况下，培训项目是年度培训计划的一部分，因此培训项目开展的前期工作主要就是要在认真分析年度培训计划的基础上，进一步落实培训计划各个细节，从而保证培训计划的实施。具体而言，包括培训项目调研、组建培训项目管理团队、完善培训项目管理制度、明确培训项目的基本内容、明确培训方式与方法、确定培训师、设计培训课程等几个方面的工作。

5.2.1 培训项目调研

培训项目前期的第一步工作就是要进行培训需求分析，明确培训的必要性及可行性。在培训管理比较规范的企业，培训计划都是建立在系统的培训需求分析的基础之上的，在这种情况下，不需要对培训项目的必要性和可行性进行分析，只需要把培训需求分析工作进一步细化就可以了。但是，如果企业的培训管理不规范，做培训计划时没有进行系统有效的培训需求分析或者企业出现了一些计划外的培训项目时，培训管理人员就有必要组织相关人员进行系统的培训项目分析，论证培训项目的必要性和可行性。

需求调研分析是一项艰苦细致、知识性强又要求具备较强活动能力和组织能力的工作，需要由责任心强且熟悉企业和员工状况、能获得各方支持的行家来牵头完成这项工作。具体培训项目分析的流程、方法可以借鉴培训需求分析的流程和方法，这些内容在第三章已经有详细论述，此处不再赘述。

5.2.2 组建培训项目管理团队

在工程项目实施前要成立项目部，组建项目管理团队，这是项目有效实施的组织保证。培训项目也是如此，为保证培训项目的顺利实施，有必要组建一支高效的管理团队如培训项目课题组来实施运作和管控。培训管理团队可以专职也可以兼职，但必须职责明确、目标一致、善于沟通、高效务实。

一般来说，一个完整的培训项目组，应包含以下几类成员：

（1）项目负责人。负责组织培训需求调研分析，负责制订培训方案和确定培训目标、培训内容、培训对象、培训方式、培训指导者、培训时间和场所等并负责各方协调。

（2）培训管理员。主要负责培训的组织和实施，如与培训师沟通联络，落实教材和资料，建立培训档案及汇集培训最后的总结和反馈信息。

（3）培训班主任。主要进行学员管理，对学员进行督学、促学和助学，及时了解学员的动态，在学员与培训管理员、培训师之间充当桥梁的作用。

（4）培训场地、设施、设备保障员。主要为培训的顺利实施做好物质和后勤保障，现代培训一般是多媒体、多介质、多方法的教学过程，因此物质上的保障也显得至关重要。

（5）培训师。如果有可能项目组还应该尽量把培训师包括进来，因为他们是培训活动的主角，培训项目的成败很大一部分取决于他们。

培训项目管理团队组建前先要进行项目工作分析，在明确工作内容和工作职责的基础上，了解和定义完成项目各项工作都需要何种角色，这些角色都需要具备哪些知识、技能、经验、性格和态度，在此基础上物色合适人选组建项目管理团队并进行角色分工。另外对项目管理团队要有完善的考核机制和激励机制，使他们的工作能得到组织的认可。

5.2.3 完善培训项目管理制度

培训项目的具体实施过程是一个教与学互动、讲师与学员相互沟通的过程，为了营造良好的互动气氛，就需要制定一些规章制度，以约束学员的行为。培训规定与纪律不但可以保证培训师的授课效率，还可以提高学员的学习效率。学员遵守规定与纪律、积极主动配合培训师，既是对培训师的尊重，也能体现出员工的素质。

5.2.4 明确培训项目的基本内容

培训内容的选择非常重要，这是培训方案的核心所在，它为整个培训过程定下了基调，必须严格推敲、反复权衡。如前面所述可从企业的要求、员工的现状和员工对工作要求的缺口及培训目标提出培训内容的具体要素（或模块），培训内容选择时还应注意以下几个方面：

（1）培训内容必须抓住重点、准确定位，才能保证完成既定的培训目标，达到培训目的。企业培训都是有明确目的的，要保证培训"物有所值"，培训内容必须切合企业的真正需求。

（2）选择培训内容时必须了解学员的基本情况。比如学员现有的基础是什么水平，确定从什么基础上去培训其知识和能力，这样才能适合学员的"胃口"，培训内容也易于被消化，易于为学员所掌握。

（3）要了解学员个性的需求，这样才能使学员"带着问题来，解决问题走"，培训为学员所欢迎并成为学员的自觉行动，培训才会取得满意的效果。

（4）必须符合成人学习的特点。员工职业定位基本明确，具有一定的实践经历，他们参加培训的目的性相当明确，即希望解决工作中遇到的困惑，又希望获得有利于自身发展的点拨，因此培训内容必须具有实用性且操作性要强。

5.2.5 明确培训方式与方法

培训的方式与方法一般在培训计划中就会有一个初步的选择，而在培训项目设计中，应该进一步明确培训项目中各个具体课程会采取哪些培训方式与方法，以便进一步安排相关场地、人员、经费等。培训的方式与方法是为实现培训内容所采用的形式和手段，如前所述，根据不同的分类依据，培训可以分为脱产培训、在职培训、课堂培训、户外拓展培训等多种形式。培训方法则包括讲授法、研讨法、案例分析法、角色扮演法及仿真模拟等，各种培训方法都有其自身的优缺点。为了提高培训质量，达到培训目的，在培训时可根据培训目标、培训内容和培训对象等相关因素的具体情况来选择一种或多种培训方式与方法，灵活组合。

培训项目的培训方式与方法的选择，要在充分考虑培训项目的目的的前提下，结合成人学习的特点，在可能的情况下，尽量采取一种便于学员互相交流、参与的方式。如在培训中增加研讨环节，设置角色扮演、模拟演练的环节等，尽量为学员提供表现的机会，这样学员会感到自己在培训中受到重视,提升对培训内容的兴趣。从培训对象和培训内容的角度来说,一般情况下,管理者偏向于接受知识和态度类观念培训,基层员工则更注重于操作技能类培训。但是哪部分培训内容占主导是由每个接受培训的员工的现状与理想的工作绩效的差距所决定的。

5.2.6 确定培训师

选择好的培训师将对培训成功起到至关重要的作用。企业可通过外部聘请和内部选拔两种途径选择培训师。企业应根据实际情况选择合适的培训师。

1. 培训师的选择方向

就内部培训师而言,培训师的首选是来自企业一线的业务骨干和各相关部门经理,因为他们实践经验丰富,最了解企业的实际情况和存在的不足,但他们的授课能力往往有所欠缺,实际选择时可以通过考查和了解聘请那些业务能力好、又有较好授课技能的担当培训师。拥有培训中心的大型企业往往都有专职的内部培训师,他们知识比较系统,授课方法专业,讲课能力强,大多有多年的教学工作经历。他们可能会因为缺乏足够的现场实际工作经历,讲授时做不到有的放矢,但如果培训管理人员能经常帮助他们到基层了解实际情况,掌握现场的第一手资料,就可使其成为更好的企业内训师资。

而外聘的培训专家,知识先进,内容新颖,讲授能力也很强,但他们一般都不太了解培训企业的实际状况,因而就很难对症下药。因此,在培训新知识、新技术、新理念时可以选择一些社会机构的专家,这样更具权威性,也可以拓展视野。但一般的知识和技能培训,还是以内部培训师为主,这样比较切合实际又能降低成本。

外部培训师和内部培训师的优缺点如表 5-1 所示:

表 5-1 外部培训师和内部培训师的优缺点

培训师来源	优点	缺点
外部培训师	可带来许多全新的概念; 对培训对象具有较强的吸引力; 容易营造培训氛围,从而提升培训效果; 选择范围广、可获得高质量的培训师资源。	外聘培训师成本较高; 对组织和培训对象缺乏了解,可能会降低培训适用性,增加培训风险; 可能由于缺乏实际工作经验,导致培训不能达到预期效果。
内部培训师	内部开发培训成本较低; 与培训对象之间相互了解,能够保证在培训过程中顺畅交流; 对组织各方面比较熟悉,使培训更具有针对性,有利于提高培训效果。	内部选择范围窄,很难开发出高质量的培训师队伍; 看待问题受环境限制,不易上升到新的高度; 很难树立威望,有可能影响培训对象的参与态度。

2. 培训师的选择标准

培训师是课堂讲授培训的授课主体。培训师的知识丰富程度、语言表达方式、授课形式等均会对培训效果产生重要的影响。培训师选择标准如表 5-2 所示:

表 5-2 培训师选择标准

选择标准	具体内容
丰富的实践经验	培训师具备足够的实践经验,全方位融合理论知识与管理实践,能够真正帮助组织解决实际问题
独立课程的开发能力	培训师具备独立的课程开发能力,能够根据组织的实际需求,开发并完善其培训课程,使所传授的知识和技能保持实用性和先进性
相关领域的持续研究	培训师须持续关注相关领域的最新发展状况,并不断学习和研究,确保所授知识符合知识的发展和培训对象的需求
一流的授课效果	培训师须深刻理解成人学习过程,灵活运用多种培训方式,善于把握和控制课堂气氛,使培训效果最佳化
较强的授课能力	培训师须具有优秀的表达能力和演绎能力及良好的问题解答能力,以最大限度地吸引培训对象的注意力
良好的客户反馈	对接受过该培训师培训的组织进行调查,了解其所授课程的实用性、授课风格、培训效果等,只有得到客户认可的培训师才可进入候选名单

华光培训窗

外聘培训师评价表

在精益公司 2017 年的培训计划中有多个培训项目需要外聘培训师,黄学艺要唐真去设计一个外聘培训师评价表。唐真说,您当初不是设计了外聘老师选聘标准吗?符合标准就选聘,不符合就不聘,为什么还要另外设计一个外聘老师评价表呢?黄学艺说,那些标准比较粗线条、不好操作,你把那些标准细化,变成可以多个量化打分的评价项目,这样,我们就可以在符合标准的培训师中择优选聘了。时间很紧,你要在三天之内完成。唐真听后赶紧去查找资料,经过两天的努力,他设计了这样一个表格,如表 5-3 所示:

表 5-3 外聘培训师评价表

培训主题		培训对象		
培训时间		外聘培训师姓名		
评价要素	要素释义		本项总分	评分
工作背景	是否有相关行业工作背景?是否有培训知名外资公司或大企业的经历?通过培训师工作背景了解其实践能力、知识水平和专题信息量。		20	
实践经验	是否具有相关专业的实践经验?		20	
培训项目评估能力	根据培训公司提供的培训目标、学员对象、课程纲要、课程的培训形式,判断该课程是否能够达到预期的培训效果。		20	
授课场次	通过培训师授课的场次判断该授课专题的成熟度、培训师授课技巧、课程风险系数。		10	
授课对象	该培训师以往的授课对象在行业性质、员工素质、职务等方面是否与本次培训对象相一致?		10	
风险系数	是否已经试听过?由于信息不充分,选择是有风险的。根据您已掌握的信息,对该课程的风险系数打分。分数越高表示风险越低;反之,表示风险越高。		20	
客户反馈	已接受该培训师授课的其他企业培训负责人的评价(附加分)		±20	
学员反馈	学员对该培训师的评价(附加分)		±10	

(续表)

结论	是否聘请该培训师授课？如是，请简要说明原因。 建议人签名/时间：	总分	
审批	是否同意由该讲师讲授此课程，并说明审批意见。 审批人签名/时间：	排名	

唐真自己对这个表格是非常满意的，但是由于他缺乏这方面的实战经验，离上交的日子还有一天，所以他在犹豫是否要把这个表格先交给专业人士看看把把关，然后再给黄经理。

思考：唐真设计的这个表格哪些地方需要优化？

5.2.7 设计培训课程

一个培训项目一般都需要分解为多次培训课程，设计好每一次培训课程是一项重要的任务，具体包括以下几个方面的内容。

1. 设置培训课程目标和选择课程内容

课程目标是指培训结束时或结束后一段时间内组织可以观察到的，并以一定方式可以评价的、具体的、合理的行为表现。培训课程目标可以根据培训项目的目标分解而来，设置培训课程目标也应遵守 SMART 原则。

课程内容的选择要充分体现课程的目标要求，并能够真正满足学员的发展需要。一门培训课程不可能涉及所有内容，因此在选择课程内容时，应先考虑学员的学习背景和学习需求。在对环境、职务及学员需求进行分析后再确定课程内容。表 5-4 为课程设计内容格式。

表 5-4　课程设计内容格式

课程名称		课程类别	□公开课　　□内训课		
课程地点		授课时间	年　月　日　—　年　月　日		
培训讲师		受训人数			
单元编号	主要内容			时长	备注
1	理论讲解	填写概念、观点的讲述			
2	游戏活动	填写游戏的目的、开展过程			
3	故事案例	填写故事案例的目的、基本内容			
4	辅助工具	填写使用了什么辅助工具（图表等）、目的是什么			
……					

2. 编排课程内容

选择好培训课程要讲授的内容之后，培训管理人员就要组织培训师或相关人员编排培训课程内容，使原本松散的内容变成条理清晰、逻辑严密、结构完整的思想体系。编排课程内容可以依照以下三个原则进行：

（1）从简单到复杂。从容易理解的事物或现象入手，引导学员逐渐能够理解复杂的事物或现象。

（2）从已知到未知。从已知相关事物或现象逐步导入到未知的领域，这种方法有利于学员全面地理解和把握授课内容，有效达成学习目标。讲授一项新的技术、理论或模式时适用此法。

（3）依照客观事物的发生顺序。按照事物本身客观发生的操作顺序进行讲解。讲授生产操作课程或其他实践导向型课程时适用此法。

3. 选择授课方法

在完成对课程各要素的设计之后，就需要确定授课方法了。常用的授课方法包括讲授、研讨、游戏、故事等。

4. 选取授课材料

常用的授课材料包括讲义、挂图、照片、实物模型、音频视频资料等。

5.3 培训项目的实施与控制

5.3.1 制作培训材料

培训项目到了实施阶段，就需要制作相关培训材料，主要包括编写培训项目议程、拟定各类培训通知、起草相关培训协议等工作。

（1）编写培训项目议程。在确定好培训时间之后，培训部门须对学员的培训日程做好安排，并形成正式文件发放给学员。

（2）拟定各类培训通知。编写各个培训通知也是培训前常见的准备工作。完整的培训通知包括标题、培训对象、正文、落款与日期等。

（3）起草相关培训协议。培训协议有两类：第一类是和企业内部相关部门或员工签订的培训协议；第二类是和外部培训机构或外部培训师签订的培训协议。这两种协议在内容和格式上有一些不同。

对内的培训协议是企业为了保证培训成果能够为企业发展所用，在进行培训前与受训人员签订的合同或协议。培训协议包括四个部分：标题、基本情况介绍、合同协议主体、结尾。标题为协议核心内容的概述，如"外派培训协议""脱产培训协议"等；基本情况介绍主要为协议基本情况介绍，包括协议编号、甲乙双方单位或个人名称等；协议主体为明确协议内容的事项和范围，甲乙双方的责任和义务，违约责任和赔偿条款及协议期限等；结尾为其他事项及附件、协议确认等。

对外的培训协议是指企业向社会上的专业培训机构聘请培训师时所签订的协议。协议书应当包括以下内容：

(1) 讲授的课程。明确培训师对企业员工进行哪一方面课程的培训。

(2) 讲授的人选。企业有权利选择自己认为合适的培训师来负责培训,企业可以要求培训机构派遣培训师进行试讲。

(3) 课程大纲和内容。在协议书之后,应附有课程的大纲或者详细的内容介绍。培训师进行培训时,应严格按照协议书上的规定进行培训。

(4) 培训时间、地点。严格按照规定的培训时间和地点进行培训。

(5) 培训形式。明确培训活动的形式,是在室内上课还是户外拓展,都应该有清楚的说明。

(6) 培训费用及其支付方式。协议应明确规定,公司就此次应向培训机构支付的所有费用,并列出支付费用的明细。

(7) 违约情形。明确任何一方出现违约情况,应承担的责任和向对方赔偿的费用。

(8) 其他事项。

5.3.2 培训场所及后勤等工作安排

培训场所有教室、会议室、工作现场、拓展训练场地等,需要根据不同的培训内容及培训方法来选择培训场所和设备。培训场所的布置对培训效果具有重要的影响。培训管理人员在布置培训场所时,应该考虑以下几个方面的因素:

(1) 培训场所应该能够容纳全部学员和相关设施,并且环境良好。培训管理人员不仅要检查培训教室的大小,还应检查教室的通风状况、空调状况、排气扇、灯光和外部环境状况等。公共演讲系统、电源设施、培训辅助设备等应该事先检查和试用;培训教室的灯光应保证能够看清黑板(屏幕)和板书的笔记,音响设备应保证学员听得清楚。一般情况下,应该尽量选择有空调、有隔音系统,灯光明亮且柔和、环境优雅的教室。

(2) 培训场所有书写和摆放培训资料的工作区域,培训师工作区域内应有能够用于教学的材料和有关器材。

(3) 培训场所能够在培训周期内连续使用,保证不发生教室使用冲突之类的事情。

(4) 培训场所具备相关的配套服务设施,比如茶水室、洗手间、紧急出口、道路方位指示图等。

(5) 教室座位的摆放符合培训的要求。比如座位应保证学员与培训师的目光自然交流为宜,不要太拥挤,但也不要让他们坐得过于疏远,否则会对组织学员研讨产生不利影响。要把所有的设备、资料和辅助工具都放到最合适的位置,保证培训师或者学员能迅速取用。

教室内部应该根据培训目标、学员规模、培训方式等因素来布置,具体如表 5-5 所示:

表 5-5 培训场地布置方法

场地布置	适用人数	优点	缺点
传统排行(教室型)	40~200	适合大型、传统型的培训	培训环境封闭,不利于培训师和学员沟通
长排方型	30~50	适合以中型组织为单位的培训	培训环境较为封闭

(续表)

场地布置	适用人数	优点	缺点
圆形	10~30	学员可以彼此观察，适合游戏等开放的培训方案	不利于培训师和学员沟通
单一矩形桌	10~20	适合研讨等半开放的培训方案	不利于培训师和学员沟通
单一通道型	20~40	有利于培训内容的传授	不利于培训内容的记忆
双通道形	30~80	有利于培训内容的传授；适用于大型培训	不利于培训内容的记忆
开放的长方形	10~20	适合研讨、游戏等半开放的培训方案；有利于培训师和学员沟通	没有明显的缺点
U 型桌椅排列	10~20	适合研讨、游戏等开放的培训方案；有利于培训师和学员沟通	没有明显的缺点
U 型椅子排列	10~20	适合研讨、游戏等开放的培训方案；有利于培训师和学员沟通	不利于培训内容的记录
多圆桌型	40~60	适合以小型组织为单位的培训	不利于培训师和学员沟通

表 5-6 列示了不同培训方式分别适合的培训场地。

表 5-6　不同培训方式及其适合培训场地参考表

培训方式	培训场地
普通授课、小型会议研讨、多媒体及录像教学	优先选择在企业内部培训室，若企业内部培训室无法满足培训需求时，则可在酒店或会议中心进行
E-learning 培训	在企业内部专门培训室进行
现场工作指导	在企业内部的工厂或技术研究室内进行
拓展培训	在户外或专业的拓展中心进行
外派培训、认证培训	在企业外部专业的培训机构进行

培训管理人员还要为培训准备好相关的教学设备及辅助工具，培训辅助设备可以增强授课效果，方便培训师讲解，在实际工作中，经常用到的辅助设备如表 5-7 所示：

表 5-7　常用培训辅助设备

设备名称	优点	缺点
投影仪等多媒体设备	可声情并茂地展示课程内容，是培训师重要的工具，在有些培训中甚至是必不可少的	价格较贵，不易携带 要提前进行安装和调试
黑板、白板	使用比较方便；价格便宜	书写浪费时间；擦黑板、白板麻烦
粘贴展板、磁性展板	价格便宜；方便展示，能反复使用	使用较少；粘贴物的磁性容易失去
图表、海报	可提高色彩和质量；携带方便 可提前准备和反复多次使用	容易破损；易分散学员的注意力 第一次准备工作量太大

培训管理人员还应该考虑培训的课余时间有关学员的茶点和膳食的安排，使学员能够得到及时的补充，保证培训的效果。如果培训课就在企业内部进行的话，茶点和膳食安排就会较为灵活，可以结合培训课程的进度来加以安排或调整。例如，有的企业干脆在学员的座位上放一瓶矿泉水，课后就在企业的食堂就餐。如果培训场地是租用的话，如酒店的会议室，茶点和膳食的供应就有一定的时间规律，需要和学员交代清楚或与酒店进行协商

安排。

另外，培训管理人员还应该熟悉培训现场环境。一般人到达一个陌生地点之后，都有必要首先了解衣食住行的情况。同样，到了培训地点，有必要清楚了解卫生间和电梯的位置、安全通道的路径。这样，如果遇到危险，就可以避免出现混乱的情况了。熟悉周围环境，还有一个好处就是可以向有需要的学员建议住宿、饮食、坐车（停车）、购物等合适的地点。如果培训地点较远的话，企业应考虑是否安排专车接送学员。如果是在室外进行培训，应密切关注天气变化，提前做好应急预案。

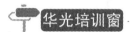华光培训窗

精益公司新员工培训项目的后勤安排

一、场地布置

1. 桌椅摆放（根据参训学员多少而定，后排放置 2 张工作人员和助教桌）
2. 开训典礼主席台：桌布、鲜花等（事前准备，开训说明会后再布置）
3. 横幅："华光集团精益公司第 X 期新员工培训班"
4. 相应的标语、条幅
5. 报到登记桌、桌布等
6. 名牌：领导名牌、报到处、交费处、指引牌、欢迎牌、饮水处、吸烟区等
7. 门口张贴学员名单及学号、座位安排表

二、设备准备

1. 视频投影：公司形象宣传片、上场音乐、颁奖音乐、热身操音乐等
2. 音响系统：功放、CD 机、无线麦克风 2 个
3. 教具：笔记本电脑、多媒体投影仪、白板、白板笔、白板擦、时间提醒牌（10 分钟、5 分钟、谢谢）
4. 礼仪绶带 8 条

三、资料准备

资料袋、培训学员手册、笔记本、实战手册、圆珠笔、胸卡

四、工作人员安排

1. 指引看学号及座位（1 人）
2. 维持秩序（1 人）
3. 发资料（1 人）、缴验资料（1 人）、收培训费（1 人）
4. 门禁（1 人）、音控（1 人）

5.3.3 培训项目实施中的控制

确定了培训方案并组建管理团队后，就要对培训活动进行过程控制。培训项目是一次性的过程，具有不可重复性，存在风险，因此必须通过管控来规避风险。如果说培训方案

的设计和策划主要是从内容上进行斟酌,那么培训过程的控制更多的应是从实施层面上进行组织。培训项目的过程控制,就是对培训过程的几个要素进行控制,不断纠偏使之保持最佳状态。

一、培训记录管理

培训实施过程中,培训管理人员需要注意保存与记录各类培训信息,以方便培训现场管理和后期的培训评估工作的进行。尤其是反映受训人员基本信息的受训人员花名册和实际参加培训人员的培训签到表,培训管理人员应该妥善保管。

受训人员花名册记录了受训人员的基本信息,包括受训人员的部门、职务、入职日期、以往培训记录、培训项目等内容。一般情况下,培训管理规范的企业都会针对每个培训项目,建立受训人员花名册,如表5-8所示:

表5-8 受训人员花名册

工号	姓名	所属部门	职务	培训项目	备注

受训人员签到表记录了受训人员的出勤情况,包括受训人员培训签到情况,是否有迟到、早退、旷课记录等,如表5-9所示:

表5-9 受训人员签到表

受训人员签到表					
培训项目				培训时间	
培训对象				培训地点	
序号	工号	姓名	部门	签到	备注
1					
2					
3					
……					

二、培训内容控制

对培训内容进行控制,是培训过程控制的重中之重。培训内容是在充分调研基础上制定的,其基本要点不宜再作改变,但有时会因实际情况的变化需要作一些调整,这就必须在充分沟通的基础上作好协调,使之不至于有大的偏离。另外,培训管理人员必须在培训实施前就培训目标、培训内容与培训师充分交底,并在培训过程中及时了解和随时沟通,以确保培训目标的完成。

为了对培训内容进行有效控制,可以设置考试或考核环节,考试和考核是教学活动中行之有效的控制方法之一,也是促进培训内容落实和检验培训效果的有效方法。受训人员是培训活动的主体,他们的积极参与和投入关系到培训活动的成败,因此,培训过程控制中必须重视对受训人员的控制。可以采取把培训出勤与考勤挂钩,把培训业绩记入年度考核指标,也可以通过建立班级组织、评选优秀学员等方法,促进学员自我管理,营造保先争优的积极氛围。通过布置培训作业来调动学员的主观能动性，也不失为好的方法。如在培训前先布置学前作业：你在工作中有什么好的经验可与大家分享？遇到过什么样的困惑？你最希望通过培训解决什么问题？这样学员带着问题而来，培训后又可带走别人的经验和解决问题的方法或启示，学员的积极性和内在动力得到了提升，培训活动转变为自觉行动，培训活动就变得易于控制了。

三、培训进程控制

一般情况下，在培训计划书中对培训的进程都会有明确的规定，但是在培训项目实施过程中，有可能出现一些突发事件导致培训的进程受到干扰，比如培训师生病了，临时又找不到可以替代的人；遇到自然灾害恶劣天气，拓展活动无法开展；答应授课的领导临时有更加重要的事情要做等。这些因素会严重干扰培训项目的进度，因此，培训管理人员有意识地对培训进程进行控制。具体而言，有以下几个方面的工作要做：

（1）提前把各个培训项目的安排和时间要求明确地通知给培训师和受训人员；
（2）制定应对各种突发事件的预案，在能够保证培训效果的情况下，尽量不改变培训进程；
（3）培训期间提醒培训师控制时间；
（4）一旦培训进度受到影响，即时重新安排新的培训进程。

四、培训现场设施与秩序控制

随着科学技术的发展，各种新的培训工具应运而生，除了利用传统的黑板、粉笔外，投影仪、电脑系统、网络技术、虚拟仿真技术等先进培训工具越来越多地被企业培训采用。培训师也越来越依赖于这些培训工具设施，如果相关培训设施出了问题，很可能导致培训项目效果大打折扣。因此，培训管理人员要对这些现场设施进行检查，还应该提前安排技术维护人员。即使在设备状况良好的情况下，也要对谁能提供技术服务做到心中有数。一旦出了问题，立即与工作人员联系，及时排除故障，维持现场秩序。

培训进行过程中，如果有人违反了培训纪律，就有可能影响整个培训效果。培训进行过程中，培训管理人员需要协助培训师做好培训现场秩序的维持工作。维持培训现场秩序时，管理人员应注意两点：第一，不干扰原则。培训管理人员采取的任何维持现场秩序的措施、方法都应该以不干扰、不影响培训正常进行为原则。第二，淡化处理原则。为了确保培训的正常进行，对干扰培训秩序的行为应本着淡化处理、事后处理的原则，尽量降低对培训活动的影响。

一般情况下，企业在培训正式开始前，都会由培训组织和管理人员宣布受训人员应遵守的行为规范。同时应该制定一些受训人员应遵守的行为规范，常见的培训现场行为规范有：

（1）关闭手机，或者将手机铃声调至静音状态；
（2）不能无故打断培训师的讲课；
（3）培训进行过程中，不能随意走动、变更座位；
（4）培训过程中（非讨论时间），不得交头接耳，大声喧哗；
（5）应配合培训师的讲课，积极回答培训师的问题；

(6) 不得做出任何影响他人听课的活动。

5.3.4 培训项目风险防范

组织在制订培训计划时，需要明确培训风险的防范措施。常见的培训风险主要包括人才流失风险、专有技术泄密风险、为竞争对手培养人才的风险、知识更新及战略风险、培训效果不佳的风险等。针对这些风险，培训管理人员要采取有针对性的风险防范策略。下面简单介绍一下防范这些风险的策略：

(1) 人才流失风险的防范策略。优秀的培训项目可能会让一部分受训人员的能力获得很大的提升，从而在人才市场上有了更高的身价，这些员工中的一部分人就有可能选择去待遇更优厚或者发展空间更广阔的企业。因此，培训管理人员应该做好人才流失风险的防范策略，比如做好员工的职业生涯规划、认真选择培训对象、明确权利和义务、签订培训合同等。

(2) 专有技术泄密风险的防范策略。企业在培训前，培训管理人员和直线经理应对拟定的培训对象进行深入的考察，选择对企业忠诚度高、品行好的员工进行培训。要与培训对象签订保密协议。一旦出现员工侵害企业利益的行为，企业便可运用法律武器来维护自身的利益。

(3) 为竞争对手培养人才风险的防范策略。对企业经营影响重大的关键人物（如企业经营者、掌握重要客户的营销人员）和掌握企业商业秘密的员工，要根据国家有关规定签订竞业禁止协议，约定员工离开企业后不得泄露本企业商业秘密，在一定期限内（不超过三年）不得到生产同类产品或经营相同业务且有竞争关系的其他企业就职。

(4) 知识更新及战略风险的防范策略。员工培训不仅要与当前企业生产经营实际紧密相连，还要具有前瞻性。具体来说，在培训活动实施前，企业要根据企业战略规划和企业相关的知识更新培训计划，目的是支持企业战略规划的实现。

(5) 培训效果不佳风险的防范策略。如前所述，培训并不仅仅是培训部门的工作，领导不支持、相关部门不配合都有可能导致培训效果不佳。因此，培训管理人员在实施培训项目之前，就应该努力争取各方面的支持，但是如果在各方面都比较支持的情况下，仍然出现培训效果不佳的情况，培训管理人员就应该反思自身工作在哪个环节出现问题了。

5.4 培训项目评估

5.4.1 培训项目评估概述

一、培训项目评估的概念与类别

培训项目管理的最后一个环节是评估环节。评估是对员工培训项目在培训活动进行中和结束后，搜集信息分析培训在多大程度上实现了预期目标。可见，对培训的评估实际上和前期培训项目计划紧密相关，培训计划中的培训目标设计是否合理规范，将严重影响培训评估的成绩。如果在培训项目计划中缺乏对培训目标的界定，那么，培训评估就失去了一个重要的参考标准。

培训评估包括培训管理过程评估和培训效果评估两个方面。其中培训效果评估是培训评估的核心。培训效果是指公司和受训人员从培训中获得的收益。培训效果评估是指搜集企业和培训对象从培训活动当中获得的收益情况，以衡量培训是否有效的过程。

培训管理过程评估是为改进培训过程所做的评估，其主要目的是确保培训组织良好及顺利实施，而不是保证学员有所收获及其满意度；培训管理过程评估主要是针对整个培训组织管理活动进行评估。具体评估内容包括：评估培训项目计划的制订情况、师资安排和课程设计情况，评估培训实施过程中是否存在缺陷，比如培训时间的安排、培训场地环境、培训设备器材等，评估培训师的水平，以及对培训评估工作本身组织情况的评估等。

培训效果评估主要是评估培训对组织的贡献。评估学员在培训后的变化程度，即对照培训目标，学员的知识、态度、技能和行为表现有了哪些变化，业绩的改善，以及培训项目的投资回报率等情况。

大体上培训效果评估能够直接告诉我们，我们组织的培训活动是否有价值，效果好不好，但是却不能直接帮助我们进行改进。但是，培训管理过程评估却可以帮助我们分析培训效果不好的原因在哪里，应从哪个环节进行改进。所以，作为培训管理人员，应该特别重视培训管理过程评估。

二、培训评估的目的与作用

企业是一个追求利润的实体，企业为培训项目投入大量的经费是为了提升员工的绩效。培训管理人员如果不能用相关的资料、事实或数据证明培训项目投资是有回报的，那么，培训就会被企业的领导们视为一种成本，而不是投资，培训活动将被边缘化，培训管理人员的价值也无法体现。因此，培训评估是培训项目不可或缺的一个环节。

培训评估的作用体现在以下几个方面：

（1）培训评估可以为决策者提供有关培训项目的系统信息，使其作出正确的判断；还可以在不同的培训项目中选择最为科学的培训方案，或对时间跨度较长、投入资本较多的培训项目作出是否继续或终止的决定提供较有价值的参考信息。

（2）培训评估可以帮助培训管理人员更好地制订培训计划，完善相关培训管理制度，建立符合企业实际的培训体系，全面提升企业培训管理工作的水平。

（3）培训管理人员合理地把培训评估信息反馈给受训人员及其主管。一方面，可以使受训人员更加清楚自己目前的水平同企业要求之间的差距，从而产生参与下一阶段培训的意愿。另一方面，可以为相关主管帮助和管理受训人员提供重要参考。

（4）通过对培训前、培训中和培训后的全程培训评估，可以实现对培训过程的全程控制。培训前的评估可以使培训需求确定更加准确、培训动员更加有效、培训计划更加符合实际需要、培训资源分配更加合理；培训中的评估可以对培训实施中出现的偏差进行及时纠正；培训后的评估可以帮助改进培训管理，说明培训的效果和培训的价值。

对于培训评估的重要意义，只有通过实践才能够真正有所体会，但同时也不可忽视培训评估所提供的评估信息的局限性。因为培训评估结果可能受评估者主观因素的影响。特别是培训评估结果的应用涉及奖惩机制时,培训评估者可能为了搞好与同事的关系,在其进行评估过程中人为地多关注积极的一面,夸大培训的实际效果;相反,如果培训评估者在评估与自己关系不好甚至有矛盾的同事时,有可能会带着消极的眼光来评估,关注不好的方面而忽视好的一面。不过这一局限性是可以通过科学系统的培训评估设计和评估管理手段来规避的。

5.4.2 培训项目过程评估

一、培训项目过程评估的目的

培训项目的最终效果取决于培训项目管理的全过程,培训过程中的每一步做得好与坏都会影响培训效果,因此,培训管理人员有必要对培训项目管理的全过程进行评估。具体而言,培训项目过程评估主要有以下几个目的:第一,确定培训项目是否或是在多大程度上有助于实现工作目标;第二,检验培训项目计划中的培训目标是否可行;第三,检验培训项目的内容是否可被学员接受;第四,促使培训人员的授课水平、质量和条件得到提高和改善;第五,确定培训的实际效果与既定目标间的差距,并加以调整;第六,更有效地分配和利用现有的和潜在的资源。

二、培训项目过程评估的内容

培训项目过程评估的内容在培训前、培训中和培训后差别比较大。

1. 培训项目实施前

培训管理人员,在培训项目实施前就应该进行认真系统的评估,这个评估的好坏至关重要,会对后续的工作产生极大的影响,具体而言,有以下几个方面的内容需要评估:

(1) 对培训需求分析的信度和效度进行评估;
(2) 对培训计划的必要性和可行性进行评估;
(3) 对培训计划实施相关人员的能力进行评估;
(4) 对培训计划的实施环境进行评估;
(5) 对培训项目实施的各项准备工作是否到位进行评估。

2. 培训项目实施过程中

为了对培训项目进行监督、控制和调整,培训管理人员必须在培训项目实施过程中进行培训活动的评估,具体而言,有以下几个方面的内容需要评估:

(1) 培训现场环境和软硬件设施情况的评估;
(2) 培训学员参与培训情况和态度的评估;
(3) 培训学员对培训项目的内容和形式的评价评估;
(4) 培训师和培训相关工作者工作情况的评估;
(5) 培训进度评估。

3. 培训项目实施后

对于培训项目实施后的评估,人们往往更加关注对培训效果的评估,而忽略对培训项

目过程的评估。其实,培训项目实施之后,培训项目过程评估还有很多重要的工作需要做,具体而言,有以下几个方面的内容:

(1) 对培训项目预期目标的达成情况进行评估;
(2) 对培训项目管理者和相关工作者的工作绩效进行评估;
(3) 对培训项目管理的全过程进行综合分析,为改善以后的培训项目管理工作提供经验。

三、培训项目过程评估的方案制订

制订培训项目过程的评估方案,首先就是要对培训评估活动自身的价值进行分析,主要考虑两个因素:第一,培训项目过程的评估方案的可行性,如果搜集信息的难度太大或者成本太高,可能难以真正实施;第二,培训项目过程的评估方案的价值如何,有些培训项目非常简单,培训管理人员却设计了一个复杂的评估方案,最后可能得不偿失,还不如不进行评估。

从培训项目过程评估方案的价值性来说,可以从以下几个方面进行考虑:第一,培训项目需要的经费的多少;第二,培训项目实施时间的长短;第三,培训项目影响的范围;第四,对培训项目的反馈;第五,培训项目的重要性。一般来说,如果一个培训项目耗费的经费越多、持续的时间越长、影响范围越广、遭遇到的非议或者支持越多,以及培训项目产生的效果好坏对公司的影响越大,则培训项目过程评估的价值会越大。

从培训项目过程的评估方案的价值性来说,可以从以下几个方面进行考虑:第一,培训项目需要的经费;第二,培训项目实施需要的时间;第三,培训项目的效果好坏;第四,培训项目影响的范围;第五,培训项目影响遭到的非议;第六,培训项目得到的赞许。

另外,还需要考虑培训项目过程评估的结果是否能够得到充分利用,如果相关决策者对评估结果不闻不问,那么,评估工作也就变得可有可无了。如果明确了上述内容,就可以设计培训项目过程的评估方案了,一般情况下培训项目过程的评估方案需要明确的项目有以下几个方面:

(1) 培训评估的目的;
(2) 评估的培训项目;
(3) 培训评估的可行性分析;
(4) 培训评估的价值分析;
(5) 培训评估的时间和地点;
(6) 培训评估的人员确定;
(7) 培训评估的方法;
(8) 培训评估的标准;
(9) 培训评估的推进步骤;
(10) 培训评估的工作分工与配合;
(11) 培训评估的频率;
(12) 培训评估的报告形成与反馈。

专栏 5-1

培训项目评估访谈的常见问题

一、事前决策者访谈常见问题：
1. 请问本次培训与企业目标和战略的相关性如何？
2. 请问您对本次培训持怎样的态度？
3. 请问本次培训给予的支援资源怎样？
4. 请问您对本次培训的效果预测如何？
5. 请问通过本次培训您想解决什么问题？

二、事前培训项目管理者访谈常见问题：
1. 请问本次培训计划的前提是什么？
2. 请问本次培训的目标是什么？
3. 请谈一下本次培训采用的策略和方法。
4. 请谈一下本次培训的资源配置及计划构想。
5. 请问您对本次培训的效果观测如何？

三、事后培训项目管理者访谈常见问题：
1. 请问您认为本次培训的目的实现程度如何？
2. 请问您认为本次培训较为成功的地方有哪些？
3. 请问本次培训中应该改进的地方有哪些？
4. 本次培训计划中有哪些失误？
5. 您认为本培训项目还有必要进行推广吗？

四、事前培训对象访谈常见问题：
1. 您认为您有必要参加本次培训吗？
2. 您希望通过本次培训解决哪些问题？
3. 您得到了本次培训的详细通知吗？
4. 您觉得本次培训安排得如何？
5. 您会积极参与本次培训吗？

五、事后培训对象访谈常见问题：
1. 能谈一下您对本次培训的整体看法吗？
2. 参加本次培训的目的达到了吗？
3. 本次培训哪些方面是您最为满意的？
4. 您认为本次培训主要的不足有哪些？
5. 您将培训所学应用到工作中了吗？

六、事前培训对象相关人员访谈常见问题：
1. 您认为您的下属（上司）有哪些不足？
2. 您期望您的下属（上司）达到怎样的水平？
3. 您的下属（上司）最急需的培训是什么？

4. 您认为什么样的培训适合您的下属（上司）？

七、事后培训对象相关人员访谈常见问题：
1. 能谈一下您的下属（上司）通过培训的变化吗？
2. 培训对您的下属（上司）的进步有何帮助？
3. 您的下属（上司）如何应用培训所学？
4. 您的下属（上司）如何评价本次培训？
5. 您的下属（上司）还有什么问题没解决？

八、事前培训实施人员访谈常见问题：
1. 您在本次培训中的工作明确吗？
2. 您对本次培训有什么意见？
3. 您应该承担本次培训中的工作吗？
4. 您愿意承担本次培训中的工作吗？
5. 您有足够的能力和经验来承担此项工作吗？

九、事后培训实施人员访谈常见问题：
1. 您完成了本次培训承担的工作了吗？
2. 您对自己的工作满意吗？
3. 您在工作中出现了哪些问题？
4. 您如何看待工作伙伴的表现？
5. 您的工作伙伴有哪些地方需要改进或奖励？

5.4.3 培训项目效果评估

一、柯氏模型

柯氏模型是美国威斯康星大学（University of Wisconsin）的教授柯克·帕特里克（Kirk Patrick）在1959年提出来的，是目前培训界最为流行、应用最广泛的一种评估方法。柯氏评估模型主要由下面四个层面构成：第一，反应层面，主要考察学员对已发生的评选活动有何感觉或印象如何；第二，学习层面，主要考察学员学到的知识和技能；第三，行为层面，主要考察学员通过培训所发生的行为举止和态度的改进或变化；第四，结果层面，主要考察培训为组织带来的效果。下面具体介绍这四个层面的具体内容。

1. 反应层面

反应层面评估是在培训授课过程中或者刚刚结束时，对受训人员听课时的反应，包括情绪、注意力、兴趣、参与情况等进行分析，得出受训人员对培训项目的看法和态度，包括对材料、培训师、设施、方法和内容等的看法。这一层面的评估内容主要包括以下几个方面：

（1）对培训师的评估。主要是指培训师的表现，如培训师的准备工作、专业知识和技能、培训技巧、内容安排和培训时间安排等方面。

（2）对培训内容的评估。主要指课程内容的价值、难易程度等。

（3）对培训方法的评估。主要指采用的培训方法是否有助于满足培训目标和内容需要，是否有助于取得良好的培训效果，是否有助于调动学员的学习热情和兴趣。

（4）对培训条件和环境的评估。主要指与培训有关的后勤服务工作，包括教室选择、桌椅、相关设施、人员住宿、餐饮、交通等方面。

反应层面评估的主要方法是访谈法和问卷调查法，比如在课程间歇期间对听课学员进行抽样访谈或者发放满意度调查问卷等。如果学员对课程的反应是消极的，就应该分析是课程开发设计的问题还是具体实施带来的问题。

这个层面评估的主观性比较强，有时候会出现一些误区，比如，一些学员由于对某位培训师有好感而对其持肯定态度，对各评估项均给予高分；或由于某些原因引起的对某位培训师不满而对其持否定态度，对各评估项均给予低分。除了学员对培训师的反应，培训师和培训管理人员对培训的看法、意见和建议也是改进培训工作的重要信息来源。在培训结束后，通过培训师的培训总结和管理人员的培训结果报告，对培训进行一个总体的评估。再通过与培训师访谈等方式，对学员的接受情况、反应能力、学习气氛、参与程度、完成作业情况进行总结反馈。同时培训师本人还可就培训内容与培训方式等方面提出修改、调整和创新；培训管理人员对培训相关的后勤保障等支持性服务也可以进行完善。

2. 学习层面

学习层面是确定学员在培训结束时，是否在知识、技能、态度等方面得到了提高，主要回答这样一个问题"参加者学到东西了吗？"这个层面的评估要求通过对学员参加培训前和培训结束后知识、技能测试的结果进行比较，以了解他们是否学习到了新的东西，同时也对培训设计中设定的培训目标进行核对。这一评估的结果也可体现出培训师的工作是否有效。

评估知识掌握的情况主要是测评学员对知识的理解和记忆程度，其主要内容包括：对概念、原理和事实的理解和记忆程度，对工作要求、工作程序、工作要点、注意事项和规章制度的理解和记忆程度。

评估技能掌握的情况主要是测评学员的心智技能、动作技能和社会技能，其主要内容包括：对概念和原理的运用程度，分析和解决问题的能力，操作的熟练程度和准确程度，以及处理人际关系问题的能力。

评估学员态度的情况主要是测评学员在培训后表现出的行动、看法、倾向或意愿。其评估的具体内容包括：对组织形象、组织文化和规章制度的认识和重视程度，对环境的适应能力，对新观念或对他人意见的接纳能力，为了改变自己所采取的行动、表示出的意愿或作出的努力，以及对培训活动所表现出的参与热情。

学习层面评估的方法包括笔试、技能操练和工作模拟等。其中知识、态度领域常采用笔试的方法进行评估。而技能领域采用的评估方法则更多样化。一般来说，测评动作技能时会采用操作测验，要求学员按照要求的示范动作操作机器，或者直接演示自己的身体动作，或展示自己的动手技巧。测评心智技能和社会技能可以采用案例分析和角色扮演等形式。

学习层面评估强调对学习效果的评价，有利于增强受训人员的学习动机。但光凭这些方面的评估，我们仍无法确定受训人员是否能将他们学到的知识与技能应用到工作中去。员工是否将培训所得内容运用于工作实践，主要从行为层面进行评估。

3. 行为层面

行为层面的评估要确定受训人员在接受培训之后，在多大程度上发生了行为的改进，一般通过对受训人员进行正式的测评或非正式的在岗观察来进行。一般行为层面的评估内容主要有：第一，测评学员是否达到了培训目标中规定的标准和要求；第二，测评培训内容是否能为工作所用；第三，测评学员在工作中新的表现或改变在多大程度上是由于参加了培训而带来的；第四，测评阻碍在培训中学到的东西应用到工作岗位上的因素。总之，要回答一个问题："人们在工作中使用了他们所学到的知识、技能和态度了吗？"培训的目的就是要改变员工工作中的不正确操作或提高他们的工作绩效，因此，如果培训的结果是员工的行为并没有发生太大的变化，学习到的内容都没有用上，培训的价值就无法体现。

行为层面的评估往往发生在培训结束后的一段时间，由上级、同事或客户观察受训人员的行为在培训前后是否有差别，他们是否在工作中运用了培训中学到的知识。这个层面的评估包括受训人员的主观感觉、下属和同事对其培训前后行为变化的评价。这种评价方法要求培训管理人员与相关部门的主管建立良好的关系，否则仅仅依靠培训管理人员自己的力量是无法把那些已经回到各自岗位上的受训人员的工作行为表现信息搜集起来的，如果不能得到这些信息，这一层面的评估就无法进行。

4. 结果层面

结果层面的评估要考察的不是受训人员的情况，而是从部门和组织的大范围内，了解因培训而带来的组织上的改变效果，回答"培训为企业带来了什么影响？"可以度量的评估内容具体表现在以下三方面：第一，组织目标的实现程度，如产品服务质量、单位产品数量、事故率、净利润；第二，外部客户的满意度，如退货率、投诉率、发货交货准时性和处理投诉的及时性；第三，内部员工满意度，如各部门的沟通效率、组织环境的和谐程度、员工忠诚度。评估一般可以通过指标对照检查法，即在培训结束的适宜时间内，根据制定的培训目标和要求对有关的计划指标进行测评，对培训前后的指标完成情况进行对照比较。除此之外还有绩效考核法，很多组织在年中和年末都会对其成员个人或部门的集体工作进行评估和分析，通过绩效考核可以了解到员工个人或部门在工作质量、工作效率和工作态度上是否达到了组织的要求，从而判断出培训是否有效及有效的程度。

该层面评估所需要用到的指标和衡量标准一般都已经被企业的其他各个部门使用和监督了。培训管理人员可以很容易地得到培训前及培训后的业务数据，再根据这些业务数据建立起培训价值证据链，以显示培训给公司业务带来的价值。但是，该层面评估结果的精确度却是一个很大的问题，因为，在很多情况下，培训之后企业出现的相关绩效指标数据的变化可能受多种因素的影响，如何从中分离出培训项目的影响是一个非常大难题。

二、柯氏模型的改进

柯氏模型出现以来，也出现了一些质疑声，有人认为该模型不够全面，在实践操作过程中甚至会产生一些误导。由此，人们也提出了一些对柯氏评估模型进行改进的观点和方法，这些改进主要表现在柯氏评估模型的前三个层面。

1. 反应层面

柯氏评估模型的反应层面评估遭到的质疑声最为强烈，典型的观点认为该层面在实践过程中可能会导致两个误区：

第一个误区是，反应层面评估的关注点往往放在培训师上而不是学员上。而企业所关注的重心其实是受训人员所得到的收益，以及对他们的工作岗位需求的满足。以培训师为中心的反应层面评估所产生的不良后果是：受训人员通常只愿意花很少的时间和精力去填写反应层面问卷，因为他们发现回答这些问题对他们没有多少价值。而且在实践中，有些学员参加培训是因为他们主管要求他们必须这样做，他们自己参加培训的积极性并不高。这容易给受训人员造成一种错觉，那就是其他人会对学员的学习及随后的工作绩效负责，这对培训效果的提升非常不利。

如果能够想办法把反应层面评估中以培训师和课程为中心的问题转化为以学员为中心的问题，受训人员就有可能在培训中主动地发现课程价值。这将能引导他们更加严肃地看待他们的学习经历并认真填写一级评估的反应量表。以培训师为中心的评估与以学员为中心的评估的差异，可以通过表5-10中的典型实例来表示（Jim Kirkpatrick，2010）：

表5-10 以培训师为中心的评估与以学员为中心的评估比较

评估类型	以培训师为中心	以学员为中心
培训/学习目标	我要讲解的内容覆盖了所有的学习目标	我能够将每一个学习目标与所学习的内容联系起来，我从课程教材中得到的挑战是适度的
课程教材/材料	教材的难易程度适合我目前的水平；各类教材的组织良好；课程材料对授课内容是有益的补充	我能很容易地找到我需要的课程材料；课程材料对我工作上的成功有极大的帮助
内容相关性	培训内容与我的需求相关	我能够将我所学到的内容应用到实际工作中去
培训师授课	我能够有效地传递课程内容；在建立学员互动方面做得很好；授课的进度适中；展示出对培训主题的极大激情	我能够很投入地参与培训，积极地参与各项学习活动很容易；课程的进度让我感到很舒适；为了真正学会，我能够热情地投入参与到课程中
培训师风格	我能很好地组织和管理课堂活动，我感觉在课堂中提的问题、做的练习和活动很有用	我能够积极地参与到课堂活动中去；我得到了充分的机会去提问，以及去练习我需要掌握的技能
课间休息	我在课程中休息的时间间隔是合适的	在每次休息之后，我感到学习状态得到了恢复
教室设施	我感觉培训教室很舒适	我觉得培训教室的布置和氛围有利于学习

第二个误区是，反应层面不会引导受训人员关注培训的最终目的——改进绩效和增加个人对组织完成使命或实现战略目标的贡献。具体改进的方法，可以考虑在评估过程中增加一些培训后将会发生什么的问题。这些问题常见的有：

（1）我相信我所学到的内容值得应用到我的实际工作中去（对应第二级评估）；

（2）我很自信我能够将所学的应用到工作中去（对应第二级评估）；

(3) 我知道参加培训的期望是什么（对应第三级评估）；
(4) 我能够将所学到的应用到工作中去（对应第三级评估）；
(5) 当我在工作中应用所学的东西时，我不会有任何障碍（对应第三级评估）；
(6) 我认为我的努力能够给组织带来积极的结果（对应第四级评估）。

合理地设计一个以学员为中心的一级评估反应量表能够给组织带来很大的收益。因为学员能够理解花时间填写它的目的，培训管理人员可以得到更加真实和丰富的数据。通过增加第二、三和四级评估有关的问题能使该反应层面的评估作用更大。

2. 学习层面

在这个层面的质疑声主要是认为在评估知识、技能、态度之外，还应该对"信心"和"承诺"进行评估。在这里，"信心"被定义为"我相信我能将所学的知识应用到我的工作中去"。经常见到学员在离开培训教室的时候，总是与其他学员窃窃私语："这个老师根本不了解我回到工作中将会遇到什么样的情况或挑战"，这就是对培训效果缺乏信心的体现。导致学员缺乏信心常见的原因有：第一，员工对期望的工作绩效不清晰；第二，受训人员的主管对于新知识的应用不支持，甚至打压学员对新知识的应用；第三，企业文化有问题，领导不能起到模范带头作用；第四，缺乏必要的资源和机会。为了提高学员将所学的知识和技能应用到工作中的信心，培训师可以从以下几个方面着手：

(1) 在学员掌握了相关的知识和技能之后，培训师应该引导学员开展一个讨论：当我们试图将新的知识和技能应用到工作中时，将会发生什么样的情况？如果学员指出一些应用中可能会遇到的障碍，则要共同讨论相应的应对策略。

(2) 在培训评估表中，可以包含一个与应用所学的知识或技能相关的信心方面的问题。

(3) 如果对于该问题回答的分值低于标准值，则需要进一步挖掘以找到原因。方法可以是采用一对一的访谈、课后讨论或者正式的小组访谈等。

(4) 如果最终的反馈结果显示：造成知识应用的问题源自与岗位有关的文化或环境，那就需要做一些属于第三级评估即行为改变的工作了。培训师应深入到学员的工作场所中，了解如何才能改善工作环境以解除应用新知识或技能的制约。一旦一个清晰的绩效支持系统搭建起来了，就意味着对学员提供培训后的跟进辅导的条件具备了。

"承诺"代表"我愿意尽力将（培训中）所学的知识、技能应用到工作中去"。尽管学员有信心将所学的知识应用到工作中，但可能不想或者只有些许的意愿付诸行动。造成这种现象会有很多原因，包括：第一，相较于以前已经习惯了的做事方法，新的行为的发生需要更多的努力，而且不那么顺手；第二，主管不能给予充分的支持；第三，不使用新学的知识、技能，也没有任何不良的后果和责任；第四，缺乏清晰的理由使学员非使用新学的知识、技能不可。即便我们可以强迫学员将新的知识或技能应用到工作中，他们的内心可能并不情愿。一旦这种硬性要求被取消，新知识或技能的应用往往就中止了。针对这个问题，应该先测量学员的承诺强度，再分析承诺强度低的那部分学员原因，针对原因采取应对措施。

3. 行为层面

行为层面的评估已经涉及培训成果转化和学员所在的相关部门，改进的柯氏评估模型第三级评估的具体步骤可分为五步：

第一步，确定关键行为。明确哪些行为最有可能促成期望的业务成果的达成。这些关键行为的寻找与确定，可以发生在培训课程设计的过程中，即通过访谈受训人员的经理或主管的方式来完成。我们可以记录和分析最优秀员工的行为，并将这些行为作为标准用于培训其他员工，从而促成公司整体业务结果的提升。

第二步，建立必需的驱动力。必需的驱动力是指能够监督、强化和奖励学员在工作中进行关键行为改变的流程和系统。这些驱动力能够帮助员工树立正确的态度，鼓励他们在工作岗位上尝试新的行为。对于其他人而言，这意味着帮助受训人员并强化这些新的行为。责任驱动力与对应的支持驱动力的适当组合使用，能帮我们建立起一个高效的绩效支持体系。只有建立起该体系，才能增加学员参训后在工作中持续稳定地进行关键行为转变的可能性。

第三步，在培训中讲授关键行为。要确保培训师教给学员的，一定是他们完成工作所必需的关键技能。并且要加强相关技能的演练与模拟，让学员知道他们应该做什么。

第四步，监督和衡量工作中关键行为的绩效。培训管理人员可以根据公司的具体情况，采用不同的方法对关键行为的绩效进行监督。具体方法有：直接观察法；对学员、主管、直接汇报人、同事或客户进行调研；评估实际的工作结果；采用一对一的访谈或者小组访谈。要弄清楚学员在多大程度上，将培训中所学的知识、技能、态度等应用到了他们的工作中去；如果没有应用，原因又是什么。

第五步，不断调整。发现学员在工作中没有应用培训中所学的关键行为，可以增加驱动力的使用。如果学员应用了关键行为，但仍没达到期望的业务结果，就应该与学员的经理沟通，共同分析在培训之前所确定的关键行为是否是正确的。监督和调整可以确保第三级评估始终在正确的道路上前行。

三、其他培训效果评估模型

除了柯氏模型之外，还有许多培训效果评估模型，它们在某些方面有自己独特的优势，比较常见的有以下几种：

1. 考夫曼评估模型

考夫曼评估模型大体上可以看成是对柯氏模型的一种改进，考夫曼（Kaufman）认为培训能否成功的关键在于培训之前对各种资源的获取。同时，他认为培训所能产生的效果对企业本身和企业所处的环境都会带来效益，于是在柯氏模型的基础上又加上了一个层级，即评估社会和客户的反应。考夫曼评估模型五个层次的内容可以归纳为表5-11。

表5-11 考夫曼五层次评估模型

评估层次	评估内容
可能性和反应评估	可能性因素是各种资源投入的有效性、可用性、质量等问题 反应因素是方法、手段和程序的接受情况和效用情况
掌握评估	评估学员的掌握能力情况
应用评估	评估学员在接受培训项目之后，在工作中知识、技能的应用情况
企业效益评估	评估培训项目对组织的贡献
社会效益评估	评估社会和客户的反应等情况

2. 菲利普斯五级投资回报率模型（ROI）

1996年，菲利普斯（Phillips）提出五级回报率模型，该模型在柯氏模型的基础上加入第五个层次，即投资回报率，将培训所带来的收益与其成本进行对比。在实际计算培训项目的投资回报率的过程中，培训的收益往往很难精确确定，因此培训的投资回报率也常常是一个不太精确的估计值。

专栏 5-2

企业培训项目的投资回报率计算

投资回报率的计算公式如下：

投资回报率（ROI）＝年利润或年均利润/投资总额×100%

培训的投资主要是培训项目的相关成本，常见的成本有：直接成本（培训师工资、交通费、材料费、场地设施费等）和间接成本（管理费、受训人员及管理者工资等）。

培训项目的利润是培训项目带来的收益，但是培训项目的收益往往不容易确定，因为，我们很难确认一个利润的产生是源于培训还是其他的因素，这个时候就必须依靠个人及组织的经验估计或者模型、实验分析，把培训对利润的影响效果分离出来。

其具体计算步骤如下：

第一，确定培训项目的成果；

第二，为每一个成果确定一个权重；

第三，消除其他潜在因素对培训成果形成的影响后，确定成果带来的绩效的变化；

第四，通过比较培训前与培训后的情况，分析在单位时间内获得的收益情况；

第五，确定培训项目的成本；

第六，用收益减去成本，计算利润；

第七，计算投资回报率，即利润除以成本；

以一个团队建设培训项目为例，计算投资回报率首先应确定培训项目成果。团队建设之后最主要的成果可能就是：团队冲突减少了，团队变得更加融洽了，工作效率更高了。不过，团队冲突所带来的损失大体上可以进行一个估算，而团队变得更加融洽所带来的收益却往往难以估算；如果实在难以估算的话，我们可以先忽略，仅仅以团队冲突所带来的损失来估算这项培训的成果。常见的做法就是寻找相关专家（可以是来自内部的部门经理、相关领导或者外部专家）评估企业发生一次团队冲突带来的成本有多大；具体可以运用德尔菲法，经过几次反复征询和反馈，使专家组成员的意见逐步趋于集中，最后获得具有较高准确率的集体判断结果。

在考虑时间成本和直接成本的情况下，如果专家评估企业发生一次团队冲突平均成本为6 500元；那么在团队建设培训完成后会发现，未来一年内企业平均每个月的团队冲突将减少10次。

然后，邀请专家进行调查分析，确定平均每个月减少的10次团队冲突，其中有几次与培训相关，这就是所谓的分离培训效果。

> 如果，经过分析认为每个月减少的 10 次团队冲突，其中有 7 次和培训有关，那么，一年减少的团队冲突次数就是 12×7＝84 次。
> 那么，这项团队建设培训带来的年度总价值就是，84×6 500＝546 000 元
> 用这个数字除以培训项目花费的成本就是年投资回报率了。
> 不过，从上述分析过程，我们也可以看出，这些数字都不会很精确，实际上，专家预测团队冲突发生成本和分离培训效果都带有较强的主观性。

3. CIRO 评估模型

CIRO 评估模型由沃尔（Warr. P）、伯德（Bird. M）和雷克汉姆（Rackham. N）三位专家提出，在欧洲国家比较流行。这种评估方法主张从培训流程的角度，分四个阶段进行培训评估，这四个阶段分别是情境（Contextual）、输入（Input）、反应（Reaction）和输出（Outcome）。大体上情境评估阶段主要是进行培训需求分析；输入评估阶段主要分析培训的资源和方法；反应评估阶段主要分析受训人员对培训的反应；输出阶段评估主要搜集培训结果相关的信息。CIRO 评估模型实际主张培训效果评估贯穿于整个培训工作流程，应与培训工作同步开展。CIRO 评估模型四个方面的内容可以归纳为表 5-12。

表 5-12 CIRO 评估模型

阶段评估	阶段评估任务	任务说明
情境评估	确认培训的重要性	搜集和分析有关人力资源开发的信息 分析和确定培训需求和培训目标
投入评估	确定培训的可能性	搜集和汇总可利用的培训资源信息 评估和选择资源，对可利用的资源进行利弊分析 确定人力资源培训的实施战略与方法
反应评估	提高培训的有效性	搜集和分析学员的反馈信息 改进培训运作程序
结果评估	检验培训的结果	搜集和分析同培训结果相关的信息 评价与确定培训的结果

4. CIPP 评估模型

CIPP 评估模型认为培训评估必须从情境（Contextual）、投入（Input）、过程（Process）和成果（Product）四个方面进行。该模型与 CIRO 评估模型的不同之处在于：一是 CIRO 认为应该监督可能的失败来源或给预先的决策提供信息，为培训评估做准备；二是 CIPP 中除了要对培训目标结果进行测量和解释外，还包括对预定目标和非预定目标进行衡量和解释，这个级别的评估既可以发生在培训之中，又可以发生在培训之后。

CIPP 评估模型四个方面的内容可以归纳为表 5-13。

表 5-13 CIPP 评估模型的主要内容

阶段评估	评估说明
情境评估	该阶段评估的主要任务是确定培训需求和设定培训目标，具体包括了解环境、分析培训需求、鉴别培训机会、确定培训目标等
投入评估	该阶段评估的主要任务是评估培训资源和培训项目，包括搜集培训资源信息、评估培训资源、评估项目规划是否有效地利用了资源、是否能够达到预期目标以及是否需要外部资源的帮助等

(续表)

阶段评估	评估说明
过程评估	该阶段评估的主要任务是通过评估，为实施培训项目的人员提供反馈信息，以使他们能在后续的培训过程中进行改进和完善
成果评估	该阶段评估的主要任务是对培训是否达到预期目标进行评估，具体包括评估学员的满意度、知识和技能的增加情况、行为改善情况，以及个人和组织绩效的提高情况等

5.4.4 培训项目评估方案的设计与实施

一、设计评估方案

培训项目评估方案设计大体上包含以下几个步骤：第一，确定培训评估目标；第二，明确培训评估内容；第三，选定评估者；第四，选择培训评估模型和确定培训评估方法。

1. 确定培训评估目标

培训评估目标主要是界定要解决什么问题、达到什么水平和具体的目标是什么等问题，它决定着评估项目和评估方法的选择。评估培训目标的实现程度是衡量培训效果的重要指标之一。

2. 明确培训评估内容

这个步骤主要明确培训项目过程评估需要做到什么程度，以及培训效果评估需要做到哪个层次。

3. 选定评估者

评估应选择合适的评估者与负责人，以达到最佳的评估效果与最低的评估成本。

4. 选择培训评估模型和确定培训评估方法

评估模型是专家学者根据多年的研究和实践经验积累而提出来的，可以帮助我们明确评估的视角和维度。培训管理人员要根据培训项目的具体情况，选择合适的评估模型和评估方法。在选择之前，除了要充分了解各种模型的优缺点和适用条件以外，还需了解所评价的培训项目和受训人员所在公司的相关信息，才能进行选择。评估模型指导我们从哪些视角和维度去评估培训项目，而评估方法的选择则需要我们从评估模型中选取适合培训项目实际情况和特点的视角和维度来评估具体的项目。培训内容、学员工作状态、评估时间等因素都是选择合适的培训评估方法所必须考虑的。以柯氏评估模型为例，其四个层面的评估在评估方法、评估时机、评估者、优缺点方面各有不同，培训管理人员应该根据需要评估的培训项目的实际情况进行选择。如表5-14所示。

表 5-14 柯氏评估模型四个层面的比较

评估层面	评估方法	评估时机	评估者	优缺点
反应层面	访谈法 观察法 问卷调查法 电话调查与座谈法	培训进行时、培训结束时	企业人力资源部	优点：简单易行 缺点：主观性偏强，容易以偏概全，即很容易因为学员的个人喜恶而影响评估结果

(续表)

评估层面	评估方法	评估时机	评估者	优缺点
学习层面	学员演讲 提问法与口试 笔试法 角色扮演 写作心得报告	培训进行时、培训结束时	企业人力资源部	优点：给学员和讲师一定压力，使之更好地学习和完成培训 缺点：依赖于测试方法的可信度和测试难度是否合适
行为层面	问卷调查 行为观察 绩效评估 任务项目法 360度评估 管理能力评鉴	培训结束数周内或者三个月后	学员的直接上级主管	优点：可直接反映培训的效果，使企业高层和主管看到培训效果后更加支持培训 缺点：实施有难度，要花费很多时间和精力，难以剔除不相干因素的干扰
结果层面	个人与组织绩效指标（如生产率、离职率等） 客户市场调查 成本效益分析 360度满意度调查	三个月后乃至半年、一年后员工和企业的绩效评估	企业人力资源部	优点：量化翔实、令人信服的数据不仅可以消除企业高层对培训投资的疑虑，而且可以知道培训课程计划，把培训费用用到最能为企业创造经济效益的地方

二、实施评估方案

培训评估方案确定后，就可以开展具体的评估工作了。对不同评估层面，评估时间的选择上应该有所不同。例如对于反应层面评估，一般在培训中或培训刚结束时进行调查，这样可以避免因时间间隔较长，导致学员忘记当时的培训感受，从而使调查数据失真；若从行为或结果层面考察，则一般可以选择在培训结束一段时间后（如3～6个月）进行，因为培训的效果真正作用到员工的实际工作表现中尚需要一段时间。当适时地搜集到所需的信息和数据之后，培训评估工作者就可以开始对所搜集的信息采用一定的方法和技术进行整理和分析，形成评估数据库。

三、反馈评估结果

培训评估结果一般需要反馈给参与培训工作的相关人员，具体包括四类人员：

（1）人力资源部的工作人员。人力资源部的工作人员在得到反馈意见的基础上对培训项目进行改进，精益求精，提高培训水平。

（2）管理层。管理层对培训工作的支持与否、培训项目资金投入的多少等直接影响着培训效果。

（3）学员。学员明确自己的培训效果有助于学员取长补短，继续努力，不断提高自己的工作绩效。

（4）学员的直接领导。学员的直接领导通过培训评估效果，可以掌握其下属培训的情况，同时可将培训评估结果作为对该学员的考核的参考因素之一。

四、撰写培训报告

评估报告的内容主要有以下五个方面：

（1）导言。培训项目的概况、评估的目的和性质。

（2）概述评估实施的过程。要求简洁明了，要将关键的步骤要点罗列清楚。

（3）阐述评估结果。要求客观真实，尽量避免人为的干扰和影响。

（4）解释、评论评估结果并提出参考意见。所提意见应切实可行，并且说明如何改进。

（5）附录。其内容主要包括搜集评估信息时所采用的相关资料、图表、工具等，目的在于让他人判定其评估者的评估工作是否科学、合理。

5.5 培训项目成果的转化

根据有关研究机构和学者估计：通常只有10%的培训成果被直接转移到工作中，变成工作行为。另外有20%~30%的培训成果可能对员工的工作产生积极作用，而60%~70%左右的培训成果则从未被应用于工作场所。

培训项目和一般的项目最显著的一个差异是，培训项目的成果不一定能够在培训活动结束之后就显现出来。一般情况下，它都需要经过一段时间才能展现出来，而在这段时间内采取一些措施推动员工把培训所学变成其工作中的实际行为，将大大提升培训项目最终产生的实际效益。

5.5.1 概述

培训项目成果的转化是指受训人员有效且持续地将所学到的知识、技能、能力及其他东西运用于工作中的过程。培训的最终效果，不能等同于培训刚刚结束时学员的学习效果。即使学员在培训过程中很努力学习，收获非常大，但其在返回工作岗位之后，并不一定能很好地运用学习所得。在培训活动结束之后，如何推动员工把所学到的知识、技能、态度等学习成果转化为实际的工作行为，最终推动绩效的提升，是培训管理人员必须认真思考的问题。缺乏培训项目成果转化环节的培训项目，其最终给企业带来的效益是很有限的。成功的培训项目应当能够让受训人员在很长的时间内都能够将所学的技能运用到与学习环境相似的工作问题和情况中；培训成果转化工作做得好，才能真正提升员工的个人绩效，增强企业的竞争力。

培训项目成果的转化是一个理论和实践全面结合的过程，按转化的程度高低可分为四个层面：

第一层，依葫芦画瓢型。这是最初级的培训成果转化。要求受训人员在工作内容、环境条件同培训完全相同或基本相同时能够实现将培训的学习成果迁移；如果连这一层都达不到，则培训效果完全失败，不过在一些实际操作的培训中，做到这一个层级也就可以了。

第二层，举一反三型。这是对管理人员培训和研究创新人员培训的基本要求。要求受训人员理解培训转化的基本方法，掌握培训目标中要求的一般原则和特征，明确这些原则和特征的适用范围。

第三层，融会贯通型。这是对管理人员培训和研究创新人员培训的较高要求。要求受训人员在实际工作中遇到的问题或状况完全不同于培训过程的特征时，也能够回忆起培训中的学习成果，建立所学知识能力与现实应用之间的联系，并恰当地加以应用。

第四层，自我管理型。这是培训项目成果转化的最高境界，需要企业有成熟的培训文化、学员有极高的素质才有可能做到。要求受训人员能够积极主动应用所学知识、技能解决实际工作中的问题，而且能自我激励主动去思考培训内容在实际中可能的应用。如：能恰当地评估在工作中运用新掌握的技能可能产生的正面和负面的作用，为自己设置应用所学技能的目标；对所学内容的运用实行自我提醒、自我监督，实现扬长避短、熟能生巧，继而创造性地应用成果。

5.5.2　培训项目成果转化的影响因素

影响成果转化的因素主要来自个人和环境两个方面。

1. 个人因素

个人因素主要包括学员的性格特征、转化动机、个人能力。转化动机是指学员转化培训成果动机的强烈程度，一般与学员的期望、相对公平感以及目标设置有关。一般情况下，学员的学习动机越强，学习的成果转化程度越高。此外，个人能力如阅读能力、认知能力等都与学员的学习效果息息相关，也与培训成果转化呈正相关。

2. 环境因素

除了学员的个人特征，环境也对培训成果转化产生重要影响。如果学员在接受培训之后回到工作岗位，他的主管和同事对其应用新的知识、技能不予支持，学员缺乏应用新知识、新技能的机会，培训成果就很难转化。一个良好的转化环境，才能有利于培训成果的转化。建设有利于培训成果转化的环境，可以从以下几个方面考虑：第一，直接主管和同事对受训人员应用所学成果进行鼓励；第二，安排与受训人员所学成果相关的工作任务；第三，受训人员会因应用培训所学的新知识、技能而受到物质奖励和精神奖励；第四，受训人员不会因应用培训所学的新知识、技能不成功或者出现负面效应而受到惩罚。

培训成果转化的理想环境是学习型组织。关于学习型组织，我们将在第八章进行介绍。

5.5.3　推动培训成果转化的制度与方法

良好的培训激励制度是推动培训成果转化的有力工具，一个常见的办法就是建立员工培训积分制度，把员工接受培训的考核成绩与绩效考核、员工职业生涯管理等制度结合起来。有些企业规定所有的晋升人员、轮岗人员、外派人员都需要接受培训，各种岗位变换都需要参考培训的成绩，并制定业绩和培训成绩、测评意见、领导意见、群众意见多维度评价相结合的晋升体系，这对于推动培训成果转化是非常有意义的。

建立企业知识管理系统是推动培训成果转化的一个重要方法。知识管理系统是组织实现知识管理的平台，它是一个以人的智能为主导，以信息技术为手段的人机结合的管理系统。建立知识管理系统的根本目标是将企业中的各种知识资源，包括显性知识和隐性知识进行整合，推动组织核心能力的形成，培养人才队伍，最终提高组织的竞争力。知识管理系统能够把各种培训成果集中起来，实现共享，从而提升培训成果转化的效率和范围。建设组织的内部知识管理系统，一方面是要做好知识管理系统硬件平台，这就需要培训部门与信息技术部门合作，投资购买相关设备和软件，搭建知识管理系统硬件平台。另一方面是要运用各种手段推动隐性知识的显性化和知识的创造、运用。比如，建立鼓励员工间知识共享的管理制度，设立首席知识官（CKO）来负责企业知识管理工作。推动培训成果转化还有许多其他具体的方法，需要培训管理者根据具体情况进行选择，下面的专栏提供了一些参考。

专栏 5-3

增进培训后行为转移的二十种做法

（1）要求所有学员都做一个重返岗位后的具体行动方案。详细说明重返工作岗位后运用新习得的理念及技巧的步骤，学员与主管进行讨论，由双方同意执行该方案的时间与方式。培训师也留存一份复本以供追踪。

（2）在课程结束5～8周后安排学员交流日。让你的学员共聚一堂，报告将课堂所学学以致用后得到的成就（每人10～15分钟），将这天定为"结业日"，并邀请学员的主管参加。

（3）要求学员都以自己的话来概述所学的内容。若是新员工还应能够描述自己的职位作业程序或职责，并形成书面报告，将它一同交给学员主管。

（4）将所有结业学员组成一个协会，每月定期聚会一次以促进持续成长与发展。了解学员有兴趣进行进一步训练的项目；如有必要，可进一步培训。

（5）编写时事通讯表彰表现良好者，以维持其良好表现。访问结业生，报导其成功案例。

（6）要求学员写一份关于重返工作岗位时所遭遇问题后的"危机处理报告"。说明其在面对问题时是如何运用课堂上所传授的工具及技巧使问题得以迎刃而解的，在公司内部杂志中发表成功案例。

（7）在适合的工作中（如与顾客有接触的工作），以电话访问或面对面访谈方式向客户了解结业学员如何处理顾客提出的各种问题，然后依据其表现立即给予回馈及奖赏。

（8）不要在短时间内举行"密集"课程，可分模块进行，上课与工作交互穿插。让学员有时间应用课上所学的新技巧。

（9）主管参与。开课之前向学员的主管简要说明培训的内容及形式，并请他们帮忙，扮演培训师的合伙人角色，明确告知其职责。

（10）组织团队进行训练。员工以团队形式来参加课程（如老板与秘书、顾客服务代表等），你的训练实习要着重于强化彼此扶持的责任感。

（11）尽可能给予主管反馈。课堂上如有一些测试（如组织氛围调查、主管风格的评价等），将结果反馈给结业学员及其上司，让双方共同参与探讨。

（12）提供计划表、流程图、清单及其他辅助工具。让学员可以将这些工具带回工作场所，在工作时应用。

（13）安排结业学员回来接受免费的座谈。与其讨论他们能够学以致用，以及无法学以致用的地方及改进方式。

（14）请各部门经理在部门内部培训协调员。培训结束后这些协调员负责督促学员开展后续作业，并提供相关协助。

（15）成立一个包括关键经理人在内的培训顾问委员会。在研发课程时，利用这个团队来取得协助（指导）和支持。

（16）给予学员自己回去也能做的调查表和评鉴表；同时也提供让其经理、协调员、顾客做的调查表格。

（17）提供一份"评估清单"给学员及其经理，评估其结业重返工作岗位后的表现。要求在结业后30天内将这份清单交回给培训师。

（18）拟订一份"表现合约"，要求学员必须同意遵守合约上所列之各项标准才可参加此课程。

（19）除拓展训练及沟通课程外，尽量不要把各部门的人凑在一块进行训练，针对各个同质团队的需求提供特定课程，不要对特点各异的广大群众提供"单一尺码"的课程。

（20）培训后立即安排针对本次课程的竞赛活动，如评选销售冠军、沟通明星等，把奖项安排得多一些。

本章关键词

培训项目　　　培训项目设计　　　培训项目管理　　　培训效果评估
柯氏模型　　　评估方案设计

本章小结

本章首先讲述了培训项目设计的概念，介绍了培训项目设计的流程与方法、培训项目实施、培训项目评估、培训项目成果转化等内容。其中，对培训项目评估的两个阶段——过程评估和效果评估进行了重点介绍，并描述了培训项目评估方案的设计与实施。最后介绍了项目成果转化的相关理论和影响因素，以及推动培训成果转化的激励制度。

思考题

1. 培训项目管理的流程是什么？
2. 如何设计不同类别的培训项目？
3. 培训项目评估包括哪几类评估？

4. 培训效果评估有哪几个方面?
5. 柯氏评估模型的主要内容是什么?其优点是什么?又有哪些不足?
6. 如何设计培训评估方案?

课后案例

支教培训项目计划书

一、培训意义

本次培训对象主要面向我校有意参与支教活动的人员,旨在系统提高支教人员的知识、技能和水平,做一个能够用良好的言行影响学生、用丰富的知识培养学生、用深刻的故事教育学生、用真诚的师爱感化学生、用耐心的教导说服学生、用热情的鼓励激发学生的优秀支教老师,使得支教人员能够有针对性地为贫困地区的小学生设计生动而有价值的课程。

二、具体目标

根据培训需求调查情况,我们希望通过本次培训阶段性地达成以下目标:

(1) 使没有支教经验的新支教人员具备基础的支教能力;
(2) 使支教人员具备耐心负责的态度、备课授课的能力、良好的沟通技巧;
(3) 在支教人员达到基本的教学水平后,针对支教人员的知识运用能力、语言表达能力、儿童心理学知识等方面进行更加深入的培训。

三、培训对象

参加义工协会支教活动的人员

四、培训方式

讲授法,研讨法

五、培训时间和地点

时间:10月18日,11月15日,11月21日
每次3个小时,共9个小时。
地点:工商管理学院人力资源系会议室

六、培训内容

表 5-15 培训内容

培训阶段	培训内容	培训目的	培训时间	培训人员
第一阶段	支教人员基础技能培训	使参与支教的人员具备基础的备课能力,掌握一定的沟通技巧	10月18日 18:00—19:00	支教部部长
第一阶段	语言表达能力与纪律管理能力培训	使支教人员具备良好的语言表达能力与纪律管理能力,能够在有序的课堂环境下更加有条理地向学生传授知识	10月18日 19:00—20:00	支教部部长
第二阶段	知识运用能力培训	支教人员不但要有足够的知识储备,还应具备熟练运用知识的能力,如英语教学	11月15日 18:00—20:00	义工协会会长
第二阶段	儿童心理学知识培训	使支教人员具备初步的儿童心理学知识,从而改进在支教过程中的不足,更好地开展支教工作	11月21日 18:00—20:00	校心理协会会长

备注：

（1）第一阶段的培训主要是对没有支教经验的人员进行一次"岗前培训"，使之具有能够进行支教活动的基础能力。因此，本次培训打算定在本学期支教活动开展之前，此前培训的时间也相对较多。

（2）第二阶段的培训开展时，无论新老支教人员都有了支教的经验，可称之为"在职培训"，结合支教活动的宗旨——使贫困地区的学生获得知识，此次培训将更加具有针对性，旨在提高支教人员的知识运用能力。

七、培训效果评估

采用柯氏模型

（一）反应评估

评估受训人员对课程的满意程度，在每次上完课之后采用问卷的形式进行。

（二）学习评估

评估学生的学习效果，采用书面测验和情境模拟的方式进行。书面测验是用来了解支教人员对知识的的理解程度，一般于培训后一周内进行。模拟情境是为了观察受训人员是否能正确应用所学的相关观念与技巧。模拟情境主要在课堂上和课后进行，通过设计模拟教学案例情境，以角色扮演的形式进行。

（三）行为评估

评估学习内容是否被运用，采用观察法、访谈法进行。主要通过观察支教学员的教学行为以及对其所教授的被支教学校学生的访谈确定受训支教学员是否有更好的表现。

（四）成果评估

评估培训结果对组织的影响，采用访谈法，主要访谈接受支教的相关班级的负责老师和校领导以评估支教人员的教学效果。

八、第一次培训实施安排

1. 培训时间：10月18日（星期六）18：00—20：00
2. 培训地点：工商管理学院大楼704
3. 培训对象：新支教人员
4. 培训讲师：支教部部长
5. 培训内容：支教人员基础技能培训，语言表达能力与纪律管理能力培训
6. 培训方式：以课堂讲授法为基本方式，采用多个案例进行教学

具体实施安排和要求如下表：

表5-16 具体实施安排

内容安排	时间	内容及要求	负责人
正式授课	17：30之前	布置好教室	小组全体成员
	17：30—18：00	引领讲师及培训对象入场	小组成员
	18：00—18：40	培训基础技能（备课）	支教部部长
	18：40—20：00	培训语言表达能力及纪律管理能力（案例讲解）	支教部部长
	20：00之后	收拾现场	小组成员

思考题：

1. 这份培训计划书有何优缺点？
2. 如何完善这份培训计划书？

第六章
课程设计与培训师培训

学习目标

学完本章后,你应该能够:
1. 了解课程开发的基本概念、分类和特点。
2. 了解成人学习理论的内涵、理论基础及其在实际中的应用。
3. 掌握课程设计的模型和流程。
4. 了解培训师的授课技巧,明白如何进行能力训练。

 开篇案例

唐真的培训师训练计划

自从培训师师资体系在精益公司建立起来之后，公司出现不少兼职培训师，其中，研发部副经理李志强就讲得特别好，让培训专员唐真感觉自愧不如。唐真目前正在求索公司上TTT课程，通过几天的学习，他感觉自己已经有些喜欢培训师这个职业了，并下定决心一定要学好TTT课程。

于是，唐真虚心地向李经理请教。李经理说，"以前，我自己看书摸索，感觉进步不是很明显，后来偶然在网上看到一个培训师的博客，上面分享了这位培训师自己的一个亲身体会。他以前上课的水平也很一般。有一次坐火车出差去新疆，路上要两天，火车上极其无聊，随身带着的MP3里面只有一场余世维的讲座音频，反正无聊，就反复地听了起来，一边听一边琢磨余世维讲的逻辑结构和他使用的讲课技巧。两天下来，对讲座熟悉得几乎到了可以模仿背诵余世维这场讲座的程度。接下来几天，他找到余世维的两场比较经典的讲座，反复听，反复琢磨，越琢磨越觉得有意思。出差回来后，恰好公司领导要他在公司基层培训项目做一个质量管理培训课程。于是，他就开始认真准备资料，制作了PPT和讲课讲稿。在备课讲课过程中，他不知不觉地把前些天琢磨出来的讲课技巧都用上了，在语气把握、悬念设置、'丢包袱'等方面都有余世维的特点，感觉就好像余世维在前面讲，他只是跟着说话而已，没有压力，没有阻碍。一场培训下来以后，同事们都纷纷称赞他讲得好。看了他的博客，我就悟到了这样一个提高技巧：把你认为做得好的演讲录音反复地听，录像反复地看，要不厌其烦，边看边琢磨；直到有一天，你不仅会理解这些讲课高手的技巧，也会学到他们说话的语气和举手投足的风格。这样就可以很快突破自己各方面的不足，直接进入高水平的培训师讲课境界。如果自己琢磨，相当于自己在找一条通往巅峰的道路，时间会很漫长，也会走很多弯路，这个过程足以打击自己的信心，但是模仿著名培训师，则相当于看到一位已经登顶的人走过的路，还看到他在巅峰向你招手。"

唐真听了觉得非常有道理，心里下定决心，一定要努力提升自己的讲课水平，成为一名优秀的培训师。他在自己的日记中写道：从今天起，花一周时间好好搜集5～6个著名培训师和讲课高手的讲课音频或视频资料，然后花一百天时间，每天晚上反复听这些资料，至少听3个小时，边听边琢磨，直到可以模仿背诵其中比较精彩的地方。不过，除了余世维之外还有谁是著名培训师？著名培训师的哪段讲课视频、音频是经典？是否需要把这些经典的讲课进行分类呢？这些都是问题，唐真觉得传授知识的培训和改变员工态度的

培训在讲课风格和讲课技巧方面的差别似乎是比较大的。

目前，唐真负责新员工培训，黄经理反复强调要给新进公司的大学生"洗脑"，也就是要改变他们的态度，灌输精益公司的文化。做这种培训的大师，除了余世维之外，还有谁呢？唐真突然想起了以前读中学时曾经遇到过的一次公开培训，那个培训师好像叫邹越，当时的演讲让在场的好多人都哭了。于是，唐真打开电脑搜索邹越的演讲视频，结果他在网上找到了一段邹越老师的讲课视频①，他还找到了这段视频的文字稿。

下面是他看到的视频讲稿（节选）：

父母对儿女的爱，那是可以舍弃全部的，而你们经常忽略了轻重。

就像前年在苏州一个小姑娘跟自己的母亲吵架，妈妈告诉她："孩子啊，你都上高中了，妈每天打工，妈现在下岗给人家做清洁工，一个月才 800 块钱，你考试考这么点成绩，妈妈好难过……"

女儿说："妈妈，我不是故意的，我马虎了嘛！""孩子啊，如果妈妈马虎了，人家一分钱都不给啊！"女儿听了不高兴把门一摔，就离家出走了。多么小的一件事情，十几年的养育之恩呐，就这样轻轻一摔都可以放弃？妈妈发动家里所有的亲戚去找，都找不到这孩子。晚上八九点了，小姑娘一个人在街头，走在江边，她又冷又饿，流着眼泪，恨着自己的妈妈。她走到一个大排档那里看着人家吃东西，眼泪汪汪地站在那里，酒店的老板端了一碗面条："孩子啊，是不是跟家里吵架了？是不是饿了？吃了，赶快把这个吃了，吃完就回家吧。"小姑娘接过面条，狼吞虎咽地吃了起来，忽然扑通一下，给那老板跪下了："老板啊，你是我的救命恩人啊，我要感谢你，你比我妈妈好多了……"老板听过以后，说："孩子啊，就凭你这句话，这碗面我都不该给你吃啊！我们俩素不相识，你连我姓什么叫什么都不知道，我才给了你一碗面条你就能这样子感谢我？你妈妈把你从小养到大，吃了那么多苦，你怎么不感谢母亲啊？！"孩子恍然大悟地跑回家里，看到妈妈晕倒在床上……正所谓"儿行千里母担忧，母行万里儿不愁啊"！同学们，你们要好好对待父母亲，不要让人家说："可怜天下父母心啊"！

就在这次汶川地震中，当我们的救援队员来到北川的时候，大家惊讶地发现，受灾最严重的不是汶川而是北川，战士们在那里巡回着，忽然听到废墟下一个微弱的声音，一个小女孩的声音："救命啊！谁来救救我？"他们把那废墟扒开，用千斤顶支撑起硬质板，才发现里面有一个小女孩，一个差不多三岁的小女孩，她已经被硬质板压了一天一夜。天就要亮了，战士们辛苦地把那小女孩拉了出来，她已经奄奄一息了："叔叔，快去救我爸爸妈妈！爸爸妈妈，解放军叔叔来了。"战士们听到以后，把硬质板再撬起来才发现：下边躺的是孩子的父亲和母亲，而那一幕让所有的战士流泪。孩子的父母已经离开了人世，妈妈面朝上用双手支撑着硬质板，父亲背朝下，像做俯卧撑一样，背上压着一块硬质板，就在父亲母亲手臂交叉的中间，那个小小的空隙里，那个小女孩幸存下来了。亲爱的同学们，也就在那一瞬间，孩子活下来了，而父母却离去了，请现场的同学用你的手拉着你身边家长的手，不要不好意思……同学们，听我给你们算笔账，你现在是高中，再过三年，你就会考上大学，离开你的父母。现在有的同学每天都能跟父母吃吃饭，有的同学住校只能周末回去一次，等你考上大学了，你每年就只有两次假期才能看到父母亲，等将来工作

---

① 参考网址，www.youku.com/playlist_show/id_19092119.html，视频主题：《让生命充满爱》。

就只剩下春节了，所以你和父母在一起的时间没有多长了，好好珍惜今天在这里与父母亲相处的机会，不要等到有一天父母离去的时候，你才恍然大悟，喊着爸爸妈妈对不起，那已经来不及了。他们为你辛苦，为你付出，就为了你有一个美好的明天！

同学们，时间过得真快，在接下来的时间里，我想每个同学今天都来完成一个伟大作业，而这个作业，在国外连小孩都做过，但是我们中国人却有许多人没有做过。请到场的家长同志坐在那里，少安勿躁，坐在那里不要动，在接下来的过程里无论发生什么，家长同志都请不要笑，你这笑会伤害孩子的自尊，那是一种虚荣的笑容，不是发自你内心的……请所有身边有家长的同学站起来，面朝你的家长。

同学们，站直了，听我告诉你，在这个世界上有多少不孝顺的孩子从来都没有正面看过自己的父母亲，所以请今天到会的同学们看一下你的父母亲，看看他们头上的白发，看看他们穿的衣服，看一看他们这些年为你操劳留下的皱纹。孩子们，看看你的妈妈，一个年轻美丽的母亲啊，自从你来到这个世界之后，你妈妈就放弃了她所有的爱好，妈妈没有再去唱过歌，也没有再去跳过舞，妈妈上班的路上想着你，下班的路上也想着你。孩子啊，小时候你生病去医院，你妈妈抱着你跟医生都跪下了，为了你，你妈妈从来没要过面子，可是你是怎么做的？在最冷的冬天，妈妈在冷水里洗菜，手都冻红了，你都没有说过一声：妈，您辛苦了；这么多年妈妈为你做了那么多，你从来没有在你妈最难过的时候说一声：妈，我爱你，因为你不好意思。看一看你的父亲，一个刚强的男人，爸爸在家里像一座山，支撑着一个家，爱着你和妈妈，没有爸爸的辛苦，就没有家里的幸福，可是你怎么做的？你经常抱怨你的父亲：你为什么不是老板，你为什么不是当官的？为什么我的爸爸没有别人的爸爸强？孩子们，当你这样说话的时候，我告诉你，我们当爸爸的还希望自己的孩子比别人的孩子强呢！你做到了吗？孩子啊，爸爸很不容易，爸爸太辛苦了，爸爸在家里非常地难，他每天给你的笑是爸爸最真诚的笑。现在的男人在市场经济的冲击下忍受着多大的生活压力，他们要忍受挣钱的压力，工作的压力，但是无论多大的压力，爸爸妈妈们在孩子们面前从来都表现出那种快乐和自豪。同学们，你还没有在你爸爸最难的时候说过一声：爸，你辛苦了；你还没有在你爸爸最累的时候说一声：爸，我爱你。在座的还有白发苍苍的爷爷奶奶和外公外婆，有多少同学我要批评你，你们在家里对老人是什么样的态度？像使用不花钱的佣人，你给我做饭，你给我拿书包，你给我洗衣服？孩子们，那是你爸爸妈妈的爸爸和妈妈！在他们年轻的时候吃没吃到什么，穿没穿到什么，好不容易终于把孩子养大了，今天替孩子看孩子，可那孩子啊，连个基本的礼貌都没有，给你们做的事情连句谢谢都没有，全是应该的！所以同学们今天学会爱的表达，真正地长大，每个人把头抬起来，仰啸天空："妈妈你辛苦了！妈妈我爱你！爸爸你辛苦了！爸爸我爱你！爷爷奶奶辛苦了，外公外婆辛苦了，我爱你们！！"……

看到视频中的学生和家长们哭成了一片，唐真不禁感叹，啥时候我也能够像邹越一样，在培训课上让那帮听课的学员也哭成一片呢？

6.1　成人学习理论与课程设计

在培训课程中，根据受众的学习特点和相关理论来设计课程内容、结构、形式等，才有可能使学习效果最大化。员工培训的受众基本上都是成年人,研究成年人的学习特点,对于培训课程的开发有非常重要的意义。

6.1.1 成人学习理论

一、成人学习的特点

员工培训中的学员基本上都是成年人,由于心理、生理和环境等方面的影响,成年人具有与青少年学生不同的学习特征。例如,成年人对知识的理解能力优于背诵能力;由于成年人扮演了多种社会角色,其在学习的过程中注意力往往不容易集中,经常被来自生活和工作中的各种琐事所干扰等。成人学习的特殊性吸引了许多西方学者对成人学习理论的研究。美国成人教育家诺尔斯(M. Knowles)作为西方成人学习理论的主要代表,他认为成人学习的主要特点可以总结为如下四点:

(1)学习自主性较强。在儿童和青少年的学习活动中,教师决定学习目的、学习内容、学习计划和教学方法,学生对教师具有较强的依赖。在成人的学习活动中,学生的自主性和独立性较大,学生对教师的依赖性较低,学生具有较强的个人意识和个人责任感,能够自己选择学习内容、制订学习计划,并希望教师关于教学的任何决定能够在与他们协商后作出。

(2)个体生活经验对学习活动具有较大影响。成人学习者在学习活动中更多地借助于自己的经验来理解和掌握知识,而不是以教师的传授为主。他们的已有经验与新知识、新经验的有机结合可以让他们的学习更加有效和有意义。而且,在学习活动中,成人已有的知识经验可以被当作其他人的学习资源。不过,成人的经验有时会形成某种学习定势而对学习产生消极影响。

(3)学习任务与其社会角色和责任密切相关。成人的学习任务已经由儿童、青少年时期的以身心发展为主转变为以完成特定的社会责任、达到一定的社会期望为主。对成人而言,学习任务是促使其更有效地完成他所承担的社会责任、提高社会威望的方式,学习往往成为他们职业生涯或生活状态的一个转折点。因此,这种学习具有更强的针对性,且学习动机较强。了解成人学习者的各种学习需要在成人教学中非常重要。

(4)问题中心或任务中心为主的学习。儿童和青少年的学习目的指向未来的生活,而成人学习的目的则在于直接运用所学知识解决当前的社会生活问题。因此,成人学生更喜欢问题中心或任务中心的学习。教育活动对于成人来说是一个十分明确的学以致用的过程,他们能够针对社会生活中的具体问题进行学习,并具有通过学习解决实际问题的强烈愿望。

二、成人学习的方式

不同的成人在学习方式方面具有自己的倾向和爱好,常见的成人学习方式有如下四种:

(1)行动型。这类成人学习者倾向于"从做中学",他们对于教师详细的讲授往往会感到不耐烦,当教师提问的时候经常不假思考就立即给予回答。他们热心于新事物,喜欢新的体验。在集体学习活动中表现积极、主动,很多情况下处于领导者的地位。

(2)深思型。这类成人学习者在回答问题前需要长时间的考虑,从多个视角全方位地考虑问题，这使得他们能够经常作出比较正确的决策，但是这也导致他们遇事犹豫不决。这类学习者喜欢与他人一起学习，因为这样便于搜集更多的观点和信息。

（3）理论型。这类成人学习者在解决问题前喜欢首先理解基本原理，然后提出假设，并采用循序渐进的手段来解决问题。他们常常用客观的、公正的和逻辑性较强的方法来解决问题，而不接受他人的主观判断和众多的不同观点。

（4）试验型。这类成人学习者喜欢尝试和应用新的观点。对于学习内容，一定要经过尝试后才会相信，这些人喜欢探讨新的、更加有效的途径来解决问题。他们充满信心、精力充沛，但总感到教师讲得太多；他们喜欢解决问题，认为只有在新的情境下才可以学到更多的知识；他们喜欢显示自己解决问题的方法，但是如果没有机会让他们自己做的时候，他们会立即感到失望。

三、成人学习的障碍

相对于少年儿童来说，成人学习存在许多障碍，具体而言有以下几个方面：

（1）环境障碍。环境障碍是大部分成人学习者需要克服的主要障碍，这类障碍主要是由家庭和工作环境引起的。例如，家庭、工作环境中不具备学习需要的技术环境，家庭和工作的责任对学习经历和时间有影响，以及财政困难和交通不便等。许多成人学生在学习的过程中需要兼顾工作和家庭，而且对于他们而言，工作和家庭往往比学习更为重要，一旦工作和家庭责任与学习发生冲突，成人学习者大多数会选择前者。

（2）生理障碍。随着年龄的增长，成人的生理功能也会出现衰变，如记忆力衰退、感知能力下降、各种器官活动速度减慢，以及体力上的衰弱等，这些对成人学习都会产生不同程度的影响。

（3）心理障碍。成人拥有的工作和生活经验，会形成某些思维定势，这使得成人对事物的认识和态度较难改变，那些对学习有消极影响的思维定势会成为学习的心理障碍。

6.1.2 成人学习理论在课程设计中的应用

分析成人学习心理特点的现实意义就是使企业和培训机构能够重视成人学习的心理特点，关注成人知识、技能内化的先决条件，全面理解其学习动机，从而设计出符合成人学习心理的培训课程。根据成人学习的相关理论，培训管理人员在设计培训课程时，应该注意以下几个方面：

一、相互启发和合作指导

成人都是具有独立人格的个体，培训师可以采取提问、分组讨论、让学员示范操作、参与讲授、进行体验性操练、角色扮演、游戏、户外拓展训练等多种方法调动员工的积极性，使他们参与到培训中，在学习中相互启发。同时，培训师在学习过程中要细心引导，与员工相互合作，共同进步。

二、让学员分享经验教训

员工工作中的成败得失是培训中的案例"金矿"，培训师在教学前一定要了解学员的知识、经验及需求。培训中要注意激发员工回忆起以前学过的相关知识，要注重员工的成败经验同教与学的设计结合。由于培训中运用的案例都是他们自己工作中发生的，具有典型性和真实性，培训师使用这样的案例进行培训，受训人员更容易理解且印象更深刻。最好是将培训与员工的工作、生活经验结合起来，使学习过程和工作过程相互促进，以形成一个良性循环。

三、根据兴趣和能力开发指导

不了解学员需求，就难以做到有的放矢，提高员工培训效果也就无从谈起。不能抓住学员的兴趣，学员就不会积极主动地去参与教学过程，培训效果也就不会很好。因此，培训师在设计培训课程时，所有信息资料、案例教学、内容安排都必须迎合受训人员的兴趣和需要。否则学员很快就会失去学习的兴趣和动力。培训师必须根据学员现在的能力状况，选择合适的培训学习材料，针对学员的兴趣点去选择授课方法，并通过告知受训人员培训能够针对性地解决他们工作中的实际问题，来持续地激发他们的学习动力；培训师应以学员熟悉的知识点为引子开始培训，再循序渐进地展开培训的相关内容。

四、反复练习

成年人的记忆力一般不如青少年，很多知识与技能，成年人必须反复练习才能真正掌握。让受训人员们不断练习、重复新的信息和内容可以提高他们在短期内记忆新信息的可能性；实际操作中培训师可以先讲授相关内容和过程，然后演示大纲和提要，再展示最终产品，最后再让受训人员按着要求重复演练，练习必须保证一定的强度。国外的科学实验发现，缺乏各类型的训练和练习，受训人员将在 6 小时内忘记所学内容的 25%，24 小时之内忘记 30%，在 6 周内忘记 90% 以上。让受训人员反复练习的内容越多，他们能记忆的信息就越多；另外，培训师也可以通过频繁提问和布置课后作业的方式来鼓励受训人员经常练习和重复学习；还有，指导受训人员对所学内容进行总结也是一种重复练习，培训师在培训过程中应要求受训人员多多回忆迄今为止培训中已涉及的内容。

6.2 课程设计的流程与方法

培训课程设计主要是培训师根据培训项目的要求，针对培训项目中的每一次授课的具体内容和教学方法等细节内容进行详细分析与安排，以保证授课效果的过程。

6.2.1 课程设计的流程

学校教育的课程安排强调素质的提升，而企业培训课程安排强调实用性，因此，开发企业培训课程和学校的课程有很大的差异，不能把教育领域的课程开发模型生搬硬套进企业培训的课程开发。一般情况下，培训课程开发流程包括"确定课程的名称与教学目标""确定授课的内容""构建课程内在逻辑结构""确定课程的表现形式"及"试讲与修改"

等几个环节。

一、确定课程的名称与教学目标

培训课程的名称必须明确。像大学的常见课程"市场营销学""人力资源管理"等都不能成为培训课程。如果在企业讲人力资源管理相关课程，一定会改成诸如"房地产企业人力资源管理"这样的课程名称，这种课程有明确的对象，能对企业产生指导价值。

教学目标主要是从知识与技能、过程与方法和情感、态度、价值观维度，简明扼要地阐述学员的预期学习结果。每次培训的教学目标不宜过多，应控制在 1—3 个。

二、确定授课的内容

培训师要根据课程的教学目标选择课程的内容，在选择培训课程内容时，主要要从针对性、价值性、现实性三个方面进行判定。其中，"针对性"主要是指要针对学员当下的生活和需要；"价值性"关注内容的有效性和重要性，满足企业提升学员绩效的需要；"现实性"重视学员能将所学知识运用于当前或者未来的工作情境，并考虑目前企业现有资源情况等。还有，内容和资源的形式应注重多样化，可以是实物、文字、图片、音频、视频等各种线下或线上资源。

三、构建课程内在逻辑结构

培训师要把相关的课程内容进行整理，使之结构化；当课程尚未结构化的时候，它只是一些零散的东西，不好记忆和理解，不能成为一个完整的思想体系。为此培训师需要对课程进行编辑，把相关知识点进行梳理与整合，形成一个逻辑清晰、结构完善的教学大纲。

教学大纲中，要确定关键性内容、非关键性内容和辅助性内容。另外，还要找出难点内容，对于难点内容要进行特别的设计。关键性内容反映了课程的价值点。培训课程的价值点就是帮助某类人提高某类能力，解决某个具体的培训需求。

寻找课程的价值点，构建课程的内在逻辑结构，一方面需要培训师具备丰富的实践经验积累，另一方面也是对培训师理论水平的考验。如果培训师只有理论基础、缺乏实践经验，就难以提出切合企业实际、操作性强的培训课程内容；如果培训师只有实践经验、缺乏理论基础，则讲出的内容可能会支离破碎，缺乏系统性和深度。

培训师的理论功底不是一蹴而就的，需要有多年的积累，培训师需要大量地阅读各种专业期刊和权威的学术著作，然后将这些理论知识与自己的实践相结合，逐步形成自己对某些事物、某些问题的看法。培训师不需要像学者一样研究出自己独创的东西，但是一定要了解本行业的重要理论和发展趋势，一定要善于搜集整理各种资料，找出各种资料的优缺点，然后取长补短，最后通过整合吸收，形成自己的一套观点。

培训师的实践经验积累也不是要求培训师从事过课程涉及的各种不同的岗位工作，而是要培训师经常接触奋战在企业实践工作一线的相关人员，通过观察分析和归纳总结等方式，协助他们解决实际问题。这也是从事过咨询行业的人员特别容易转型为培训师的原因。

四、确定课程的表现形式

课程的表现形式就是培训师具体采取哪些培训方法去展示课程的内容，让学员能够轻松地学习课程。选择内容和资源后，培训师应当考虑如何有效地将内容组织起来以便学员学习，即教学组织的过程。随后将组织好的课程方案落实到具体的教与学中去，即教学实施活动。

确定课程的表现形式，需要培训师对听课学员的基本情况有所了解，根据学员的特点和课程内容本身的情况，来选择最佳的课程表现形式。

五、试讲与修改

在确定课程的表现形式之后，就可以开始讲课了，但是在正式开始讲课之前，培训师还必须经过试讲和修改环节。试讲就是要让行家听一听课程到底怎么样，找到课程中存在的问题，哪里有缺陷。每次讲完课之后，培训师应该搜集反馈信息，认真分析讲课过程中需要改进的地方，并及时修改，课程才会逐渐成熟。

6.2.2 课程设计的方法

在整个课程设计过程中，要把握课程的定位、观点的整合与逻辑结构的梳理，并注意几个原则，具体情况如下：

一、根据课程定位，选择课程内容

培训师要对学员的心态以及知识与技能掌握的状况进行深入分析，比如对于这部分内容，学员想学什么？学员该学什么？培训师能教什么？培训师会教什么？哪里是学员的强项？等等，只有进行这样有深度的分析，才能保证授课内容的针对性。只有在对学员了解透彻的基础上，才能找到最合适的教学内容与手段。培训师要尽量选择重要性强、学习难度大、发生频率高而且受训学员胜任程度不高的内容作为培训的重点内容。

课程的准确定位是做好课程设计的重要前提。一堂课程如果定位错了，比如该给中层干部讲授的课程，讲给了普通员工就有可能完全达不到预想的效果。

对课程内容进行整体设计时，要考虑的常见问题有：针对学员的心态、观念可能存在的误区，可以从哪几个方面进行引导，需要设计什么样的环节，让学员产生某种体验，从而为改变其态度提供机会；针对学员知识上的盲点，主要讲授哪些理论与原理，哪些是比较难以讲清楚的难点，哪些是必须理解和掌握的重点；针对学员技能上的薄弱点，进行哪些有针对性的训练，这项技能有哪些典型的情形需要作详细的解析，以及有哪些实施步骤和实施要点。

二、观点的整合与逻辑结构的梳理

培训师要在深入分析的基础上，从不同角度审视内容，考虑培训对象的独特需求，从中提炼课程的主要观点。提炼课程的主要观点的步骤是：第一，准确定义与主要观点相关的基本概念；第二，适当选取经典理论作为主要观点的依据；第三，对实际问题进行分析；第四，总结提炼主要观点。

有了主要观点，就需要按照一定的逻辑顺序对课程内容进行组织与表达。这就需要用清晰的逻辑把课程内容联系起来，培训师对课程内容的组织与表达应该做到：思路清晰、主题鲜明、逻辑合理、层层递进、观点鲜明、论证到位、针对性强。每一门培训课程都要有一条鲜明的逻辑主线贯穿始终。观点表达可以采用两个基本方法：第一，归纳法，即从具体事例开始，通过逐步论证，最后得出结论；第二，演绎法，即先得出结论，然后举出事例等予以证明。

另外，在课程设计过程中要把握以下几个原则：

（1）将潜在的问题充分展现。潜在的问题正是培训点，但学员可能没有意识到，甚至认为自己没有问题。必须在培训之初，通过游戏、提问、测试、案例研讨等多种方式启发学员的思维，使其将问题展现出来。具体而言，可以分四步来做：第一，自我检视。通过游戏、测试等方式，帮助学员发现工作中存在的问题与思维上的误区，激发学员的学习欲望，使其树立正确的自我认知。第二，理论指导。为学员提供解决问题的科学方法和理论依据。第三，实战演练。通过操作实训等形式使学员的认知与理论得以全面实践。第四，总结反思。通过案例分析、交流探讨等形式使学员联系工作实际，将学习所得进一步升华，深入反思自己离学习目标还有哪些差距，应在哪些方面继续努力。

（2）将抽象的内容变得生动形象。有些培训课程的内容比较抽象，直接讲解可能会比较枯燥。为了便于学员理解培训师，可以通过最直接、最精练、最准确的一句话来表述内容；通过寓言、笑话、游戏、模拟表演来传达内容；通过对问题、案例的剖析来启发内容；通过联想、对比来强化内容；通过培训师与学员的对话来激活内容；通过数据、图表、实例来证实内容。总之，课程设计要丰富、生动、具体，使学员愿意接受。

（3）使课程的内容贴近实战。培训课程只有紧紧围绕企业的需求而设计。立足于解决企业的实际问题、具有很强的操作性，才能够受到广大学员和相关管理部门的欢迎。因此，培训师不仅应该在设计课程内容之前进行认真细致的调研，还应该在平时就关注企业的各项政策的出台和行业的动态变化，时刻把握企业发展的具体情况，了解企业领导对培训工作的要求，了解学员目前的心态、知识与能力水平，从实践中搜集鲜活的案例。针对企业目前存在的问题，培训师要结合实践中发生的典型事例向学员讲解相关的理念、原理等；要系统总结实际工作中可能遇到的典型问题、常见问题，并尽量给出解决这些问题的可操作的方法；尽量多向学员提供面向实际日常工作的操作流程和评价标准。只有这样的培训课程才会有很强的针对性，学员学习后才会有真正的收获，这样的课程才会真正受到企业的欢迎。

（4）将工作经验提升为理论。当要推广企业实践中形成的行之有效的工作经验时，培训师必须将重要的操作要点进行概括和精炼，最好能够将操作步骤画成直观的流程，从特殊中提炼出普遍适用的内容，对适用情况、工作环境、操作条件等进行必要的说明，并且能够根据不同的使用对象，有针对性地调整内容。

> 专栏 6-1

开发课程过程中常见的错误

1. 课程名称平淡枯燥，缺乏吸引力

古人说："赠子千金，不如教子一艺；教子一艺，不如赐子好名。"名字是一门课程的代号，是学员对课程所建立的第一印象。有人对此会不屑一顾，认为内部课程只要讲出干货就好了，何必在意那些花里胡哨的噱头？殊不知，"酒香还怕巷子深"，各种信息充斥着人们的视线，如何才能让你的课程具有视觉冲击力，让人眼前一亮，引发学员的兴趣？试着比较一下，"门店陈列技巧"与"如何让你的门店颜值爆表"哪个名字更容易获得关注？"童鞋开胶的应对措施"和"跟童鞋开胶说再见"哪个更能让人感觉生动、贴切？答案不言而喻，后者更符合名字的四个原则，即准（精准）、雅（优雅）、力（冲击力）、简（简洁）。

2. 课程目标的描述含糊笼统，不够聚焦

课程开发需要以终为始的思维，所谓的"终"就是指课程目标和收益。课程目标的界定是否具体、清晰和准确将决定课程开发的方向、重点内容及相应的教学方法，直接影响最终的培训效果。企业内部的课程开发人员在课程目标的撰写中常会犯一些错误。比如，课程目标制定得过于笼统和宽泛，像"学会问题分析与解决的思维和具体方法"一句概括，再无下文。应该可以具体些，如"能运用××步骤查找问题原因""熟练使用解决问题的××工具"等。再如，课程目标好高骛远，不切实际，像"通过课程学习，使成本下降20%"，培训仅仅是影响成本的因素之一，课程学得再好也很有可能达不成目标。还有诸如课程目标与需求分析脱节、课程目标文字表述不清、语法错误等情况。

3. 课程内容架构不清晰，连贯性不强

课程内容架构就像建造房屋的主体框架，是高楼大厦的内在支撑。耦合度、严谨性、层次性等因素将会直接决定主体框架是否牢固，进而影响房屋的整体质量和安全性。同样，一门课程的质量如何，很大程度上取决于课程内容架构的逻辑性、连贯性，没有结构和逻辑的信息是无法被学员有效吸收和理解的。

4. 课程内容深度不够，浅尝辄止

企业内部课程的精髓在于传授那些隐性的窍门、方法和经验，而不是众人皆知的职责、操作步骤和标准要求。但企业的课程开发人员往往欠缺的就是如何将这些隐性经验显性化、显性经验标准化，挖掘出工作成果背后的关键行为、动作和技巧，殊不知这些才是学员真正感兴趣的内容。这个问题映射到课程上就体现为学员感觉课程深度不够，听课体验不是很好。

5. 对教学方法如何灵活应用知之甚少

教学方法的价值在于支撑学习目标，匹配课程内容。在企业内部课程开发的过程中，普遍存在的问题是教学方法单一，单纯以讲授为主；或者看似教学方法花样百出，但与课程内容的相关性不大。常见的教学方法包括讲座、讨论、练习、小测试、演示、案例、角色扮演、游戏、模拟9种。越靠前的教学方法越强调讲师的讲授，适合知识和信息的传递，对讲师的演讲能力要求高；越靠后的教学方法越注重学员的参与、体验和互动，适合观念、态度的启发，对讲师的指导和控场能力要求高。因此，针对不同的教学目标和内容，要匹配最有效的教学方法和方法的组合。

6. 缺乏内部案例和素材的积累、沉淀

内部案例既是课程的关键素材，也是企业先进文化、经验教训、集体智慧的沉淀载体。"以史为镜，可以知兴替"，通过对企业历史关键事件的复盘、总结和提炼，可以帮助企业更深刻地认识自我，扬长避短，为下一步的决策和行为提供指导和借鉴，同时能使后继者少走弯路，提高效率。在企业内部课程开发的过程中，我们常常发现课程开发人员可用的内部案例太少，并不是企业没有案例，而是没有专人负责整理和提炼，也缺乏科学的方法和工具。科学的案例开发需经过工作任务分析、典型场景分析、案例主旨选取、案例编写等九个步骤，最终逐步建立企业内部的案例库。

资料来源：引自中人网，www.chinahrd.net/blog/350/1131757/349371.html，有删改。

6.3 培训师素质与能力要求

6.3.1 培训师的角色和层次

古人说："师者，传道授业解惑者也"，实际上就是优秀教师需要扮演的三个角色，从培训师的综合素质要求来看，一个优秀的培训师也需要扮演这样三个角色。

培训师要扮演的第一个角色是解惑者，也叫理论专家。这个角色要求培训师在培训课程中能够为学员答疑解惑，提供系统性的理论指导，帮助学员提升看问题的高度和丰富其看问题的角度；从培训师自身发展来说，只有拥有了深厚的理论基础，才可能形成自己对某些重要问题的独特观点，继而开发出属于自己的品牌课程，从而进入一流培训师的行列。

培训师要扮演的第二个角色是授业者，也叫技能教练。企业的员工培训课程更加重视技能的传授，因为企业很多实际问题光用理论知识是无法解决的。对于员工来说具备做事情和解决实际问题的技能才是最重要的，因此，培训师更加重要的使命是教会学员做事情的相关技能、方法和诀窍。

培训师要扮演的第三个角色是传道者，也叫人生导师。一个优秀的培训师不仅仅能够为学员提供理论指导、传授职业技能，还要能够用自己的人格魅力影响听课的学员，让他们在学习知识技能的同时，还能获得为人处世的人生智慧。

从一个培训项目来看，培训师在培训项目中至少扮演了三种不同的角色，即设计师、教师和总结者。在培训前，培训师是设计师；在培训中，培训师是演讲者、引导者，是导演、导游、教练；培训后，培训师是反馈者、总结者、改良者。

可见，培训师是集多种能力与特质于一身的人。业界有人根据培训师的水平，把培训师分为三个层次，即业余培训师、专业培训师和职业培训师，他们各自的能力介绍如表 6-1 所示：

表 6-1 培训师的三个层次

	业余培训师	专业培训师	职业培训师
课程开发能力	讲授其他人成熟的课程 拥有自己的小型课程 能独立主训一天以下的课程	能创造性地主训已有的课程 拥有自己的中型课程 能独立主训2～3天的课程	拥有自己的优质课程 能创造性地主训已有的品牌课程 培养了接班人
课堂表现能力	姿态形象、表达力、表现力、互动能力 "演"	表达的流畅与美感 培训手段的灵活运用 良好的点评与互动功夫 "演"＋"导"	精巧的内容结构、多种培训方法和娴熟的控场技巧 课程价值的深刻性 "演"＋"导"＋"编"
综合素质	专业知识；形象力、表达力、模仿力	人文素养、学习力、专业知识	人文修养、正确的知识结构 创造性学习力、深厚的专业造诣

6.3.2 培训师的基本能力

要成为一个合格的培训师应该具备以下方面的能力：

一、沟通能力

良好的沟通能力是一个优秀培训师的基本素质要求。优秀培训师除了在培训前期要与人力资源部门、学员甚至领导进行良好的沟通以外，还需在培训课程开始前与听课的学员进行充分的沟通，了解学员在培训现场的动机和心态。另外，优秀的培训师还会在培训过程中的休息期间和学员进行充分交流，从而在整个培训现场准确有效地把握学员的状态，引导学员进行与培训主题紧密结合的互动。

二、影响能力

面对十几个或上百个成年人，培训师是否有能力去引导他们的思路，掌控他们的思维，就要看培训师的影响力了。如果培训师有足够的影响力，他就能很快地把自己和课程推销给学员。这并不仅仅依赖于培训师开场时对自己的经历作一番极具吸引力的描述，也不仅仅依赖于培训师以某个新颖、大胆的观点在学员中造成瞬间的冲击，还要看培训师在培训过程中能否一直让成年学员心甘情愿地顺着培训师的思路走。培训师的影响力不仅和培训师的水平有关，也和培训师的个人品牌的塑造有关。

三、表达能力

表达能力既指口头语言的表达，也指肢体语言的表达。培训师在面对学员的时候，首先要有一种表达的愿望，至少在众人面前不木讷、不羞于开口、不手足无措，这些都是最起码的素质。有的培训师就非常具备这种特质，越是在人多的场合越是兴奋，越是想表达自己。不管多么疲惫或是缺乏准备，只要他一上演讲台就会变得精神抖擞。另外，表达能力还体现在好的培训师可以言简意赅地将复杂问题简单化,同时课程讲解生动活泼。所以,表达力不单是口头是否利落,更在于你对培训对象的接受程度的关注,对课程内容化繁为简的驾驭能力。如何提高自己的表达力,可以从以下方面做起:第一,讲述时要条理清晰、内容充分、深入浅出;第二,讲故事要娓娓道来,有声有色,打动人心;第三,案例分析和点评要一针见血,分析透彻;第四,角色扮演或互动游戏要语言幽默风趣,善用肢体语言,打破课堂沉闷。

四、应变能力

在培训过程中,人员、任务或环境发生变化是常有的事情。有时候,这种变化会很大而且很突然。但无论发生什么,培训师都要排除困难保持培训效果。例如,投影仪突然失灵、电脑软件发生故障,这都会影响到培训的正常进行。因此,培训师在授课前要设计如果电脑软件等设备发生故障时的应急预案,而当类似的意外发生时,要根据实际情况灵活调整应急方案;或者,当有学生故意作出和培训意图相反的回答时,培训师可以不愠不怒地说一句:"这位学员可真会开玩笑!"或幽默地来一句:"这倒是一个有创意的想法,大家为他鼓掌好不好?"

五、组织能力

作为一名培训师,要做大量烦琐而细致的前期工作,包括对课程内容与方法的编排和设计,对上课时间、地点、用具的考虑,以及各个受训单位或学员的特殊要求。能否对这些进行有序的计划和安排,是保证课程能否顺利进行和完成的前提条件。同时,培训师还要考虑到意外情况的可能,预留一些时间和资源。计划做好之后,再按照计划严格地组织和安排培训活动,以使培训顺利开展。

六、观察能力

观察能力简单来说就是指培训师在培训课堂上要善于"察言观色",观察学员的眼神有没有游离;姿势是否长时间保持不变;对讲师的提问有没有反应;学员在听了某个知识点之后,是迷惑不解的表情,还是做恍然大悟状,或是若有所思、频频点头等。这些下意识的反应可以看出学员对培训内容理解和掌握的程度;在培训过程中,学员表露出焦急的神态可能是有其他事情需要处理,学员紧盯着培训师欲言又止,大概是想发表自己的见解;学员始终保持着抗拒课程的身体姿态大概是对课程有意见等。总之,学员有意无意地表现出来的语言或非语言的信号是培训师应该时刻注意的,并根据这些语言信号,随时调整自己的授课进度和方法,只有这样才有可能获得最佳的教学效果。因为培训课程是以学员为中心的,培训的目的是使学员理解知识掌握技能,而非培训师单方面地灌输。时刻把握学员的状态和需求是培训师的基本功。

七、控时、控场能力

控时能力指的是培训师应该能够按照事先规定的教学计划实施培训。控时即把内容和形式进行合理规划,分阶段实现教学目标。培训师的控时能力成长有三个阶段,分别是讲不长、不会收和收放自如。第一个阶段:讲不长,即谈资较少或形式运用不善,导致内容讲完了还有很多时间。第二个阶段:不会收,即准备工作是充分的,谈资也是有的,一旦讲起劲来收不回，时间超时，令学员坐不住。第三个阶段：收放自如，时间用得刚刚好，一切尽在掌握中。

控场则考验培训师对现场的驾驭能力。培训师可以从两个方面来提升自己这方面的能力：一是提高自己的专业性和权威性。通过讲师介绍、形象礼仪、课程编排、培训技巧等展示出来。学员心里是希望有好的老师带给自己所需要的专业知识与技能。提高专业性和权威性能增强学员的信赖度与安全感。二是调动气氛，实现互动。培训师通过大量的提问和引导提问并提供很有说服力的回答来赢得学员的好感与尊重，从而使学员的参与积极性和热情得到大大地提高，在培训过程中争相提问。而在这样的互动环节中，培训师确实又扮演着咨询师的角色。学员在提出问题时，培训师需要运用大量的培训技巧，如引导、鼓励、转移、倾听、提问等方法，并结合自己丰富的工作经验，最终给学员以满意的答复。

八、自我激励能力

培训是一个无论在体力还是在精力上消耗都很大的工作。站了一整天、讲了一整天、维持了一整天的课堂气氛之后，培训师的身体和精神已经极度疲劳，是否还有动力进行第二天的课程准备和课程讲授，这就要看培训师的自我激励能力了。一个优秀的培训师在体力和精力大量透支的情况下，还能表现出正面积极的情绪，鼓励自己把培训继续做下去，甚至把培训做得更好。如果缺乏自我激励的能力，培训将是一件非常痛苦的事情；而通过培训师情绪的传染，学员也会很容易地觉察到这一点，最终严重影响培训的授课效果。

九、学习能力

对于培训师而言，学习是工作的一个部分，或者说是工作的一种形式。培训师要开发新的课程或者对原有的课程进行充实和提升，都需要依靠刻苦的学习。培训师要学习的内容主要有三个方面，分别是管理理论知识的学习、管理实践技能的学习和授课技巧的学习。培训师通过不断地学习理论，可以提升自己的理论水平，使得自己能够从更高的层面上更深入地分析管理问题，从而形成自己独特的观点。而管理实践技能的学习则可以增强培训师授课的实用性和操作性。授课技巧的学习则有助于培训师把课程讲得更加精彩。培训师学习能力的强弱是衡量培训师成长速度的基本指标。

📍 **华光培训窗**

培训师授课评价表的设计

2016年精益公司的培训师师资体系初步建立，涌现了一批很优秀的兼职培训师，另外，还有很多人也希望成为企业的兼职培训师。这天，黄学艺找到唐真，要他做一份兼职培训师讲课效果评估表，要求能够用量化的方式全面评估兼职培训师的上课水平。如果兼职培训师的得分低于某个分数，就要降低津贴额度、课时费标准，乃至取消兼职培训师资格。唐真手头上正好也有一堆事情，有点为难地说，"现在公司培训的工作越来越多，我有点忙不过来了，能不能找别人做呀？"黄学艺说，"我知道你很忙，现在的工作量太大，我们人手不够，明年肯定要增加人手。但是现在我们只能先扛着啦。要不这样吧，你发通知让那些兼职培训师去做这个评价表，然后从中选择一个做得最好的来用。你可以在通知中说，如果他们做的表格被我们采用了，将获得相应的物质奖励。"唐真很高兴地答应了，一周后，唐真交给黄学艺两张表说，"经理，我收了十多份评价表格，我觉得这两份表格都设计得很不错，到底用哪份好呢？我有点拿不准，要不您来决策吧？"

表 6-2　培训师授课评价表

评估对象姓名		所属部门		培训主题	
1. 课前准备（15%）	A. 课前几乎无准备，缺少必备资源，影响正常授课进程 B. 课前准备不充分，基本保证了授课进程 C. 课前准备较充分，授课进程安排欠合理 D. 课前准备较充分，授课安排较合理 E. 课前准备充分，课程安排合理、顺畅				
	选项（　），实例/评语				
2. 授课态度（10%）	A. 精神不振，不自信，感觉敷衍 B. 精神不饱满，不自信，讲话声音小 C. 较自信，声音较洪亮，但无情感，照本宣科 D. 自信，吐字发音清晰，声音洪亮，较好地发挥了讲师水平 E. 充满自信，发挥特长，融入角色，投入情感，声音极具感染力				
	选项（　），实例/评语				
3. 台风（10%）	A. 衣着、举止、行为不得体，给人印象不好 B. 衣着、举止、行为尚得体，但不专业 C. 衣着、举止、行为较得体，基本符合专业讲师标准 D. 衣着、举止、行为得体，大方，具亲和力 E. 衣着、举止、行为得体，受人尊敬，具感染力				
	选项（　），实例/评语				
4. 课程主题掌握准确度（20%）	A. 对课程主题了解不清楚，表达不明 B. 对课程主题有所了解，但无自己见解，表达不清楚 C. 对课程主题了解较清楚，仍不深刻，表达照本宣科 D. 对课程主题了解清楚，有自己见解，但不深刻 E. 对课程主题了解清楚深刻，表达清楚，把握准确				
	选项（　），实例/评语：				
5. 时间管理（10%）	A. 时间安排不合理，与课程正常进度相差半小时以上 B. 时间安排不合理，规定时间内不能完成规定内容任务 C. 时间安排较合理，但课程内容与授课比重考虑欠妥 D. 时间安排合理，课程内容与授课比重基本妥当 E. 时间安排合理，课程进度紧凑、完整、适宜				
	选项（　），实例/评语：				
6. 授课技巧（15%）	A. 授课技巧较差，课堂安排不合理，学员反应差 B. 授课技巧一般，授课方式单一 C. 授课技巧较好，授课方式较灵活，但与内容配合欠妥 D. 授课技巧较好，授课方式较灵活，与内容衔接较得当 E. 授课技巧好，授课方式与内容衔接相得益彰，学员反应好				
	选项（　），实例/评语：				

(续表)

评估对象姓名		所属部门		培训主题	
7. 课堂气氛（20%）		A. 课堂气氛沉闷或过于散漫，效果较差 B. 课堂气氛尚可，学员压力较大 C. 授课技巧较好，气氛较活跃，但学员积极性未调动好 D. 课堂气氛活跃有序，学员积极主动 E. 课堂气氛活跃有序，学员潜力得以充分调动发挥 选项（　），实例/评语：			
总分					
评估人		需改进处			

表6-3　培训师授课评价表

项目	分类	5分最高，1分最低					评分标准与解释
		5	4	3	2	1	以下表述为5分满分的条件
	分类评价，占总分的70%						
1		讲师肢体语言表现（5项，25分）					
1.1	站姿、行姿、手势表现是否得当						站姿：双腿笔直，不弯曲；挺胸 行姿：根据讲授内容有一定的走动，但是不会连续来回地徘徊，让人头晕；走动时，眼神始终保持与学员接触，并没有背对学员的情况出现 手势：双手自然摊开在小腹位置，有一定的变化；没有叉腰、叉裤兜、抱胸、背手的习惯性动作
1.2	紧张情绪控制是否适宜						表达准确清晰，语速在120～150个字/分钟；无口头禅 脸不红，不出冷汗；眼神镇定，不四周张望 没有多余的或习惯性出现的肢体动作
1.3	目光是否关注每个听众						没有持续地盯天花板、地板和黑板 没有持续地看某些学员并从不关注其他学员
1.4	面部表情是否亲切						面部表情有亲和力 面部表情随着讲授内容而有变化，并配合讲授的内容
1.5	板书是否适当和清晰						讲授内容的重点、关键点和难点，为方便学员理解和深刻认识，在白板中板书并强调，方便学员做笔记和记忆 板书字迹工整，清楚，大小适中，每个学员都能看见
2		授课表达技巧（5项，25分）					
2.1	表达是否清楚易懂						所有专业术语和名词都有通俗的解释和说明，能将复杂的原理解释透彻和清楚，让每个学员都能掌握和理解 口齿、吐字清晰，普通话发音不影响学员的听讲
2.2	声音是否抑扬顿挫						根据授课内容，声调、语速和节奏有不同的变化
2.3	没有多余的口头禅和无意义的废话						没有"啊、然后、接着"等频繁出现的口头禅，以及与内容无关的废话、累赘的语言和声音助词
2.4	是否用声音强调重点						讲授内容出现重要的概念、故事在精彩的地方需要声音的特殊处理，或者高，或者低，与平时的声音不同，以吸引听众的听觉神经
2.5	是否有运用停顿						授课在提问、重点、内容承接和转换话题时，运用短暂的停顿以表示区别

(续表)

项目	分类	5分最高,1分最低 5 4 3 2 1	评分标准与解释 以下表述为5分满分的条件
3		与学员互动和交流情况（5项，25分）	
3.1	是否鼓励学员参与		授课时讲师刻意地关注学员的听讲状态，当发现学员兴趣低落时，会采用各种成人教学手段提高学员的学习兴趣和参与意识 采用的互动手段有：提问、游戏、活动、情景模拟、分组讨论、学员分享、案例分析等
3.2	是否运用破冰调整学习气氛		讲师在上课开始，或者与陌生学员刚接触时，讲师的授课重点不急于放在讲授内容，而是放在学员的情绪和兴趣调动上 通过列举学员都能接受和理解的故事、案例，由浅入深地慢慢将学员引导到新的知识点和授课内容上 利用幽默打破陌生学员和老师之间的隔膜和紧张感 通过介绍自己和授课的主题，让学员了解学习目的和方向，集中学员的注意力
3.3	是否适时提问启发学员思考		在需要时会向听众提出各种问题，让学员思考或回答，增强授课的互动性 提出的问题难度适中；提问的时机也把握得好 不会刻意为了增强互动性而提问
3.4	能及时处理学员的提问和疑问		当发现学员的表情有疑惑出现，会及时地停下来，了解学员对内容的理解程度，并回答学员的疑问，再继续授课
3.5	关注学员的反应并及时调整内容		授课的内容和节奏并不是固定的，每次授课根据学员的实际情况和听课的反应调整进度和时间 重点和关键点的讲授时间可根据学员临时调整
4		内容组织情况（5项，25分）	
4.1	引导主题是否吸引学员		课程开始和单元开始都采用切题和引导技巧吸引学员 采用"悬念"和"适度夸张"手法处理讲授的内容 出其不意或者意料之外、情理之中的授课内容
4.2	内容是否层次清晰、逻辑顺序是否合理自然		授课内容组织得有条理，内容分成几个部分；每个部分分成几个小点；每个小点分成几个层面——点线清楚 知识点、故事、案例之间有关系——主线的存在 点之间的线——逻辑合情合理
4.3	观点和论据是否清楚明确		授课内容观点清晰明确 论据素材充分，可信 论证角度多元，不偏激、不片面，让人信服 论据所选取的素材与论点的关系密切，有说服力
4.4	内容安排是否有重点，主次是否明了		内容重点突出 内容主次分明
4.5	故事和案例是否与内容贴切和有启发性		每个重要的知识点和观念都有相应故事和案例说明 故事和案例素材的选取与讲授内容有直接的关系，有助于学员理解和接受讲授内容 故事和案例的处理手法——突出重点，与内容有关的细节详细讲解，无关的铺垫快速介绍和略过

(续表)

项目	分类	5分最高,1分最低					评分标准与解释
		5	4	3	2	1	以下表述为5分满分的条件
4.6	内容之间的承接是否流畅和自然						课程从宏观上是一个整体 课程从微观上是各部分有机的结合 内容上承接自然,一气呵成
5	总体评价(10分),占总分的30%						
5.1	授课是否始终吸引听众						学员始终对讲授充满好奇和兴趣 内容生动,容易消化 不断有机会让学员参与和思考,学员的思路紧跟老师讲授的主线
5.2	是否有说服力和影响力						讲授的方式和内容有强大的说服力和理论依据 给每个学员以思想的震撼

6.4 培训师技巧与能力训练

根据培训项目的内容,可以把培训项目分为知识、态度类培训项目和技能操作类培训项目,这两类培训项目的培训方式差别很大。

知识类培训的关键是记忆,因此培训师授课必须想方设法地让学员记住自己所讲的内容。一般地说,如果知识涉及的事实能吸引学员的注意力,那么,记忆效果就最好,但涉及信息内容过多也会影响学员集中精力记忆。另外,让学员介入学习过程是使他们集中精力的好办法。

态度类培训的关键是体验,培训师必须想方设法地让学员投入感情,触动学员内心深处的某些观念,才能产生体验。产生了体验,学员才会反省自己的态度。

技能操作类培训的关键是老师讲解、示范之后,组织和带领学员进行反复的模拟和实地训练,以达到熟能生巧的效果。

6.4.1 知识、态度类培训授课技巧

获取知识的关键是记忆,记忆的关键则是集中精神,而集中精神的关键在于学员对教学过程的参与和投入,让学员对教学过程的参与和投入的关键在于内容是否有吸引力,并且是否易于理解。通常,要使一堂知识课气氛活跃并有趣味性是很不容易的。我们可以从开场白、结尾、正式讲课的原则和互动技巧等几个方面进行考虑。

一、开场白

所谓"行家一出手,就知有没有",在心理学中有一个首因效应,培训师给学员的第一印象会极大影响到后续的授课。如果培训师给学员的第一印象差,开场白就会不吸引

人,甚至没有开场白的话,那么,学员学习的积极性会大受打击。因此,培训师要高度重视开场白,在开场的 5 分钟内,想方设法地吸引台下的学员,激发学员的学习热情。而要做到这一点,就需要有精心的设计。

1. 开场白的结构

一般情况下,开场白由五个部分组成,分别是引子、主题、介绍、收益点和规范。

(1) 引子。引子是开场白的第一个步骤。一般情况下,培训师授课时常常会发现已经宣布开始上课了,但是台下的学员往往还没有进入状态,部分学员还在聊天、看手机等。所谓引子,就是要想方设法吸引学员的注意力,让他们进入上课的状态。引子的方式多种多样,但万变不离其宗,目的都是吸引学员来关注今天讲课的主题。所以,再华丽生动的引子,如果它与主题没有任何关联,也只能是一个失败的引子。

(2) 主题。主题就是今天上课要讲的中心内容。当听众为生动的引子所吸引时,演讲者要不失时机地导出自己演讲的主题,让学员明白本次上课的宗旨与核心内容是什么。

(3) 介绍。介绍包括两个内容,一个是自我介绍,另一个是讲课基本内容的介绍。自我介绍有时候也会放在引子之前,成为开场白的第一个步骤。甚至在没有讲课之前,培训的主办方就会对培训师进行一个介绍。对于知名培训师或者学员比较了解的培训师,自我介绍往往是不需要的。但是,对于一个不知名的培训师来说,进行自我介绍,让学员对培训师的功底产生信任,是有利于提升学员上课的积极性的。但是,要切忌华而不实的过度包装,不厌其烦地自吹自擂。在自我介绍环节,如果培训师有一些比较有趣或者对于学员来说比较有价值的个人经历,说出来和大家分享,也可以提升开场的吸引力。

而对于课程内容的介绍则应该做到简洁明了,让学员容易记忆。如果能够把讲课的基本内容编成对仗工整、有趣的顺口溜,作为学员理解本次讲课的基本线索是非常有价值的。还可以考虑把几部分的内容通过一些比喻、象征的手法进行包装,用图片展示出来。比如,某位培训师把整个课程内容比喻成一次航空飞行,然后把课程内容的几个部分分别比喻成航空飞行过程中的几个步骤,这让学员特别是有过航空飞行体验的学员一下子就产生了极大的兴趣。

(4) 收益点。培训师要铭记,学员真正关注的不是课程内容,而是课程内容可以带给他们的价值,也就是收益。所以,聪明的培训师会把课程的主要内容全部转换成收益点,让学员清楚地知道通过这次培训,他们能够获得什么样有价值的知识或技能。价值才是学员上课的根本动力,如果上课的内容缺乏价值,不能给学员带来收益,那么,即使使用再多的技巧来精心设计课程,也难以让学员变得积极主动。

(5) 规范。一般来说,开场白有上述四个内容就基本完整了。但是对于一些时间比较长的培训,比如培训需要持续一整天或者连续几天,这个时候,培训师可能就有必要把自己的教学的基本思路、基本方法和基本目标给学生做一个交代,让学生心里有数,从而更好地配合教学。还可以就上课时对学员的基本要求,以及自身与学员的关系定位等问题向学员作出说明,以营造良好的课堂教学氛围。在说明规范要求时,培训师不能像学校的教师,特别是中小学老师那样显示自己教师的权威,因为台下的学员资历和个性差别非常大,这样做可能导致部分资历老、个性强的学员出现不满情绪,继而影响整个培训的教学氛围。培训师要明白自己和学校的教师的角色定位是不一样的,培训师应该把学员作为自己的团队伙伴,将他们视为课程主角的一部分,努力缩小自己与学员间的心理距离,建立一种轻松、和谐的师生关系。这样可以使学员感到自己受到了尊重,从而提高了学员参与互动的积极性。

2. 如何提升开场白的吸引力

在开场白的五个组成部分中,收益点自身就具有强大的吸引力,无需进行专门的设计;而主题强调简单和鲜明,也不需要进行专门的设计,真正需要认真设计的是引子,课程的主题需要引子来提升自身的吸引力。另外,介绍和规范部分也可以通过精心的设计来提升吸引力。当然,其中最重要的还是引子的设计。常见的引子设计方法有:

(1) 提问法。提问法开场是最经典的开场法,具体做法就是提若干个与主题密切相关的问题,让学员进行回答,激发学员的思维和兴趣,把学员注意力引向课程的主要内容。问题应该围绕着大家身边的事物进行设计,尽量提大家比较关心的问题。

专栏 6-2

PTT 提倡的问题式开场

PTT(又称职业培训师培训或者展示技能培训)提倡在开场时以三个问题引入主题,这三个问题分别是:

(1) 问学员是否意识到了课程的重要性,最多问 4 个学员。然后进行一个全面互动,问所有学员,提升某技能是否重要。让大家齐声回答。

(2) 问学员与课程内容相关的工作生活中常见的问题。问 5~6 个学员。

(3) 问学员希望在本次课程学习到什么内容。问 5~6 个学员之后,请大家给他们掌声。

培训师在三个问题之后进行一个小结,引入一天的课程。问题设计应该尽可能有难度,能够与课程最核心、最深刻的内容相关,最好能够让大部分甚至所有学员都回答不上来,这样,不仅可以抓住学员的注意力,还可以在学员心中建立培训师的权威性。

(2) 背景资料法。培训师在开场时提供与所讲的主题相关的一些背景资料给学员,让大家对主题有所了解,也吸引大家对主题的兴趣。这就要求相关资料具有一定趣味性和可读性。太过抽象和复杂的资料,反而会引起大家的倦怠心理。比如,"这个月我们的产品产量又提升了,累计加上前三个月,这个季度比去年同期已经提升了 15%,我们在进步。但是我对比了其他车间,发现另外几个车间的增长率都在 25% 以上,和自己对比我们在进步,和他人对比我们却在退步。下面我要讲的就是如何提高生产效率"。

(3) 讲故事法。一个好的故事能够一下子吸引观众,特别是一些观念和态度的培训,应该设计大量的故事作为案例,引发大家的思考。不过需要注意的是,有的培训师为了调节气氛会讲一些和主题无关的故事,这种故事除了让大家放松一些之外,意义并不大,尽量不要使用。

(4) 引经据典法。引用与主题相关的名人名言、诗词歌赋,尤其是国学方面的主题,这样一开场就显得很有"范儿"。

二、结尾

我们知道心理学上不仅有首因效应，还有一个近因效应，因为首因效应的存在我们需要重视开场白。但是，如果前面的内容讲得还算精彩，在最后结尾时，因为种种原因给学员留下不好的印象，也会对培训的效果产生比较严重的影响。常见的比较失败的结尾情况有以下几种：

（1）戛然而止。培训师在课程结尾时没有满足学员的心理预期，感觉应该讲的内容还没有讲完，使学员感觉若有所失。

（2）陈腔滥调。培训师重复讲过的内容或者一些价值不大的激励人的套话，让学员感觉厌烦。

这两种情况经常出现在新手讲课的过程中，新手因为缺乏讲课经验，常常会把握不好时间。有时候因为准备的内容太多，课堂时间不够，最后不得不匆匆结尾；有时候因为准备的内容太多，或者讲得太快，导致课堂时间有余，不得不反复说已经讲过的内容。

（3）过度发挥。培训师不考虑学员的感受，讲到兴头上有说不完的"最后几点"，结不完的尾，使学员疲惫烦躁。这种情况在领导讲话里经常看到，"各位我就说一句话""我再强调最后一条"，结果一说就半个小时，甚至更长。一些领导兼职做培训师或者一些自我感觉特别良好的培训师在讲课过程中会出现这种情况。

结尾必须要完成这样的功能：深化理解、强化印象、激发行动。进一步把理解推向深化，强化大家的印象，接下来就是激发行动，培训师最后往往还要导之以行。常见的比较好的结尾方式有以下几种：

（1）总结综述型结尾。培训师在结尾时对已经讲完的课程内容进行总结和归纳，帮助学员加深对整个培训课程主要内容的印象，是一种很好的结尾方式。比如说，"好，时间差不多了，最后，我们来回顾这两堂课讲的内容：我们今天主要讲了四个方面的内容：第一，压力的来源；第二，压力的作用；第三，减压的基本方法；第四，减压的常见技巧；这四个方面的内容归结起来就要学会定位和把握节奏。解决压力的首要条件是找到个人定位，明白自己想要什么；解决压力的关键是把握自己生活的节奏；压力无处不在，但我们可以管理压力，做压力的主人。今天的课程就告一段落了，期待和大家的下次见面。"

（2）呼应型结尾。培训师在结尾时对开场内容进行呼应，强调本次培训课程的价值和作用，也是一种常见的结尾方式。比如，培训师开头引入时讲了这样一段话，"自控力，即自我控制的能力，指对一个人自身的冲动、感情、欲望施加的正确控制。古时候柳下惠坐怀不乱，越王勾践卧薪尝胆都是自控力极强的表现，自控力一直为人们所推崇，成为成功的关键因素之一。"后面培训师可以用这样一个结尾，"自控力是一个人成熟度的体现。没有自控力，就没有好的习惯。没有好的习惯，就没有好的人生。自古以来，成大事的基本上都是那些能掌控自己的人。缺乏自控力却妄谈成功，就像盲人骑着瞎马远行一样，不但到不了目的地，甚至有可能摔下悬崖。我们这次培训到此结束，最后，祝大家都能成为一个自控力强的人，在成功道路上越走越远！谢谢！"这样就很好地呼应了前面的开场。

（3）激励型结尾。培训师在结尾时对学员进行激励，鼓励他们学以致用或者进一步探索相关的学习内容。比如，培训师在结尾时说，"以上，就是我今天想要和大家分享的全部内容。当然，每场面试都会有不同的情况，我能和大家分享的只是在面试过程中一些比较通用的东西。所谓师傅领进门，修行在个人，将来大家在具体的面试过程中能不能根据具体情况发挥出自己的个人优势，获得面试官的青睐，还要靠你们课后的努力啦！我们这个培训项目到现在就结束了，通过这几天的集中培训，大家对即将到来的求职面试有没有信心？（等学员大声反馈）最后，祝愿大家都能找到理想的工作，谢谢！"。再如，有一位培训师在课程开始的时候，讲述了影响组织培训成果转化的 21 种障碍，并把这些障碍写在一张纸上，最后结尾时，他拿出这张纸，问学员第一个障碍解决了吗？学员回答说，解决了。他就把第一个障碍用笔划掉，继续问学员第二个障碍解决了吗？学员说解决了，他再把第二个障碍划掉，然后继续问，直到所有的 21 个障碍都被划掉。最后，所有学员都感觉非常激动，都起立给培训师鼓掌。这个培训课程的结尾设计，可以说，同时具有总结、激励和呼应的作用。把 21 个障碍一一划掉看上去似乎是一个非常枯燥乏味的事情，但是对于现场学员来说，却是一次性地回顾了整个学习过程，并且在这个过程中学员给予了自己 21 次的肯定，这无疑是一种激励。同时，这个结尾很好地呼应了开场，每次学员的肯定回答也是对培训师课程价值的认可，将为培训师的课程带来极好的口碑。所以，只要肯花心思去进行精心的设计，就一定可以设计出一个优秀的结尾。

（4）悬念型结尾。这种结尾经常被运用于系列培训课程。比如，培训师在结尾时说，"孙子兵法的七大制胜手段我们都已经讲完了。那么，如何综合运用这些手段在商战中和谐竞争，追求更加圆满的胜利，登上人生与事业的新巅峰。感兴趣的学员可以关注我们下一次培训课程《孙子兵法决胜商海》"。这样的结尾无疑会激起人们对后续培训课程的兴趣。

三、正式讲课的原则和结构

在正式讲课部分，不同类型的课程，差别非常大。一般来说，知识类课程可以通过精心的结构设计，提升讲课的水平；而操作技能类课程，更加重视实际操作步骤和操作技巧的指导，讲课技巧反而不太重要，或者即使培训师有很多授课技巧，也常常会显得英雄无用武之地；而对于态度和观念类课程，应该设计让学员获得心理体验的游戏活动或者故事，并且激发学员分享自己的体验，升华这种体验最为重要。

讲授知识、态度类课程时有四个原则必须时时关注："价值为帝""结构为王""问题为将"和"故事为相"。

所谓"价值为帝"，就是培训师在讲课过程中，要经常强调某个知识内容的价值，并且让学员感觉到这个内容确实能够给自己带来价值。有价值的课程，才有存在的必要，也只有让学员意识到课程的价值，他们才会主动去学习。

所谓"结构为王"，就是培训师在授课过程中，要经常强调课程中不同知识内容之间的逻辑结构关系。一个具有完整逻辑结构的内容将有助于学员理解和记忆，从而获得更好的学习效果。

所谓"问题为将"，就是培训师要在课程内容的重点和难点处设计问题，在重点处设计问题可以帮助学员加深记忆；在学员不容易理解的难点地方设计问题，可以引导学员思考，检查学员的学习情况。如果学员回答不出来，说明学员对于知识内容或者不同知识内容之间的关系理解还不到位，需要帮助他理解。除此之外，提问也是一种吸引同学注意力的互动方式。

所谓"故事为相",就是要时时关注学员的注意力是否集中在课程内容上,如果发现学员出现了注意力分散的情况,就要想办法设计各种故事或者游戏来吸引学员的注意力,而且精彩的故事和游戏还可以帮助学员理解知识、改变态度甚至获得一些技能。

知识和态度类培训课程,有一种常见的课程内容结构,可以供入门不久的初级培训师效仿:

(1) 总结现象。总结现象即将各种由于缺乏某种观点、方法或者工具而造成的消极现象予以一一罗列。总结现象其实就是帮助听众找到他的"伤口"。

(2) 指出问题。找完"伤口"之后还得在"伤口"上再撒一把盐,这样听众才能真切地感到"伤口"的存在以及伤口的严重性,这就是指出问题。问题一一指出之后,听众就会渴望得到问题的答案。

(3) 提供解决方案。提供解决方案其实就是给听众提期待已久的解药。对于听众来说,演讲者提供的解决方案就如久旱之后的甘霖,及时而又充满吸引力。

(4) 展示效果。为了使听众进一步相信自己提出的解决方案,演讲者还必须全面展示该解决方案的实用性,用事实来说话,使听众对自己的答案更加坚信不疑。

(5) 鼓励行动。知而后行方为有效,所有的一切最终都落实到一个"行"字上。所以演讲的最后要鼓励听众拿出切实的行动来实施你给出的解决方案,不然整个演讲也就白费了。

四、课堂互动技巧

是否与学员有互动并成功地吸引其注意力,是考核培训师基本功力的基本要求,很多培训机构主要是依据这点来衡量培训师的水平的。那么如何提高互动效果呢?以下列出几种方法供参考。

1. 课堂讨论法

课题研讨可以分为研讨会和小面积的讨论。研讨会互动时间可以很长,人数可以很多,能保证所有人都参与,产生的信息量最大,组织起来也比较简单,因此是课程救急的最佳手段。具体来看,研讨会的人数以 6~12 人为一组比较好,要安排组长,组长负责组织,安排记录人和小组发言人。应明确讨论时间,2 小时的课程研讨以 15 分钟左右为宜,每组发言两分钟;半天的课程研讨可以留出 25 分钟,每组发言 3 分钟;一天的课程研讨可以留出 35 分钟,每组发言 5 分钟。培训师在研讨会之后可以组织培训负责人和班组长进行内部研讨会,主题可以是哪些课程内容可以在近期工作中使用,以及如何运用。培训师要善于评估研讨计划,将细节一一落实到工作。

小面积讨论在课程中使用频率很高,也很容易进行,它没有太高的场地要求和其他特殊要求,对课程中快速提升和调整课程氛围非常有效。小面积讨论的时间通常为 5~8 分钟;每组人员 4~6 人;开展小面积讨论一般不需要特定的教室和重新摆放座位,学员只需要在原座位上侧一下身子就能进行,而且小面积讨论一般也不需要规定讨论的流程,只需要有明确的讨论主题和方向就可以了。

2. 提问技巧

在课堂中进行提问是最常用的方法。古希腊著名思想家苏格拉底就是因为善于提问而闻名于世的。课堂中的问题有多种类型,根据问题的形式,可分为闭合式问题和开放式问题。闭合式问题要按选择范围回答,通常有一个明确的限制范围。开放式问题的答案不固定，而且信息量相对充足，更具有描述性。在交互使用上，可以通过闭合式问题加快讨论进程，使之具体化。通过开放式问题，可以讨论多元化，扩大讨论范围，减缓讨论进程，还可用于讨论评估。根据问题的受众对象，可分为整体性问题和针对性问题。整体性问题是向全体受训团队提出的问题，每一个受训人员都可以回答。其优点是每个人都有平等的机会，可激发每个人去思考，提高参与性。针对性问题是在问题前端或后端指定具体的作答对象，其优点是更为果断，针对性、弹性更强。在交互使用上，对于抵制情绪较强的团队，开始时可以较多地使用针对性问题；对于具备合作精神的团队，开始时可以较多地使用整体性问题。

培训师应该根据学员的学习进度和问题的难度来选择提问的方式。当学员初步掌握了某项知识点时，培训师要通过提问考察学员的知识掌握现状。当学员的知识点结构已初步形成时，培训可以通过提问，进一步对学员应知应会点深层挖掘，将问题集中化。在培训师将实践和理论或者新旧知识进行连接时，开始使用暗示性的提问，把隐藏的关键点指出来，帮助学员突破难点和旧的思维模式。当学员已经突破了难点，需要把知识系统化时，培训师引导学员梳理整个问题，提出解决问题的方案。对于答案比较确定的简单问题，培训师可以直接向全体学员发问。简单的问题常常用于回顾或总结，也常常被用于引入新的知识点。对于分歧比较大的问题，培训师应指定学员单独回答，可多问几个学员，但绝对不可以直接向群体学员发问，否则就会出现七嘴八舌、整个教室乱哄哄的情况；对于难度较大的问题，则可以先抛出问题，然后让学员进行分组讨论，讨论结束之后，每组派出代表来陈述本组的观点，培训师可以在分组讨论之前给予一些提示。在各组陈述之后，应该进行点评和总结。分歧较大的问题和难度较大的问题，常常出现在课程的关键或核心的内容中。

专栏 6-3

PTT 主张的提问技巧

一、三组合问话

问三个组合性问题：第一，批准性提问；第二，特定性提问；第三，一般性提问。三组合问话是培训中大面积互动的经典技巧，建议可以在课程中每小时使用一次。具体如表 6-4 所示：

表 6-4 三组合问话

问题	提问对象	示范
批准性提问	针对特定学员	你好，可以请问你一个问题吗？
特定性提问	针对特定学员	请问研讨法有什么不足？
一般性提问	针对所有人	各位学员，请问他回答得正确吗？

二、五组合问话

将五个不同形式的问话组合在一起连续"轰炸"般地提问。五组合问话用在课程中，大面积互动级别非常高。五组合问话在课程中每小时可以使用一次。五组合问话包括：第一，批准性提问；第二，特定的封闭；第三，特定的开放；第四，一般的封闭；第五，一般的开放。具体如表 6-5 所示：

表 6-5　五组合问话

问题	提问对象	示范
批准性提问	针对特定学员	你好，可以请问你一个问题吗？
特定的封闭	针对特定学员	请问研讨法有什么不足吗？
特定的开放	针对特定学员	请问研讨法有哪些优点和不足？
一般的封闭	针对所有人	各位学员，请问他回答得正确吗？
一般的开放	针对所有人	各位学员，请问研讨法还有什么不足吗？

3. 游戏互动技巧

游戏活动是学员快乐指数最高的互动技巧，也是培训师快速取悦学员的重要手段，很多培训师或者培训机构的公开课甚至会在开场就使用游戏活动。当然，开场就使用游戏活动来调动课程氛围，是培训师极其不自信的行为。一个培训师只有在自己承认没有别的办法提升课程氛围的情况下，才会在开场使用游戏活动。不过，也有一些为培训师做培训的培训师，用自己玩游戏、做活动的方法教会学员使用一些新游戏来作为课程开场。

游戏活动能快速将课程的氛围推到最高，在课程沉闷时使用游戏是个不错的选择。使用游戏活动时需要注意游戏开展的场合与时长。一般来说，受训学员的级别越高，对于游戏越挑剔，太过简单、内涵不够深刻的游戏，很难激起高层管理者的参与欲望，甚至会使他们对培训师的能力产生疑虑。因此，在针对高层管理者的培训中，游戏活动要慎用，要精挑细选优质的游戏，大体上在一天的课程中使用次数最好不超过 2 次。而针对基层员工的培训，可以每小时做一个 3～5 分钟的游戏。

一个优秀的游戏活动应该具备以下几个特质：第一，题材应该积极健康。如果培训师选择了低俗的游戏，会使得许多品味较高的学员对培训师的人品产生怀疑；第二，游戏有详细的开展步骤，保证整个开展过程有条不紊且安全可靠；第三，游戏必须能够给学员带来一定的快乐；第四，游戏的内容能够同培训的内容产生合理的联系；第五，游戏的操作不能太复杂，过于复杂的游戏，学员参与时难度较大，可能导致学员参与的积极性下降。

培训课程中常见的游戏类型有：第一，剧情模仿游戏；第二，益智和感悟游戏；第三，集体舞蹈和健身操；第四，其他娱乐性游戏。

很多培训师在课程中过度使用游戏，甚至将荒诞的、低级趣味的游戏都搬上了讲台。这是对学员的不尊重，切记不要使用这样的游戏。

4. 知识性互动技巧

一般情况下，培训投资者往往希望学员能够在培训课程中学到更多的知识或者技能，如果培训师在课堂上讲授与培训无关的幽默笑话或者做一些娱乐活动，往往会招致他们的不满。但是如果整个课堂都进行知识的讲授和技能的演练，又很容易让学员感觉枯燥无味，反而会导致学习效果不佳。如果培训师既想要提升课程氛围，又要保证将更多的时间用于讲解课程内容，可以考虑进行知识性互动。知识性互动主要有以下几种形式：

（1）培训师说，学员记录。专业知识培训中，1 小时 5～6 次；岗位技能培训中，1 小时 3～4 次；员工素质培训中，1 小时 1～2 次。课程中隐含的逻辑线索、关键内容的延伸或某个内容的定义等，都可用于知识性互动。课程中越是关键的内容，越要让学员记录。

（2）一起朗读课程内容。这样的技巧在课程中可多使用，1小时1~3次都可以，下午课程可以更多一些。通常这样的技巧主要用于教材中没有在讲解中延伸出来的内容，而且必须是课程中最重要的内容，不然就失去了一起朗读的价值。

（3）提能够激发学员思考的问题。能让学员动脑筋的互动是最好的互动。学员为什么睡觉？不是因为身体疲倦，而是精神疲倦，提不起兴趣。所以培训师要让学员多思考问题，学员思考的问题越多，精神就越好。

（4）开展与培训主题相关的智力竞赛、辩论会。这样的技巧在课程中可以每小时使用一次。这样不仅可以使学员充分思考，更能使课堂气氛瞬间升温，促进学员之间的相互交流、观点碰撞。培训师应该做好充足准备，灵活应对现场可能出现的任何情况。

6.4.2 实践操作技能类培训的授课技巧

实践操作技能类培训一般采用师傅带徒弟的方式，在小范围内使用，学员一般不超过10人的效果会比较好。这类培训大体上可采用讲解——示范——实践三环节的形式，使每个学员都有机会练习培训师所教的每一项技能。具体步骤如下：

第一步，讲解。主要介绍如下内容：

（1）这节课干什么——主题；

（2）通过这节课的训练能使学员具有什么能力——目的；

（3）明确阐述这节课的重要性；

（4）介绍有关工作程序及设备概况。

在讲解介绍的过程中，应要求学员记录要点。

第二步，做示范。做示范之前，应该准备一个示范计划，示范应该能达到如下要求：动作简洁，使得学员易于模仿；尽量把一整套的操作动作分解成比较明显的步骤，并能够有逻辑地组织起来，让学员可以清晰地看到每一个细节。具体示范时，应该做到以下几点：

（1）在做示范时，语速要慢，每做一步都要讲解，并强调"请你这样做"的重要性；

（2）允许学员在你做示范的同时提问题，但要保证提的问题与示范有关。

第三步，由学员进行演练或操作。在让学员进行实际演练时，需要注意以下几个要点：

（1）尽量让学员单独演练，培训师不要横加干涉；

（2）让学员边演练边讲解自己所练习的各个步骤；

（3）在练习全部结束后，再进行评估；

（4）一定要组织好，使每个学员都有练习的机会；

（5）让已经掌握了相关技能的学员去帮助那些难以单独练习下去的学员。

第四步，对学员的演练情况进行评估。评估过程要制造一种氛围，让受训学员感觉评估者都是在真诚地帮助他，并且激发他提高自己的技能的动力。具体可以采取以下步骤进行：

（1）进行演练的学员先自评。培训师要鼓励学员认清自己的长处和短处，同时也告诉他们，你很重视他们的判断。

(2) 其他学员对进行演练的学员进行评估。在很多情况下，受训学员接受同事的评价和看法，要比接受培训师或者上级的评价更加容易。

(3) 培训师作最后评估。因为同事往往不能将需要提高的地方指出并概括出来，所以培训师最后还要对大家所说的作一个总结。培训师要从积极的方面开始评估，在谈需要改进的地方以前，找一些学员在操作中值得表扬的地方，先予以肯定。培训师在评估时一定要注意，评估只针对学员操作本身，不针对个人。如果评估者对学员不正确的操作进行讽刺和打击，会使学员产生防范心理并抵制培训。除了评估，培训师还应该提出明确的建议，指出学员要改进的地方，明确这些改进对今后工作的重要性。

6.4.3 培训师的能力训练与职业发展

一、初级培训师的常见问题及处理建议

初出茅庐的培训师，缺乏经验实战，常常会出现以下问题：

1. 课堂紧张心态

展示前紧张是正常的心理和生理表现。在授课前，一般培训师都会有不同程度的紧张感，但是造成紧张的原因却是不同的。刚出道的培训师产生紧张的原因主要是经验不足，比如很少登台，看到台下黑压压的一群人时心态失衡、担心内容太多、时间太长，自己讲课的过程中会出错，担心学员不喜欢自己，怕遇到难缠的学员等。这些情况经过一段时间的锻炼，逐渐都会消失。

这时候，自信心不足会成为培训师紧张的主要原因，特别是遇到场面比较大，感觉下面听课的学员资历比自己深，并有着比较丰富的经验时，往往会担心自己的内容准备不足或者深度不够，以及担心自己的课堂表现能力等。这些紧张来源有的是实实在在存在的，有的是培训师自己主观臆想出来的。

解决课堂紧张的主要方法就是要树立积极的心态，不自信是培训师紧张的最主要原因。培训师要充分相信自己的课程内容是有价值的，同时要相信学员是真诚地来学习的。如果培训师和学员相互防备、相互不信任，就会产生一种不必要的紧张感，使得课堂气氛不佳。

另外，培训师还可以采取一些小技巧来消除紧张，比如，培训前反复练习，熟练掌握内容后，紧张情绪自然也会缓解；培训师还可以提前进入培训场地熟悉环境并与受训人员沟通，人在熟悉的环境和群体中紧张情绪也会缓解；还可以试试深呼吸练习和冥想练习，有时候也会有很好的效果。

2. 形象不专业

这里指的是培训师在讲台上的形象不专业，不符合讲台的标准。比如着装、身体语言等，没有在讲台上应有的"范儿"，一看就是未接受过专业训练的。

形象不专业还体现在培训师在台上不够稳重，乱动、摇晃，小动作太多，有的甚至上蹿下跳，像个小丑，不像一位专业老师。除此之外，有些培训师虽然很注重专业形象，但却没有自己独特的风格，太大众化，无法给大家深刻的印象。

> **专栏 6-4**
>
> 培训师着装建议
>
> 男性培训师着装建议主要有以下几点：
> （1）衣服的选择应以得体、大方、简洁为主要原则，反对奇装异服，建议穿西装；
> （2）选择冷色调衣服，如蓝色、灰色、黑色等可以使讲师显得稳重、成熟；
> （3）注意衬衫、领带与西服外套的颜色搭配；
> （4）皮鞋、袜子颜色要讲究颜色搭配，尽量选择同色的袜子；皮鞋要擦拭干净；
> （5）梳理好头发；不可染发、烫发。
>
> 女性培训师着装建议主要有以下几点：
> （1）不能穿过于暴露的衣服、超短裙和奇装异服，建议身着套裙或其他职业套装；
> （2）发型要保守，尽量少佩戴珠宝首饰，以免分散学员注意力；
> （3）化妆要保守，不应使用鲜艳的口红或指甲油，切忌在脚指甲上涂鲜艳的指甲油；
> （4）可以穿平底鞋；
> （5）不可使用刺鼻的香水。

3. 语言不优美

学员对培训师的判断，一靠视觉，二靠听觉。好听的声音能一下子吸引观众，给他们良好的第一印象，甚至产生"晕轮效应"。缺乏经验的培训师在台上展示出来的语言问题主要有：声音含混不清、语速过快或过慢、口音太重、声音缺乏高低起伏、口头禅太多等。

声音要清晰，声音是培训师打动人心的利器，或许不是每个培训师都有"好声音"，但要牢记"清晰"是第一要素，也是必须做到的。只有口齿清晰，发音清晰，学员才能听明白。

语速要适中，一般情况下，语速比正常说话稍微快些，会让人觉得说话人的思维比较敏捷，但是语速过快就可能会造成学员的思维跟不上培训师内容的情况，从而使得学员不能很好地理解培训师的讲课内容。语速过快的原因有可能是培训师心理紧张，下意识地加快语速，以增强自己的自信；也有可能是培训师的习惯。有些培训师在日常生活中说话语速就非常快，这就需要培训师有意识地放慢语速。特别是培训师讲授的内容或者问题比较复杂时，一定要把语速放慢，让学员有时间思考。语速过慢则会给人思维迟钝的感觉，甚至会让人觉得培训师忘词了，因此语速太慢也不可取。

有些地方的口音接近普通话，培训师即使普通话不标准带有一些口音，学员也能够听得懂。如果培训师和学员都有同样的地方口音，讲课带口音反而让学员备感亲切。但是，在大多数情况下，培训师口音重都会给学员留下不好的印象。

声音应该有高低起伏。有些培训师讲课自始至终就是一个声调，没有高低起伏，在讲到重点和难点时，声音上没有强度的变化，这样会给人非常单调枯燥的感觉，不容易抓住学员的注意力。

除了声音，容易造成影响的还有"口头禅"。很多培训师在授课时由于紧张，会频频出现口头禅，如"这个""那个"，甚至一些粗俗的俚语，这会给学员带来非常大的负面影响。

4. 控场不给力

控场能力是职业培训师必备的基本素养。很多新出道的培训师由于心态紧张、准备不充分、遭受学员质疑等因素，无法很好地掌控全场，按照原来的计划实施培训，导致在培训中狼狈不堪，下不了台。一般来说，导致失控的主要因素有两个：一是专业性不够，二是控场技巧不足。控场需要一些技巧，但是真正决定控场效果的还是课程内容。所谓"内容为王"，如果内容很专业，加上适当的呈现方式，通常都不会带来强烈的"反弹"，所以不需要控场。

培训师要想在展示中实现高效控场，必须注意两个方面：一是讲话不要太过武断和绝对，要为自己留有余地，不给听众留把柄；二是不要太过于自我吹嘘，给自己戴高帽，以免产生逆反效果。值得注意的是，尊重赢得尊重。培训师在台上尊重学员，学员也自然会尊重培训师。因此，从课程开始到结束，培训师在展示自己专业知识和技能的同时，一定要尊重学员，不能打压。控场不是通过贬低别人来抬高自己，而是一种相互的尊重。记住：控场不是控人。控场是为了确保培训顺利进行而采取的一种措施。

二、培训师的能力训练

1. 培训师的语言能力训练

培训师的语言能力是培训师的核心能力，即使上课前做了非常周密的准备，然而培训师还是需要通过良好的现场语言表达，才能把优秀的内容传递给学员。一张僵硬、呆滞没有笑意的脸令人觉得呆板乏味。同样，单调没有变化的陈述，也会使学员觉得无趣。再充实的内容，也难免有"叫好不叫座"之憾。是否能使口语表达妙趣横生、字字珠玑，当然与个人学术素养与经验有绝对关系，不能一蹴而就。但是生动的语言表达却是可以透过敏锐的观察力和关键技巧加以调整改进的。下面几个方面是培训师在语言表达方面需要特别注意的。

（1）语调。培训师的语调要有自然的抑扬顿挫。培训师可以尝试在一段文章或教案当中，截取关键字，也就是你认为一整段当中最重要的字眼。在你口述的过程中，将这几个关键字眼加重音调念出。那么，你加重音调处，学员也能同时察觉那就是重点所在。同一段文字，试着变更关键字重复加以练习，同一句话可以有多种不同寓意。遇到关键字就加重音调，再加上停顿就可以使音调感受性更加强烈。不需要为了产生抑扬顿挫的音调变化，刻意加重"扬"声，提高音调过分强调，这反而会造成矫揉造作的不良反应。

（2）语速。一般情况下，培训师的语速应该保持适中，语速过快，像机关枪般的喋喋不休，会给学员造成压迫感，听起来会很累；语速过慢，则给人感觉毫无生气，思维迟钝，也会使学员产生厌烦心理。培训师上课的语速和平时讲话的速度有一定的关系，通常可以自己察觉或经由亲朋好友告知，培训师可以通过念文章及录音来调整自己的语速。不过在实际培训中，也有适合运用较快速表达的地方，比如，叙说内容为一般学员都知道的事情、表达情绪上的起伏较激动或故事叙述进入精彩高潮等。有时候也有适合用较慢速度表达的地方，比如，较严肃的内容，要观众特别注意、特别强调之处，希望观众思考之处，提及数据、统计资料、人名地名等需要学员记忆的地方。

（3）遣词造句。生动的声音离不开生动的语言，再多变化的音调也不能弥补语言文字上的单调。培训师平时要多阅读，积累丰富的词汇、成语、诗歌和有冲击力的句子，善于用类比、排比等各种修辞手法。另外，培训师要避免使用冗长的句子，这会让学员难以理解。

（4）语言组织。系统、层次分明的表达可以让学员听得更清晰。培训师要在课堂上表现良好的语言组织能力，大部分可以借严谨的课程架构来辅助，其余则可通过分类归纳的练习来加以强化。

另外，培训师还要学习发音训练，很多没有经验的培训师讲课不到 3 天，就出现声音嘶哑的情况，有的培训师甚至连续讲课不能超过 3 小时，否则就会患咽喉炎。这都是不懂标准发音的结果。

2. 培训师的非语言能力训练

非语言沟通也是我们日常沟通的一种主要形式，它传递了一种可能较语言更为默契的沟通渠道，如肢体语言、面部表情、目光接触等都属于该范畴。非语言类沟通源于社会外部环境、企业深厚的文化特色对个人的影响，人们的非语言沟通行为是建立在双方所处的文化环境的内涵与意蕴基础上的。如果沟通双方缺乏这个共同的基础就很容易引起误解。使用非语言沟通，要确保向受训人员传达的信息是正确、没有歧义的，否则会让人困惑不解，甚至引起轩然大波。表 6-6 列示了四类非语言沟通的要点。

表 6-6　非语言沟通的要点

类别	要点
手势	培训师在培训中应该通过简单、有力的手势向受训人员表达自己的观点；同样，手势也不宜过多，避免受训人员无所适从。
姿势	培训师应该参照中国古语中提到的"站如松，坐如钟"的标准，站直，挺胸抬头，不能塌腰或驼背；培训师也需要注意不要交叉着脚站立，不宜双手插入口袋。
面部表情	首先，要放松面部的肌肉，做到表情自然；另外，要排除紧张情绪，放松心情。
目光接触	培训师要经常环顾全场，不能只盯住一个人或者一个区域；当培训师与受训人员对话时，要将目光放在对方身上。

肢体语言是培训师的重要技巧，会使用肢体语言的培训师和不懂肢体语言的培训师相比，课程效果会有天壤之别。肢体语言是口头语言的补充，对发音也有不可或缺的辅助作用。甚至有的时候，培训师无需多言，只做一两个动作，就能达到"此时无声胜有声"的课堂效果。

目光接触是最直接、最有效的一种形式，经验丰富的培训师可以通过目光的接触和现场气氛大致了解受训人员对培训内容的接受程度，并随时对授课内容进行调整以满足受训人员的要求。从事培训工作不长的培训师往往害怕与受训人员目光接触甚至背对受训人员，这会极大影响培训师与受训人员之间的交流与沟通，导致培训效果不佳。

目光接触主要是为了获取受训人员对培训内容的认知和反馈信息。这通常会从与受训人员的目光接触中反映出来，如果受训人员不能真正了解培训内容或对此一知半解，当他们与培训师目光接触时，通常会表现得很不自然，否则培训师应从他们的目光中感受到镇定和自信。因此，目光接触有助于培训师判断受训人员是否真正理解了该部分内容，培训师有必要根据受训人员的现场反应及时调整相关内容。

目光接触也有助于培训师了解受训人员的注意力是否集中在培训内容上，同前面一样，当多数受训人员目光游离时，培训师就需要考虑，是否自己的培训内容过于枯燥，或培训时间过长而影响了受训人员理解相关内容，这时就需要培训师根据实际情况考虑适当的对策。

当学员感到自己被注视时，他们会认为培训师是真正在关注他们，往往会表现出更高的学习热情；反之，即便是在培训现场坐着，学员也有可能在考虑其他事情或走神。

3. 培训师的气场修炼

很多情况下，经验丰富的专业培训师和菜鸟培训师一出场，刚刚开口，甚至不需要开口，我们就能够感觉到他们的差异，这就是气场。一个平静的湖面，往湖中央投下一颗石子，湖面荡起了涟漪，这个波纹一圈一圈向四周蔓延，所到之处都泛起了涟漪，涟漪所到的范围就是石子所产生的影响，就是石子的"气场"。气场是一种能量场，每个人的气场范围是不一样的。不一样的气场源会形成各自独特的氛围，这种氛围会带来一种影响，让进入这个气场的人自然而然地融入这个场景，采取与之相适应的行为。气场是一个人给外界造成的一种感觉，这种感觉就是人们在生活中所说的气质，即一个人独特的言行举止给大家留下的印象。这个独特的行为举止是由先天的气质和后天的性格造成的，即"人格"，因此人格就是气场的根本来源。人的气场是个人人格的部分外在体现。作为培训师，应该注重修炼自己的气场，让学员发自内心地喜欢你、认同你、尊重你，这样教学之间就能营造一种良好的氛围，师生间的气场就能很快交融，好的培训效果会自然产生。人格比较难以改变，但是与培训师的气场密切相关的因素除了人格之外，还有四个重要因素：专业、激情、自信心与亲和力。

（1）专业。专业不够，底蕴不足，气场自然就不足。有些培训师在讲课的时候，一发现学员资历、职务比自己高，气场就明显弱了下来。这深层的原因就是培训师专业水平不够。专业的理论是基础，有无扎实的理论根基是决定一个培训师在这个行业是否可以走远的重要因素。没有相应的理论基础，只玩一些花哨的东西，靠一些技巧，就算能在短时间内获得部分人的好感，也未必能获得真正的认同。深厚的理论功底来自长期系统的学习与积累，这就要求培训师不断学习，想方设法提升自己，只要条件许可，就应该有选择地参加相关培训，进行系统的学习。

（2）激情。激情是一个培训师必须具备的素质，在课堂上，培训师和学员之间即使没有语言交流，但是对课堂氛围的感受却是无处不在的。没有激情的培训师必定会导致学员也感受到沉闷。上课要有激情，首先培训师要投入自己的感情，用自己的感情去感染学员。同时，用各种感性的内容去激发学员也投入感情，一旦学员也投入感情，培训师和学员之间就很容易进入一种良性互动的状态，使得整个培训课堂气氛活跃。培训课程中的常见感性材料包括：故事、笑话（包括幽默的语言、脑筋急转弯、名人名言、文学修辞等）、生动的案例、唱歌、跳舞或者健身活动、游戏与竞赛、小组活动或者个人才艺展示、有感染力的视频等。

（3）自信心。自信是气场的重要来源。培训师的信心有两个来源：一是对自己充满信心，二是让学员对自己放心。俗话说，给人一杯水自己要有一桶水，培训师的信心源于充分的课前准备，培训师为了讲好一堂课，需要在授课前做大量备课工作和试讲演练工作。培训师平时积累的专业知识应比授课涉及的专业知识多几倍才行。只有这样，培训师上课时才能游刃有余地驾驭课程内容，从而表现出足够的自信。另外，有些培训师可能担心下面听课的某些资深学员具有丰富的知识经验，可能会认为自己所讲的内容不够深入，这种担心其实是多余的，因为下面的学员之所以需要来听课，就是因为他在这个培训主题方面有所不足。而培训师既然做了大量的课前准备工作，在这个方面肯定会有自己的比较优势，一定可以给学员带来收获。所以，培训师只要做好充分的准备，并且善于发现自己的比较优势，就能提升自己讲课的自信心。

（4）亲和力。培训师用极具亲和力的语气、意味深长的语调和充满感染力的语句，带领学员进入课程的内容的同时，也带领他们进入自己的思想和情感世界。这就要求培训师善于揣摩学员的心理，能够从学员的角度出发，去打开学员的心扉，与学员进行情感互动，培训师的语言必须根据具体情况适时地表现出抑扬顿挫。

三、培训师的职业发展

一个培训师的职业生涯发展，可以从以下三个方面去考虑：

1. 定位与目标

（1）自己应该在什么领域发展，是通用培训项目领域还是专业培训项目领域，如果是专业培训项目领域，具体在哪个专业领域？

（2）该领域的发展趋势如何？具体的培训需求表现在哪些地方？哪些培训需求会持续增长或者长期存在？

（3）自己在该领域能够做到什么程度？该领域是否有竞争对手或者标杆？他们的优势和劣势如何？有什么市场空缺可以填补？

2. 产品与品牌

（1）盘点自身情况，思考具体做什么产品来填补市场空缺或者攻击竞争对手的劣势，从而奠定自己的市场地位；这就需要培训师对自身优势和劣势，对熟悉的或者有途径作深入了解的相关行业进行深入的分析和研究。

（2）在选定的产品中，选择重点产品和辅助产品、备选产品。具体而言，培训师可以根据国内外行业权威人士的专著和专业论文、大型行业会议的发言内容、行业内著名企业的操作流程、新的技术变革或者新推出的行业标准和法规等，去寻找行业中常见的疑难问题、热门问题，并开发相应的课程解决这些问题。

（3）为了能够生产这些产品，全面思考自身的提升计划和品牌构建计划。品牌构建计划包括品牌课程和个人品牌的构建计划，比如在权威媒体上发布过主打课程，在书店或网络上有热卖的专著，个人时常在重要的媒体上曝光等，这些都是可以帮助自己构建品牌的重要手段。一旦名牌效应产生，就能把自己的事业提升到一个新的高度。

3. 起点与资源

（1）从何处开始着手自己的职业生涯发展计划，包括自我提升计划、产品开发与品牌建设计划。

（2）分析实施自己的职业生涯发展，计划过程中有哪些可以开发和利用的资源。比如，可以学习的优秀培训师、可以合作的人脉资源，以及可以获得具体指导的导师。

(3) 学习与工作的任务安排。主要是把计划细化为具体的任务，并且进一步把任务分解为系列步骤和时间表安排。

本章关键词

课程设计　　　　　成人学习理论　　　　课程设计模型　　　　课程设计流程
授课技巧　　　　　培训师能力训练

本章小结

本章首先介绍了课程设计与成人学习理论的关系，以及成人学习理论的主要内容；再介绍了课程设计的基本方法、设计模型与设计流程；随后以培训师为中心，提出对培训师素质的要求，罗列了培训师的角色和形象、基本能力，以及培训师能力训练的方法技巧和授课技巧。

思考题

1. 成人学习有什么特点？
2. 企业员工参与培训学习与大学生上课学习有什么区别？
3. 开场白的结构是怎样的？
4. 培训师课程开发的基本流程是怎样的？
5. 培训师需要扮演哪些角色？
6. 应该从哪些方面去锻炼培训师的基本功？
7. 请以小组为单位，讨论培训过程中，培训师如何打动学员？

课后案例

某知名培训师的一次课程开发

2009年精益公司收购了一家竞争对手公司，然而收购之后，各种管理问题接踵而来。新旧文化的融合、新老团队的共识、员工离职率居高不下、订单剧增、不能满足客户订单交货，新人倍增，产品质量下降……

公司总经理孙建平非常着急，找到了求索公司。不巧，一直和精益公司有合作的求索公司首席咨询师赵乐民教授出国了，通过电话沟通，赵教授推荐了他的好友知名职业培训师苏平女士来做咨询式培训。苏老师这次培训非常成功，以下是苏老师在这次咨询式培训过程中的工作记录：

一、诊断和调研

4月22日一早，我如约到南方市精益公司，做一天的现场诊断和调研。参观过现场后，根据事先的沟通，我对精益公司来自质检、制造、维修、工程、行政在内的各级管理人员,包括资深员工,共 8 人进行了访谈。一天下来,我的访谈记录写了整整六页。

这次访谈,我找了一些目共睹的问题切入。跟每位受访者交谈的第一个问题就是:您认为为什么会有这么多的不良品?有的认为是员工态度不佳,欠缺责任心和品质观念;有的认为是人员流失率高,新人太多,培训不足……

从目前大家都关注的焦点切入,就容易打开受访者的话匣子(因为我已声明对内容保密,是来帮助大家找到问题,并协助解决的)。因为这方面,大家都有发言权,也最容易得到真实的信息。果然,不同部门站在不同角度对"为什么会有如此多的不良品?"这个问题进行分析。从中,我获得了很多有价值的信息。

前期了解得知:现有的管理人员都是"技优则管",且没有经过相关的培训,管理经验全靠自己摸索。结合目前订单加大、人员陡增、不良品众多、无法满足客户交货期的情况,我决定从管理改善方面展开。在访谈过程中,不断总结,并把主题锁定在了两个方面:干部管理技能提升和 ISO 文件的落实度。得到的信息是:管理技能普遍欠缺,ISO 的记录大多为作假。

二、问题分析

访谈结束后,我跟孙总沟通访谈结果分析,包括:

(1) 大量不良品产生的原因:员工心态不好和技能欠缺。

其中,导致员工心态不好(缺乏责任心、品质观念)的因素有:主管的管理方式简单、欠缺技巧,高离职率影响到在职员工的心态,以及新人进厂就遇到了大量订单,交货压力大等。

导致员工技能欠缺的因素有:新人培训未落实(因为人手欠缺,新人直接上线培训,导致不良品增加),岗位调动频繁导致技能不熟练(离职太随意:今天提出,明天就走人,来不及补充人手)。

(2) ISO 文件落实不足:ISO 记录普遍作假,以应付客户。一方面是历史遗留问题(涉及文件实用性),另一方面是从上到下各级人员的观念欠缺。

(3) 管理技能欠缺:主管任用太随意,上任后未经过系统培训,造成干部观念不够、管理技能欠缺,从而导致管理方式简单粗暴(增加了员工离职率),凡事亲力亲为(部属培育不足),品质观念欠缺(影响到新人观念),ISO 记录作假(无法作为管理改善的参考)等问题。这些管理问题与员工心态不好密切相关。

而员工技能的不足,也源于管理人员观念和技能的不足。认为刚毕业的学生大脑一片空白,告诉他们也不懂,便忽略了应该对新员工进行的公司产品、流程以及市场方面的介绍;因为缺乏落实 ISO 要求的观念,为了赶进度,未执行新员工培训计划,直接让新员工上生产线工作。ISO 文件无法作为新人培训教材,只靠师傅带徒弟,而为了赶进度,少有的几位师傅忙于关键岗位,无暇顾及新人。而新人在技能不足的情况下,只能赶鸭子上架。出现问题时,遇到的多是指责。他们很茫然,也很受挫。看到身边员工不断离职,也就没有了安全感。

三、确定对策

考虑到目前的交货压力和企业人员的现状,我建议四步走:

第一步:干部管理技能培训

从上面的问题分析中,可以看到:无论是品质意识、员工心态,还是新人的技能提升，都取决于主管的观念和技能。

要改变现状，需要从主管的角色认知、管理技能提升和新人培训入手。

于是，我设计了"干部应有职责""如何培育部属""有效沟通技巧""问题分析和改善"四个针对管理人员的培训。通过"干部应有职责"，让所有干部达成共识，对自己有明确的定位和角色认知，树立一切以"客户为中心"的理念，以此达成共识，形成共同语言；同时，清楚作为干部的职责和应该具备的管理技能，找到差距，为后面"如何培育部属""有效沟通技巧""问题分析和改善"奠定基础。

通过"如何培育部属"培训，介绍部属培育的原则方法，侧重于工作教导的演练，让大家掌握部属培育的技巧，并用课后作业的方式，请学员们去做"工作分解表"，对某个工位进行工作教导，并计入团队成绩，促进大家学以致用。

考虑到生产的压力，无法一次进行6小时的培训，我们把每次课程压缩到了3个小时，且放在受客户影响最小的周末。

第二步：强化新人培训

新员工培训是目前的瓶颈，当各级干部有了正确的角色认知、观念，掌握了必需的管理技能之后，重点放在新人培训方面。这部分分为新人培训规划和实施，重点在培训效果的评估和强化上。

第三步：ISO文件的落实度

通过前面的步骤，公司上下都认识到了文件不适用、作假的弊端，也从工作教导的实操中掌握了"工作分解表"的制作方法，这是编写作业标准的基础；现场评估工作教导的效果，让大家知道了文件评估的标准。这些都为之前不适用的文件修改奠定了基础。

有了适用的文件，如何去落实执行，就成为重中之重。这个阶段，我们从员工观念、态度入手，主管以身作则，结合相应的制度和考核体系，加强检查和追踪，逐渐让ISO的精神"说、写、做"成为全员的习惯。

第四步：内部讲师队伍的建立

现行的新人培训，只有本岗位的技能指导，欠缺对公司ISO体系、5S现场管理、公司理念、产品、流程等内容，在职培训是一片空白。通过前面三步，我们逐渐改善目前公司的忙乱状态。但对于一个近300人的工厂来说，这些还不够。完善的培训体系，需要有相应的讲师团队来支撑。

四、课前需求调查和课程开发

为了让3个小时的课程对学员和企业有最大程度的帮助。虽然从4月22日诊断到4月25日的培训时间非常短，但我还是坚持量身定做。

23日晚上回来，我就开始针对企业的现状和干部最欠缺的方面，设计课程的内容，当天晚上，孙总按约定发来邮件，将自己希望重点解决的问题发给了我。综合后，我确定优先顺序，对大纲内容进行取舍。

如"干部应有职责"的课程重点：

1. 干部与员工的区别（全局观、带团队、结果导向）——角色认知
2. 讨论：为什么要做ISO？——观念澄清
3. 时间管理（优先矩阵）——工具运用

同时，根据课程大纲设计了《干部职责和部属培育》问卷，4月23日一早发给精益公

司，就开始进行课程开发。4月24日下午收到问卷反馈。对问卷进行汇总后，我提炼案例，确定课程重点。

平时的课程开发，一般都需要一周左右的时间。这次之所以会这么短，是我被孙总改革的决心所感动，也是诚信的力量。

4月19日我跟孙总第一次见面，聊了他们公司的情况。我感觉他的理念、思路都很不错！当他得知我需要去做现场诊断和调研后，便很急切地问我什么时候可以去公司？我回答："要回去协调一下行程，请您明天下午3点打电话给我。"这是个容易忽略的时间点，但20日他准时打来电话。我便跟他确认了22日的行程和访谈人员选择注意事项。

他的信守承诺给了我信心，让我知道他有着强烈的愿望想改变现状，也让我相信培训后的效果强化有了强有力的支持。

有了25日的培训，不但让学员对自身有了准确的定位，也激发了大家的学习热情。

26日，按照惯例，先验收昨天"干部应有职责"培训的作业——时间管理优先矩阵。运用案例，从中找到需要强化问题做重点讲解，并请大家回去继续完善后再交给我。然后，进入当天的课程。

一、为什么要培育部属？

课前问卷中：您是否认为部属培育是干部的重要职责？

回答情况统计：23人选择"经常"，15人选择"有时"，3人选择"从不"。

从中可以看出，不少主管还是对部属培育的重要性认识不够。于是，我设计了判断题：

1. 部属经培育后，能力强，不易管理
2. 担心能力强的部属会取代自己
3. 部属跳槽，为竞争对手培养人才
4. 担心培育部属浪费时间

这些都是大家常见的顾虑，我结合公司的现状，引导大家一起判断、分析。我逐一反驳这些说法，学员们随即进行了反思，重新认识培育部属的重要性。同时总结出培育部属对员工个人、主管、企业的作用。这个环节，也强化了昨天"干部应有职责"中"干部职责"部分的内容。

二、细化能力和意愿

大家说到影响部属绩效的因素包括：态度、知识和技能。但如何去运用呢？

我用能力和意愿矩阵来做区分，同时将能力和意愿进行了细化。

结合实际案例，跟大家分享不同情况，做到因材施教，有效处理。

三、游戏演绎工作教导四步骤

问卷中：您是否不知道该如何培育部属？

回答情况：14人选择"是的"，17人选择"有时"，11人选择"从不"。

结合前期调研中了解到的情况，作为部属培育方式之一的工作教导，是本次课程的重点。

1. 讨论：工作教导准备过程中如何放松？

首先，我用一个如何让学车者放松的故事，引导大家体会工作教导前的准备。

2. 角色互换体验：盲人与哑巴。

在工作教导的第一个阶段——学习阶段，为了让大家体会到新人的处境和心情，我请大家做了角色互换体验。

请学员两人一组，分别扮演盲人和哑巴，由哑巴带盲人去一个目的地。回来后给每组一分钟的时间达成共识再交换角色，到同一个目的地。然后交流各自的感受。

体验结束后，我采访了六位体验者。通过采访，得知其中一组中的盲人在行走的过程中，还自己用耳朵听脚步声。另一组的盲人则顺从地跟着哑巴走。

我再采访顺从的盲人原因，她说之前他们做了充分的沟通，明确了目标、路线、停、走的肢体提示等，心里有底。

我的点评如下：

首先，盲人代表新人，他们通常缺乏安全感；哑巴代表干部，他们通常都有责任感和压力。听脚步声的盲人，正是因为对哑巴缺乏信任和安全感，才自己摸索路线；顺从跟着走的盲人，则对哑巴很信任，有安全感。

增加新人安全感的方法：明确目标、对达成目标的方式与部属达成共识，充分沟通。

结合公司的新人培训，共同的目标为：客户满意。路线类似生产流程，每个停、走的肢体动作，相当于生产环节的一个一个工位，只有每个工位有明确的操作标准（提前达成的共识），才能达到目标，将合格的产品送到客户手中。

四、猜成语游戏，体验工作教导四步骤

工作教导四个步骤都讲解完毕后，我用成语演绎的游戏，请大家体验工作教导的4个步骤。

游戏名称：猜成语

规则：大师傅先用哑剧表演一个成语，确保大家能够猜出来。然后带徒弟，代代相传。第一遍是哑剧，双方都不能说话。由最后一位徒弟说出自己的动作表达了什么意思。第二遍，请师傅按照工作教导的4个步骤教徒弟，可以说话。最后，请大家判定最后一位徒弟的动作是否标准。

我请6个小组各出一位学员，参与游戏。将自愿第一个表演的学员留下来，其余五位退到教室外面。第一位学员（以后简称大师傅）拿到我写有两个成语（雪中送炭、掩耳盗铃）的字条。她选择了表演掩耳盗铃。

根据规则，大师傅把5个动作演示给徒弟，再由徒弟传递下去。则最后一位时，5个动作只剩1个了。掩耳盗铃，也变成了拉铃铛（都说这位徒弟悟性好，没有说是拉窗帘。因为大家用投影幕布的绳子做道具）。

第二遍，虽然能够说话了，到最后一位徒弟时，5个动作变成了4个，原来面向观众的镜头，也都变成了"暗箱操作"。

根据这个游戏，我们进行了以下分析：

第一遍，只看不做说明，也不纠正，标准走样最厉害。同时，大师傅在两次表演过程中，动作的顺序也不同。这说明操作标准本身就不规范，这也充分证明了前面强调的"工作分解表"的重要性。

第二遍，虽然按工作教导的步骤进行了，最后标准还是未能严格执行，5个动作变成了4个。分析原因，主要是师傅们在徒弟试做后，未能严格安排标准指正徒弟的偏差。

这时，我说："大家还记得昨天管理的定义中，那位差不多的郝经理吗？他忽略了控制这个职能,所以下岗。今天我们也是同样的原因,造成了误差累积,导致执行不力的情况发生。"

五、效果强化——实操演练

为了巩固培训效果,我给大家留了以下作业:

(1) 每个组选择一个岗位,根据相应的作业标准,制作一份"工作分解表"。按工作教导的步骤,教会本组所有人员。

(2) 各组现场交叉评估(请3位新人试做)。

标准:根据"工作分解表"独立操作完成,为优秀;经过辅导才完成,为合格。裁判为未参加培训的质检人员。

这个作业的目的有两个:

第一,促进跨部门沟通。因为在访谈和问卷中,大家都反映跨部门沟通有困难。所以在培训分组时,我们特意把各部门分散开来,以团队竞赛的方式进行课程。用竞争中的合作,加深各部门主管的感情交流,以便延伸到工作中。这次的作业,打破了个人作业的方式,以团队合作进行,并计入培训的竞赛成绩,也是为了在促进实效的同时,增进部门间的交流和合作。

第二,实操演练。作业中的第一步,用教会其他部门主管的方式,验证"工作分解表"的适用性。作业的第二步,以结果说话,用未参加培训的质检人员做裁判,公正、有说服力,也能验证大家对于工作教导技巧的掌握程度。实操中的问题汇总后,将在下次的"有效沟通技巧"课程中强化。

5月10日的"问题改善和改善"培训,是精益公司干部管理技能提升系列培训的最后一个课程,也算是对前面三个课程的总结。

一、课程开发:

同样只有3个小时,针对企业目前存在的情况:

(1) 普遍观念:"没问题就拖,有问题就推";

(2) 每天都在处理同样的问题;

(3) 欠缺执行力;

(4) ISO系统管控异常,而现在异常已经成为正常。

我设计了以下的课程大纲:

(1) 正确的问题意识——解决问题改善的意愿问题。

(2) 问题分析和解决——介绍方法和工具。

(3) 问题改善与PDCA——形成系统和体系,持续改进。

二、培训现场

1. 开场

5月10日是母亲节。开场我们就请学员中所有母亲起立,接受大家的祝贺。有了前面三次培训养成的良好习惯,全场在热烈的掌声中感受着这份快乐。同时,邀请主动去运用5月9日培训所学的三位学员,向其他学员做分享,并借机回顾了5月9日"有效沟通技巧"课程的相关内容。在给他们所在的团队加星后,我请他们把自己的名字签到竞赛表中,让大家记得他们的贡献(在我的建议下,获得团队第一名的组,不但能获得有孙总签名、有"干部培训优秀团队奖"字样的笔记本,还能获得每人50元的聚餐费用)。

2. 你是癌细胞吗？

针对学员欠缺团队合作和全局观念的问题，之前的三次课程中，我都用各种方式，让大家认识到了"客户满意"是我们共同的目标。为了强化这个认识，我放弃了前面的正面引导，用了"癌细胞"这个字眼来"恐吓"大家。大家起初听到"你是癌细胞吗？"，都很惊奇，无一例外地摇头。可当我解释了癌细胞的定义，大家认识到：原来癌细胞就是自私的细胞。

我说："我们公司从接单到出货这个流程，就像是一个人，如果任何一个部门或个人只顾自己的利益，而不考虑客户满意这个大的目标，就会成为公司的癌细胞。请大家反思一下，现在，我们还能理直气壮地说自己不是癌细胞了吗？"

正如我所料，大家若有所思，都不说话了。我接着说："之前是不是已经不重要了，关键在于从今天开始，我们把不做公司癌细胞作为我们的目标，好吗？"

得到的是响亮的一致的回答："好！"

3. 如何让培训从成本变成投资？

针对目前普遍的"没问题就拖，有问题就推"的现状，我将"正确的问题意识"作为一个重点。并在错误的问题意识部分，由问题"退货很正常"引出了"品质总成本"的概念。先从"利润＝售价－成本"开始，大家认识到产品的售价越来越低，而自己的人工成本是没有人愿意降低的，于是，可控的只有"品质成本"了。我带领大家分析了"预防成本""鉴定成本""失败成本"的构成，带领大家讨论如何降低品质总成本。

结合前两次培训后作业完成得不尽如人意、不少学员不够重视的情况，我还特别提出了：如何让培训由成本转变为投资？在大家的积极参与下，我们达成了共识：只有学以致用才能做到。这不是做给老师或老板看的，而是为自己。因为这不仅仅是自身提升的机会，也跟我们的利润，每个人的收入息息相关。

4. 剥洋葱法

剥洋葱法是问题分析最简单实用的方法。但多次的课程实践后，我发现：中国人太聪明，很难按照要求一步步描述和分析，常常直接给出主观的判断。所以，我在讲解时，生活、工作中各举一例之后，请每个小组进行演练，并一一发表，大家一起点评。

两个小组对于"小刘上班迟到"这个看似很简单的问题，讨论的结论都偏离了方向。其中一组，我发现后给他们指出，他们很快就改正了。另一组因时间关系未能指导，就在发表时作为一个案例来分析，告诉大家：剥洋葱法分析出来的原因，应该是自己有能力去解决的问题，尽量不要变成了找借口。

5. 鱼骨图

在进行鱼骨图的演练时，我选取了公司现在最突出的三个问题：为什么执行不力？为什么不良品增加？为什么部属不理解自己的话？

每两个组，对于同样的问题，进行分析，找到对策，做发表，接受大家的点评。

通过实际演练，再认真学习其他组的思路和方法后，大家对于鱼骨图的运用，有了更深的体会。

6. PDCA 就在身边

当我解释了什么是 PDCA 后，请大家回忆之前课程中的哪些方面，我们运用了 PDCA。

很快，大家就说出了"如何培育部属"中工作教导章节的"掩耳盗铃"游戏，想到了"干部应有职责"的课后作业——时间管理优先矩阵的一次次修改……

有了亲身体验，并实际操作，讲解就变得很简单了。

针对公司"同样问题重复发生"的情况，我将重点放在了"问题改善和分析"，并分享了使用的待改善项目追踪表。

三、培训效果的延续

培训结束后，主动运用昨天所学的两位学员所在的组，赢得团队优胜奖。孙总亲自颁奖，并鼓励大家继续坚持学以致用。经过4次培训，学以致用的观念已经为大家所认同，孙总在课程结束后宣布：本次系列课程分组竞赛的方式继续沿用，只是竞赛项目变成培训后作业的完成速度和质量，包括大家学以致用的程度。每半月评比一次，每月总评，得出第一名，给予团队奖励。

一年后，精益公司的问题都解决了。

资料来源：来自知名培训师苏平的博客，http://blog.sina.com.cn/s/blog_3e4839f70101414v.html，加了故事背景，有删改。

第七章
通用培训项目设计

学习目标

学完本章后,你应该能够:
1. 了解通用培训项目的概念。
2. 掌握新员工培训的基本内容和方法。
3. 了解一般管理人员培训的基本内容和方法。
4. 了解高层管理人员培训的基本内容和方法。

第七章 通用培训项目设计

开篇案例

华为的新员工培训

林媚担任成信公司行政与人力资源部经理半年来表现平平,总裁凌云觉得她可能需要接受一些培训,于是让她去读在职 MBA。一天,MBA 课堂上老师讲到员工培训的问题,并且推荐大家读读《华为真相》。林媚很快找到这本书,里面关于华为如何培训新员工的描述吸引了她。以下是她摘录下来的部分内容:

岗前的培训,已经成为很多企业的必修课。但是华为的做法仍然与众不同。一是时间长,长达 5 个月;二是不仅限于企业文化培训,而是分为军事训练、企业文化、车间实习、技术培训、市场演习等五个部分。这 5 个月的生活就像炼狱,但是生存下来的人,则有获得"新生"的感受。因此,华为公司每年对新员工的培训,被人称为"魔鬼训练"。

优胜劣汰制军训——中央警卫团教官担任主训官

华为招聘的大学生,到华为报到后,就进入包括为期 1 个月的军事训练在内的 5 个月严格的封闭式培训。负责训练的主教官是中央警卫团的退役教官,训练标准严格按照正规部队的要求,凡是在训练过程中遭到淘汰的员工将被退回学校,经过几轮筛选幸存的员工才能正式进入华为公司。很多员工总结这段漫长的培训过程时用的是这几个词:苦、累、考试多。如同高考冲刺阶段一般,这一段时间的考试次数远远超过了大学四年的总和。很多曾经参加过训练的学员都对这种痛苦的煎熬铭记终生。但这段经历又往往成为他们日后向他人炫耀的资本,并受用一生。这期间新员工都是带薪的,包括奖金全部都有,华为并不会因新员工还没有正式入职而不发工资和克扣奖金。

第一次握手——不合时宜的文化课程

进入华为后的第一周,新员工首先学习公司的企业文化。华为给每名学员一本厚厚的企业文化学习教材,教材用了很多发生在华为内部的真实故事。华为公司人力资源部门的主管和其他所有相关部门的高层主管都会分期分批去讲课。任正非也经常亲自到培训班为学员们讲课。任正非讲课很有煽动性,他善于以身边的一些细小例子阐明一些深刻的人生道理,经常使学员们斗志高昂,充满了奋发向上的活力。华为最看中团队合作精神,所谓胜则举杯相庆,败则拼死相救。

和岛主们生活一个月——车间实习

文化课之后,新员工要到一线车间实习一个多月,跟着车间的师傅学习组装、测试。车间装配和测试过程处处体现了华为人的严谨作风。华为的装配车间分为不同的小组，华为人习惯称之为"岛"，称小组的负责人为"岛主"。车间的装配工人一般是中专文化，但是，每个岛都配备一名硕士以上的技术人员把关，合格的产品由其签字后才能出厂。

最难熬的技术培训——5%淘汰

车间实习结束后，就开始接受技术培训。作为市场人员，也必须了解公司的产品和技术。很多员工认为，这三周的技术培训是最艰苦、最难熬的。新员工每天早上8点起床，从深圳龙岗华为公司总部乘公司的班车，花40多分钟时间赶到位于深圳市车公庙的培训基地。一直到晚上9：30才结束课程学习回去，一般回到宿舍都是十一二点了。期间，就如同大学里一样严格地上课、复习和试验操作，每学完一段就考试。大概每周要考核两三次。考核不合格者就要留级、补考、工资停发。当时，华为有5%的淘汰率，一个班二三十人中，最后一名无论考试成绩多好，都要被淘汰。这三周严格残酷的培训培养了华为员工吃苦耐劳的精神，同时激励着每一名新员工都努力学习，力争上游。

销售实战演习——上街叫卖三个月

华为市场部新员工还要到市场部见习3个月，期间的考试多如牛毛。还有销售技能实战演习——新员工到街上推销、叫卖。为了增强实践的真实性，新员工在销售过程中不允许说出自己是华为的员工。由于深圳市严格禁止无证小贩摆摊售卖，进行销售技能实战演习的华为人为此曾有多人被当作无证小商贩，被深圳城管人员抓住。华为市场部门有一句话：天下没有沟通不了的客户，没有打不进去的市场。

华为对于市场的开拓，从来不派有丰富经验的员工，而是派一些刚从学校毕业，没有任何社会经验、尤其是没有市场开拓经验的新员工去做市场。目的是训练新员工开辟新路的勇气和能力。华为的这种策略使大批新员工在实践中得到了锻炼，一批批新员工在磨炼中成熟，成为经验丰富的老员工。

成信公司的新员工培训，林媚已经做了好几期了，可是，她一直找不到感觉，那些新员工培训对于新员工来说，似乎是可有可无的。她知道不搞新员工培训是有很多负面效应的，但是要搞好似乎也不那么容易。华为的经验或许可以提供一些帮助，不过，成信公司毕竟和华为公司差别太大，这些经验在成信公司能用得上吗？

资料来源：改编自程东升，刘丽丽. 华为真相：在矛盾和平衡中前进的狼群［M］. 当代中国出版社出版，2004年版。

7.1 通用培训项目概述

通用培训项目指的是这样一类培训项目，其培训内容具有普遍性，没有太强的针对性，广泛适用于各行各业的各类员工。通用培训项目一般由企业的人力资源部门统一负责组织，业务部门更多的是配合参与。负责这类培训的培训师基本上都是人力资源部门的相关人员或者外部的职业培训师。通用培训项目具体可以分为三类：

第一类是纯通用培训项目。它指的是针对性非常弱，几乎适用于任何行业、任何企业的员工，甚至社会公众都可以从中获得收益的培训项目。这类培训项目包括时间管理、情绪管理、压力管理等。这些内容的培训项目可以说是没有任何针对性，任何行业、任何企业、任何员工都可以去参加的一种培训；还有一些培训项目如战胜拖延、没有任何借口等，这些培训项目反映了人性某些侧面，可能大部分企业的大部分员工都或多或少存在着拖延、找借口推诿等现象，因此，这类培训项目也可以算通用培训项目。

第二类是半通用培训项目。它指的是有一定的针对性，适用于某个行业或者某个企业的员工的培训项目。这类培训项目常见的有职场礼仪培训项目，虽然在不同行业其职场礼仪可能会有一些差异，但大多数情况下，职场礼仪是具有通用性的。团队管理培训也是如此，不同企业、不同部门在建设团队方面可能有一些差异，比如销售团队、生产团队和研发团队在团队管理的细节方面有很大的不同，但是，其培训的基本内容和基本方法却具有相似性，差异并不大，课程内容只要根据企业的要求和团队的类型进行修正即可通用。

第三类是群体通用培训项目。它指的是针对某个特定群体的培训项目，这些培训项目的基本形式、基本内容和基本方法比较接近，但不同行业、不同企业需要根据自己的实际情况来设计培训项目的具体内容。这类培训项目比较典型的有新员工培训、管理人员培训等。以新员工培训项目为例，任何行业、任何企业，只要有新员工，一般就会有新员工培训项目。但是新员工培训的基本目标和基本方法在不同企业的差异并不是很大。管理人员培训项目也是如此，不同企业的管理人员的培训需求差异非常大，而管理面临的情境也是千差万别，因此管理人员培训的具体内容也是千差万别。但是，管理人员的培训项目的基本目标和基本方法却是几乎所有企业都差不多。

通用培训项目是职业培训师和企业内部培训师的看家本领，在培训行业发展早期，大量的培训公司和职业培训师主要是依靠通用培训项目获得了自己的生存空间。随着企业培训文化的不断成熟和企业的不断壮大，越来越多的企业开始让自己的培训部门来做通用培训项目。

大体上，纯通用培训项目有大量的职业培训师在做，竞争比较激烈，该领域发展也比较成熟，企业可以从外部购买获得，有时候甚至可以免费获得网络资源。而像新员工培训项目、职业生涯管理培训项目和管理技能培训项目等群体通用培训项目，则具有一定的针对性，往往需要针对企业和员工的具体情况对培训项目的基本内容作一些优化和调整，以适应企业的实际情况。这类通用培训项目如果由企业的内部培训师来做的话，由于其对企业内部实际情况比较了解，效果可能会比较好。因此，掌握若干种通用培训项目对于培训从业者来说，具有重要意义。

另外，通用培训项目设计对于公司整体的人才开发具有极为重要的意义。把通用培训项目设计与企业使命、员工的职业生涯发展结合起来，可以使企业培训变得更加具有系统性和针对性，为企业打造一支具有强大凝聚力的人才团队提供最重要的基础。

专栏 7-1

企业通用培训项目的常见安排

通用培训项目的培训计划应该根据不同层次员工的职业生涯来安排，下面是企业针对不同职业周期的员工设置的常见通用培训项目，如表 7-1 所示：

表 7-1　不同职业周期培训内容

职业周期	职位	培训内容
入门期	新进员工	企业基本情况，企业宗旨、使命、文化与价值观等；企业组织结构、流程、规章；基本工作技能、礼仪与规范；公文、电话等信息处理手段
适应期	一般员工	岗位职责、工作内容；日常工作分析与解决；沟通；团队意识；时间管理；职业生涯
成长期	成熟员工	岗位新知识的持续补充；市场经营、公关、业务拓展能力训练；岗位流程优化与业绩改善；岗位轮换
成熟期	企业中层（部门经理、项目主管等）	语言技巧、会议与公文处理；基本的人事、财务、计划管理；工作提炼、问题解决与处理；组织与协调能力；授权与激励；信息处理能力强化；培训下级员工
发展期	企业高层（董事、总裁、副总）	企业内部与环境评价；演讲、宣传技巧；组织机构和人事变革；企业财务与成本管理；战略与决策；企业文化、价值观建设；绩效管理培训
维持期	企业高层（董事、总裁、副总）	企业制度建设、管理变革；企业文化重塑；流程与组织变革；品牌建设；资本运作

7.2　新员工培训项目设计

7.2.1　新员工培训的目的和意义

新员工培训又称新员工入职培训、岗前培训，是指企业为新招收的员工在上岗之前提供的培训。其基本内容是为新员工提供有关企业、部门及其将要从事的岗位的基本背景情况介绍，使新员工了解所从事的工作的基本内容与方法，明确自己工作的职责、程序、标准，同时，还要向他们灌输企业及其部门所期望的态度、规范、价值观和行为模式等，帮助他们顺利地适应企业环境和新的工作岗位，尽快进入角色。新员工培训是企业帮助新员工融入企业的第一步，是企业把录用的新员工从局外人转变成企业人，使得新员工逐步熟悉、适应组织环境，融入组织文化和所在部门团队的过程。

从企业的角度来看新员工培训的目的主要有以下四个方面：

（1）短期内使新员工对企业的历史、文化、工作环境、基本规章制度等有一定的了解。

（2）让新员工尽快适应环境，融入群体，产生归属感，降低员工流失率。

（3）让新员工深入了解自己的岗位职责，传授新员工即将上任的工作岗位所需要的专业知识、技能和态度等内容。

（4）向新员工展示企业对其成长的期望，以及个人在企业内的发展路线。

新员工的注入对企业的发展至关重要,新员工培训可以提高新员工胜任工作的能力,降低流失率,提高企业的运营效率。新员工培训是新员工对将要就职企业的第一印象,据统计有相当比例的新员工因为对入职培训不满意而导致后续的工作热情下降,甚至离职。

林媚第一天上班的遭遇

林媚满怀期待和热情应聘到精益公司担任培训专员这一新职。漫长的招聘过程结束后,她确信自己找到了一份适合自己的工作。然而,她上班的第一天,就萌生了辞职的念头,下面是她一天的经历:

林媚按照录用通知书的规定,星期一9点准时到达公司,然而没有人迎接她;负责接待的人员,并不知道她是谁,甚至不知道有新员工要来。等了20分钟后,她的顶头上司——人力资源部的经理关欣来接待她。

两人谈了10分钟后,关经理有事被领导叫走,临走时,交代人力资源部老张和林媚说说她将要从事的工作。可是,老张对此事一头雾水,简单寒暄几句后,他带着林媚在公司转了一圈,介绍了几个部门和相关人员;然后老张拿了一堆资料给她,让她自己阅读,之后就把她丢在一边,离开去忙自己的事情了。大约到了11点50分,公司负责人事工作的副总吴天豪来了,他和林媚寒暄了几句,就带着林媚一起去公司食堂吃工作餐。在吃饭的时候,林媚向吴副总反映公司是否缺乏新员工入职培训时,吴副总说是的,并补充说他也曾经有过疑问,后来和公司老总孙建平交流时,才知道这是公司在创业期就流传下来的做法,也是对新员工的一种考验。面对不熟悉的环境,也能够自己主动去适应的新员工才是公司需要的员工。如果一个员工到公司里来,处处都被动等着公司来给自己安排各项事务,而不会主动去学习,那么,即便走了也不可惜。

到了下午依然没有人给林媚安排工作,下午4点左右,林媚被准许提前回家。

听了吴副总的话,林媚知道公司是在等自己主动表现呢,但是,她内心对这家公司的好感已经荡然无存,没有表现的热情了。

思考:精益公司对待新员工的方式有什么问题?

从新员工的角度来说,新员工培训能够满足他们入职时常见的一些期望。新员工刚开始对组织一般会有三种期望:

(1)希望获得对自己应有的欢迎和尊重,他们对老员工和组织对自己的态度十分敏感,特别期望获得来自组织领导、主管和同事的认可、接受和尊重,担心被忽视和轻视。

(2)希望获得了解组织环境和工作职位的相关情况。比如,公司想让我做什么?会把我安置在哪个部门、什么岗位?我会和谁一起工作?我目前的能力状况和他们的要求有差距吗?哪些规章制度是我必须遵守的?哪些规章制度与我的工作密切相关?

(3)希望获知自己在组织中的发展计划。比如,企业希望自己现在和将来承担什么职责?在未来若干年内,晋升到某个职位的概率有多大?如何做才能获得晋升和发展的机会?

从这个角度来说,新员工培训还有一个重要的目的就是要有效地了解和调整新员工的期望,满足新员工的期望,使之对新的工作环境、条件、人员关系、工作内容、应尽的职责、相关规章制度和组织的期望等有所了解，使之能够把组织的期望和个人的期望结合起来，尽快地进入工作状态，积极主动地融入企业群体和工作中去。

7.2.2 新员工培训的内容和方法

一、新员工培训的内容

一般情况下，新员工培训的内容主要包括以下几个方面：

1. 公司概况

新员工培训首先应让员工全面了解、认识公司，减少陌生感，增加亲切感和使命感。公司概况既包括有形的物质条件，如工作环境、工作设施等，也包括无形的如公司的创业过程、经营理念等。一般来说，公司概况应包括如下信息：

（1）企业文化、历史、使命与前景规划。通过描述公司是一个什么样的公司，比如公司是如何白手起家的，在创业过程中发生过什么大事，创业者有什么样的动人故事，公司的优良传统是什么，该企业要求员工具备的优良品质是什么等，使员工对公司产生欣赏、喜欢的感情，从而为以后建立员工的忠诚感提供基础。此外，还要告诉新员工，本公司的近期、远期目标具体是什么，实现这些目标存在的问题是什么，新员工将对公司目标的实现有何重要作用以及新员工如何加入这一奋斗过程等。

（2）企业的产品、服务及工作流程。企业的产品和服务都有哪些种类产品的生产过程或服务的运作过程是怎样的，这些相关情况有必要让新员工心中有数，这样他们可以对自己在企业的工作以及未来发展等情况有一个初步的判断。

（3）企业的客户和市场竞争状况。要让新员工充分了解企业的客户及企业的市场竞争状况，从而让他们对企业的发展潜力有一个初步的判断，增强他们的使命感。

（4）企业的组织结构及重要人物。企业的组织架构如何，有多少分公司和职能部门、上下级关系如何，高层管理者的辉煌历史、职责及分工，新员工的直接上司是谁，都必须让新员工了解。

（5）工作场所与设施。带领新员工参观公司的工作环境，并向新员工介绍其将要工作的场所，例如餐厅、休息室、洗手间、复印室、邮局的地点、附近的银行、紧急出口、电话的使用及交通工具的使用和安全性等。

2. 规章制度

这一部分涉及的内容较多，且都关系到员工的切身利益，有必要让新员工明确理解。常见的规章制度有：第一，考勤管理制度；第二，人事管理制度；第三，行政管理制度；第四，财务管理制度；第五，绩效考核与奖惩制度；第六，公司教育培训制度等。具体内容各个公司都不相同，需要梳理出相关重点向新员工介绍，其他内容可以让员工自学。

上述两个方面的内容都属于知识性的内容，培训时间一般不超过三天，有的企业会在知识性培训结束之后，花一天到两天的时间带领新员工参观公司的工厂或代表性的地方，并安排座谈交流和文艺活动，让新员工在非常轻松的氛围内完成这方面的培训，这是一个很不错的做法。从培训评估的角度来说，这方面的培训结束后需要进行相关笔试，以强化员工对企业各项基本知识的记忆和理解。

3. 岗位技能培训

岗位技能培训主要是让新员工了解自己将要承担岗位的工作要求，以及需要具备的知识和技能，让新员工做好上岗前的技能准备。培训的主要内容如下所述：

（1）岗位职责。岗位的使命是什么，在工作组织结构中的位置和价值；岗位的具体职责要求，包括岗位所要求的工作成果和具体衡量标准；岗位的上下级关系，以及今后要跟公司哪些部门打交道，要跟公司外部哪些机构打交道。

（2）岗位技能。首先是进行企业所在行业的基础知识培训，如国家政策、行业标准和法律法规、行业发展趋势、竞争对手情况。然后根据不同岗位设置相关的技能培训课程。

技能培训有两种培训模式：第一，集中培训，将岗位技能要求相同或相似的新员工集中起来培训，这样可以扩大技能的传播范围，节约培训成本，但沟通难以深入，并且要达到一定的人数才适合集中培训；第二，分散式培训，由技能熟练的老员工对相应岗位的新人进行指导，并确定指导责任制，一名老员工可以指导一名或多名新员工。

4. 态度和意志培训

很多大企业的新员工培训计划中往往会安排一些拓展训练活动和军训活动，特别当培训对象是来自高校的毕业生时，这种情况最为常见。前面我们对拓展训练活动已经有过介绍，它通过一系列形式新颖的体能活动和团队游戏，让员工产生体验，继而引发分享、反省和提升等系列活动，特别适合对员工态度和团队精神方面的培训。而对新员工进行军训的目的是培养新人吃苦耐劳的精神、朴素勤俭的作风和团队协作的意识。军训的时间长短需要根据实际情况确定，以最少一周、最多一个月为宜。时间太少，新员工还没进入状态就结束了；时间太长，则会造成员工的厌烦心理，企业成本也会大幅增加。军训期间，晚上应开展多样化的活动，以丰富生活，淡化军训的枯燥感。比如可以结合企业的实际情况开展演讲竞赛、辩论赛、小型联欢会等，这样既能加强新员工之间的交流，也能为企业发现一些优秀的人才。

5. 职业培训

职业培训是为了使新员工尤其是刚走出校门的学生完成角色转换，尽快适应职场生活，迅速进入岗位角色，成为一名职业化的工作人员的培训。其内容主要包括：社交礼仪、人际关系、沟通与谈判、科学的工作方法、时间管理、职业生涯规划、压力管理与情绪控制、团队合作技能等。职业培训一般采取集中面授的方式进行，培训师根据企业实际情况，从内部或外部选聘均可。需要注意的是，职业培训的形式一定要多样化，尽可能采用互动式，让新员工在互动的过程中领悟所学的知识，这样才能在以后的工作中运用自如。当然，职业培训结束时还是可以进行考核的，建议采用开放式的考核方式，比如论文或者情景模拟等。职业培训是提升新员工的综合素质、建设企业人才梯队的重要培训项目，许多管理比较规范的大企业的新员工培训计划都会安排这类培训项目。

二、新员工培训的形式与方法

新员工培训项目必须针对新员工的特点，采取不同的培训形式和方法，具体而言有以下几种形式：

1. 企业高层领导现场授课

高层领导不仅拥有精深的专业知识、丰富的经验，熟悉公司的情况，而且大多是企业的创始人或者是工作多年的老员工，他们对企业充满着自豪感，一般新员工培训中关于公司历史、公司文化和公司前景展望等方面的内容如果能由公司高层来讲述，将会呈现很好的效果。而且企业高层领导到现场授课，也代表了企业对新员工培训的重视，这会让新员工们感到自己受到尊重和关心。

2. 老员工现身说法

新员工面对新环境，难免会有生疏感和疑惑，他们极其期待前辈们可以传授给他们经验，给他们提点建议和忠告，对新员工来说，最好的老师便是企业的老员工。因此，在做新员工培训时，应该聘请一些有经验的老员工来担任兼职培训师，他们会把很多只有在实践中才能体悟到的经验和教训传授给新员工们，这是职业培训师很难做到的。

3. 企业团队活动

一般情况下，新员工刚刚进入企业时，由于和其他员工缺乏足够的交流，相互之间会有很大的隔阂感，这种感觉让他们行事如履薄冰。如果在新员工培训过程中举行各种团队活动，如迎新晚会、户外拓展、篝火晚会、联欢晚会等，这些方式能有效地增强员工之间的感情。团队活动可以让新员工在陌生而又新鲜的环境中感受到团队氛围和团队精神，加强新员工之间的沟通和了解，提高团队之间的协作、沟通能力，增强新员工对团队的认同感、信任感和归属感。

4. 入职导师

新员工接受了集中培训之后，有经验的企业管理者一般都会给他们安排一位入职导师。新员工培训的入职导师可以由企业有经验的老员工或新人的上级来担任。企业在选择新员工的导师时会优先考虑亲和力强、善于沟通与交流、耐心、细心谨慎、责任感强、熟悉公司的情况、对企业有深厚的感情、具有深厚的专业基础知识和相关技能、丰富的工作经验和阅历等因素。员工的入职导师应该是新员工可以学习的榜样。

5. 在线培训

企业很好地运用网络技术进行在线培训，将会使新员工培训更加高效和丰富多彩。新员工进入公司之前，有经验的企业管理者会预先为他们准备好在线接受培训的相关电脑设施，并且在他们入职的第一天，发送欢迎信到他们个人的邮箱中，同时在公司网站为新员工设立专门的欢迎网页。新员工可以从在线培训系统中了解公司的组织结构、规章制度、薪酬福利政策等公司概况等内容，集中课堂培训的相关教学资料也会被上传到在线培训系统中，以供新员工参考。在线培训系统中设计了大量提升个人技能的课程，供新员工选择。在线培训系统中会将新员工培训的全部过程及各种细节都详细地列出来，比如与人力资源部的沟通、介绍同事、共进午餐等，以免新员工面对新环境时不知所措。网上开办一个"互帮互助"论坛，可以成为引导新员工进门的重要措施。

7.2.3 新员工培训项目的实施

从流程上，新员工培训项目的实施和一般培训项目的实施没有太大的差别，但是其具体内容还是有很多自己的特色。

新员工培训作为一个特定的培训项目，首先，应该进行培训需求分析和制订培训计划。新员工的培训需求分析，主要是对用人部门的用人需求进行调查，一般不需要对受训对象——新员工作详细的调查，因为新员工入职时的期望差别不会很大，他们对企业不了解，提出来的培训需求，不一定能够符合的企业实际情况。真正符合企业实际情况的新员工培训需求一般都来自用人部门。另外，培训管理人员可以同负责招聘这些新员工的相关人员进行一个访谈，并随机访谈若干新员工，以了解他们的特点和可能的需求。

撰写新员工培训计划和一般培训项目的要求也差不多，有两个问题需要注意：

一是新员工培训的持续时间。新员工培训持续的时间与新员工从事的具体岗位有关，一般集中的课堂培训可能只有数天，从一天到一周不等，但在集中的课堂培训之后，还有更为漫长的新员工在岗培训。一般情况下，有作业标准的重复性工作需要在岗培训的时间最短，包括流水线上的工人、会计、出纳、服务接待等岗位都属于此类；无作业标准的创新性工作需要的在岗培训时间最长，比如高层管理者、研究人员等岗位属于此类。表 7-2 是专家根据调查分析对新员工的在岗培训期限的一个归纳：

表 7-2 不同岗位的新员工培训的期限

工作分类	分类依据	代表岗位	培训期限
重复性工作	有作业标准和流程，必须根据标准和流程做	流水线工人	一般 2—14 天，可成为合格员工
调整性工作	有工作原则和方法，但无具体流程，需要根据具体情况调整工作行为	一般管理人员、营销人员	一般 1—3 个月，可成为合格的员工
开拓性工作	只有工作目标，其他都需要自己探索，边做边学	高层管理者、高级研发人员	一般 1 年左右，但是否能够合格则难以预期

二是管理人员在制订整体的新员工培训计划之外，还应根据每一位新员工的岗位需求及其他的职业生涯情况，为他们制订个人的培训计划，让他们明白在未来的一段时间内，他们必须要接受的培训和可以获得的培训有哪些，以及这些培训对企业和他们个人的意义。

新员工培训项目实施其他方面的内容和一般培训项目基本一致，此处不再赘述。

精益公司新员工入职培训方案和入职培训内容

林媚的不愉快入职经历让她一直耿耿于怀，这也是她离开精益公司加入成信公司的原因之一。2016 年年初，凌云让她全面负责新员工培训，她想以后的新员工培训可再也不能像以前那样做了，自己得弄出一个像样的方案来。她听说，前不久精益公司现任人力资源部经理黄学艺精心设计了一个新员工入职培训方案，于是，她联系以前关系好的同事帮忙。几天后，对方给了她两张表格，具体情况如下：

表 7-3 精益公司的新员工入职培训方案

方案名称	新员工入职培训方案	执行部门	
一、新员工入职培训目的 企业实施新员工入职培训的目的主要有以下七点： 1. 为新员工提供公司及工作岗位的相关信息，鼓舞新员工的士气 2. 让新员工了解公司所能提供的待遇情况及公司的期望			

(续表)

| 方案名称 | 新员工入职培训方案 | 执行部门 | |

3. 让新员工了解公司历史、政策、企业文化,并提供讨论的平台
4. 减少新员工初进公司时的紧张情绪,使其更快地适应环境
5. 让新员工体会到归属感
6. 使新员工加强与同事之间的联系
7. 提高新员工解决问题的能力,并告知新员工寻求帮助的方法

二、新员工入职培训程序

一般来说,新员工入职培训程序如下:

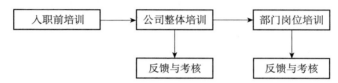

三、新员工入职培训内容一览表

项目(负责人)	时间	培训内容
入职前培训 (部门经理)	入职前	1. 致新员工欢迎词(人力资源部负责) 2. 让本部门其他员工知道新员工的到来 3. 准备好新员工的办公场所、办公用品 4. 准备好给新员工培训的部门内部培训资料 5. 指定一名资深员工作为新员工的导师 6. 准备好布置给新员工的第一项工作任务
公司整体培训 (人力资源部)	入职后 第1天	1. 公司历史、愿景、相关组织机构及主要任务 2. 公司政策与福利、公司相关办事流程 3. 公司各部门职能介绍、公司培训计划与程序 4. 公司整体培训资料的发放 5. 回答新员工提出的问题
部门岗位培训 (部门经理)	入职后 第2天	1. 到人力资源部报到,新员工须知培训(人力资源部负责) 2. 到部门报到,部门经理代表全体部门员工欢迎新员工 3. 介绍新员工认识本部门员工,带领新员工参观企业 4. 部门结构与功能介绍、部门内的特殊规定介绍 5. 新员工工作描述、职责要求 6. 派老员工陪新员工到公司餐厅吃第一顿午餐
部门岗位培训 (部门经理)	入职后 第5天	1. 部门经理与新员工进行非正式谈话,重申后者的工作职责,谈论一周工作中出现的问题,回答新员工的提问 2. 对新员工一周的表现作出评估,并为其确定一些短期的绩效目标 3. 为其设定下次绩效考核的时间
	入职后 第30天	部门经理与新员工面谈,讨论后者试用期一个月以来的表现,填写评价表
	入职后 第50天	人力资源部经理与部门经理一起讨论新员工入职后的表现是否适合现在岗位,填写试用期考核表,并与新员工就试用期考核表现谈话,告知新员工公司绩效考核要求与体系

(续表)

| 方案名称 | 新员工入职培训方案 | 执行部门 | |

四、新员工入职培训教材
1. 公司整体培训教材
2. 各部门内部培训教材
3. 新员工入职培训须知等

五、新员工培训费用估算
培训计划中一项很重要的就是估算培训费用,以控制培训成本和合理分配培训预算。

培训课程名称		培训日期		培训地点	
培训费用估算	培训费用项目		费用估算明细		
	教材开发费		_____元/本×_____本=_____元		
	培训师劳务费(或奖金)		_____元/时×_____本=_____元		
	培训师交通费		_____元/日×_____本=_____元		
	培训师膳食费		_____元/日×_____本=_____元		
	培训场地租金		_____元		
	培训设备租金、教学工具租金		_____元		
	其他费用		_____元		
	合计		_____元		
申请人(部门)		财务总监		总经理	

六、新员工入职培训项目实施方案
1. 在公司内部宣传"新员工入职培训方案"
2. 每个部门推荐本部门的培训师
3. 对推荐出来的内部培训师进行培训
4. 给每个部门印发"新员工入职培训方案"等资料
5. 各部门于次年3月开始实施部门新员工入职培训方案
6. 每位新员工必须完成一套"新员工入职培训"表格
7. 公司不定期实施整体新员工入职培训
8. 整个公司内进行部门之间的部门功能培训

七、新员工入职培训反馈与考核
新员工入职培训反馈与考核可借助以下五种表格来实现:
1. 岗位培训反馈表(到职后一周内填写)
2. 公司整体培训现场培训表(新员工用)(培训当天填写)
3. 公司整体培训考核表(培训师用)(培训当天填写)
4. 新员工试用期内表现评估表(到职后30天内填写)
5. 新员工试用期绩效考核表(视考核周期填写)

表 7-4　精益公司入职培训集中授课课程安排

培训课程	培训课时	培训时间	培训地点	培训师
对新员工致欢迎词	3小时	3月6日 8：00—12：00		
公司历史、文化、经营目标				
公司组织结构和主要业务				
公司政策与福利、公司相关程序				
发放公司资料并回答新员工提问				
公司主要领导介绍	1小时			
介绍员工所在部门同事				
公司人力资源管理制度	4小时	3月6日 1：30—5：30		
公司财务管理制度				
公司行政办公管理制度				
部门经理向新员工致欢迎词	4小时	3月7日 8：00—12：00		
部门组织结构与功能介绍				
部门内部规章管理制度	3小时	3月7日 1：30—5：30		
新员工工作描述与职责要求	1小时			
新员工工作技能与技巧培训	16小时	3月8日—9日		
新技能和方法培训	8小时	3月10日		
编制/日期	审核/日期		批准/日期	

　　林媚知道照搬其他企业的规章制度是很容易出问题的，这两张表是否需要针对成信公司的情况作修改呢？林媚拿不准……

　　思考：如果把精益公司的这两张表直接用于成信公司，可能会有什么问题？

7.3　管理人员培训项目设计

7.3.1　概述

　　管理人员培训是各类企业都存在的通用类培训项目，根据受训管理人员的层次可以把管理人员培训分为基层管理人员培训、中层管理人员培训和高层管理人员培训三类。

　　基层管理人员是指在企业生产、销售、研发等生产经营活动第一线执行管理职能的管理者。他们直接和一线的普通员工交流，其主要职责就是协调和解决一线员工工作中遇到的各种具体问题。

　　中层管理人员主要包括由企业各级各职能部门管理人员组成的经理集团，他们承担着企业日常经营中包括计划、供应、技术、质量、设备、动力、财务、销售、人事、教育、情报、计量、后勤等各种职能的具体的组织、领导和控制工作，是企业的中坚力量。

　　高层管理人员指的是对整个企业的管理负有全面责任的，级别在部门经理之上的领导者群体，他们的主要职责是制定组织的总目标、总战略，掌握组织的大致方针，并评价整个组织的绩效。企业高层管理人员的作用主要是参与重大决策和全盘负责某个部门，兼有参谋和主管双重身份。

不同层级管理人员的能力要求有所不同，其培训内容比例和侧重点也是不同的。具体情况如表 7-5 所示：

表 7-5　不同层级的管理人员培训的重点

管理人员层级	主要工作职责	培训内容重点
基层管理人员	直接指导和监督下属员工的现场作业活动，保证各项任务有效完成	业务知识、实际操作能力、一般管理能力、计划与指导能力
中层管理人员	执行高管的重大决策，监督和协调基层管理人员的工作	沟通协调能力、发现及解决问题的能力、团队管理能力
高层管理人员	制定组织的总目标、总战略，年度工作安排，评价组织年度绩效	战略决策能力、变革创新能力、识人用人能力

尽管基层管理人员与中层管理人员的能力要求有不少差别，但是，在培训项目设计中，两类培训项目的培训内容和方法差别不是很大，在实践中，这两类培训经常放在一起做。而且中层管理人员了解和掌握基层管理人员的相关知识和技能，对于提升其管理相关部门和团队的能力是很有帮助的。而基层管理人员接受中层管理人员的相关知识和技能的培训，对于企业建设人才后备队伍和他们将来的提升有很大的价值。所以，我们把基层管理人员培训和中层管理人员培训项目统称为一般管理人员的培训项目；而高层管理人员的培训项目和一般管理人员的培训项目在内容和方法上则有较大的差异。下面我们分别介绍一下这两类管理培训项目的内容与方法。

7.3.2　一般管理人员培训的方式和内容

一、一般管理人员培训的方式

一般管理人员培训主要有以下形式：

（1）短期培训。短期培训是提高一般管理人员理论水平的一种最常用的方法，可以在相对较短的时间内传递大量的信息，针对性比较强。这种培训大多采用短期学习班、专题讨论会等具体形式，时间都不是很长，主要学习管理的相关理论知识和技能，并且就具体的管理案例进行探讨等。

（2）工作轮换。工作轮换指的是将一般管理人员多次从一个岗位调到另一个岗位上去工作，使其全面了解企业各个方面的工作，获得不同的工作经验，为将来在较高层次上任职做准备的培训方式。这种培训方式不仅可以让一般管理人员获得丰富的管理经验，还可以让他们更好地理解不同部门之间的问题，从而改善部门间的合作。实际操作过程中，可以让受训人员实际介入所调入部门的工作，也可以让他只在所调入部门做观察员。

（3）替补训练。替补训练即每一位一般管理人员都被指定为上级的替补者。这些一般管理人员除承担本岗位职责外，还要熟悉同部门内上级的职责，一旦上级离任，即可按预先准备接替其工作。在实际操作过程中，可以将企业各个部门中有发展前途的管理人员集合起来，让他们就高层次管理问题，如组织结构、经营管理人员的奖酬机制、部门之间冲突的协调等提出自己的建议，供高层领导们参考。这种培训方式为一般管理人员提供了参与整个企业范围内的中高层决策问题的机会和经验。

（4）读 MBA。MBA 是工商管理硕士的英文缩写，主要培养能够胜任工商企业和经济管理部门管理工作需要的务实型、应用型的高层次管理人才。进入 MBA 学习一般要经过国家规定的统一的 MBA 考试，通过统考是 MBA 入学的一个重要的步骤。MBA 是一种专业硕士学位，特别强调在掌握现代管理理论和方法的基础上，通过商业案例分析、实战观摩、分析与决策技能训练等方法培养学生的实际管理技能，全面提升学生的职业竞争力。而学术硕士研究生则更加强调理论学习和学术研究。

二、一般管理人员培训的内容

对一般管理人员的培训，其内容比较宽泛，并且会因行业特点、岗位职务和企业发展战略不同而各有差异。但总体来讲，一般管理人员培训的常见内容有：

1. 沟通技巧课程
（1）能运用清晰的语言进行表达及演说；
（2）仔细聆听，善于回应他人感受；
（3）善于与人交流，推动沟通过程，传递有利于组织发展的信息；
（4）使他人接受建议，并采取相应行动；
（5）维护他人自尊，加强自信。

2. 团队管理课程
（1）积极寻求帮助，邀请并鼓励员工参与讨论；
（2）言行一致，遵守承诺；
（3）小组行动一致，使下属明确工作期望值；
（4）互相学习，主动提出改善建议，促进团队目标的实现；
（5）个人行动以团队利益和荣誉为主导。

3. 个人影响力相关课程
（1）激发员工士气，引导他人自我调整；
（2）主动发挥影响力，促使组织内工作的持续改善；
（3）处理员工纠纷及失职时，以事实为依据；
（4）善于发现员工的问题，并及时提供相应的指导与帮助；
（5）言行一致，赢得他人的尊敬与认可。

4. 问题分析与解决能力相关课程
（1）搜集反馈信息，集中分析，归纳问题关键点；
（2）灵活运用资源，鼓励他人参与并找出多种建设性方案；
（3）评估可行方案，择优选用，果断作出决策；
（4）有效解决问题，根据具体情况灵活选定解决方法与跟进方案；
（5）总结问题，预防问题再次发生。

5. 组织感知能力课程
（1）对公司的企业文化及发展理念有深入的认识；
（2）具备敏锐的观察能力，能发现员工工作中存在的隐患；

（3）能辨认妨碍发挥团队绩效的不利因素；
（4）明确当前组织开展的工作及目标；
（5）了解公司发展的长期目标，并制订行动计划。

6. 领导潜能课程
（1）了解权力与影响力的区别与应用；
（2）了解员工所处的状态与情境，形成合适的领导风格；
（3）有效授权，发挥下属的主动性；
（4）激励员工，对勇于承担的员工适当给予支持；辅导员工，加强其专业技能；
（5）引导员工的发展，帮助他们提高工作能力。

7. 压力承受能力课程
（1）能意识到目前面临的压力；
（2）坦然面对工作中的挑战和困难，并积极寻找解决方法；
（3）明确个人职能及应承担的责任；
（4）适时释放压力，进行自我放松和调整；
（5）勇于面对因个人过失而带来的负面影响。

8. 人才的培养与发展课程
（1）明确知道团队的合作与发展所需要的人才；
（2）了解每个员工的能力与意愿，并根据情况安排适当的工作和职位；
（3）了解每个员工的工作所要求的培训，并能保证给其提供相应的培训；
（4）肯定下属为个人事业的进一步发展而积极参与培训的行为；
（5）用于应对因个人过失而带来的负面影响。

7.3.3 高层管理人员培训的方式和内容

高层管理人员的决策对整个企业的发展有着重大的影响。他既是一个决策者，也是一个监督者，同时在企业中也充当着革新者、规章制度制定者、控制者、授权者、培训者等不同角色。根据高层管理人员的特点，其培训一般具有以下几个特点：第一，培训内容上，更应侧重于宏观的角度或整体战略方面；第二，培训方式上，不能单纯采用授课、小组讨论等方式，而应更灵活、更多样化；第三，培训时间上，应安排得更有弹性。下面，我们介绍一下高层管理人员培训的方式和内容

一、高层管理人员的培训方式

1. 主题研讨会

主题研讨会是专门针对某一行业领域或某一具体讨论主题在集中场地进行研究、讨论交流的会议。它对于制定政策、发展战略和方法措施都有重要作用。该类会议一般会邀请知名学者、知名企业家、政府相关官员，以及相关机构的资深从业人员等作为嘉宾，并在会议进行主题发言或者沙龙式的研讨。企业的高层管理人员参加这类研讨会可以开拓自己的思路和眼界，加深对企业所处环境、国内外形势的了解，不过由于会议时间有限，每个嘉宾往往只能讲几个小时，甚至更短的时间，难以深入探讨问题，更加无法就高层管理人员遇到的管理问题进行仔细的分析。不过，高层管理人员可以通过这样的会议与相关专家

建立私人联系，从而为自己今后的学习和提升开辟渠道。

2. 工商管理硕士（MBA）或者高级管理人员工商管理硕士（EMBA）

MBA 已经介绍过不再赘述，由于 MBA 入学考试需要考外语、数学，这就给那些管理经验丰富但离开应试环境多年的企业高层人士设置了很高的门槛。目前国内 MBA 学员正出现低龄化现象的原因之一就是那些大学毕业 3 年左右、应试能力强的年轻人比较容易通过入学笔试，而年龄大的企业高层管理人员难以通过数学、外语考试。

EMBA 最早诞生于美国芝加哥大学管理学院，其设立的目的就是专门为高层管理人员服务的。EMBA 英文全称为 Executive Master of Business Administration。EMBA 入学笔试、面试均由培养单位自行组织，门槛大为降低。不过就读 EMBA 的学员也是要满足一定的条件的。国家规定，具有本科以上学历，8 年以上工作经历（其中 4 年以上管理工作经历），较大规模企业的现职高层管理人员才可报名。EMBA 利用业余时间集中上课，其实质是一种具有学位的在职培训。EMBA 学员在校时间很短，老师讲授的内容相对较少，但是由于学员基本上都具有丰富的工作经验，因此，讨论问题相当深入，对教师要求非常高。因此，很多 EMBA 课堂都会定期和不定期邀请国内外著名高校的知名教授以及著名企业的领导与学员进行交流和对话，这使得 EMBA 学员不仅能够学习到最权威的商业知识和经验，还能够收获一流的人脉资源。

3. 专业机构举办的提升班

目前，市场上不少专业教育培训机构都开设了专门针对企业高层管理人员的培训课程，比如总裁班、职业经理人培训班等。一些有实力的机构往往能够聘请到经验丰富的职业培训师或者知名学者。这些培训项目侧重于理念方面的提升，适合具有丰富经验、期待自己的知识体系能够变得更加系统化、理论上有突破的高层经理或已参加过各类 MBA 培训的学员。这类培训项目的缺点是不同的专业机构设置的培训课程良莠不齐，难以选择，而且培训课程结束后没有相关学历证书，但部分机构可以通过学分转移的方式帮学员申请一些大学的工商管理博士学位。

4. 私人董事会

私人董事会（Peer Advisory Group，简称"私董会"）起源于 20 世纪 50 年代美国一群企业家的领导力实践，他们尝试用定期小组会议的形式进行群策群力，互相帮助以解决各自的难题。在中国，私董会模式的引进最早始于 2007 年，不过直到 2013 年，私董会才在中国企业家圈子中逐渐引发广泛的关注。在形式上，私人董事会由小组构成，每个私董会小组通常由 10~16 位企业家组成，其下限一般为 8 人，上限不超过 20 人。每组会分别配有私人董事会教练、秘书，教练负责帮助企业家学员梳理需要讨论的焦点议题，增强会议的价值。在学习主题上，私董会的议题一般都是让企业家们常常夜不能寐的重要战略决策问题。除此之外，私董会一般不设固定的主题，主题通常产生于小组会议现场的表决。这样做的好处是讨论的主题与企业家息息相关，能够极大地引起学员的关注。

华光培训窗

吴天豪的学习沙龙

精益公司人力资源副总吴天豪在职 MBA 毕业后，同学们各奔前程，面对日常工作的压力,此时他没有了以往每月两天的学习,深感孤独与无助。为了能够在实践中不断反思与学习,他召集了本城市部分对继续学习感兴趣的同学和有业务合作关系的朋友,组成定期的学习沙龙小组,人数控制在5~8名。大家每月进行一次半天到一天的活动。

学习沙龙的主要内容有两个:第一,大家选一本共同感兴趣的工商管理名著进行研讨,交流想法,每次只谈一章或一节;研讨之前,要求大家先对研讨的章节进行阅读;然后,两个人主持,其他人轮流发言。两位主持人需要负责整理研讨内容的相关理论和疑难之处,以后每期主持人由大家轮流担任。第二,小组活动时,每人针对自己企业当前的管理难题,向大家提出1~2个现实问题,每人必须发言,时间控制在5~10分钟以内。通过讨论与交流,小组成员共同分享相关行业的知识与见解,以启发每个人对业务与组织两个层面的领悟能力。

经过一段时间的实践,每个人都感到受益匪浅,与实际工作的开展相得益彰。

思考:吴总的学习沙龙成功的关键在哪里?

拓展阅读:商学院中的商学院——中国的商会组织[①]

二、高层管理人员的培训内容

高层管理人员具有广阔的视野,其职务决定了他们要从大局上把握整个企业所处的环境及企业发展方向。因此,对高层管理人员的培训内容的设置应从全局的角度出发,侧重于领导知识、理念与管理技能的培训。高层管理人员培训项目常见的内容有:

1. 企业环境相关课程

(1) 宏观经济环境和趋势分析;
(2) 法律法规;
(3) 行业状况;
(4) 市场发展与前景;
(5) 新兴科技和产业。

2. 企业文化与经营思想相关课程

(1) 经营哲学;
(2) 管理模式;
(3) 企业宗旨;
(4) 组织文化。

3. 企业战略管理相关课程

(1) 如何造就核心竞争力;
(2) 战略思维和规划;
(3) 企业产品发展战略;
(4) 组织扩张战略;
(5) 内部资源整合。

---

① 参见中国经营网,"商学院中的商学院:揭秘中国9大神秘商会组织",2015年2月28日。

4. 组织设计与识人、用人相关课程
(1) 激励理论和实践；
(2) 内部授权和责任中心；
(3) 人性化管理与劳资关系；
(4) 人才的识别与开发；
(5) 组织架构设计与组织发展。
5. 企业现代管理技术类课程
(1) 预测决策技术；
(2) 人力资源管理、财务管理技术；
(3) 运作管理、质量管理、供应链管理技术；
(4) 管理信息系统和电子商务系统。
6. 领导力和领导素质提升课程
(1) 企业家精神；
(2) 个人权威和影响力；
(3) 权力结构的建立和维持；
(4) 领导艺术与有效的控制机制；
(5) 商业伦理与企业的公共关系；
(6) 社会责任和企业责任的融合。

华光培训窗

总裁研修班课程表

一天，华光集团总经理收到一封电子邮件，打开一看是一家专业培训机构和某重点大学合作成立的总裁研究班招生简章。招生对象是各类民营企业董事长、总裁、首席执行官、总监、会长、总经理及参与公司战略制定的高层管理人员等。学习方式是每两个月确定一个周末集中授课2~3天（周五至周日），为期一年半。授课老师一部分是来自著名高校的相关专业教授，另一部分是来自管理咨询和培训领域的资深从业人士。谭总看了看他们的课程表觉得挺有兴趣的。以下是课程表：

表 7-6　总裁研修班课程表

课程模块一：经济形势与企业对策	
第一单元：宏观经济专题 关键要点：1. 新常态下的宏观经济形势分析 2. "十三五"规划解读 3. 国际经济危机与中国企业的发展 4. 宏观经济政策对国内外经济的影响	第二单元：战略重构与创新 关键要点：1. 企业发展战略核心要素 2. 企业主业竞争力的提升 3. 蓝海战略与实践 4. 战略领导力效力提升
第三单元：公司治理结构 关键要点：1. 公司股份制改革 2. 建立健全公司治理结构 3. 提高公司治理结构的有效性 4. 董事会的结构和作用	第四单元：危机与财富风险管理 关键要点：1. 加强质量管理 2. 财富的传承规划及风险管理 3. 强化管理，健全防范风险的机制 4. 中国的商业周期过程

(续表)

课程模块二：企业经营与创富之道（企业致胜宝典）	
第一单元：企业投融资与法律实务 关键要点：1. 行业分析与投融资决策 2. 投资银行与资产证券化 3. 法律风险防范体制建设 4. 常见企业法律事务	第二单元：私募股权投资基金 关键要点：1. PE在中国的发展现状 2. 私募风险投资的融资活动 3. 证券市场与期货期权投资 4. 私募股权与企业投融资决策
第三单元：中小企业上市专题 关键要点：1. 新三板、创业板上市实务 2. 拟上市企业的私募融资 3. 中小企业上市筹划 4. 上市企业的产业整合	第四单元：全球化管理与商业模式创新 关键要点：1. 突破现有商业模式边界 2. 跨越行业平均利润增长率 3. 跨国企业文化与环境 4. 商务礼仪、国际商务
第五单元：企业税务筹划 关键要点：1. 投资、筹资过程中的筹划 2. 投资组合分析 3. 重组改制过程中的筹划 4. 分批成本法、作业成本法（ABC法）	第六单元：兼并收购与企业重组 关键要点：1. 企业战略转型升级 2. 兼并收购案例解析 3. 企业重组战略的思路和策划 4. 境外投资
课程模块三：企业管理与品牌建设（优秀企业成功之道）	
第一单元：管理新思维 关键要点：1. 中国传统管理思想 2. 国际先进管理理念 3. 管理新思维在企业中的应用 4. 从不同层面看待组织	第二单元：人力资源管理 关键要点：1. 人力资源管理的基本问题 2. 从制度管理到人本管理 3. 企业如何识人、用人、育人 4. 从公司的内外环境看人力资源管理系统
第三单元：非财务人员的财务管理 关键要点：1. 快速读懂财务报表 2. 利用财务数据分析并改善经营绩效 3. 预算与成本管理 4. CEO财务分析与决策	第四单元：企业流程与运营管理 关键要点：1. 制定标准化的业务流程 2. 企业价值链运作、销售流程化 3. 选择正确的发展路径 4. 培养持续发展的领导力
课程模块四：卓越领导力创新（内圣外王兼修的关键）	
第一单元：领导心理学 关键要点：1. 心智模式与企业管理的联系 2. 利用心理学开发潜在领导力 3. 领导者角色定位 4. 21世纪领导力发展的机遇与挑战	第二单元：中国企业家的领导艺术 关键要点：1. 履行职能的艺术 2. 提高领导工作有效性的艺术 3. 人际关系的协调艺术 4. 高端礼仪与九型人格
第三单元：领军之道（以史鉴今） 关键要点：1. 思想文化怎样落地 2. 如何打造铁的纪律 3. 内部人际关系的协调 4. 战略视野的锤炼	第四单元：管理沟通 关键要点：1. 管理沟通的重要性 2. 建立良性的沟通机制 3. 心态管理 4. 团队建设与激励
课程模块五：国学智慧与人文修养（中国文化根基）	
第一单元：儒家思想、修身与治世 关键要点：1. 儒家思想的精髓 2. 中国企业家精神模式 3. 儒家经典著作导读 4. 儒家精神与和谐人生	第二单元：道家思想与企业管理 关键要点：1. 道家思想的精髓 2. 道家思想与企业平衡发展 3. "无为而治"的管理境界 4. 道教与现代生活

(续表)

课程模块五：国学智慧与人文修养（中国文化根基）	
第三单元：孙子兵法与现代商战 关键要点：1. 孙子兵法战略范畴及理念 2. 孙子兵法战略艺术 3. 孙子兵法在商场中的应用 4. 孙子兵法与领导科学	第四单元：周易与管理、变易之道 关键要点：1.《易经》导读 2. 易经对经营策略的启示 3. 易学思想在预测、决策中的应用 4. 易学的象数思想

思考：你认为上述课程表中哪些课程对谭总最有价值？请说明理由。

7.4 其他通用类培训项目介绍

7.4.1 压力管理培训

压力是人们在完成具有一定挑战性的任务或者适应不熟悉的周围环境引起的身体或者心理上的反应，适当的压力可能对人们的心理和生理健康状况产生积极影响，推动人们发挥自己的能力，甚至激发人们的潜能。然而过强的压力则很容易导致人们身心不适甚至引发疾病，有研究指出目前人们50%～80%的疾病都是和压力有关。员工压力过大会造成员工经常性的旷工、心不在焉、创造力下降，由此导致的企业生产力损失，仅在美国每年就超过1 500亿美元。

有鉴于此，许多企业管理者为了预防和减少压力对员工个人和组织造成的消极影响，开始关注员工的压力问题，压力管理的思想应运而生。企业实施适当的压力管理能有效地减轻员工过重的心理压力，保持适度的、最佳的压力，从而使员工提高工作效率，进而提高整个组织的绩效、增加利润。压力管理培训是实施压力管理的非常重要的一个手段。因此，在许多企业中，都会把压力管理作为企业中各部门员工通用的培训项目，这种培训一般都由企业内部培训部门或者外部培训机构来做。

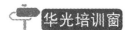
华光培训窗

压力管理培训讲稿设计

最近精益公司承接了几个大的订单，业务猛增，各部门的工作量都大大增加，部分员工因为压力太大而出现工作失误，抱怨之声不断，还有几个员工因为身心俱疲而患病了。孙总让人力资源部给相关员工做一个压力管理培训。人力资源部经理黄学艺接到任务后，把唐真叫到自己的办公司来，对他说："孙总要我们临时开展一个压力管理培训，我想来想去目前只有你有时间来做这个培训了，而且我觉得上次你给销售部讲客户关系管理信息系统的知识讲得很不错，这次培训就由你主讲，后勤保障工作我会让其他人来帮你做。"唐真听了之后有点犹豫："经理，我没有讲过这个方面的课，担心讲不好呀。"黄学艺说道："这个课我在以前的单位讲过，很容易讲的，我还有一份讲稿，可以给你参考。要不是这段时间我也是忙得不可开交我就自己讲了。你就不要推辞了，好好准备,下周就要开课,记住,不可以完全照搬我的讲稿,要根据我们公司的情况做一些调整。"

唐真没办法,只好接过黄学艺递过来的讲稿材料,回去准备了。下面是唐真看到的讲稿具体内容:

1. 引子

你是否有过这样的经历:工作任务繁重琐碎、人际关系错综复杂、家庭与工作角色冲突矛盾重重,工作环境的种种变化,太多的情绪和压力像潮水一般,一浪接一浪地向我们涌来,你的心理承受能力是否像一个快要决堤的大坝一样岌岌可危?当个人不能有效地处理压力时,将严重影响个人工作效率,同时也会导致严重的情绪和行为问题,甚至严重危害健康状况。

大家好,我是今天的培训师黄学艺,在今天这堂课中,我将会带大家透过现象看本质:我们的压力从何而来,我们又将怎样地去管理我们的压力。大家在课堂结束后,大家将会有几个收获:第一,大家会成为情绪和压力的主人;第二,面临问题时,不再感受过多的压力,而是寻求信念上的突破,看到更多解决问题的可能性选择;第三,迅速增强内心力量,掌握不断提升内心力量的方法,运用内心的力量积极应对所有挑战。

2. 图片引入

(静态旋转的照片)

大家看这张图是静止的呢还是运动的呢?(观察受训人员的表情)

那这张呢?

解释:这是心理学界用于测试一个人内心压力的图,如果你觉得图片里是运动的,说明你正承受着压力,并且你承受的压力越大,你看图中的图案转得也就越快。

3. 压力从何而来

刚才大家看了这些图片,有哪些人觉得是基本不动的呢,请举手示意下好吗?

(问答互动)

看来大家都是挺有压力的,那么有人愿意分享下什么事让你觉得压力很大吗?

(视现场情况,大概选择4人发言)

总结:

刚才大家分享的压力来源有:事业成就、思想文化、身体健康、家庭交际等方面。压力确实随处可见,无处不在:工作业绩没达标,可能会被扣工资,有压力;想买东西钱不够,有压力;小孩不听话,整天吵闹,有压力;和同事处不来,天天憋气,有压力。压力这么多,我们就算是孙大圣也逃不出压力如来佛的手掌心。

4. 正确了解压力

这就有一个问题——压力是好还是坏呢?让我们来看两个例子:

宁铂2岁半就能背诵30多首毛泽东诗词,3岁时可以数100个数,4岁学会400多个汉字,5岁上学,6岁开始学习中医学概论和使用中草药,8岁能下围棋并熟读《水浒传》,9岁就会吟诗作赋,在不到14岁时,就成为中国科大少年班第一人。几乎是一夜之间,这个戴眼镜的神奇少年为许多家庭所熟知,头顶光环。宁铂的同学周逸峰说:"进少年班,在当时来看是一件很荣耀的事,一个人在获取这种荣誉感之后,如果用得好是一种动力,用不好它就是一种压力。"获得了太多掌声也太早承受了压力,宁铂最后一次出现在镜头前是1998年参加电视节目录制，2003年他作出人生的重大决定，出家当和尚，在世人的期许中销声匿迹。

另一个案例发生在美国，1832年，一个人因为失业而伤心不已，但他下定决心要当政治家，当州议员。糟糕的是，他竞选失败了。于是他着手自己开办企业，可一年不到，这家企业又倒闭了。在以后的17年间，他不得不为偿还企业倒闭时所欠的债务而到处奔波，历经磨难。1835年，他订婚了。但离结婚的日子还差几个月的时候，未婚妻不幸去世。这对他精神上的打击实在太大了，他心力交瘁，数月卧床不起。1836年，他得了精神衰弱症。1838年，他觉得身体良好，于是决定竞选州议会议长，可他又失败了。1843年，他又参加竞选美国国会议员，但这次仍然没有成功。大家觉得压力如此之大的一个人，他的结局会是怎样的呢？他的名字叫林肯，是美国历史上最伟大的总统之一。

由此可见，压力可以让人崩溃，也可以让人成功。这主要取决于你怎么面对压力。

所以现在大家记住：压力没有好坏之分。大家和我一起说："压力没有好坏之分，关键在于你怎么面对！"（说三遍）重要事情说三遍！

5. 减压的首要条件

我们很多人每天都是忙忙碌碌的，似乎每天都很忙，每天都有做不完的事情。我们很想从中摆脱出来，但是却苦于没有解脱的方法。

（播放班得瑞的梦花园音乐）

放松！现在请大家闭上眼，在音乐中放松一会儿。

现在请大家设想一下自己未来的生活图景：

设想一下你75岁的生日情景，在你的大脑中把周围的环境形象地描绘出来。想想，哪些祝贺者可能到场？是一个人也没有？只有你曾经的上司吗？还是你身边全是朋友和亲人？现在再设想一下：你在这些人中扮演的是什么角色？是悲叹、抱怨的老人？还是硬朗、正在享受生活的退休人员？向你祝贺的人会是谁？是你以前雇主的一位代表？还是你的孩子、爱人或是朋友？他们会如何描述你的性格，会如何评价你的成功？

（音乐结束后）

请大家把自己的想象记录下来。

在刚才的想象中大家应该或多或少知道自己内心最深处最想要的那个生活状态了。很多时候，在工作中的压力都来自于自己并不想去做，因为他和我们想要的背离很多。

一个人原本学的是神学，但后来对神学失去了兴趣，他相信除了上帝还有其他的神。在就业时，他要么放弃原来的神学，重新开始；要么继续他的专业。由于懒惰，他选择了后者。

在工作中，他越来越讨厌这样的生活，慢慢地，压力将他吞噬了，他变得暴躁而且玩世不恭。最后，他的妻子和他离婚了。他白天和别人讲解天国福音，晚上却只能用酒麻痹自己。

总结：大家在工作时，在面对压力时，首要的就是要明白自己最想要的是什么，这是舒缓压力的首要条件。

6. 把握生活的节拍

前面我们说到压力来自于：事业成就、思想文化、身体健康、家庭交际，在压力面前，我们不愿意守着一成不变的步子，我们应该像舞蹈演员一样，忽左忽右，忽前忽后灵活把握生活的节拍。把握生活的节拍，就是解决压力的关键所在。那么要怎样才能把握自己生活的节拍呢？

具体来说，把握节奏有四项基本原则：

（1）一刻不停的生活只会让人心烦意乱。（上帝创造世界在第七日给自己放假）

（2）所有的事情都费时间（揠苗助长的反例）——不要因为事情多、压力大而烦躁，保持好心情。

（3）在某件事情花费的时间决定了他的质量（吃饭、走路的例子）——什么时候该加速，什么时候该减速，这取决于自己的目的。

（4）在紧张和放松中寻找节奏——一阴一阳谓之道，一刚一柔才能使自己保持生活的平衡。

7．分享实用的个人减压方法

最后和大家分享几个我们日常生活中的实用减压方法：第一，修身养性——师法自然宇宙；第二，运动与饮食；第三，冥想；第四，娱乐。

8．结束语

好了，今天我要和大家分享的内容基本上就是这些了，最后我们总结一下本讲的核心内容：

（1）解决压力的首要条件是定位，即明白自己想要什么；

（2）解决压力的关键是把握生活的节拍；

（3）压力无处不在，但我们可以管理压力，做情绪的主人。

今天的课程就告一段落了，期待和大家的下次见面。

思考：唐真应该如何修改这份讲稿？

7.4.2 时间管理培训

时间管理是指人们通过事先规划和运用一定的技巧、方法与工具实现对个人工作与生活的时间进行灵活有效的安排，从而提升个人工作的效率和生活的品质。

目前，主流管理培训和管理教育均将时间管理能力作为企业管理者的一项基本能力要求，特别是中高层管理人员，往往有大量的工作需要处理，还要考虑企业发展深层次的问题；如果不能安排好自己的时间，就会造成许多问题，很多领导秘书的一项主要工作就是为领导安排好工作日程。有关时间管理的思想很早就有，早期的时间管理思想强调利用便条与备忘录，在忙碌中调配时间与精力应付重要的事情。后来，时间管理研究者更加强调日程表的设计和使用，这反映出时间管理研究者已注意到规划未来的重要性。

目前的时间管理思想强调详细周到地考虑工作计划——确定实现工作目标的具体手段和方法，预定出目标的进程及步骤。同时，要求领导者善于将一些工作分派和授权给他人来完成，提高工作效率。如果不懂得授权，即使个人能力再强，再善于利用时间，事情也可能多得应付不了。另外，还强调制订工作和生活一体的计划，将事务整理归类，并根据轻重缓急来进行安排和处理，并为计划提供预留时间，掌握一定的应付意外事件或干扰的方法和技巧，准备应变方案。

7.4.3 商务礼仪培训

在商务活动中，为了体现相互尊重，需要通过一些行为准则去约束人们在商务活动中的方方面面，这其中包括仪表礼仪、言谈举止、书信来往、电话沟通等技巧，依据商务活动的场合又可以分为办公礼仪、宴会礼仪、迎宾礼仪等。

商务礼仪的作用具体表现在三个方面：第一，良好的商务礼仪是个人素质的一种体现。商务人员的个人素质是一种个人修养及其表现。如应做到在外人面前不吸烟、不在大庭广众前喧哗等。第二，合适的商务礼仪，表达了自己的专业性和对对方的尊重，有助于建立良好的人际沟通关系。比如去拜访别人，要学会预约且要遵时守约，提前到可能会影响别人的安排或正在进行的事宜；夸奖人也要讲究艺术，否则即使是夸人也会让人感到不舒服。第三，员工良好的商务礼仪关系到企业的整体形象。在商务交往中个人代表整体，个人形象代表企业形象，个人的所作所为就是本企业的典型活体广告。

因此，许多企业都会对那些经常需要和客户交往的员工进行商务礼仪培训，这也是塑造企业品牌、增强企业竞争力的一种手段。

▎本章关键词▎

通用项目培训　　　　新员工培训　　　　基层管理人员培训
中层管理人员培训　　高层管理人员培训

▎本章小结▎

本章首先介绍了通用培训项目的概念，提出通用培训项目可以分为没有针对性的培训项目和有部分针对性的培训项目，并对常见的通用培训项目作了介绍。然后，针对新员工培训项目、一般管理人员培训项目，以及高层管理人员培训项目的基本内容、方法和实施流程等作了详细的介绍。新员工培训项目是本章的重点，本章介绍了新员工进入企业的三种常见期望，企业进行新员工培训的四个目的，以及基本内容和基本培训方式。

▎思考题▎

1. 什么是通用培训项目，它有什么特点？
2. 新员工培训的主要目的和内容是什么？
3. 管理人员培训的特点是什么？
4. 一般管理人员培训的常见内容和方法有哪些？
5. 高层管理人员培训的常见内容和方法有哪些？

课后案例

一次商务礼仪培训讲稿设计（节选）

2016年6月，林媚结束了南方财经大学在职MBA的学习，她下决心要做一个优秀的人力资源部经理。正好，集团华光学院在大力建设学院兼职教师队伍，为了更好地提升自己的能力，同时也响应集团的号召，她申请了集团华光学院的兼职讲师。这天，学院常务副院长兼集团公司人力资源总监郑晓明给林媚打电话，让她给集团公司今年入职的新员工讲授一堂商务礼仪课，并且承诺，如果课后学员评价达到90分，就聘她为学院的副教授。

虽然，林媚对商务礼仪很熟悉，但是，要给新员工做商务礼仪培训对她来说还是一个挑战，经过半个月的努力，她精心准备了一份讲稿，具体内容如下：

开始之前，我想问大家一个问题，提到商务礼仪，你会想到什么？或者说，你们认为商务礼仪有哪些内容？大家不用拘束，可以自由回答。

（答案假设：西装革履，风度翩翩，正装，礼仪小姐，高跟鞋）

（对答案的引导：大家上述的答案说到了很多方面，我再来补充几点。）

讨论了这么多，给大家总结一下，有四点：第一，仪态行为礼仪；第二，会客礼仪；第三，日常交往礼仪；第四，电话礼仪。这些也就是我们的今天这次商务礼仪培训要讲的内容。

我们按照顺序一个一个地来介绍，首先是仪态行为礼仪。

仪态行为礼仪包含的内容比较多，今天主要讲穿着、各种姿态。

莎士比亚说过一句话："一个人的穿着打扮是他自身修养的最形象的说明。"由此可见，着装是很重要的。作为华光集团的一员，你们的衣着不仅代表了你们自己的修养和素质，也代表了公司的形象。客户总是通过接触到的员工情况，来判断公司的情况。虽然有些部门接触外部客户的机会多些，有些部门接触客户的机会少些，但是，无论是谁把自己最好的一面展示给客户或者你的同事、上级，对自己和对他人来说都是有百利而无一害的。

都说Lady First，我们就先讲女士着装，一共有五点：

（1）发型，女士在职场中最好盘发，发式要美观大方。

（2）化淡妆，职场中的女性不能浓妆艳抹，但是也不能一点妆都不化，因为从礼仪的角度讲，化妆不仅仅是为了让自己更漂亮，更重要的是表示对别人的尊重。

（3）服装，公司有统一的服装，为女士们准备了西装配长裤和套裙两种搭配，对于公关部来说，还有旗袍。衣服呢，首先是干净整洁，其次才是怎么穿的问题，其中有一些小细节要特别注意，女士穿裙子的时候一定要穿丝袜，一般应为肉色的丝袜，丝袜不能有破损，而且不能穿成三节腿。所谓三节腿，给大家解释一下，假设我今天穿的是裙子，并且裙子到这（手指着大腿处），我穿的袜子到这（手指脚踝处），那么我的腿就被分为上、中、下三节，这是在正式场合十分忌讳的。

（4）鞋子，一般来说职业女性都会穿高跟鞋，高跟鞋的跟不能太高、太细，一定要稳，而且在正式的场合中，尤其夏天的时候，不能穿凉鞋，要保证脚后跟和脚趾都被鞋包裹住。

（5）配饰，宜少不宜多，也不宜过于奢华。对职业女性来说，她们是来做事的，不是来炫耀的。

现在来说男士的着装：

(1) 男士的发型要干净整洁，头发不应该过长。不能遮眉毛，不能盖住耳朵，后面的头发不要长过衬衫衣领。

(2) 面容，对男士来说，当然不会要求他们化妆，但是要刮胡子，保证面部清洁。

(3) 服装，对于男士来说，西服、中山装和唐装都可以作为正式的服装，但是对于我们集团来说，正规场合一般都要求穿西装。

衣服要合体、干净，这些大家都知道，我要强调的是男士穿衣要遵守"三三"原则和"三一"定律，所谓"三三"原则即男士在正规场合穿西装时，全身的颜色（色系）不得多过三种；"三一"定律就是男士的鞋子、腰带、公文包这三个地方的颜色应该一致。

商务场合，男士正式的西装一般都为深色，我们公司就是黑色。另外，有一个小细节大家一定要注意，就是关于扣子的，男士西装一般分为单排扣和双排扣两种。在穿单排扣西装的时候，特别要注意系扣子，一般两粒扣子，只系上面的一粒；如果有三粒扣子，只系上面的两粒，最下面的一粒不系；穿双排扣西服的时候，则应该系好所有扣子。

接下来要给大家讲各种姿态，这个环节我请了两位助手现场用行动向大家展示。我先讲解一下细节。

首先是站姿，站姿最能体现一个人的精神风貌，特别是接待客户时，站姿就非常重要。

男士和女士的站姿虽然有所不同，但还是有相同之处，首先都要站直、挺胸收腹、目视前方。男士站姿与女士站姿的不同主要体现在手势和脚上面。

我们先讲女士站姿，（上来芳芳小姐，帮我现场演示一下。站好。）

女士站姿有很多种，第一个是标准站姿，这个姿势是男女通用，大家也很熟悉，因为它有另外一个名字叫立正。这个站姿适合庄重严肃的场合。

第二个是女士前腹式站姿，双脚八字步或丁字步，双手虎口相交叠放于脐下三指处，手指伸直但不要外翘。在工作及社交场合中可采用这种站姿。

第三个是女士腰际式站姿，双脚八字步或丁字步，双手虎口相交叠放于腰际，用拇指可以顶到肚脐处，手指伸直但不要外翘。在迎宾或是颁奖等重大场合中我们采用这种站姿。

第四个是女士交流式站姿，双手轻握放在腰际，手指可自然弯曲。在职场与客户或同事交流时可采用这种站姿。

女士的站姿就这么多，现在我们来看男士的站姿。（田玉林老师，帮我现场演示一下。）

第一种标准站姿和女士是一样的，我们就不讲了，直接讲第二种，即男士前腹式站姿，要求双脚跨立步，一只手在腹前握住另一只手的手腕，左手握右手，右手握左手都行。这种站姿适合在工作中与客户或同事交流时使用。

还有一种就是男士后背式站姿，要求双脚跨立步，双手在背后腰际相握，左手握住右手手腕或右手握住左手手腕。这种站姿适合在迎宾时使用。

接下来是坐姿（示意助理，搬椅子上台），我们现在换一下，先看男士的坐姿，良好的坐姿要求你只能坐椅子的三分之二，双腿并拢，垂直放下，手放在腿上，背挺直，不能靠在后面，同样的，挺胸收腹，目视前方。再来是女士的坐姿，第一种坐姿其实是和男士是一样的，后面几种只是腿放得不一样，除了垂直的放法以外，还可以斜着放（做展示），就像这样，或是交叉放，就像这样。

还有走姿，让我们的芳芳小姐来展示一下，走的时候要身直，不要像这样歪着，步位直，不要走得歪歪扭扭的，像喝醉酒一样；步幅适度，不要过大或过；步态平稳、手动自然，还有就是，正式场合不宜跑步，有紧急情况，就走快一点，但不能跑。

接下来演示蹲姿，蹲的时候脚一前一后，向下蹲，跟军训的时候的下蹲还是很像的，不过要双腿并拢，大家都明白的，这是为了防止走光。蹲姿一般用于捡东西的时候，捡东西要直接蹲下来捡，不要弯腰撅着屁股去捡，会很不好看。

现在我们来讲第二单元，会客的礼仪，这里主要讲接待的礼仪，会客是一个过程，而我今天主要给大家讲如何接待客人。首先大家看一个简短的情景剧，大家要认真看，接下来需要回答问题的。

[情景剧（错误演示）：礼仪人员接待某老板，其中包括如何引导客人，如何请客人入座，如何给客人奉茶。]

大家看了这个情景剧之后，发现其中有哪些礼仪上的问题？大家要积极踊跃回答，这可是有奖竞答。

大家指出了很多的不足，大部分都是正确的，现在我给大家总结一下接待客人的几个要点：

第一，礼仪人员在引导客人的时候应该在客人的左前方，与客人保证距离在1米~1.5米，但是这有一个例外，就是上楼梯的时候，要让客人先上，以保证客人的安全；

第二，在请客人入座之前，要帮客人把椅子拉开；

第三，奉茶的时候，奉茶的人要双手捧着茶杯给宾客，并说"请您喝茶"。

领导和嘉宾比较多的时候，就要注意上茶的顺序，这里给大家两个建议：如果领导和嘉宾基本到场了，你就从左到右按照次序奉茶，不要显得厚此薄彼；如果没有全到场，来得比较分散的话，就谁先到给谁先奉茶。

说了这么多，大家的感受不一定强烈，现在大家来看一遍正确的演示。

[情景剧（正确演示）：礼仪人员接待某老板，其中包括如何引导客人，如何请客人入座，如何给客人奉茶。]

（请学员上来展示）

……

礼仪无论是在生活中，还是在工作中都十分的重要，子曰：不学礼，无以立。而我今天所讲的商务礼仪不可能把所有的礼仪都涵盖在内，因而，对礼仪的学习，不仅仅在课内，更多的是在课外，它是在日常生活中慢慢积累、慢慢训练的结果。希望大家在课后也可以积极地学习礼仪，在课程的最后，给大家介绍一个网址，这是一个学习商务礼仪的很好的平台，网址挺复杂的，大家在百度里搜"商务礼仪自主学习网站"就可以啦。那么我今天的培训就此结束。

林媚授课的效果会怎样呢？让我们拭目以待！

资料来源：作者依据本校优秀学生作业改编。

思考题：

1. 试分析这份讲稿的结构。
2. 这份讲稿运用了哪些培训方法？
3. 这份讲稿存在哪些优点和不足？

第八章
培训的发展趋势

学习目标

学完本章后,你应该能够:
1. 了解技术的发展对培训的影响。
2. 了解慕课、SPOC 的概念。
3. 理解慕课的教学形式与优缺点。
4. 了解翻转课堂、微课、微培训的概念。
5. 了解培训外包的概念。
6. 了解组织学习与学习型组织的概念。

 开篇案例

学习慕课的体会

2014年3月,黄学艺参加了一个企业年会。大会上,发言嘉宾对慕课作了一个简单的介绍,并且强烈推荐相关企业人力资源部的人员要学习了解慕课。黄学艺也感觉有点兴趣,回到公司之后,他让唐真去网上了解一下所谓的慕课是怎么回事,并实际体验一下,要求他在三个月内,总结出学习体会给人力资源部的同仁分享!

唐真接到任务之后,查询了解到慕课是大规模开放免费的网络教学平台。在三个月的学习后,他提交了一份学习体会,下面是体会的部分内容:

初次看到慕课里面的课程,我激动得如获珍宝。以前想学什么东西,都是直接百度的,东一下,西一下,到最后再想回头看看,发现早就找不到了。

慕课为我们提供了系统的学习课程和丰富的学习资源,这是我对慕课的第一印象。紧接着我找了许多自己感兴趣的课程,并报名进入学习。刚开始的时候,学习热情比较高涨,每门课两三天就会听一个小时左右,但是后来各种各样的琐事接踵而至,时间越来越紧张,我就开始熬夜学习,导致第二天工作没精神、身体吃不消等消极后果。

后来我想了想,反正领导也没有要求我在三个月内学完一门慕课的课程,只是体会一下就可以了。所以,我就逐渐退出了一些课程,最后只保留了"中国哲学经典导读"。这样,一个星期两三个小时轻轻松松就可以完成课程了。

同时,慕课还有手机版。这也是慕课的一大优点,随时随地想学就学。在听课的过程中,我也发现了慕课很多的优点。如果觉得老师语速慢,可以将语速调整为原来的1.25倍、1.5倍等;同样,如果觉得老师语速快,调成0.75倍就可以了。这为不同程度接受能力的学员提供了极大的方便。在听课时,可以随时暂停,回看,向老师和同学们提问。慕课每几分钟设计一个问题的形式,也可以大大减少学员打酱油混成绩的现象的发生。

这里要以我所学的"中国哲学经典导读"为例介绍一下慕课的考核方式。评分标准如下:

(1) 单元测验:主要是客观题,占30%。

(2) 单元作业:主要是文字翻译、讨论等主观题,占20%。单元作业需要学员互评。每人至少互评6位学员的作业。未参与互评的学员将给予所得分数的50%;未完成互评的学员将给予所得分数的80%,全部完成互评的学员将给予所得分数的100%。教师也将适当点评作业。

(3) 课程考试:期末将进行课程考试,以客观题为主,占35%。

(4) 课程讨论：占15%。

慕课课程打破了传统教学以考试为主要评分标准的方式，把学员互评、课程讨论等融入考核，这是与传统教学不同的地方，而且慕课考核通过计算机程序自动完成，这比传统的线下课堂的考核要方便很多。传统的课堂如果也设计这种复杂的考核方法，会给老师和学员带来很多额外的工作量，而慕课就不存在这个问题。

另外，对于单元测试，并不是"一棒打死"制，而是取三次的最高成绩。当我觉得做得不好的时候，我会反复地看课程，然后重新做单元测试。这也让我有了深入学习争取拿高分的动力。

在学员互评阶段，我可以看到其他学员的答案，对比发现我们不一样的地方，也可以带来思维的灵感。

每一单元的学习后会配有课程讲义，这样有听不清的地方可以对照讲义进行修正。

但是，在学习的过程中，我也发现了慕课的一些不足：

(1) 讨论题回复不及时。在听课的时候，发现问题或者困惑在讨论区提出，但是不能得到及时的回复。而且一般是有加分的讨论题，大家才会积极参与，但是其他的问题，大多数人都疲于回答。

(2) 学员互评受到时间限制。因为课程时间拉得太长，单元学习没有严格的限制，对于学得早的学员，要到很晚才开始互评，印象不如及时互评深刻。

(3) 课程设计不完善。"中国哲学经典导读"是一次性录制成的，因此不能根据学员上一阶段的学习情况，为下一课程的设计取材，从而及时地对上节课进行总结和解答学生的疑惑。

听了一学期的慕课，我感觉还是学到了许多东西。随着网络信息技术的发展，慕课这位新时代的宠儿，是未来教学模式发展和转变的方向。我相信，未来的慕课会发展得更好。

黄学艺看了之后，非常满意，要求唐真草拟一个精益公司员工如何学习和利用慕课资源，以提升员工素质的方案。

资料来源：作者依据本校优秀学生作业改编。

8.1 技术发展与培训

技术发展对培训的影响是非常巨大的，可以说，企业培训的每一次重大变化，背后都有某种新技术的出现。近几十年来，以信息技术为核心的各种技术飞速发展，企业培训也出现了许多重大的变化。

8.1.1 技术发展对培训的影响

企业培训中用到的技术，大体上可以分为五种：第一，广播电视技术，它对企业远程培训的兴起发挥了至关重要的作用；第二，仿真模拟技术，它使得企业的技能培训提升到一个前所未有的层次，并使得某些培训的成本下降而效率大大提高；第三，多媒体技术，它使得培训教学形式变得更加丰富；第四，网络技术，互联网与企业内部网络的出现与发展使得企业培训有了一个新的平台；第五，移动互联网技术的出现使得企业培训可以随时随地进行。

我们把在 20 世纪就出现并应用于教育培训领域的广播电视技术、仿真模拟技术和多媒体技术等相关技术称为传统技术。把出现比较晚的网络技术和移动互联网技术称之为新技术。进入 21 世纪，随着计算机技术、多媒体技术、网络技术、通信技术、虚拟技术、智能技术、数字广播电视技术等现代信息技术的发展和成熟，企业培训的形式与方法也受到巨大的影响。未来的企业培训将会有以下几个特点：

1. 培训教学手段网络化和多媒体化

企业内部网络和互联网培训资源的结合，使得以网络技术为基础的大型网络在线课程（MOOC）、各种网络公开课都在企业培训中焕发出了勃勃生机。随着多媒体教学系统和多媒体电子出版物的应用越来越普遍，企业培训中出现越来越多的电子教材、微课程等教学工具，企业培训正在走向多媒体化。

2. 多种培训教学模式同时共存，互相配合

在未来的企业培训中，基于以视听设备为主的传统教学媒体的"常规培训模式"、基于多媒体计算机的"多媒体培训模式"、基于互联网和移动设备的"网络培训模式""移动网络培训模式"，以及基于计算机仿真技术的"虚拟现实培训模式"等培训教学模式将会被广泛配合使用。未来的企业培训可以在开展集中面授课程的同时，通过互联网虚拟教室进行远程视频授课及电子文档共享，实现培训师在教室里与现场学员、网上学员同时互动，而当时无法参与的学员可以根据自己的时间安排，通过网络和智能手机随时进行在线学习，使得培训的效率和效果大大提升。

3. 在线学习成为员工的主要学习方式

在线学习是通过在网上建立教育平台，学员应用网络进行学习的一种全新方式。在线学习可以突破时间和空间的限制，更容易实现教师与学员一对一的交流互动，充分尊重学员的个性，激发员工学习的动机，从而获得更好的教学效果，因此相对于其他学习模式来说，在线学习具有其巨大的优势。

当然，在线学习也有一定的局限性。比如在线学习面对面的人际沟通较少，为直接的情感交流设置了障碍。有些培训项目比如态度类培训课程，如果缺乏员工间、培训师与员工之间的情感交流、情绪沟通，学习的效果可能大打折扣。另外，学员要真正掌握一项技能，仅仅通过 E-Learning 的讲解是不够的，必须进行实践演练，并在现实情境中运用，而 E-Learning 在这方面的功能还比较薄弱。另外，在传统的培训中培训师可以控制的学习环境随时需要重新安排和变更，但在 E-Learning 的平台，这种变更比较困难。

另外，在线学习在平台建设和内容建设方面，还有待进一步提高。随着虚拟现实技术的成熟，基于虚拟现实的在线学习平台将有可能克服上述缺点，成为员工培训的主流形式。

8.1.2 基于不同技术平台的学习形式

从学习的角度来讲，技术发展颠覆性地改变了员工的学习形式。传统学习主要采取教

师和学员面对面的教学形式，教学手段主要为教师通过语音讲授，并且运用黑板、白板、粉笔、挂图等工具，帮助学员学习。而技术的发展使得学习不一定需要教师和学员面对面，并出现了各种基于不同技术平台的学习形式，大体上有以下几种：

（1）D-learning，即 distance learning，远程学习。其特点是已经实现了教师与学员的时空分离，教与学的活动不再是同步的，这为学员开发学习材料和提供学习支持服务的远程学习系统起到了举足轻重的作用。在技术上，主要是使用印刷材料、录音带、磁盘、实验箱等媒体技术，一般可以通过邮件、电话进行师生间的联系。

（2）E-learning，即 electronic learning，电子学习。其特点是实现了远程的面授教学（teaching face-to-face at a distance），这弥补了远程学习的一些先天不足。它主要使用卫星电视、视频会议系统、计算机网络等技术进行远程教学。E-learning 在世界上取得了令人瞩目的成就，像英国的开放大学、中国的广播电视大学等都采用了这种教学形式，并取得了很好的教学效果。

（3）M-learning，即 mobile learning，移动学习。它是一种在移动设备帮助下的能够在任何时间、任何地点发生的学习。移动学习需要智能手机、平板电脑等移动计算设备支持，能够有效地呈现学习内容并且提供教师与学习者之间的双向交流的机会。[①] 移动学习最大的特性是学习者不再被限制在电脑桌前，可以不受时空限制，随时随地同教师交流，并进行不同目的、不同方式的学习。移动计算设备须满足：可携带性（portability），即设备形状小、重量轻，便于随身携带；无线性（wireless），即设备无需连线；移动性（mobility），指使用者在移动中也可以很好地使用等特点。现在我国已经普及的智能手机基本上都可以很好地满足这几个条件，因此，在未来 M-learning 将会迅速发展成为一种重要的企业培训新形式。

相比其他的学习培训形式，M-learning 的优势主要表现在以下几个方面：

（1）灵活方便的学习方式。无论在出差路上，还是在机场车站；无论是等候间歇，还是片断时间，随时随地打开你的智能手机和平板电脑登录相关移动学习平台，都可以非常方便地浏览最新资讯、阅读新书、学习课程。

（2）先进高效的学习理念。移动学习课程的软件系统可以对学员的学习情况进行分析，并根据分析的结果，分段按时推送相关合适的课程，辅以大量学习补充资料，并可在过程中增加许多分享互动环节，可以增强培训的针对性和有效性。

（3）学习效果完全掌握。移动学习课程的软件系统通过对学员的学习资料下载、经验分享、登录次数等关键数据统计，可以了解到学员的学习习惯及学习主动性，并把这些信息反馈给学员的主管和培训管理人员，这样企业的管理层可以据此对学员学习效果进行有效监督和及时指导。

（4）减少培训设备投入。移动时代人人都能有智能手机，其他智能终端的普及率也在不断提高。采用移动学习方式，企业无需为员工配备电脑，只要让员工下载相关移动学习内容到自己的手机终端，就可以随时加入企业培训课堂，因此可以大大减少培训设备的投入。

（5）定制终端企业方案。移动学习平台可以为企业定制终端方案，以满足企业推广品

---

① 也有人认为移动学习并不新鲜，因为在传统学习中印刷课本同样能够很好地支持学习者随时随地进行学习，可以说课本在很早以前就已经成为支持移动学习的工具，而移动学习也一直就在我们的身边。

牌传播企业文化、实现专业化员工培训的需要。

除了 M-learning 之外，最近几年还出现了 B-learning 和 G-learning 等新概念。B-learning，即 blending learning，它就是要把传统教与学方式的优势和 E-Learning 的优势结合起来；也就是说，既要发挥教师引导、启发、监督教学过程的主导作用，又要充分体现学员在学习过程中作为认知主体的主动性、积极性与创造性。目前国际教育界的共识是，只有将这二者结合起来，使二者优势互补，才能获得最佳的学习效果。G-learning，即 game-learning，游戏化学习，它将游戏与教育结合，寓教于乐，充分激发学员的学习兴趣。

> **专栏 8-1**
>
> **微信公众号的培训价值**
>
> 根据腾讯发布的《2015 微信报告》，在微信公众号用途方面，学习知识的占 13.7%。
>
> 这个数据对于培训从业者而言是一组非常令人振奋的消息，移动终端的智能化为移动学习创造了非常好的契机，因此培训发展工作可以：第一，加强对移动学习的投入；第二，将部分课堂培训（知识类）的内容，用好的学习界面设计呈现在移动端，微信公共平台则是一个好的应用频道；第三，为学员的课后复习提供更便利的管理工具与平台；第四，提升异地学习的效率。

8.2 慕课、SPOC、微课与翻转课堂

慕课、SPOC、微课与翻转课堂是最近几年在网络技术、视频技术基础上产生的新的培训与教育形式，这种培训形式将极大地改变培训行业，大大降低企业培训的成本，使得建立学习型组织有了强大的辅助工具。目前，学术界对教育领域的慕课、微课与翻转课堂等技术研究得比较多，对企业如何运用这些新的培训技术关注得比较少。某种程度上，这说明学术研究者大多数都处于教育行业，比较熟悉这些技术在教育行业的应用，而对企业培训行业关注并不多。

8.2.1 慕课与 SPOC

一、慕课的概念、发展及其影响

慕课（MOOC），顾名思义，"M" 代表 Massive（大规模），与传统课程只有几十个或几百个学员不同，一门 MOOCs 课程的学员可达成千上万人，甚至十几万人都不鲜见；第

二个字母"O"代表 Open（开放），以兴趣导向，凡是想学习的，都可以进来学，不分国籍，只需一个邮箱，就可注册参与；第三个字母"O"代表 Online（在线），学习在网上完成，不受时空限制；第四个字母"C"代表 Course，就是课程的意思。慕课发端于发布资源、学习管理系统，以及将学习管理系统与更多的开放网络资源综合起来的在线培训课程模式。通俗地说，慕课是大规模的网络开放课程，它是为了扩大知识传播而由具有分享和协作精神的个人组织发布的、散布于互联网上的开放课程。

2012 年被《纽约时报》称为"慕课元年"。多家专门提供慕课平台的供应商开始发力，注册用户呈现爆炸式增长，Coursera、edX 和 Udacity 是其中最有影响力的"三巨头"，前两个目前均已进入中国。根据 Coursera 的数据显示，2013 年 Coursera 上注册的中国用户共有 13 万人，位居全球第九。而在 2014 年这一数据达到了 65 万人，增长幅度远超过其他国家。中国大学的 MOOC 建设始于 2013 年，主要是采取加盟、自建及与企业合作的形式。2013 年 8 月，海峡两岸 5 所交通大学（上海交通大学、西安交通大学、西南交通大学、北京交通大学、新竹交通大学）联手打造了"在线学习联合体"开放课程平台。2014 年，清华大学、北京大学、香港大学、香港科技大学加盟到了 edX。北京大学、复旦大学、上海交通大学、"国立"台湾大学、香港中文大学、香港科技大学加盟 Coursera。2014 年 4 月，上海交通大学自主研发的"好大学在线"平台对外开放。2015 年 4 月，阿里巴巴和北京大学联合打造了"华文慕课"平台，主打汉语优质课程，并于同年 5 月 4 日正式上线。

从企业培训的角度来说，企业 MOOC 最大的价值是其"外部性"，而不是传统培训或 E-Learning 的替代品。外部性第一层含义是指将企业外部的丰富的培训资源或人才，透过 MOOC 的形式，引入到企业内部来，以强化企业的组织学习文化，提升企业的竞争优势；第二层含义则是，将企业的产品和服务，透过 MOOC 的形式，与外部更多的甚至是全世界的潜在顾客接触，或是培养更多的忠实粉丝与满意度更高的顾客。

1. MOOC 对教育的影响

MOOC 对教育的影响主要表现在以下几个方面：

（1）它打破了教育的地域性。传统的教学模式是在规定的地点、面向固定的群体由教师向学生传授知识。教师讲授课程知识占主要地位，通过板书或多媒体等形式讲解课程内容，形式上相对单一。学生要上一门课，必须去某个学校，按时到达某一指定教室，而且选课还受教室容量的影响。授课老师基本上是固定的几个人，学生没有权利或者途径来选自己在全国乃至全世界范围内最喜欢的老师。教育的地域性也给教育质量带来了极大的差异性，就像一些处于偏远地区的普通地方高校在可以获取的教育资源方面，同北大、清华这些名校几乎没有可比性。然而 MOOC 的出现，打破了传统教学方式，教学手段使用现代化的技术，通过社会化媒介和移动设备进行教学。没有了传统的教学计划安排，人们可根据自己的时间选择学习内容和确定学习时间。没有了教室的限制，没有了地域的限制，没有了时间上的限制，没有了是不是名师的限制，甚至没有了费用的限制。

（2）它推动了教育的国际化。MOOC 可以让来自世界不同国家和地区的人们在同一个平台上学习，获得同样的教育资源，而且这些教育资源一般都是非常优质的教育资源，将会对教育相对落后的国家和地区的人们产生巨大的吸引力。据有关数据统计，截至 2012 年 8 月，Coursera 上线不到 4 个月就有注册学生超过 100 万，这些学生遍布全球 119 个国家，其中美国占 38.5%，巴西占 5.9%，印度占 5.2%，中国占 4.2%。可以预见，在不久的未来，MOOC 将成为教育国际化的强有力的工具。

（3）MOOC的到来，让一些优秀的教师感到欣喜，因为他们一方面可以通过MOOC节约大量的时间，把原来耗费在基础知识讲解的时间投放到课堂讨论和个性化辅导上，从而提升教学质量；另一方面，他们还可以通过MOOC让更多学生学习到自己喜欢或感兴趣的课程，提升自己的个人品牌和影响力。而另一些教师可能会感到巨大的压力，因为他们所讲的课程没有太多的特色，MOOC上可能有很多优秀的老师讲得比他们好很多，如果他们不能找到自己在课堂上的竞争优势，就存在被淘汰的风险。随着MOOC的发展，中小学的学生们可能不必为上哪所学校而烦恼了，因为所有中小学接触到的教学资源是一样的。而对于大学生来说，在选课方面会有更多的自由，在未来大部分的大学基础课程肯定会在慕课上看到，这样就为他们提供了一个了解相关学科基础知识的窗口。同时，学生可以把自己的老师和慕课中的老师进行比较，从而自由地决定选修谁的课程。

2. MOOC对企业培训的影响

随着MOOC发展成熟，大量的职业培训课程将会出现在MOOC平台上，以往需要去培训机构培训的学员可以通过MOOC以比较低廉的价格甚至免费学到相关工作技能。这将对传统培训行业造成巨大的冲击。不善于创新的培训机构将面临生存危机。单纯的线上和单纯的线下模式都有各自的弊端，如果将两者结合起来，势必能起到非常好的效果。现在已经有某些培训机构在探索这个领域，这种混合模式将会成就新的培训巨头，也会使得便一些培训机构在快速的行业变革中逐渐被淘汰。

二、慕课的特点与优缺点

尽管在教学形式上，MOOC和传统课堂教学很接近，但在授课人数、课堂时空、学习主体、交互方式、课程设计及评价等环节上同传统的课程教学还是有非常大的区别。MOOC发端于过去的那种发布资源、学习管理系统，以及将学习管理系统与更多的开放网络资源综合起来的课程开发模式。它与网络公开课、E-learning在线学习系统有很多的共同点。

MOOC和网络公开课都是借助互联网平台来学习公开的课程资源，但网络公开课只是把相关的课程发布到网上，缺乏对听课学员的监管、反馈和辅导工作，无法得知学员对公开课的学习情况。MOOC与E-learning在线学习系统相比，最大的特点就在于其同步性和互动性。同步性指的是MOOC中老师授课和学员学习的进度是同步的，按规定学习的学员要在作业截止时间前完成视频的观看、课后主题的讨论和课后作业；同时，学习完每个教学视频之后系统都会有对应的小测验及时检验学员的学习效果。互动性是指MOOC中可以实现学员与老师之间的互动、学员与学员之间的互动。一般情况下MOOC课程都会安排一个讨论区，学员可以自由地在讨论区发帖回帖，提出自己的疑惑，向其他正在学习这门课程的学员或者老师咨询。另外，在课程结束后一般还会有"作业互评"的环节，让参与本次MOOC学习的学员交叉点评作业完成的情况。

MOOC可以通过网络整合多方力量对学习内容进行精心的设计和反复的修改，再借助现代信息技术和网络技术对传统课堂教学行为进行流程再造，构建基于互联网的教学互动体系，实现平台、教师、学习者和学习资源四大元素的联动。因此，MOOC教学形式同传统的课堂面授、网络公开课和E-learning在线学习等教学形式相比都有巨大的优势。

与传统课堂教学相比，MOOC 的优势主要有以下几点：

(1) 慕课可以超越时空的限制，为世界各地的学生，提供广泛的课程。慕课产生不过数年，但发展非常迅速，截止到 2016 年 1 月 3 日，面向全球的三大慕课平台 Coursera、Udacity 和 edx 所涵盖的课程数量分别达到了 1341、200 和 696，课程范围覆盖了几乎所有的学科。学生足不出户，就可以聆听一流大学的一流教授。而且慕课中的大多数课程都是免费的。名校名课免费向全球开放将有助于推进高等教育国际化进程和全球优质教育资源的互换和共享；当然，也有部分课程是需要收费的，学生可以自由选择是否购买。

(2) 慕课的教学质量比较高。慕课中的很多课程都来自世界著名高校的优秀教师团队，平台也会挑选质量比较高的慕课在网上推出。慕课的授课微视频一般都由教师团队经过长时间的反复打磨，语言知识讲解比单个教师课堂讲授的质量更高，所以总体上慕课的教学水平比较高。

(3) 慕课的学习效果也往往比较好。慕课运用微视频配合相应的即时在线测试开展课程教学活动，学生可以选择性地反复观看视频，不会因为学习接受能力、学习时间等相关因素影响到学习效果，因而总体上慕课的学习效果比较好。

(4) 慕课可以利用相关软件提升学习效果。慕课可以运用大数据分析技术分析学员的表现和学习情况，从而及时促进教师完善和改进教学内容，帮助学员调整自己的学习计划和学习方法。慕课还可以通过各种社交软件构建学习共同体，推动学员的学习兴趣和学习质量的提升。

(5) 慕课的投资回报率高。从短期看，慕课课程上网建设成本比传统教学要高，但是其教学组织实施成本相对较低，加之上课学员众多，因而在大多数情况下，慕课相对于传统的课堂教学来说，其投资回报率反而比较高。

MOOC 出现的时候，很多人认为这是一个颠覆性的产品，会颠覆传统教学模式。然而经过一段时间的实践后，人们也发现了 MOOC 教学的一些不足之处，具体表现在：

(1) 学员的坚持性不高。许多人都会去尝试学习 MOOC，然而加入课程的学员中，最终完成课程的屈指可数。据统计，MOOC 学员的完课率只有 5%～10% 左右。MOOC 虽然加入了很多互动、交流的元素，但毕竟还是要靠学生自己自主学习。学生在繁忙的课堂学习或工作之后，很可能就会放松 MOOC 学习，积累几周后很可能就会趋向放弃。不过，也有人指出，MOOC 5%～10% 的完课率仅仅是对公众公开的 MOOC 平台的统计，许多导入 MOOC 培训的企业，其企业内部学员的完课率几乎都可高达 70%～80%。

(2) 互动、反馈功能还有待提高。在 MOOC 平台上，讨论区是进行互动、反馈的重要地方，但是由于学生太多，讨论区中的各种问题老师往往很难一一回复，其他同学的评论信息往往良莠不齐，同时又不能拥有及时的反馈，这很可能会误导学习者或者打击学生的积极性。

(3) 教学内容是以结构化的知识传授为主，教学形式也和传统课堂教学形式大体一致，这种教学方式对于技能类的课程并不是很有效。

三、慕课的教学形式

1. MOOC 的教学平台

MOOC 的教学平台，一般包含以下几大模块：

（1）课程通知与课程介绍。

（2）教学视频。教学视频是 MOOC 中最重要的模块，教学视频应选择优秀的教师来录制，内容应该选择重点、难点和连接点，教师在视频中可以露面，也可以不露面，一切以内容需要来确定。视频一定要清晰、流畅、节奏恰到好处，以突出教学效果、有效沟通为原则，而不要故意炫耀技巧、花里胡哨；风格以简洁为宜，应该尽可能去除一切与内容传递、有效沟通无关的冗余信息，降低学习者的认知负荷；MOOC 视频最好能支持手机播放，时间不宜太长，要配上字幕，同时提供文字稿，以供具有不同学习习惯的学员选择。

（3）学习资源，包括参考视频、相关课件、工具、文本、素材等资源，对此应提供上传和下载功能。

（4）论坛或讨论区。

（5）作业提交与成绩公布。

（6）自测习题库。

（7）个人作业或作品展示。

（8）意见建议等其他辅助模块。

2. MOOC 的教学过程

MOOC 的教学过程最重要的是如何开展在线练习、小组协作、作业评改、交流讨论、互动答疑等活动，线下的活动只能作为补充。MOOC 平台应该提供尽可能多的交流、互动和展示工具，也可以借助社交网络平台开展互动。由于 MOOC 的学习人数众多，不可能光依靠主讲教师来互动，必须按照一定的比例配备助教，助教可以由青年教师和研究生担任，也可以选拔优秀的学习者或已修过该门 MOOC 的结业者担任。如何对助教团队进行管理、分工、考评与奖励，需要依据具体情况不断探索。MOOC 的教学过程，主要按照以下步骤展开：

（1）确定开课时间和进度安排。

（2）按照预定的时间和进度开放讲课视频和相关练习，供学生随时随地进行碎片化学习。

（3）论坛讨论活动。加强学生与学生、学生与老师之间的互动沟通，集合大多数人的智慧进行交流学习。

（4）邮件通告。加强与老师的沟通，及时地传达学习任务、安排等，让学生对学习有一个大致的规划和了解。

（5）测验考试。测试学生的学习效果，同时也能督促学生进行高效学习。每门课都有频繁的小测验，有时还有期中和期末考试。

在慕课教学活动中，培训师的角色需要从课堂讲授者转换为学员的教练，其工作包括两个方面：第一，MOOC 课程设计与资源开发；第二，课堂教学与评价活动设计。培训师要充当学生学习的辅导者和评价者的角色，并且想方设法把线下的指导和线上 MOOC 学习统一起来，慕课培训教学的质量还是要靠培训师来保证。

四、SPOC

SPOC 是英文 Small Private Online Course 的缩写，即小规模限制性在线课程，其本质是 MOOC 的另一种形式，Small 和 Private 是相对于 MOOC 中的 Massive 和 Open 而言，

Small 是指学生规模一般在几十人到几百人，Private 是指对学生设置限制性准入条件，达到要求的申请者才能被纳入 SPOC 课程。

目前，SPOC 课程主要是针对本校的大学生和全球的在校大学生两类学习者设计的。前者是一种结合了课堂教学与在线教学的混合学习模式，是在大学校园课堂采用 MOOC 的讲座视频，实施翻转课堂教学。其基本流程是，教师把这些视频材料当作家庭作业布置给学生，然后在实体课堂教学中回答学生的问题，了解学生已经吸收了哪些知识，哪些还没有被吸收，在课上与学生一起完成作业或其他任务。总体上，教师可以根据自己的偏好和学生的需求，自由设置和调控课程的进度、节奏和评分系统。

后者是根据设定的申请条件，从全球的申请者中选取一定规模的学习者纳入 SPOC 课程，入选者必须保证学习时间和学习强度，参与在线讨论，完成规定的作业和考试等，通过者将获得课程完成证书。而未申请成功的学习者可以以旁听生的身份注册学习在线课程，例如观看课程讲座视频，自定节奏学习指定的课程材料，做作业，参加在线讨论等，但是他们不能接受教学团队的指导与互动，且在课程结束时不会被授予任何证书。

虽然 MOOC 和 SPOC 都兴起于教育界，但按照其特点和发展，我们可以预测未来 MOOC 会成为企业员工培训的一种重要补充形式，而企业的 SPOC 课程将会成为企业员工培训的一种非常重要的新方式。

专栏 8-2

MOOC 学习建议

一、坚持听课。根据课程结构和自身的课余时间安排好学习计划，然后在计划好的时间段雷打不动地学习课程和完成作业。这个步骤和大多数人一样，并无任何创新，但是贵在"坚持"二字！

二、做好笔记。20 多分钟的课程对于听课者来说很轻松，但要对所讲的知识进行系统归纳和总结，就相当困难。学员常常每节课听下来觉得不错，觉得很有道理，但是 10 分钟后再回忆这一节的内容就会变得非常模糊，甚至不知道讲了什么。此时，课后对这一节的内容进行归纳，整理成笔记就显得非常重要。因为自己整理出来的东西一般会印象深刻，即使忘了，一看笔记也能很容易回忆起来。一般而言，听完课之后马上整理笔记的效果最佳，两个步骤一起大约需要 1 小时。

三、组织讨论。组建 MOOC 学习小组，每周轮流请小组成员根据某一讲内容的某个关键词拟定一个主题，然后每个成员围绕这个主题去搜集资料，整理自己的想法、看法或问题，约定好时间与小组成员进行一次发散性的讨论，时间是 1 小时左右。讨论是小组学习的最大的优势，它可以集思广益，源于课程而超出课程的内容！

8.2.2 翻转课堂

翻转课堂指的是通过各种手段把教师讲课的内容，从课堂上转移到课外，让学生自由决策学习的时间和进度,教师在课堂上主要通过答疑解惑、鼓励分享等方式进行教学,形成以学生为中心的一种教学模式。运用翻转课堂教学模式,教师不再占用课堂的时间来讲授基本内容,这些基本内容需要学生在课后自主学习,他们可以看视频讲座、听播客或者学习其他教学相关资料,或者在网络上与其他同学进行讨论。教师则把课堂时间用于给学生答疑解惑,进行个性化的辅导。

翻转课堂教学模式的兴起与现代网络技术和视频设备的发展密切相关,在我国20世纪也曾经有类似的教学模式的尝试,比如1998年山东杜郎口中学所尝试的杜郎口教学模式,学生使用导学案、课本和习题册来起到类似教学视频的作用,但是,这种教学模式在效率、成本和效果等方面都不如基于现代网络技术和视频设备的翻转课堂教学模式。翻转课堂利用视频来实施教学的思路其实早就有人想到,20纪50年代,世界上很多国家都大力开展的广播电视教育就使用了类似的教学模式,但对传统的教学模式没有产生很大的影响。而翻转课堂的出现,却备受人们的关注,这是因为翻转课堂有以下几个鲜明的特点:

(1) 教学视频短小精悍。翻转课堂中的视频一般都比较短,有的只有几分钟的时间,长一点的视频也只有十几分钟。每一个视频都针对一个特定的问题,有较强的针对性,查找起来也比较方便;视频的长度控制在学生注意力能比较集中的时间范围内;通过网络发布的视频,具有暂停、回放等多种功能,可以自我控制,有利于学生的自主学习。

(2) 教学信息清晰明确。翻转课堂相关理论研究者认为传统的教学视频中出现的教师影像和教室里的各种物品摆设,都会分散学生的注意力,在网络在线自主学习的情况下,学生注意力尤其容易分散,因此,翻转课堂视频主要就是展示教学内容和进行讲解的画外音。

(3) 优化学习流程。通常情况下,学生的学习过程由两个阶段组成:第一个阶段是"信息传递",是通过教师和学生、学生和学生之间的互动来实现的;第二个阶段是"吸收内化",是在课后由学生自己来完成的。传统的广播电视教育由于缺少教师的支持和同伴的帮助,"吸收内化"阶段常常会让学生感到挫败,丧失学习的动机和成就感。而翻转课堂的"信息传递"是学生在课前进行的,老师不仅提供了视频,还可以提供在线的辅导;"吸收内化"是在课堂上通过互动来完成的,教师能够提前了解学生的学习困难,在课堂上给予有效的辅导,同学之间的相互交流更有助于促进学生知识的吸收内化。

(4) 复习检测便捷。翻转课堂在教学视频之中或者之后都会设计若干小问题,帮助学生及时进行复习和检测,判断学习情况。如果发现回答情况不好,学生可以重新学习。学生对问题的回答情况,能够及时地通过云平台进行汇总处理,有助于教师了解学生的学习状况。

由此,我们可以得出结论,翻转课堂教学模式不仅吸收了广播电视教育和传统课堂教育的优点,并且还有自己独特的优势。在未来的教育与培训活动中,翻转课堂一定会产生越来越重要的影响力。

8.2.3 微课与微培训

微课与微培训是随着移动互联网技术不断发展而出现的新的教学与培训形式,将深刻影响企业未来的员工培训工作,企业培训管理人员应该对微课和微培训有所了解,并积极应对它们带来的挑战。

一、什么是微课

微课指的是教师借助于现代网络信息技术，围绕某个知识点或技能等设计制作的目标明确、构思精巧、结构相对完整、内容短小精悍的课程视频及与之相关的教学资源。学员在课程内外可以很方便地反复观看学习，相关教师也可以根据授课需要灵活地选用这些课程视频。微课的核心组成内容是课堂教学视频及与该教学主题相关的教学设计、素材课件、教学反思、练习测试及学生反馈、教师点评等辅助性教学资源。和传统单一资源类型的教学案例、教学课件、教学设计、教学反思等教学资源相比，微课具有以下几个特点：

（1）教学时间较短。微课的时长一般为5～10分钟左右。相对于传统的40～45分钟一节课的时长来说，微课可以称为课程片段。

（2）教学内容较少。相对于传统课堂，微课的问题聚集，主题突出，更适合企业培训的需要。企业微课主要是为了解决某个具体的问题，相对于传统培训中一节课要完成的众多的教学内容而言，微课的内容更加精简。

（3）资源容量较小。微课视频及配套辅助资源的总容量一般在几十兆左右，可流畅地在线观摩案例，查看教案、课件等辅助资源；也可以灵活方便地将其下载保存到终端设备上实现移动学习，非常适合于培训师和学员的观摩、评课、反思和研究。

（4）资源使用方便。微课选取的教学内容一般要求主题突出、指向明确、相对完整。它以教学视频片段为主线贯穿整个教学设计、课堂教学时使用到的多媒体素材和课件、培训师课后的教学反思、学员的反馈意见及专家的文字点评等相关教学资源，构成了一个主题鲜明、类型多样、结构紧凑的主题单元资源包，营造了一个真实的微教学资源环境。

（5）主题突出、内容具体。一个课程就一个主题，或者说一个课程围绕一个问题；研究的问题来源于教育教学具体实践中的具体问题：或是生活思考、或是教学反思、或是难点突破、或是重点强调、或是学习策略、教学方法、教育教学观点等问题具体的、真实的、自己或与同伴可以解决的问题。

（6）草根研究、趣味创作。微课内容微小，人人都可以成为课程的研发者。课程的使用对象不仅仅是培训师和学员，也包括所有可以看到微课的员工，甚至企业外部人士。课程研发的目的是将教学内容、教学目标、教学手段紧密地联系起来，所以研发内容一定是自己熟悉的、感兴趣的、有能力解决的问题。

二、什么是微培训

微培训是一种新型信息化学习方式，指的是企业培训管理人员运用移动通信设备中的相关平台，如"微信""yy""QQ"等，把培训内容用文字、图片、语音、视频等形式传递给受训人员，受训人员可以充分利用自己的零碎时间来学习这些培训内容。微培训的特征主要表现在以下几个方面：

（1）培训的内容不多，但信息量大。移动互联网带来的"微"平台传播，内容迷你，信息量大，传播的速度更快，更具有冲击力。培训方可以通过QQ群、飞信、微博、微信等微平台发布和更新信息，因为不再局限于集中式的课堂和办公桌前的电脑设备，可以利用手机、平板电脑等移动设备完成，所以信息内容丰富，更新速度快，时效性强。像 twitter 微型博客平台，每篇只允许发布 140 个字符，强调的是发布者能够用最简洁的语言进行描述。与传统博客相比，微博相当迷你，但字数的限制恰恰使得其信息量大，更新速度加快。

（2）培训方式灵活，沟通效果好。受训人员不需要花费较长时间和精力接受冗长的内容，可以随意选择闲暇的碎片时间接收培训信息，移动互联网让微模式变得更加方便快捷，满足了人们因工作、生活节奏加快带来的最短时间获取大量信息的需要。同时微模式不是自上而下的单向沟通，也不需要经过诸多层次传递信息，失真率低，它以一种亲切的形式让受训的每个人在微平台中实现主动参与，成为沟通的主体，沟通的有效性得到加强。

（3）受众面广。在微培训中，一个人分享了一段故事或一个观点，更多人可以继续分享，这样通过不断地分享，能够实现最大受众面的信息共享。因此，每一个持有移动设备的个体都是微培训的传播者，以形成巨大的网状传播结构。

（4）成本低廉。微培训不受集中课堂教学、讨论等场地的束缚，不需要高薪聘请培训专家，一份信息可以通过微平台快速传递给多人，并实现即时互动。

微培训的主要不足之处在于微平台带来的碎片式学习提供的大多是浏览性的知识，只能达到了解信息和掌握大致情况的目的，学员很难对专业的领域进行系统、深入的探究。因此，传统的面对面的课堂集中式培训和网络在线式培训依然是有效和必需的，只有这样才能为学员提供系统的、深刻的学习，才能真正提升学员的知识、技能和综合素质。而学员在闲暇时间可以进行移动网络的微培训学习。未来，这种以系统性课堂面授学习和网络在线学习为主、微培训为辅的企业培训模式，将成为企业培训的主流模式。

专栏 8-3

大课堂变微培训

2015 年 4 月 8 日，陕西省西安市临潼区诚意商店里，正在进行一场特别的培训会。西安市临潼区烟草专卖局（分公司）客户经理杜萍指着电脑屏幕耐心地讲着："这个系统叫作'新商盟'，是咱们公司的网上订货、结算、配货、营销的综合性平台。您看，我已经帮您把用户信息设置好了，并且输入了银行卡号和电话号码……"

杜萍轻点着鼠标，屏幕上的内容也在不断更新："订货的时候，您可以先进入'卷烟超市'，生成订单后，您一定要检查无误后再点击'确认'。"

诚意商店店主老杨和他的老伴认真地听着杜萍的讲解。老杨还拿着纸和笔把重点内容记录下来，并不时提出几个问题。原来，在这家小店里举办的是临潼区烟草专卖局（分公司）一次针对新办证客户的培训会。

一直以来，对新办证客户培训采用的都是集中培训、大课讲解的方式。但随着网上订货、网上结算等工作的开展，新办证客户要掌握的知识越来越多，集中培训越来越不能满足客户的需要。特别是不少中老年客户反映，他们对电脑本来就不熟，坐在大课堂里根本听不明白。

> 针对这一情况，临潼区烟草专卖局（分公司）创新服务方式，开展"微培训"，由客户经理、专管员到店对新办证入网客户开展全方位的卷烟营销、物流配送、专卖管理知识培训。偏远地区零售客户和中老年零售客户成为首批"微培训"的学员。
>
> 别看每场"微培训"客户只有一两名，临潼区烟草专卖局（分公司）可是一点都不马虎。客户经理、专管员经过集体讨论后，共同编写培训讲义，预设培训流程，内部培训师对所有客户经理和专管员们进行严格的预培训，确保培训师们讲得明明白白、客户听得清清楚楚。
>
> 资料来源：付海婧. 大深堂变微培训[N]. 东方烟草报，2015.4.14。

8.3 培训外包

8.3.1 培训外包的概念与原因

外包指的是组织将自己做不了或者做不好的事情交给专业的组织机构去完成，利用它们的专长，达到降低成本、提高生产率和增强自身竞争力的一种管理手段。外包的核心理念是"做自己做得最好的，其余的让别人去做"。外包是企业为了应对激烈的外部环境变化，增强自身竞争力的行为体现。

培训外包是指将制订培训计划、办理报到注册、提供后勤支持、设计课程内容、选择培训师、确定时间表、管理相关设施、进行培训授课与课程评价等培训活动的相关职能全部或者部分外包出去的一种培训管理方式。有效的培训外包能使员工培训项目以更低的费用、更好的管理、更佳的成本效益进行，并且责任更加清晰。

根据外包的范围，可以把培训划分为完全外包与部分外包。完全外包是指企业将整个培训工作全部交给企业外的相关培训机构。而部分外包只是将部分培训任务交给企业外的相关培训机构去做。

完全外包对于企业来说，往往会带来许多风险，因此，有实力的企业很少采取完全外包方式。而对于多数中小型企业而言，由于培训工作量不大，设立专门的培训机构做员工培训不是很划算，而且还很难保证培训的专业性，而选择把培训项目外包出去成本往往更低，还能在一定程度上保证培训效果。因此，培训外包在中小型企业中非常常见。大体上，企业选择将培训业务外包的原因，主要有以下几点：

（1）企业实施某项培训的成本过高，而专业培训机构提供的培训外包服务的价格相对较低，并且质量也有保证。

（2）企业缺乏内部培训师队伍，内部培训项目相对单一，没有形成体系。针对一些比较重要的企业培训需求，企业内部培训师能力有限，无法开发出符合企业需求的培训课程。

（3）企业培训管理人员对培训行业不熟悉，对各种培训新概念缺乏了解，面对外部培训机构提供的各种培训产品缺乏筛选能力,如果选择错误,损失会很大。

(4) 企业还没有建立独立的培训部门,而负责培训的人力资源部的人手不足,企业培训工作量又非常大,这些工作占用了人力资源部很多的时间和精力,影响了他们对具有战略意义的工作的专注性。为了人力资源部门能从简单的培训事务中解脱出来,集中精力去开展重要的培训项目和解决一些棘手的人力资源问题,更好地参与企业高层的战略规划工作,那么,把部分不重要的培训项目外包给专业机构无疑是一个很好的选择。

8.3.2 培训外包的流程与风险控制

企业将培训职能外包,可以按照以下流程进行:

(1) 进行组织培训需求分析,作出培训外包的决定。在作出培训外包的决定之前,应当首先完成组织的培训需求分析。根据培训需求分析情况,确定哪些培训项目必须外包,哪些培训项目可以外包,同时,评估培训项目外包的成本和风险,制定选择外包机构的基本条件。

(2) 合理选择培训工作外包。外包决策应根据现有工作人员的能力及特定培训计划的成本而定。例如,公司如果正处在急速发展期且急需培训员工时,可以适当考虑外包某些或全部培训活动;当公司处于精简状态时,可以将整个培训职能外包出去,或更明智的决定是只将培训职能的部分工作外包出去。

(3) 起草项目培训计划书。在作出外包培训决策之后,应当给服务商起草一份项目计划书。此项目计划书中应具体说明所需培训的类型水平、将参加培训的员工并提出一些有关技能培训的特殊问题。项目计划书起草应征求多方意见,争取切合企业培训的要求。

(4) 选择适合的服务商并寄送项目培训计划书。起草完项目培训计划书后,就要寻找适合的外包服务商并签订合同。一旦将公司培训的职责委托给公司外部的合作伙伴,就意味着要对其专业能力、文化兼容性及表达技巧有一定的信心。外包活动中双方的这种高度匹配能确保质量,也能确保有效对接、顺畅沟通、节约成本。

(5) 考核并决定培训服务商。在与培训服务商签订有关培训外包合同之前,可以通过专业组织或从事外包培训活动的专业人员来了解、考查该服务商的证明材料。在对可选择的全部对象都做过评议之后,再选定一家适合自己的服务商。

(6) 外包合同的签订。与培训服务商签订合同是整个外包程序中最重要的一个环节。在签订合同之前,应先让自己的律师审查该合同,并请专业会计或财务人员审查该合同以确定财务问题和收费结构;且合同中必须注明赔偿条款,如培训效果不佳或不符合企业的时间要求等。签订合同时也最好让企业里一名最善于谈判的成员随行,以确保公司的利益。

(7) 在外包培训项目运作过程中进行及时有效的沟通。公司、外包服务商以及公司的员工进行有效而及时的沟通是保证外包培训项目成功的关键。外包服务商要充分了解公司和员工的培训需求,并整合这些需求,公司则应当及时搜集并分析员工对每项外包培训计划质量的反馈信息。

(8) 监督并控制培训质量。在培训活动外包之后,还要定期对服务费、成本和培训计划的质量等项目进行跟踪监督,以确保培训计划的效果。这需要建立一种监督各种外包培训活动质量和时间进度的机制。

企业在将培训职能外包过程中,要注意外包的风险控制。具体可以从以下几个方面去考虑:

(1) 取得培训活动控制权。培训外包一般要求供应商的培训内容、方式、方法等符合企业的需求,因此企业可以通过一种客观的、明确的方式向培训供应商提出自己的构想,并把要求的培训业绩目标列入之前签订的合同,同时在实施过程中加强与员工、供应商的沟通互动。

(2) 规避目标与文化的冲突。通过提供培训服务来获取利润是培训供应商的经营目标,而企业的培训目标则是提高员工技能、发展业务能力,两者在实际运作中可能会发生冲突,使得双方的合作难以顺利进行,对内部员工的士气也会造成不良影响。因此,培训外包并不意味着放弃企业的这一责任,而是应该不断地监督和评价培训供应商的工作进度和业绩,以达到预期的目的。

(3) 减少对供应商的潜在依赖性。如果单纯希望通过外包获得短时间内员工技能素质的提高,而企业自身却没有对其进行吸收与应用,就可能会导致企业产生对培训供应商的依赖性。这往往需要企业与培训外包供应商共同合作,共同完成培训目标,积极积累经验,从而不断提高培训的效率。

综上所述,应在做好培训需求分析的同时,正确选择适合企业的培训方式,采取完善外包计划、选择合适培训供应商、及时与供应商沟通等策略,规避培训外包风险,最终提高培训效果。

专栏 8-4

挑选培训服务商的标准

1. 考查培训服务商的名声及经验

取得相应证明人名单,对培训服务商的声誉和经验指数进行全面的调查,以确定是否与其进行合作。通过对培训服务商的信誉及经验的调查,来证明它有能力在企业确定的时间表内提供企业所需要的培训。

2. 获取相关的信息、数据

考查该服务商的专业及业务活动水平的情况,如:该服务商是否对本企业的项目计划书要求作出了正确和简洁的回复?他是否提供了不相关的信息?要求服务商提供能说明其长期以来持续、有效益和有效率的业绩的文件。

3. 确认财务稳定性

要求服务商提供信用证明,以了解该服务商在财务上是否稳定。如果所选择的培训服务商面临破产的危险,那么企业也会因此而蒙受动荡与混乱的考验,组织者不得不再经历一次提供项目计划书要求的过程,这对于公司来说是一项巨大的损失。

4. 核实培训服务商的人员招聘与培训的能力

核实该培训服务商是否拥有一个招聘和培训自己雇员的系统,因为在长期培训活动的过程中,服务商不可避免会出现人员变化,因此拥有该系统可以保证其能快速补充新人。

5. 具备共享价值观

要求培训服务商理解本企业的价值观和文化并进行描述。在进行培训活动时须按照企业的价值观方式实施培训计划。

随着企业的成长，新的角色和新的培训需求会不断涌现出来，对此企业不但要制定长期战略规划，还要根据该规划去评价这些培训活动，使每个合作伙伴都想要千方百计地努力发展这种合作关系，使之达到互惠互助的目的。

8.4 组织学习与学习型组织

自组织形成伊始，自发的组织学习就已经存在。学习融合在每个人的生活和工作中、融合在每个组织的日常运作中。学习型组织建设就是通过优化组织的机制、制度和环境等因素，以保证组织能够有效地进行组织学习并最大化地获得学习的效果，从而提升组织绩效。从这个角度看，培训管理人员无疑担负着推动组织学习和建设学习型组织的使命。

8.4.1 概述

学习是指通过阅读、听讲、研究、实践等获得知识或技能的过程，是由经验引起的、潜在的、相对持久的个体行为发生变化的过程。人们对不断变化着的环境作出适应的过程就是学习。人们主动适应会产生主动学习，被动适应则产生被动学习。学习的主体可以是个人，也可以是团队、组织乃至作为整体的人类社会。

组织学习是组织能够像个体那样，因生存环境变化而不断地主动或被动地对自身作出调整，使得其中的主要成员发生持久的行为改变，从而更好地应对环境变化的过程。组织成员能够积极、迅速、有效地吸收新知识，并且将其应用在组织的业务上，以达到创新和提升组织绩效的目的，才是真正的组织学习。组织学习研究主要关注两个方面：一是组织如何监测、发现自身的错误，并根据生存环境的变化而不断地主动作出调整与修正，从而发生持久的行为改变；着重探讨学习与组织政策的关系，发现和克服组织学习的障碍等。二是组织如何通过学习，更好地转化知识、应用知识与创造知识；着重探讨学习与知识、知识管理的本质联系，以及组织学习与组织变革的关系。学习型组织是上述两方面研究主题和研究成果应用于实践的集中体现。

8.4.2 组织学习

从学习的过程看，组织学习主要分为单环学习和双环学习。单环学习发生在发现错误和立即纠正错误的过程中。它能够对日常程序加以改良，但是没有改变组织活动的基本性质，适合解决惯例性的问题或者重复性的问题，有助于员工完成日常工作。双环学习是指工作中遇到问题时，不仅仅是寻求直接解决问题的办法，而且要检查工作系统、工作制度、规范本身是否合理，分析导致错误或成功的原因。双环学习更多地与复杂、非程序性的问题相关，并确保组织在今后会有更大的变化。双环学习是一种较高水平的学习，它能扩展组织的能力，注重系统性解决问题，适合于组织的变革和创新。它不仅包括在已有组织规范下的探索，而且还包括对组织规范本身的探索。双环学习经常发生在组织的渐进或根本性创新时期。

无论是单环学习还是双环学习，组织学习都要从信息和知识的搜集、吸收开始，经过传播、扩散到整合、共享，再通过应用、创新到储存、共用这样一个无限循环的过程。这个过程主要包括以下几个环节：

（1）学习准备。这个过程包括：尊重和激发员工、团队的学习愿望；识别学习需求、确定学习内容；将学习和变革与发展目标、工作过程有机结合；鼓励员工、团队开展自主性学习等。

（2）信息交流。这个过程可以使员工获得丰富的信息，改善其知识、技能和行为。这个过程需要营造开放的、协同共享的、相互尊重的学习环境；提供信息交流的渠道和方法；开展调查研究，进行深度会谈。

（3）知识的习得与转化。它指的是将从各个方面获得的知识进行筛选、整合，应用到工作中的过程。这个过程需要人们开拓思路、更新观念、创新知识，才能有效地将学习的成果转换为工作的成果。

（4）评价与认可。这个过程主要是考察学习者的学习活动对工作绩效的改善情况，认可和奖励努力学习或通过学习改进知识、技能、行为的员工和团队。

从组织学习的方式看，组织学习主要有适应型学习、预见型学习和行动型学习等几种类型。适应型学习是指团队或组织从经验与反思中学习。预见型学习是指组织从预测未来各种可能发生的情境中学习。这种方式侧重于识别未来发展的最佳机遇，并找到实现最佳结果的途径。行动型学习是从现实存在的问题入手，侧重于获取知识，并实际执行解决方案。它是一个通过评估和解决现实工作中存在的实际问题，更好、更快地学习的过程，即学习的过程就是解决工作难题的过程。学习型组织中的学习，重视学习成果的持续转化，学习的效果要体现在行为的改变上，因此，行动型学习就成为学习型组织创建过程中非常重要的学习类型和学习方法。创建学习型组织的核心是实现组织学习，是通过组织学习实现组织知识的创新，这种知识既包括组织的外在，如结构、制度等，也包括组织的文化、组织成员的态度与技能等，更包括组织与组织、组织与成员、成员与成员之间的关系等非物质、软性的资源，而且后者更为重要。因此，创建学习型组织，必须在组织学习方面取得实效，才能真正走向深入。

8.4.3 学习型组织

学习型组织的创立者彼得·圣吉认为，企业唯一持久的竞争优势就在于具有比竞争对手学得更快、更好的能力，学习型组织正是人们从工作中获得生命意义、实现共同愿景和获取竞争优势的组织蓝图。他对学习型组织作了如下的定义：所谓学习型组织，是指通过营造弥漫于整个组织的学习气氛、充分发挥员工的创造性思维能力而建立起来的一种有机的、高度柔性的、扁平的、符合人性的、能持续发展的组织。这种组织具有持续学习的能力，能够获得高于组织成员个人绩效总和的综合绩效。

学习型组织包含以下四层含义：一是强调终身学习，即组织中的成员均应养成终身学习的习惯；二是强调全员学习，即企业组织的决策层、管理层、操作层都要全身心投入学习；三是强调全过程学习，即强调在工作中学习，把工作变成学习的过程，把学习作为工作的一部分；四是强调团体学习，即强调组织成员的合作学习和群体智力的开发。

彼得·圣吉认为建设学习型组织需要进行以下五项修炼：

（1）建立共同愿景。愿景是一种能够满足人们自我实现需求的理想目标，具有强大吸引力，能够激发人们向着目标不断努力。优秀的组织领导者会通过建立组织成员的共同愿景，以此感召全体组织成员，为愿景而奋斗，从而实现组织的持续发展和进步。个人愿景的力量来源于个人对理想的深度关切和认同，而共同愿景的力量来源于组织成员对组织理想的共同认同和关切。它是组织成员所共同持有的意象，使员工内心有一种归属感，有一种任务感。事业的使命感深植于组织的全部活动之中，并将不同的活动融汇起来。

（2）团队学习。团队学习指的是团队成员通过学习发展成员合作与实现共同目标能力的过程。组织需要的不仅仅是一群有才能的和有共同理想的个人，更需要的是这些人能够很好地进行合作，形成强大的合力。个人卓越的集合，如何成就组织的卓越，如何使组织的智商高于个人的智力，这是团队学习所要达到的目的。

（3）改善心智模式。组织中不同的人对相同的问题之所以有不同的看法，是因为他们的心智模式不同。相同的人在不同时期，对相同问题的看法也可能会出现不同，因为他们改变了心智模式。心智模式指的是在人们的思维和逻辑推理过程背后，存在着隐藏着的许多先入为主的假设，这些假设往往与事实相距甚远，从而严重影响了人们对客观事物的认识和判断。企业领导层出现这种现象时，少则使企业经营出现困难，大则将给企业带来灾难。心智模式中假设的错误并不是很直观的，甚至很难发现。所以必须通过学习和制度设计来帮助管理者改善心智模式。

（4）自我超越。自我超越指的是通过不断挑战自己能力的极限，从而迅速提升自己的水平的过程。一个事业心强的人不会安于现状，而是志在千里，不达目标决不罢休。树立目标是自我超越的第一步。但目标与实现肯定有差距，如何根据差距情况，来进行有效的自我激励是自我超越的核心问题。惰性与畏惧是自我超越的大敌。能否激发改变现实的雄心壮志，并付诸行动，是自我超越修炼能否成功的关键。

（5）系统思考。系统思考是要把许多关于事实的杂乱片段组合成前后一致、逻辑清晰的故事，从而找到问题的症结和解决问题的对策。系统思考有两个关键点：一是系统的观点与动态的观点。世界是复杂的，而人们认识世界时，为了更好地把握细节，总是在分析与综合，这就有可能导致"只见树木，不见森林"的情况，系统思维就是要克服这种思维局限。二是相互联系的观点。现实世界的系统都是动态的系统，各个元素之间存在着动态的互动关系。如果把世界或企业看成一个有机的系统，那么系统动力学的一般原理也通用于这个系统。系统思考还强调不应为表象所迷惑，即应处理问题的"动态性复杂"，而非问题的细节性复杂，力求找到处理问题的关键。只要找到问题的关键所在，许多极困难的问题也会迎刃而解。

其实，彼得·圣吉提出的五项修炼，每一项修炼都和员工培训有着密切的关系。培训管理人员应该积极探索建立基于学习型组织的培训模式，从而推动企业员工能够不断更新知识和持续提升工作能力，这对于企业保持竞争优势具有重要的意义。

本章关键词

移动互联网技术　　　微培训　　　慕课翻转课堂
培训外包　　　　　　组织学习

本章小结

本章首先从技术发展的角度分析未来培训发展的趋势，指出在技术发展的影响下，未来培训将出现三种趋势：第一，培训教学手段网络化和多媒体化；第二，多种教学模式同时共存，互相配合；第三，在线培训成为员工培训的主要形式。然后对慕课、翻转课堂、微课、微培训等最近几年出现的新概念、新理论和新技术进行一个比较详细的介绍。最后，对培训外包、组织学习和学习型组织进行介绍。培训外包体现了培训发展专业化的一种趋势，而学习型组织则为开展培训工作提供了最佳内部环境。

思考题

1. 新技术发展对培训的影响有哪些？
2. 基于新技术的常见培训方式有哪些？
3. 什么是慕课？它有什么特点、优点和不足？
4. 什么是翻转课堂？在什么情况下引入翻转课堂比较好？
5. 什么是培训外包？在什么情况下有必要进行培训外包？
6. 什么是组织学习？如何实现组织学习？

课后案例

浦发银行的培训与学习型组织建设经验

企业培训体系的建立本身就是一个系统思考的过程；通过培训可以改变对事物的态度和看法，达到改善心智模式和共享愿景的效果；培训促成的知识更新和技能提高更是团队学习和个人进取的主要动力。在丰富的企业培训实践活动中逐渐沉淀形成的企业培训模式，也许更能在操作层面上落实和诠释彼得·圣吉从系统论中提出的五个步骤。浦发银行培训实践可以为企业"学习型组织"建设提供一个有价值的参考。

1. 培训组织架构

1998年，浦发银行在总行人事部下设培训中心，成立培训团队，统筹全行培训工作。2005年组建总行培训中心，成为一个独立部门，下设教育培训部和教育管理部两个专业团队。

分行层面的培训职能设在分行人力资源部门，由部门总经理负责，1—2名培训专员处理具体事务。总行各部门人事管理团队负责部门及所辖条线的培训工作。形成了总行、分行和支行"统一管理、分级（条线）规划、分级（条线）实施"的三级教育培训体制。

2009年建立了由总行分管领导牵头，总行党委办公室、人事部、机构管理部、战略发展部和培训中心参加的教育培训工作联动会议制度，专题研究教育培训在全行战略实施不同阶段的工作重点，对重大培训事项和培训项目做集体研讨和决策，提升培训决策科学化水平。

2010年，浦发银行党校成立。党校的主要职责是在总行党委领导下，培训（轮训）全行中高层管理人员、高级专才及后备干部，具体教学活动由总行党委办公室、培训中心或联合社会培训机构组织实施。

2. 培训职能分工

教育培训工作联动会议不定期对全行培训工作的重大事项进行讨论和决策。总行培训中心重点负责全行教育培训机制和制度建设，研究制定（订）全行教育培训政策、中长期教育培训规划和年度培训工作计划，负责全行教育培训工作的政策引领、资源支持和流程指导；分行（总行业务条线）在总行的统一规划及相关政策的指引下，制订辖内（条线内）的年度培训计划，并负责组织实施和落实。在具体操作方面，党校负责全行党员领导干部的党性教育和培训，重点针对总行中高层直管干部；总行培训中心主要负责全行直管干部及总行干部员工管理类和综合类培训项目的实施，并根据全行战略发展需要，适时组织分行中层管理人员以及相关岗位专业人才的专题培训工作，并对业务条线和分支机构推进和实施培训项目提供支持；在培训内容上，总行培训中心侧重围绕统一价值观，增强战略执行力，提高服务和销售能力、领导能力和创新能力等战略性主题。总行条线部门主要负责条线内培训制度和培训计划安排，并负责业务类培训项目实施；分行主要根据总行的相关政策以及条线或区域培训需求，负责辖内员工的教育培训工作。

3. 培训运行方式

浦发银行通过七项基本制度保障培训工作的日常运行：一是党委的中心组学习制度；二是中高层管理人员的培训体系；三是覆盖全员的网络学习培训体系和仿真培训平台；四是专业岗位执证上岗与认证培训制度；五是覆盖全员的培训基金制度；六是完善的培训资源管理体系；七是培育良好培训文化的相关制度。

（1）党委的中心组学习制度。浦发银行党委根据中央的要求建立了中心组学习制度，目的是提高领导干部的理论水平，拓展宏观视野。党委中心组主要由党委（党组）领导班子成员组成，根据学习需要适当吸收有关人员参加。党委书记任中心组组长审订学习计划，确定学习主题和研讨专题，提出学习要求，主持集体学习研讨，指导和检查中心组成员的学习。坚持每两个月组织一次中心组集体学习。

（2）中高层管理人员的培训体系。浦发银行的中高层管理人员培训主要有四种形式：

第一，党校轮训。浦发银行与中国浦东干部学院合作进行党校轮训，党校轮训以"党的基本理论、党性修养、宏观视野和领导艺术"为主要培训模块，重在加强中高层干部的"软实力"。2010年举办2期党校培训班，100名中高层管理人员参加培训，目前，已经完成了全行中高层管理人员的第一次党校轮训。

第二，高层海外培训。浦发银行的高层海外培训的目的是拓展总行部门负责人和各分行行长等领导干部的国际视野和专业能力，以提升"应对经济周期波动能力"和"持续发展能力"为重点，提高中高层管理人员专业化经营方面的"硬实力"。海外培训主要以英国剑桥大学穆勒中心为培训基地。截至2010年年底已组织了3期培训，130余人参加。

第三，支行行长轮训。支行行长轮训紧密围绕区域化发展战略和网点机构的战略布局，已成为常态化培训项目。截止到2010年年底，已举办了21期培训，850余名支行行长参加，基本上按照每年举办6期，每3年轮训一次的要求进行。支行行长培训旨在贯彻总行发展战略目标，推进网点建设，提升支行行长岗位胜任能力。总行高管领导还亲自讲课，从不同角度就"如何当好称职支行行长，促进支行全面建设"与学员交流。

第四，后备干部培训。后备干部培训以分行后备管理人才为培训对象，依托新加坡南洋理工大学南洋商学院组织高级管理研修培训。截至2010年年底已组织了3期培训，72名学员参加培训，课程分为金融专题和管理专题两大类。

（3）覆盖全员的网络学习培训体系和仿真培训平台。浦发银行建立了覆盖全员的网络学习培训体系，基本满足了全员随时学习和大规模学习的需求。截至2010年年底，浦发银行已累计开发了700余门具有浦发特色的网上培训课件，形成了制度规章类、管理类、业务类、产品类、职业技能类、银行概况类、党建类七大课程系列。浦发银行还建立了"浦银移动课堂"，满足全员开放自主学习需求。"浦发银行移动学习"（1.0版）软件平台成功应用于领导力学院研修班项目配套学习、"2015浦银好讲师训练营"配套辅导及投票活动。截至2015年末，关注用户已逾6 100人。浦发的移动微课以扎实知识储备、精练业务技能、开拓管理视野为目的，围绕"金融创新""领导力""自我管理"等主题设计内容，其内容来源主要有两个：一方面精选总行实体培训项目录转为在线课程，内容涵盖私行业务、投行业务、运营管理等领域；另一方面也积极向外采购移动微课，截至2015年末，课程资源已达400门。

浦发银行建立了产品培训及体验仿真平台，立足于提供核心业务系统的仿真操作环境，帮助员工熟悉核心业务系统的功能和操作。该平台在新开分行和柜面一线员工培训中得到广泛应用。

（4）专业岗位执证上岗与认证培训制度。浦发银行把提升"学习力"作为专业化人才队伍建设的切入点，在公司银行业务、个人银行业务等重点业务领域推行以提升岗位技能为目标的专业岗位执证上岗与认证培训制度。目前，已经在主要业务条线30个岗位实行了岗位资格认证，实现了岗位培训考试网络化、随机化和岗位资格认证体系化。比如，公司银行客户经理岗位资格认证。公司银行业务是浦发银行的传统业务优势，提升公司银行客户经理队伍的"学习力"，是建设高素质客户经理队伍，确保和扩大业务优势的重要手段。为此，浦发银行不断优化"公银客户经理岗位资格认证"体系，逐步形成了"客户经理助理""客户经理""高级客户经理""资深客户经理"的认证体系。其中"高级客户经理""资深客户经理"以面试为主，尤其是"资深客户经理"要通过案例分析、客户需求解决方案设计、专家委员会答辩等环节严格把关，是对客户经理的市场敏感度、沟通能力、营销技巧、业务知识、方案设计、客户管理、危机应对等诸多能力、知识和经验的全面考查。截至2010年年底有5 349人取得客户经理资格、1 690人取得高级客户经理资格、93人取得资深客户经理资格，为打造一支具备持续竞争力的客户经理队伍发挥了积极作用。

围绕着专业岗位资格认证，浦发银行运用各种形式开展认证培训活动。比如 2005 年以来，浦发银行与中国金融标准委员会合作，引入国际通行的金融理财师系列认证培训，其国际金融理财师认证资格是全球个人理财领域的权威专业证书，考试难度很高，是对学员"学习力"的综合性检验。自实施国际金融理财师系列资格培训以来，截止到 2010 年年底全行共有 2 027 名员工通过金融理财师（AFP）考试、241 人通过国际金融理财师（CFP）考试、90 人通过金融理财管理师（EFP）考试、68 人通过私人银行家（CPB）考试。大规模的金融理财师培训加强了专业人才队伍建设，提升了个人银行业务条线的竞争力。

（5）覆盖全员的培训基金制度。浦发银行为每个员工建立了教育培训基金账户，按员工层级分配教育培训基金，员工可在其账户余额的范围内自主选择参加行内外培训项目。教育培训基金制度的建立，把"人人都有接受培训的权利"落到实处，使企业在教育培训资源的分配上更趋于公平。2005 年至 2010 年 6 月，全行 2 万多名员工累计使用教育基金 2.19 亿元，平均每年 4000 余万元，有力地保障了教育培训工作的顺利开展。

（6）完善的培训资源管理体系。浦发银行建立了涵盖外部培训资源和内部师资的培训资源管理体系。截至 2010 年年底，在行内各业务条线选拔和培养了 104 名兼职师资；在外部建立了优质的培训合作资源，形成了内外部两个相对完善的培训资源库。

（7）培育良好培训文化的相关制度。一个良好的培训体系要运行，需要良好的文化环境支持。为了培育良好的培训文化，浦发银行将企业对员工在学习与发展方面的要求导入《员工行为守则》，把培养员工作为企业和员工共同的责任，在企业内部树立员工个人的发展作为推动企业长远发展的根本推动力这样的价值观，使得人人都重视学习与培训，重视能力的提升。

综上所述，浦发银行的培训实践有三个突出的特点：一是注重整体和全局。从银行发展战略的高度发挥培训工作的先导性、基础性作用。二是注重关键流程。在培训项目管理中，科学决策，注重需求分析、课程实施、培训评估等重点培训环节。三是注重全员学习。通过培训制度安排和项目开展在全行努力营造良好的培训生态环境，注重"大规模开展教育培训"的工作，形成了全员学习、团队学习、个人自主学习的良好氛围，初步形成了"学习型组织"的雏形。

资料来源：严军. 企业培训：建设学习型组织的重要渠道——对浦发银行企业培训的案例分析 [J]. 人力资源管理，2012（3）：52—54，有删改。

思考题：
1. 根据案例，学习型组织建设与培训的关系是怎样的？
2. 浦发银行的培训体系存在哪些优点和不足？

参考文献

1. 〔美〕Chris Argyris 著，张莉等译．组织学习（第二版）．北京：中国人民大学出版社，2004
2. 〔美〕Donald L. Kirkpatrick 著，奚卫华等译．如何做好培训评估：柯氏四级评估法．北京：机械工业出版社，2007
3. 〔美〕Harold D. Stolovitch, Erica J. Keeps 著，派力译．交互式培训．北京：企业管理出版社，2012
4. 〔美〕Henry Mintzberg 等著，柯雅琪译．组织学习．台湾：天下远见出版股份有限公司，2002
5. 〔美〕John M. Werner 等著，徐芳等译．人力资源开发（第4版）．北京：中国人民大学出版社，2008
6. 〔美〕Peter M. Senge 著，郭进隆译．第五项修炼——学习型组织的艺术与实务．上海：上海三联书店，1994．〔美〕Raymond A. Noe 等著，徐芳等译．雇员培训与开发．北京：中国人民大学出版社，2001
7. 〔美〕Stephen R. Covey 著，王亦兵等译．高效能人士的七个习惯（精华版）．北京：中国青年出版社，2011
8. 〔美〕Walter Dick 等著，庞维国译．系统化教学设计（第六版）．上海：华东师范大学出版社，2007
9. 陈国海．员工培训与开发．北京：清华大学出版社，2012
10. 陈玉琨，田爱丽．慕课与翻转课堂导论．上海：华东师范大学出版社，2014
11. 高岩．这样做明星培训师——TTT 升级执行手册．北京：北京大学出版社，2011
12. 郭京生，潘立．人员培训实务手册（第三版）．北京：机械工业出版社，2011

13. 韩伟静．培训部规范化管理工具箱．北京：人民邮电出版社，2013
14. 景玉平．别让培训的钱打水漂——把培训的钱花在刀刃上．北京：北京大学出版社，2012
15. 李冈燏．做最好的拓展培训师．北京：企业管理出版社，2008
16. 李晶．要培训，不要赔训——企业培训必备实战全书．北京：金城出版社，2015
17. 刘百功．掘金TTT 拿培训成果说话．广州：广东经济出版社，2014
18. 陇征．ISO10015 培训质量管理．上海：复旦大学出版社，2008
19. 盛群力等．教学设计．北京：高等教育出版社，2005
20. 石金涛．培训与开发（第二版）．北京：中国人民大学出版社，2009
21. 苏平．培训师成长手册——课程开发使用技巧与工具．西安：西安交通大学出版社，2010
22. 孙新波．项目管理．北京：机械工业出版社，2015
23. 滕宝红，廖天．培训经理岗位培训手册．广州：广东经济出版社，2011
24. 王东云．杰出培训师．深圳：海天出版社，2005
25. 王少华，姚望春．员工培训实务．北京：机械工业出版社，2010
26. 向春．培训就这么做升级版实效培训．广州：广东经济出版社，2005
27. 徐芳．培训与开发理论及技术．上海：复旦大学出版社，2005
28. 杨生斌．培训与开发．西安：西安交通大学出版社，2006
29. 杨思卓．职业培训师的8堂私房课．北京：北京大学出版社，2013
30. 杨序国．HR培训经理——图说企业人才培养体系．北京：中国经济出版社，2013
31. 于加朋．培训教练技术．广州：广东经济出版社，2014
32. 周平．培训师授课技能手册．北京：北京联合出版社，2015
33. 周正勇，周彪著．员工培训管理实操——从新手到高手．北京：中国铁道出版社，2014

教师反馈及教辅申请表

　　北京大学出版社本着"教材优先、学术为本"的出版宗旨,竭诚为广大高等院校师生服务。为更有针对性地提供服务,请您认真填写以下表格并经系主任签字盖章后寄回,我们将按照您填写的联系方式免费向您提供相应教辅资料,以及在本书内容更新后及时与您联系邮寄样书等事宜。

书名		书号	978-7-301-	作者	
您的姓名				职称职务	
校/院/系					
您所讲授的课程名称					
每学期学生人数	_____人_____年级			学时	
您准备何时用此书授课					
您的联系地址					
邮政编码		联系电话（必填）			
E-mail（必填）		QQ			
您对本书的建议：				系主任签字 盖章	

我们的联系方式：

北京大学出版社经济与管理图书事业部

北京市海淀区成府路 205 号，100871

联 系 人：徐冰

电　　话：010-62767312 / 62757146

传　　真：010-62556201

电子邮件：em_pup@126.com　　　em@pup.cn

Q　　 Q：5520 63295

新浪微博：@北京大学出版社经管图书

网　　址：http://www.pup.cn